岭南文化丛书

主编 左鹏军

从启蒙维新到尊孔复辟

康有为政治与文化思想的演变

宋德华 著

文化藝術出版社
Culture and Art Publishing House

图书在版编目（CIP）数据

从启蒙维新到尊孔复辟：康有为政治与文化思想的演变 / 宋德华著 .—北京：文化艺术出版社，2018.8
（岭南文化丛书 / 左鹏军主编）
ISBN 978-7-5039-6562-3

Ⅰ.①从… Ⅱ.①宋… Ⅲ.①康有为（1858-1927）—思想评论 Ⅳ.① B258.5

中国版本图书馆CIP数据核字（2018）第198323号

从启蒙维新到尊孔复辟
——康有为政治与文化思想的演变

著　　者	宋德华
责任编辑	董良敏
书籍设计	赵　矗
出版发行	文化艺术出版社
地　　址	北京市东城区东四八条52号　（100700）
网　　址	www.caaph.com
电子邮箱	s@caaph.com
电　　话	（010）84057666（总编室）84057667（办公室）
	（010）84057696　84057699（发行部）
传　　真	（010）84057660（总编室）84057670（办公室）
	（010）84057690（发行部）
经　　销	新华书店
印　　刷	国英印务有限公司
版　　次	2018年10月第1版
印　　次	2018年10月第1次印刷
印　　张	28.5
字　　数	445千字
开　　本	880毫米×1230毫米　1/16
书　　号	ISBN 978-7-5039-6562-3
定　　价	68.00元

版权所有，侵权必究。如有印装错误，随时调换。

广东省普通高校人文社会科学重点研究基地
华南师范大学岭南文化研究中心项目成果

总 序

近现代以来的中国人文学术虽然不是最受重视、最受关注的领域，却经常带有几分敏感而微妙的色彩。在许多情况下，人文学术领域的喜怒哀乐、晦明风雨，经常传递和反映着其他人文社会科学领域乃至整个国家文化学术的升沉起伏、阴晴圆缺。作为中华文化整体格局中特色突出、个性鲜明、价值独特的区域文化形态之一的岭南文化，也自是如此。

人文学术意义上的岭南文化不仅是一个区域性的物质文化概念，而且是一个具有形态学价值的精神文化概念，是岭南地区精神品质与文化内涵的概括表述。这种精神品质和文化内涵往往也是文化传统中最为深邃、最有价值、最有生命力的部分。对岭南文化精神品格的深层开掘，把握其内在特质的深刻与精微，正是文化研究的重要目标。岭南文化历史底蕴的探寻和确认，既是对岭南历史传统的回顾、体认和激活，也是使岭南文化这一概念不断获得学理价值和丰厚内涵的重要条件。

随着20世纪初以来现代意义上的世界观念、中国观念及其内部地域文化观念的逐步形成，"岭南"作为中国文化整体格局中一种独特的区域文化的观念得到迅速发展。"岭学""粤学""南学"等名称的提出和运用，就是这种地域文化意识崛起的重要标志。岭南文化研究在20世纪20年代至40年代取得一批具有开创精神和奠基意义的成果之后，随着中国政治局势、思想文化的剧烈动荡、深刻变迁而经历了诸多坎坷曲折，其间留下了许多既令人难忘又使人难堪，既使人庆幸又令人痛苦的经验和教训。另一次比较兴盛的时期则要等到四十多年以后才出现。20世纪70年代末80年代初开始的新时期以来，包括岭南文化在内的地域文化研究的状态、处境和影响也总是与具体的社会文化环境、传统的学术政治观念息息相关，从一个独特角度反映着当代中国的人文学术变迁。20世纪80年代前中期，在枯木逢春、百废待兴的文化氛围中，在学术界如饥似渴、争分夺秒的时代精神感召下，岭南文化研究曾出现过一次繁荣发展的机会，也产生了一批成果，其中有一些至今仍不失其重要的学术价值并有可能取得一席学术史地位。随着其后发生的那次中国社会政治、文化学术的重大转向及其造成的深远影响，岭南文化研究逐渐失去了繁荣发展的动力，仿佛进入了一个有气无力、似断似续的冷落期或休眠期。这种情况持续了十年左右，到新旧世纪之交发生了明显的改变。随着新世纪的到来，学术文化界在反思回顾、瞭望前瞻共生的语境下又一次兴起了对地域文化的关注，其中当然包括岭南文化研究，而且由于岭南地区在近现代中国政治史、文化史上发挥的特殊作用和具有的独特地位，岭南文化研究仍然处于相当活跃、备受关注、颇有影响的状态之中。

在许多学术领域中，观念、立场与方法往往会产生根本性的作用，可能对整个学术活动产生决定性的影响。岭南文化研究也不能例外。因此，我们有必要深入思考并认真解决岭南文化研究中的基本观念问题，以图寻求和建立科学通达的文化立场，确立并运用恰当的研究方法，在学术追求与现实关怀两个维度上推进岭南文化研究的进展。基于这样的认识，以下一些关系就是值得特别注意的。

一、乡邦情怀与通达视野

文化总是以具体的方式而不是以抽象的方式存在和呈现的。从根本上说，每一个人都是一定的具体的乡邦文化的产物和载体，其存在方式都是具体而独特的文化语境的反映。因此，当任何一个研究者进入任何一个文化研究领域时，其自身的独特性和具体性都必定会被带入其思维活动和学术活动当中，这是一种不可忽视也不必超越的必然。当带着这种特殊性或局限性进入自己所生存的文化语境的研究之中时，人人都具有的这种情愫就极其容易转化成一种强烈的以情感共鸣和文化认同为主要特征的乡邦情怀，并在其学术活动中或隐或显地表现出来。

岭南文化研究亦自是如此。无论是否是岭南人，无论是否生长于岭南，也无论与岭南文化是何种关系，一旦将岭南文化作为一个研究对象，就首先需要一种乡邦情怀，一种了解之同情，一种文化家园意识，并生发出明显的内心体认和感同身受。这不仅仅是相关专业知识的积累，更重要的是一种情感态度、一种思考方式。这是走近并走进岭南文化的情感基础和必要修养,也应当是进行岭南文化研究时必须具备的素质之一。若无这种情感接近和内心体验,恐难真正进入岭南文化的深层体认,也难以把握岭南文化的精微之处,也就无法进入真正的学术意义上的岭南文化研究。

然而,只有这种乡邦情怀尚不能满足学术意义上的岭南文化研究的要求,在此基础上建立并获得的通达视野和开放心态也同样重要。这不是一般意义上的学术态度,而是岭南文化的变革历程和存在形态对研究者提出的学术与情感要求。岭南文化从来就不是一种自足独立的文化形态,尽管有着自己诸多的鲜明特性、区域特征,但它总是在中国文化传统中生存、发展与变革的一种区域文化,它的命运总是与整个中国文化的命运密切相关、息息相通。因此,不宜脱离与中华文化的深厚背景和深刻关联,过分强调岭南文化的某些个别性或特殊性。

因此,探究岭南文化的特质,必须以整个中华文化为背景,甚至应当具备一定的世界文化视野,以获得广阔的文化参照和深邃的文化情怀。因为自明清特别是近代以来,岭南已经与西方产生了愈来愈深刻的文化关联,这种关联后来逐渐扩展到整个中国。要把握岭南文化的形成过程、内部构成要素及其相互关系,只从其内部进行考察是无法解决全部问题的;还应当从其外部入手,如岭南文化与其他区域文化的关系,乃至与中华文化、世界文化的关联,在联系比较中确定岭南文化的特质,准确认识岭南文化的精神品格。

在目前的岭南文化研究中,尤当强调通达视野与开放心态的建立,减少狭隘观念和封闭心态,避免急功近利、急于求成和主观随意、缺乏学理性的做法。不可出于某种现实动机,轻易地将许多区域文化的共同性当作某一地区文化的独特性予以片面夸大,形成明显的非学术、伪科学的判断或似是而非的认识。学术研究中必须遵守的认识的科学性原则与结论的可靠性原则在岭南文化研究中也同样适用。

因此,如何在研究活动中恰当地处理身在"岭南之内"与"岭南以外"的关系,如何恰当地处理"自我"叙述与"他者"叙述的关系,将"自我认同"与"他者认同"结合起来,并顺利实现它们之间的必要交叉和自由转换,对于岭南文化来说向来非常重要,而在当下尤其如此。

二、感性体悟与理性精神

与其他地域文化研究一样，岭南文化研究中同样需要确立恰当的学术角度和价值立场，以激活优良传统、融通历史与现实、整合物质文化与精神文化为途径，以创造新文化、寻求新发展的综合性文化建设理想为目标。既需要感性体悟，又需要理性精神，并力争实现二者的密切结合和自然交融。这是通过学术研究进而实现岭南文化传承与延续、转换与创造的应有的文化情怀和精神追求。

感性体悟主要是指岭南文化研究中的深入体验、深切感受、自觉融入，其体验方式主要表现为在具体的学术活动和文化生活中保持一种热诚参与的情绪、真挚火热的激情，和由此带来的发自内心深处的对于岭南文化的感动。这种感性体悟看似自由随意，有时甚至显得有些虚无缥缈，实际上却往往是基于生活经验和情感体验而生发的对于一种具体文化形式的感知与亲近。这种妙手偶得式的内心感受和情绪体验对于学术研究来说相当重要，不可或缺。

同样重要的是理性精神。这主要是强调在岭南文化研究中要保持清醒客观、严肃冷峻的态度，保持激浊扬清、自由超越的批判意识，进而确立独立与超然的学术立场和以人文精神与现代意识为主体的文化品格。这就要求研究者在学术活动和文化体验中始终清醒地认识和分辨岭南文化的优点与缺点、成就与不足、精华与糟粕，对研究对象采取基于理性分析与学术判断的通变、扬弃的自由立场，保持客观冷静的态度、激浊扬清的文化观念和以当代人文精神为主体的主体意识。这种学术立场和精神品质在岭南文化研究中异常重要。一方面需要深入体验、深切感受、自觉融入，需要热诚、激情与感动；另一方面需要保持清醒、冷静和理性，保持必要的自由立场和超然态度。这是实现岭南文化传承与延续、转换与创造的应有的文化情怀。

从学术研究的角度来看，感性体悟和理性精神不唯不相矛盾，且相辅相成。二者实际上是从不同角度、不同层面上赋予岭南文化研究以生机与活力，共同构成了岭南文化研究的双翼。它们映衬着对方，彰显着对方，造就了对方，也成就了自己，完善了自己。在具体的岭南文化研究中，能否处理好二者的关系，将它们密切结合起来，实现它们之间的自然交融和适时转换，是衡量研究水平和学术境界的重要标志。

从目前岭南文化研究的总体情况来看，更应当加强基于科学态度和理性精神的文化批判意识，因为这是岭南文化研究界多年来明显缺乏的。某些研究者或出于乡土深情和狭隘之见，或出于思维定势和学术习惯，对岭南文化采取的态度有轻易认同和过多肯定的倾向，缺少了本应具有的清醒的分辨能力、冷峻的批判意识和超然物外的独立情怀，而对岭南文化中某些明显的局限性、某些精神缺失也未能采取理性分析、学理批判的态度。这不仅明显限制了岭南文化研究的进展和深度，也大大影响了岭南文化精神传统的深入分析和现代建构。这种情况如不能被清醒认识并得到尽快改变，必将愈来愈深刻地影响岭南文化研究的进展和现代岭南文化精神的建构。

扩大一点范围来看，在以往和当下的许多区域文化研究中，经常不同程度地存在格局狭小、态度轻率、赞之过多、誉之失当的倾向，往往缺少原本非常重要、不可或缺的文化批判意识、科学分析、理性思考精神。实际上，理性精神和批判意识的缺失，既影响对文化局限性的清醒认识，又会影响全局性的学术判断，也就不可能真正发现和认识优秀的文化精神，必然极大地限制地域文化研究的整体水平和思想深度。

三、经济优先与文化本位

新时期以来，作为国家改革开放战略的试验区和最前沿，以广东为主体的岭南地区获得了跨越式发展，表现出明显的区域优势和示范价值，但同时也产生或暴露出一些颇为紧迫的深层次社会文化问题。岭南地区的社会进步、经济发展和文化建设必须面对和解决这些问题，必须从社会文化综合发展的高度去探寻如何在新环境、新要求、新目标下保证岭南地区社会文化的协调发展。从这个意义上说，岭南文化研究应当是在反思历史、认识现实和规划未来的高度上寻求新的经济增长、文化发展和社会和谐进步的重要举措。

当下的岭南文化研究是新时期以来岭南地区社会经济文化发展到一定阶段的一种带有文化反思意味的回顾。既是对岭南文化传统的学术清理，又是对岭南文化现状的价值重估，也是具有文化自觉意味的对其未来发展的战略性思考和前瞻，重要的是在历史与现实的交汇点上寻找岭南文化研究最广阔的发展空间和最深厚的人文价值。如何实现历史文化传统的现代性转换，使深厚的文化积累成为现代文化建设与发展的精神动力；如何在现实社会经济发展与文化建设中保持已有的个性特色，使岭南走上健康和谐的综合发展之路，都是岭南文化研究的题中应有之义。

因此，如何保持岭南文化研究的"学术"品质和"文化"本位，就显得非常关键，有必要特别强调。岭南文化研究应当始终保持以追求真理性为特征的学术品质和以追求崇高精神为旨趣的文化本位，不可以因为其他任何因素、任何目的冲淡或消解这种根本性的精神追求。有必要指出，一些颇为流行的似是而非的观念对以学术理念和文化本位为基点的岭南文化研究造成了不良影响。多年来时有所闻的所谓"文化搭台，经济唱戏"之说即其一例。这种论调看似既重视文化也重视经济，实则是将"文化"永远置于"经济"的脚下，"文化"的根本性价值被瓦解和否定，而经常被作为一种装饰或点缀，落入任人打扮、随意驱使的境地。这种情况的存在，不仅颠倒了文化与经济的关系，而且必然使文化研究和建设陷于日益艰难、最终受到影响的，是社会结构的所有方面。这种由于非学术、非文化因素影响而明显有意冲淡和消解文化根本性地位与核心价值的观念与做法必须引起警觉并尽快改变。

四、即时效应与恒久价值

许多学术研究领域都有可能面临即时效应与恒久价值及二者的关系问题，许多研究者也经常碰到这种困惑。对即时效应和恒久价值之长短优劣做出清醒的认识并处理好二者间的关系，实现二者的统筹兼顾和适当转换，对岭南文化研究同样非常重要。多年来的岭南文化研究存在着过多强调时效性、现实性，而对更加重要的恒久性价值注意不够、认识不足。近年来，随着国家的全面发展与其他地区经济、文化的迅速崛起，岭南原有的得风气之先的优越性与优越感已如明日黄花。这种过多顾及眼前利益、即时效应而缺少应有的前瞻性、预见性而带来的问题已日益明显地表现出来。

文化研究的时效性较容易被认可，其重要性也似乎更容易被认识，特别是在以商业文化、利益导向为基础的社会环境和价值观念中更容易被认为合理、自然；其实通常较难被认识到、被广泛接受的长久性、可持续性价值才更加重要。比较理想的局面是在文化研究中将时效性与恒久性结合起来，从长久性着眼，从时效性入手，打通二者兼容互补、自由转换的通道，实现即时性与长久性的对接与双赢。因为真正学术意义上的文化研究和建设绝不可能一蹴而就、立竿见影，往往需要长时间的沉潜努力才有可能取得有恒久价值的成果；更不可急功近利，不可急躁求成，过于强调时效性必然伤害长久性的追求，也必然给学术研究造成根本性的伤害。

当下的岭南文化研究尤应注意寻求数量与质量、时效性与长久性、基础性与应用性、学术性与社会性的结合点，使它们有效地统一起来，保持岭南文化研究的持久活力与学术品格。从长远文化建设与社会发展战略的角度探寻和认识岭南文化研究的学理价值与当代意义，这是岭南文化及其研究获得历久弥新的生命力的重要保障。基于这样的认识，从历史与现实两个维度上思考和认识岭南文化的内涵及其意义，寻求岭南文化的历史底蕴与现实机缘的结合点，培育岭南文化的历史感和生命力，就显得非常必要。

近年来，时常可见因为过分关注即时效应或某种现实需要而忽略学理根据、忽视长久价值的观点或主张。这种假学术之名行非学术之实、以学术之法毁学术之理的做法极不可取。在岭南文化及相关领域中时常可见的那些违背常规常理的主观随意的突发奇想、一厢情愿经常会使学术研究受到直接损失，而那些无视客观现实、缺乏学理根据的大言欺世、哗众取宠和沽名钓誉，其危害又岂仅学术而已？

五、各施所长与融通互补

与中国文化中的其他区域文化一样，岭南文化也是一个复杂的综合性的体系；而且，愈是充分认识岭南文化的丰富性与复杂性，就愈有可能对其做出接近事实本相的研究和估价。因此，岭南文化研究必然涉及多个学术领域和学科门类，远非某一学科、某一机构、某些个人或团体所能完全胜任、包打天下，而需要众多学科、众多领域研究者的各施所长和融通互补，共同营造并保持岭南文化研究的良好局面和广阔前景。

这就首先要求研究者在具体的研究工作中根据自己的学科特点和学术习惯，充分发挥学术优长，各展个性优势，各显才华智慧，坚持独立的学术思考与自主的研究理路，秉持学术的本心，把握岭南文化的精髓，深入认识岭南文化与其他地域文化、与中国文化、与西方文化的关系，在宽广的学术平台上开展具有学术理想、具有广阔前途的岭南文化研究。多年来，岭南文化研究在历史学、方志学、哲学、文学、文献学、方言学、民俗学、地理学、经济学等人文社会科学领域做的工作较多，成绩也较为突出。除此以外，仍有广阔的学术空间有待开拓，多个学科门类需要加强，特别是弥补薄弱环节和填补空白领域，重视交叉学科和新兴学科的开发与建设，保持传统学科与新兴学科的协调发展。

实际上，学术界对岭南文化及其研究的理论思考和学术反思从未停止过，随着学术与时代的发展，这种回顾和探索必须不断深入，为相关研究提供足够的理论资源和方法论支持。近期有学者正式提出并进行较全面论述的"岭南学"概念，就是一种具有建设性和前瞻性的学术努力。这种努力所追求的，就是以往的岭南文化研究为起点，以已有的相关研究成果为参照，并借鉴其他相关领域或学科的建设情况，着眼于当下建设与未来发展，全面提升岭南文化的研究水平，使之走上规范化、学科化的道路。这种努力反映了岭南文化的历史积累、现实状况和未来发展对学术界提出的必然要求，具有特别重要的学术意义和启示价值。有关研究者和学术文化部门应当承担起这种既有学术性又有普及性，既有理论性又有实践性的文化责任。

岭南文化研究是一项历史与现实相融通的综合性学术建设和文化建设工程，需要人文科学、社会科学乃至自然科学等多学科众多研究者的合理分工、通力合作、共同努力，也需要社会文化各界的积极参与和热情支持。应当特别加强总体规划与综合部署，加强学术界的深度合作，集中不同学科、不同领域、不同机构的学术优势，弥补个体化、单一化的学术方式带来的局限性，真正促进岭南文化研究保持高水平的持续发展，使岭南文化研究保持深度与广度、具体性与全面性、学理性与实用性的统一。

就目前的岭南文化研究而言，除当注意一般意义上的基础建设、人才培养、学科交叉互补、学术机构的协作联合之外，尤当强调岭南地区的研究者与国内其他地域文化圈的有关研究者（特别是与岭南地缘接近、与岭南文化关系较为直接的研究者）的交流与合作，与境外相关领域研究者的交流与合作。香港、澳门虽同属岭南文化区域，但由于历史与现实的诸多因素，其文化形态与学术习惯有明显的特殊性，有必要特别强调内地学者与港澳学术界的交流与合作，共同促进岭南文化研究的进展。台湾虽不能划入一般所说的岭南区域，但从历史上看，它与岭南文化的渊源非常深刻，可以说文化精神血脉相连。因此，内地的岭南文化研究者有必要加强与台湾学术界的交流与合作，共同促进岭南文化研究的进展。学术乃天下之公器。在当下及今后，只有学术界的分工互补、共同努力，才有可能迎来岭南文化研究的新局面，取得无愧于时代的学术成绩。

总之，作为一种具有深厚历史传统、旺盛现实生命力和广阔未来前景的区域文化，岭南文化必然是渊深博大的；岭南文化及其个性品质、精神内涵也应当是开放变革、丰富发展的。因此，岭南文化研究就应当是一个不断适应时代文化建设需求，不断追求学理性、科学性、真理性的学术过程。清楚认识和准确把握这一点，追求岭南文化研究愈来愈广阔的学术空间、愈来愈高远的自由境界，是保持其旺盛生命力和恒久价值的重要条件。

在现代学术语境中成长进步、在世界文化背景下发展壮大的岭南文化研究，已经具有了一个多世纪的积累和经验。作为承前启后的研究者，既需要秉持以守正创新为基础、以追求超越发展为目标的学术立场，又需要怀有以人文精神为内核、以文明进步为理想的现实情怀。二者的有机结合、相互激发，方有可能结出更加丰硕的思想果实。

岭南文化研究是华南师范大学的学术传统和研究特色之一，早在20世纪30至40年代，就有多位学者从事岭南文献、文学、语言、历史、地理、方志、民俗等方面的研究。这一传统在艰难曲折的50年代至60年代以及热情洋溢的80年代以来的学者们身上得到传承和发扬。1986年成立了"华南师范大学岭南近现代思想文化研究中心"，取得了一批重要成果，促进了岭南文化研究的进展和多学科专业人才的培养。2005年，经广东省教育厅批准，广东省普通高校人文社会科学重点研究基地"华南师范大学岭南文化研究中心"正式成立，为岭南文化研究提供了更新更高的平台，努力将岭南文化研究提高到新水平。经过几代学人的不懈努力、薪火相传，华南师范大学的岭南文化研究形成了一定的研究特色和学术优势。2013年，在"创新强校"背景下，学校又成立了"华南师范大学岭南文化传承发展与全媒体传播交叉学科创新平台"，继续开展多种形式的岭南文化研究。这套《岭南文化丛书》就是该平台组织策划的重要成果之一。希望这套丛书的出版，能够为岭南文化研究略尽绵薄之力，更希望与海内外同道切磋交流、取长补短，共同促进岭南文化及相关领域的学术进展。

岭南文化源远流长，生生不息；岭南文化千姿百态，色彩斑斓；岭南文化的思想内涵在多个历史转折的关键时期得到迸发呈现；岭南文化的精神品质在众多历史人物的道德功业文章中得到充分彰显。新视野、新追求、新目标之下的岭南文化研究庄严而艰巨，任重而道远。岭南学术界、文化界有责任首先担当起这一业在当今、功在后世的学术任务和时代使命，海内外同道是岭南文化研究的重要力量。我们愿意与海内外研究者一道，继续为更加高远的学术理想和精神目标而努力，去创造和迎接更加灿烂的学术春天。

左鹏军
乙未十月十八日于五羊城

目 录

导论：一位独特的先行者 …………… 1

第一章 寻道之路

一、传统文化的浸润 …………………… 3
二、困惑与反叛 ………………………… 14
三、静悟与深研 ………………………… 24
四、西学的启迪 ………………………… 30

第二章 新思想的构建

一、创制人类公理 ……………………… 39
二、宏论天人政教 ……………………… 45
三、重理传统文化 ……………………… 51
四、形成变法理论 ……………………… 57

第三章 转向"发明"孔学

一、碰壁与反思 ………………………… 67
二、廖平的影响 ………………………… 77
三、伪经说与改制说 …………………… 81
四、"大同三世"说 …………………… 91
五、"两考"属性辨析 ………………… 95

第四章　维新变法的理论

- 一、必变论 105
- 二、全变论 112
- 三、君权变法论 117
- 四、速变论 123
- 五、变政论 125

第五章　维新变法的方略

- 一、变法纲领 129
- 二、变法次第 134
- 三、变法策略 136
- 四、变法主张 139

第六章　保皇自立思想

- 一、保救之策的谋划 149
- 二、圣主复位安邦论 155
- 三、忠君爱国救亡论 163
- 四、奋力开新除旧论 168
- 五、为民权思想辩护 176

第七章　写定"大同"理想

- 一、以人为本的价值观 187
- 二、深入批判专制主义 194
- 三、对大同制度的设计 197

第八章　续撰"演孔"之著

- 一、孔子的神圣化 213
- 二、孔学的神秘化 216

三、"大同三世"说的变化·········219

第九章　重新认识西方
一、揭示西方社会之弊·········227
二、整体比较中西文化·········230
三、系统考察议院制度·········235
四、反思如何学习西方·········238

第十章　物质救国与君主立宪
一、反对革命自立·········247
二、宣扬物质救国·········251
三、归政变法论·········258
四、君主立宪论·········268

第十一章　虚君共和论
一、痛陈革命之祸·········287
二、"国为公有"论·········290
三、辨虚君共和之理·········295
四、谋中国虚君共和之策·········307

第十二章　中国救危论
一、共和建设的期盼·········315
二、国家危情的认识·········321
三、救危的理论·········325
四、救危的方案·········336

第十三章　孔教至尊论
一、"国魂"论·········345
二、"国教"说·········352

三、推广祭天祀孔 …………………………… 358
四、坚守诵孔读经 …………………………… 364

第十四章　反袁论

一、斥"二十一条" …………………………… 375
二、反袁称帝 ………………………………… 379
三、共和三策 ………………………………… 382

第十五章　复辟论

一、从虚君到复辟 …………………………… 391
二、重行君权与改复旧制 …………………… 397
三、不思悔改 ………………………………… 406
四、诀别共和 ………………………………… 410

余论：万变与不变 …………………………… 421

参考书目 ……………………………………… 426

后　记 ………………………………………… 429

导论：一位独特的先行者

从鸦片战争算起的中国近代，是一个由古代君主专制社会逐渐向近世民主社会转型的时代。这一时代由多个各具特点的历史时期所构成，而每个时期都会出现最有代表性的历史人物。在戊戌变法前后这一时期，作为改革思想家的康有为，就是这样一位以启蒙和维新引领时代的代表人物。

所谓启蒙，对于当时中国来说，特指对正统专制主义思想体系的突破和更新。道咸之际的经世致用思潮，初现启蒙端倪；继之而起的洋务和早期改良思潮，从诸多方面拓展了启蒙的内涵。然而，真正启蒙的标志，要到康有为撰写《人类公理》等著作，创立新的思想体系之时，才开始出现。启蒙的直接结果，是维新变法思潮的涌动。康有为以《上清帝第一书》，拉开了士人请求朝廷变革的大幕，随后通过聚众讲学、批伪经言改制、连续上书和多种"变于下"的活动，使启蒙维新思想得到相当广泛的传播。正是有赖康有为这位敢于颠覆旧学，建立新学，着力鼓吹大变、全变、速变的先行者，传统纲常论的一统天下才得以打破，维新阵营才得以大规模聚集，变法也才得以深入改革专制政治制度的层面。无所畏惧地充当呼唤、推动和引领戊戌变法出台的思想领袖，可以说是康有为最大的历史贡献。

戊戌政变后，面对后党政府的倒行逆施，出逃海外的康有为并未消沉屈服，迅即将"君权变法"转换为"保救光绪"的斗争。虽然求助于外国毫无结果，但他在华侨中却通过成立保皇会而站稳了脚跟。在此过程中，他大力歌颂光绪帝和维新派的变法业绩，抨击慈禧和后党政府的守旧罪行，号召华侨忠君爱国和合群救亡，显示了即使身处困境，也要将维新大业进行到底的决心。当义和团运动高涨，八国联军入侵镇压，清廷危机重重之际，他乘势全力筹划勤王起义，欲凭借外国支持，以武力推翻后党政府，扶持光绪帝复位和新党掌权，实行全面仿效西方的改革。再度失败之后，针对张之洞的"劝诫"，他竭力为新党辩护，前所未有地公开宣扬个人自主、平等自由、反抗专制、流血革命等主张,甚至明显流露出划清华夷之别的民族主义倾向,构成启蒙维新核心的民权思想至此达到高峰。

一路先行的同时,受时代条件所制约,康有为身上也存在明显的弱点。首先,其启蒙偏重于抽象的理想。他对人类公理的信仰,源于中国贫弱危亡现实的刺激和西方所传民主理念的引导。但当时他既未出过国门,也甚少读到西方人的启蒙著作,所论公理大多来自想象和推测,虽足以别开生面,超前领先,却学理基础薄弱,现实呼应空泛,可以成为未来的美好向往,却难以直接转换成思想斗争的武器。其次,其维新对君权依赖性过大。改革之初,选择"君权变法"本来具有很大的合理性,但他明知君主无权还不早作他图,当君主被囚仍深恋不舍,因君主尚在便矢志效忠,死守知恩图报的旧德,空盼毫无可能的君主复位,这就使其尽管一时仍具除旧开新的锐气,却难免程度有限,不能一直跟随变革潮流而前进。再次,不愿脱离孔学而独立。他将自己的新思想与孔学相结合,斥伪经而言改制,其意义本在于借用孔子的权威,改变经学的旧貌,突破专制守旧思想的束缚,结果却在很大程度上变成了对孔子和孔学的依附。他用新的诠释为孔学添加了民主思想的内容,但又总是以孔学的话语解读新的观念,这就使新思想的生长备受限制,难以取得突破性的发展。最后,过多寄望于外国支持。要实现中国近代的变革,尽量寻求或利用外国的帮助本无可厚非,但必须以自身力量为立足点,并客观理性地分析这些帮助的可能性。在此方面,他恰恰常抱主观臆想,甚至将自身成功建立在外国支持的基础之上,这就难免饱尝失望的苦果。这些弱点,共同凝聚成作为康有为思想根本特征的保守性和空想性,并在此后产生越来越大的影响。

从辛丑到辛亥,康有为逐渐跟不上不断前进的时代潮流,与此前一路先行相比,可谓处于进取与保守、务实与空想交织参半的状态。在表现形式上,他未能从保皇自立的挫败中幡然醒悟,改弦易辙,另谋新的出路,而是返回戊戌前后的原点,以自我完善的方式期待重新再来。他撰写了《大同书》,将纲要式的"人类公理",扩充成了体系化具体化的鸿篇巨制;完成了《论语注》《孟子微》《春秋笔削大义微言考》等演孔之作,了却了已开其端的"发明孔学"的心愿;续著了《官制议》,对戊戌年间重要的改革主张做了长篇大论的阐发;推出了《法兰西游记》《意大利游记》《物质救国论》等新作,以亲身见闻对究竟应如何认识和学习西方进行了反思;陆续发表了一系列政见,实现了从君权变法到君主立宪的转变。在实质内容上，其进取务实与保守空想两方面都显得非常突出。就未来理想而言，他一方面绘制了一幅空前宏伟壮观、寄托人类美好希望的蓝图，另一方面却用主观烦琐的"三世进化"论，将此蓝图的实现推延到不可知的将来。就演孔而言，他一方面尽可能地推动了孔学向近代新学的转化，另一方面却沿袭扩大其弊，使孔学的神圣独尊更加固化。就学西方而言，他一方面对真实的西方有了更多了解，加强了取鉴的针对性，另一方面却基于保守的政治立场，将学其物质视为根本。就现实政见而言，他一方面顺应了清末新政和预备立宪的改革，另一方面却坚决反对反清民主革命，始终不愿放弃对君主和朝廷的幻想。此后，随着时势的继续演变，其进取务实的一面日渐萎缩，而保守空想的一面越来越占上风。

辛亥革命爆发时，对清朝土崩瓦解始料不及的康有为，急忙将君主立宪改换成虚君共和论，企图在承认共和的前提下，仍然保留君主的存在。迨至清帝退位，他才不得已地诀别虚君，并一度以相当积极的态度提出了共和建设论，可惜未能持续，很快就被救危论所取代。他清醒地看到了民国成立后所出现的乱危之象，但做了过度的夸张渲染；其矛头虽然也指向争权夺利的军阀，主要目的却在于要证明民主革命的危害性；其救危的理论和方案尽管不是毫无合理之处，但最为明显的还是其保守性和空想性。与政治上主张救危相一致，他在思想文化上极力宣扬孔教至尊论。为此，他襄赞孔教会的重建，将孔学誉为"国魂"，呼吁定为"国教"，号召祭天祀孔，坚守诵孔读经，尊孔完全成了其守旧抗新的工具。

当袁世凯出卖国权、独裁称帝之际，康有为对军阀政权希望落空、幻想破灭，转而走上了反袁之路。他先是痛斥"二十一条"，接着撰写了很有战斗力的《讨袁世凯檄》，声讨袁镇压革命派、蓄意以专制颠覆民主共和的罪行，指斥袁氏一心称帝是民国危乱的根源，申言民主共和与袁氏称帝势不两立，因激于时变而焕发的民主精神灿然可见。可是，这种灵光闪现只是其反袁的一个侧面，更重要的是，他从袁氏称帝中得出的结论并不是必须强化民主共和，而是应该改变民主共和，此前一度放弃的虚君共和主张又得以复活，并迅速向复辟论转变。

虚君共和论转变为复辟论，是康有为与军阀张勋结成思想和政治同盟的结果。康有为是张勋复辟最早的策动者，袁死后，康、张二人很快建立起紧密联系，共同将复辟付诸实践。在此过程中，康有为对复辟的鼓吹越来越显露真心，肆无忌惮，重行君权和改复旧制，成为其复辟论的两大基本点。所谓重行君权，就是要改变共和制，恢复君主制，铲除约法和国会这两大障碍，将部分政治大权（主要是宪政统领权）重新交给君主，这与虚君共和标榜君主如冷庙土偶，无权无用，已相去甚远；所谓改复旧制，就是要改变共和新制，重新恢复访遗老、续世爵、表忠烈、举逸民、肆大眚（赦有罪）、复绅士、尊孔教、读经等旧制。其实质，是要颠覆民国现有的权力格局和制度体系，在君权主持下，重建一套君宪制与王朝旧制相结合的帝国体制。复辟速败后，康有为万念俱灰，不得不承认"中华帝国"梦的破灭，但他毫无悔意，反而将民国一切祸患归罪于民主共和。他撰写了8万余字的《共和平议》，对共和进行毫不留情的批判，彻底站到了民主共和的对立面。

从复辟失败到去世前的十年间，康有为并未完全退出政治和文化舞台。这一时期，中国正在经历从旧式民主革命向新式民主革命的转变，社会转型的剧烈、复杂和深刻程度，非近代其他时期可以相比。一方面是外国压迫和军阀混战有增无已，继续给民众带来深重的苦难，另一方面则是外有十月社会主义革命的爆发和成功，内有五四运动、中国共产党的成立、国共合作、北伐战争等一系列重大历史新变的发生，给中国带来了前所未有的转机。面对新时代的到来，康有为显然已完全跟不上进步潮流的发展。在政治上，他虽仍能守住爱国护权、反对分裂的底线，但根本立场还是反对民主共和，对共产主义思潮则怀有更大的偏见，视其为新的洪水猛兽；在思想文化上，虽仍能弘扬传统精华、倡导中西互补，但已失却了改革和创新的内在活力。他对于医治中国最终所开出的药方，依然还是守经尊孔和虚君复辟，往昔光芒万丈的启蒙维新精神，几乎完全被埋没在保守落后的尘埃之中。一位曾经何等杰出的先行者，竟变成了如此恋旧自锢的落伍者，不能不说是历史留下的一个极大的教训。

学界对戊戌维新和康有为的研究开始很早，成果甚丰。仅对康有为的评说而言，至今已取得不少新的进展。围绕康有为是否只主张枝节的改良，康有为对维新运动所起的作用，如何评价"君权变法"，如何解读"托古改制"与"托洋改制""公车上书"的实情，维新派政治纲领的演变，光绪密诏的真假，《大同书》的成书时间，《戊戌奏稿》的改篡，保皇思想与活动的再认识，"虚君共和"的评价，康有为与廖平的关系，康有为与袁世凯的关系，康有为与革命派的关系等问题，多有争鸣，新见迭出，很多成果积淀为新的共识。不过，在对康有为政治与文化思想整体演变研究方面，似还存在较大的不足，相关专著甚少，演变各时段的专题论析还不够深入和平衡，欲求前后贯通的透彻阐释，则更需作进一步的努力。

在已有研究成果的基础上，本书试图以时期为序，对康有为政治与文化思想演变的全过程进行较为系统的梳理和阐述。既着重揭示每个时期特定的思想内涵和特点，力求通过具体论析，准确呈现其原本的状貌，又特别留意各时期的相互连接和转换，对前后演变的原因、变与不变的交织、前行与后退的反复等现象，力求做出符合理据的解释。由于康有为在政治与文化思想领域建树独特而重大，一生心路历程又特别丰富而复杂，因此，要将其整体思想的演变论述清楚，要在学术观点上做出新的开拓，并不是一件易事。书中所论，仍只是一种初步的尝试，深化和完善尚有待于异日。

第一章

寻道之路

在中国传统文化中，"道"从来享有极为神圣崇高的地位。载道经典不仅为历代统治者所钦定，不容有任何怀疑和触犯，而且为众多贤哲所阐释，形成了陈陈相因的信仰定式。尽管体认各不相同，但对传统之"道"的尊信和坚守，在古代士林中并无大的例外。这一强大的思想文化惯性，到中国近代开始社会转型后被阻遏和分解，康有为早期走上独特的寻道之路，就是一个典型的代表。他起初读书本来深受传统文化的影响，立志当承道弘道的圣人，但面对无法作答的各种内外忧患，其信道之心发生很大动摇，渴望找到新的大道。经过艰苦探索和西学启迪，他终于突破旧道，创建了全新的思想体系，完成了由旧式士人向启蒙思想家的飞跃，由此奠定了其一生政治与文化思想的基础。

一、传统文化的浸润

1888年康有为第一次上书清帝之前，通常被视为其思想发展的早期阶段。这一阶段，他所过的基本上是一种与世无涉的读书生活。这是一个较长的时段，其间所呈现的思想状态并不一样。开始，他为了实现当"圣贤"的理想而读书，从各方面深受传统文化的影响。通过家族遗风熏陶、岭南名儒教诲、刻苦自学三种主要途径，他从历代相传的旧学中得到了极大的收获。

（一）崇学重德的家族遗风的熏陶

康有为出身于书香世家，在十数代的传承中，形成了乐于研习学问、严于道德操守的传统。对于康有为来说，这种传统是一种难以磨灭、常温常新的家族记忆。

在其自传《我史》之中，康有为对从先祖到父辈的学识与德行做了这样的追述：

吾家自九世祖惟卿公为士人，至于吾为二十一世，凡为士人十三世矣。炳堂公为冯鱼山编修老弟子，又与冯潜斋郎中为友，讲理学，师道甚尊，成就甚众。云衢公受家学，严气正性，行己惠人，德行蹴踖，尤笃守吕新吾《呻吟语》、刘念台《人谱》、陈榕门《五种遗规》之学。连州公传何朴园员外之学，而潜斋先生三传弟子，笃行盛德，为官师皆有惠教。……知县公孝德仁厚，从叔祖护广西巡抚国器讨贼于闽，有功早世。有为生时，知县公方居忧，授徒于乡，吾家实以教授世其家。①

十余年后，他为祖父康赞修遗著《连州遗集》作"叙"，又以大致相同的文字宣扬了家族的事迹："先是吾高祖炳堂公，以理学为粤中大师，吾曾祖云衢公履道谨严，日手朱子小学、刘蕺山人谱、陈榕门五种遗规，躬行实践，坐尸立斋，终身不倚，约己而丰施，友悌而恤族，爱士而敬贤，嫉恶而好善。连州府君孕再世淑善之姿，浴庭训清严之化，少徇斋而不弄，长体道以行仁……"②

1917年，康有为撰写祖父"行状"，再次缅怀先人风范，而对曾祖尤其是祖父的学问和品德有更多的描述：曾祖"严气正性，好读《近思录》《小学》《人谱》《五种遗规》，虽未尝仕，然所以修身而教于家者肃然，皆先儒之甀坯也"，其教育子弟，除"课经"外，"即授之以《近思录》《小学》《人谱》《五种遗规》。自饮食、衣服、起居，一绳以正，无有戏言戏动之干于四体，无声色佚游之干于心目"；祖父受教"从容于践履，蹈道自然，以是尤得通奉公（即曾祖父——引者注）欢"，任钦州学正时"出所受于庭训之《小学》《近思录》《五种遗规》及冯、□、何三先生之遗书以授诸生，日有讲经，旬有艺课，移其败行而拔其才秀，贫者赡之，诸生百数十年未睹此"，其一生保持儒师的本色，"其授徒如为儒官时，为儒官如授徒。盖四十年无倦其

---

① 康有为：《我史》，载姜义华、张荣华编校《康有为全集》第五集，中国人民大学出版社2007年版，第58页。
② 康有为：《〈连州遗集〉叙》，载《康有为全集》第九集，中国人民大学出版社2007年版，第99页。

教,以崇孝弟,饬节行,化气质为主,弟子率能衿衿饰化"。①

同年,康有为于参与张勋复辟失败后,写下了《康氏家庙碑》,对家族谱系和先人事略一一著录,并于文末表露了自己追怀祖先的心境:"今夏以复辟故,甫被逮捕,避居美使馆,蒙难幽忧,虑不测,既无补于宗人,且上累先庙,乃追旧事,遂记世德,以贻后裔,永毋忘也。"②当生命有"不测"之忧时,康有为还在追怀先辈,重温"世德",以使代代相传,可见家族遗风在他身上留下了多么深刻的印记。

在康有为的多次回忆中,特别值得关注的有两点。一是理学为家族传承之学的核心,从高祖到祖父,都热衷于讲求理学,尤其是《近思录》等数种文本,堪称康氏家族言学的宝典,接力棒式的一代代讲授阐发。梁启超为康有为作传,称康氏家族"世以理学传家"③,是一个相当准确的概括。二是将理学的精神付之于躬行践履,以之修身、治家和履行教职,维持了家族的兴旺,为世人树立了楷模。这两个关键之点,对康有为早期的成长和日后的价值取向,显然都有不可忽略的影响。

康有为生活的时代,宋明理学与乾嘉考据学仍是占据统治地位的两大学派。前者讲求义理,注重思辨,是以思想观念见长的学派。后者讲求训诂,注重考证,是以专门知识见长的学派。在晚清王朝实行专制主义文化政策的特定的历史背景下,两大学派都已呈现严重的内在弊端,而两派之间也一直存在着根深蒂固的门户之见。康有为在家族重理学传统的引导下,其读书难免就会偏向义理之学、思辨之学,而避免走上考据学的路子,这对于他日后成为维新启蒙思想家,应该说是一个相当重要的条件。与此同时,家族对躬行践履的重视,也有助于克服理学业已存在的脱离实际、空疏随意的弊病,使学理的讲求能够落在实处。事实上,从康有为后来一生中都在讲求"义理"及为其实现而奋争的事迹中,常常可以清楚地看到家族遗风的影子。

对于康有为来说,家族遗风并不只是过去的记忆,更多的还是耳提面命的

---

① 康有为:《诰封奉直大人敕授文林郎升用教授赠教谕衔连州训导康公行状》,载《康有为全集》第十一集,中国人民大学出版社2007年版,第68—69页。
② 康有为:《康氏家庙碑》,载《康有为全集》第十集,中国人民大学出版社2007年版,第440页。
③ 梁启超:《南海康先生传》,载《康有为全集》第十二集,中国人民大学出版社2007年版,第423页。

亲身体验。对他产生最大影响的前辈，就是其祖父康赞修。康有为父亲早逝，在很长一段时间里，他都跟随祖父生活，祖父的教诲对其知识的开启、人生目标的初建，起着奠基性的指引作用。

还在父亲去世之前，康有为就开始听祖父的"授经"和"庭训"，并陪同祖父"游观"名胜，"登镇海楼、五羊观、蒲涧寺，授以诗文，教以道义，知识日开矣"①。父亲去世之后，康有为便常伴随祖父左右，接受传统文化的教育。

对此经历，《我史》中做了颇为详尽的编年记录：11岁，"既孤三月，遂从先祖于连州官舍。连州公日夜摩导以先儒高义、文学条理。始览《纲鉴》而知古今，次观《大清会典》《东华录》而知掌故，遂读《明史》《三国志》。六月，为诗文皆成篇。于时神锋开豁，好学敏锐……频阅邸报，览知朝事，知曾文正、骆文忠、左文襄之业，而慷慨有远志矣"；12岁，"从连州公学于官舍。……学官舍旁，为宋张南轩先生濯缨堂、敬一亭遗迹。连州公官暇则谈圣贤之学、先正之风，凡两庑之贤哲，寺观之祖师，儒流之大贤，以若碑帖诗文中才名之士，皆随时指告。童子狂妄，于时动希古人，某事辄自以为南轩，某文辄自以为东坡，某念辄自以为六祖邱长春矣。俯接州中诸生，大有霸视之气"；13岁，"先祖以予不好八股文，于时专责为此业"；14岁，开始考童子试；15岁，"再试童子试不售，于时专督责为八股小题文……两年费日力于试事及八股，进学最寡矣"；16岁，在祖父督责下，继续从事八股，并以诗文在社学课文评选中夺冠，"先祖乃大喜"；17岁，仍花部分时间学习八股文；18岁，"是时督责甚严，专事八股，一切学皆舍去"；19岁，应乡试不售，"愤学业之无成"，乃请从学于"大儒"朱九江先生；20岁，祖父遇难于连州水灾，"吾少孤，自八岁依于大父，饮食教诲，耳提面命，皆大父为之，亲侍十余年。闻而哀毁……"②

这段亲受祖父教育的经历，康有为日后还不时提起："有为自髫丱含识，即侍先祖连州府君，几席衽趾，杖履游观，无不从焉。垂及冠年，日闻其古贤哲之大义微言，日德古豪杰之壮节高行，浸之饫之，泳之游之，皆连州府君之

---

① 康有为：《我史》，载《康有为全集》第五集，中国人民大学出版社2007年版，第59页。
② 康有为：《我史》，载《康有为全集》第五集，中国人民大学出版社2007年版，第59—61页。

庭训也。"①又说："祖诒少孤，事公十年，寡离左右，十一年教□文读经外，读《明史》《会典》，以姿性稍敏，爱之甚笃，常同卧寝。深宵课诵文，述古奸凶贪悭者，则曰：使汝如此，虽为贵人，非吾子孙，吾不享汝。古圣贤豪杰，孝子弟弟事，问汝能学不妄？应曰：可。则喜。导志牖明，刺刺不休，徐以饵啖之。至今犹记负床休案谆谆教告时，几以公犹在堂上也。"②

祖父对康有为的教育，似可分为两个层面。一为理想的层面，祖父用"圣贤豪杰"的事迹帮助康有为从小树立起远大的志向，这种志向并非个人的荣华富贵，而是浸透了中国传统文化精神的建功立业、立德立言的崇高追求。梁启超记叙康有为"成童之时，便有志于圣贤之学。乡里俗子笑之，戏号之曰'圣人为'，盖以其开口辄曰圣人圣人也"③，虽采之于口碑史料，但揆之以实际，当不属虚言。当"圣人"是中国旧式士人最高的理想境界，在往后的日子里，"圣人"情结和"圣人"名号与康有为也一直如影相随，这颗崇圣的种子，应该说就是祖父最早播种的。二为实际的层面，这就是严格督责康有为习八股，考取科举功名。有功名才能步入仕途，也才可能有将来的远大前程，这是当时的社会现实，也是一般读书人绕不开的必由之路。传统的圣贤理想，与同样传统的功名道路，在祖父那里是完全统一的。

但对康有为而言，他最乐于接受并终身受用的还是理想层面的教育，圣贤的种子一经播下，便迅速发芽生根，以后在各种养分的浇灌下，开出了灿烂的思想之花。他果然如祖父所愿，成了不同凡响、超越常人的"圣贤"一类的人物。而对于考科举，他在努力程度上却打了很大的折扣。从14岁（1871年，同治十年）开始考科举，直到36岁（1893年，光绪十九年）才考中举人，再过两年则考上了进士。在二十余年的光阴中，他将大部分时间和精力都用于成就"圣贤"之业，因此科举成绩不能不大受影响。不过，他并未放弃功名，终于还是登上了最高等级的进士之榜。这使他在晚年所撰的《康氏家庙碑》中，能不无自豪地写上"赐

---

① 康有为：《〈连州遗集〉叙》，载《康有为全集》第九集，中国人民大学出版社2007年版，第99页。
② 康有为：《诰封奉直大人敕授文林郎升用教授赠教谕衔连州训导康公行状》，载《康有为全集》第十一集，中国人民大学出版社2007年版，第70页。
③ 梁启超：《南海康先生传》，载《康有为全集》第十二集，中国人民大学出版社2007年版，第423页。

进士出身，诰授光禄大夫，头品顶戴，弼德院副院长，廿一世孙康有为"①的落款。论功名和官阶，在康氏家族中康有为都堪称第一。可见在博取世俗功名方面，他也还是没有辜负祖父的期望，没有走出传统文化的大的路数。

（二）岭南名儒朱次琦先生的教诲

为了使康有为学有所成，康家很早就请私塾先生教其读书。但这些请来的先生几乎都只是教康有为记诵经书，学写八股文，为一次又一次的科举考试做准备。这对于一心向往当圣贤的康有为来说，在学问上没有什么帮助，而在举业方面，由于康有为厌恶八股，对科举考试采取应付态度，先生们的教读也见不到什么成效。面对学业迟迟无成的困境，康有为另选名师，请求跟从被祖父视为"畏友"、频频加以称赞的邑中"大儒"朱九江先生学习。这种选择，成了康有为读书生涯中的一次重要转折。

朱九江名次琦，广东南海县（今佛山市南海区）九江镇人，被人们尊称为九江先生。他是道光进士，咸丰初年曾在山西襄陵当过半年多的知县。引疾辞官后，在家乡创办礼山草堂讲学，其间朝廷和官府累召而不出，毕生授徒治学，在学术上造诣深厚，成为粤中名儒。

对于九江先生的学问，在朱先生逝世的当年，康有为就在《南海朱先生墓表》中做过总结性的评介。他高度概括朱先生学问的核心，是通过个人之治而达到天下之治，而这一治学理念，与"先圣之道"是正相吻合的："治血气，治觉知，治形体，推以治天下；人之觉知、血气、形体，通治之术。古人先圣之道，有在于是。八达六辟，罔不罗络。其治法章所在，曰《诗》《书》，曰《礼》《乐》《易》《春秋》。后人圣孔氏，奉被饰之以为教，尊之曰'经'，演之曰'史'，积其法曰'掌故'，撢其精曰'义理'，行之远曰'文词'，以法古人道治也。"②所谓治"觉知""血气""形体"，应该是康有为对朱先生"治身"之学的一种新认识，虽以朱先生之学为原本，但已与康有为自身的新思考、新体验融汇在一起，成为更具有康氏色彩的观念。③

---

① 康有为：《康氏家庙碑》，载《康有为全集》第十集，中国人民大学出版社2007年版，第440页。
② 康有为：《南海朱先生墓表》，载《康有为全集》第一集，中国人民大学出版社2007年版，第1页。
③ 康有为学于九江先生门下约三年。从辞别九江先生到先生过世这段时间里，康有为的治学逐渐发生了很大变化。他对经世致用更加重视："……哀物悼世，以经营天下为志。……俯读仰思，笔记皆经纬世宙之言。"与此同时，他开始改变对西方的看法，不再"以古旧（转下页）

康有为认为,这种始治个人、终治天下的"通治之术",继承了以六经为"法章",以经、史、掌故、义理、文词为学问门类的孔子之教,四通八达,可以将一切治道"罗络"其中。这样一来,朱先生就上接古代,成了"先圣之道"的传承者。

之所以要突出朱先生与"先圣之道"的连接,是因为长久以来,这一圣道已经遭到严重的破坏,"圣人殁而学术裂,儒说纷而大道岐,有宋朱子出,实统圣人之道,恢廓光复,日晶星丽。然而心学树一敌,考据一盗,窃易朱子之绪孽,而侧戈逞攻,□干窃大之统,招党属徒,大器而横呼,巨子□哗,随流而靡亡,风俗殆至嘉、道而极矣"①。在这段学术史的回顾中,康有为对朱熹的理学是充分认可的,将其置于"统圣人之道"的重要地位,而对心学和考据学则持批判态度,认为它们一面取资于朱子,一面又大攻朱子,结果使朱子所统的圣道被浮嚣的流俗所淹没,以致到了晚清嘉庆、道光年间,学界之风变得极坏。

九江先生的可贵之处就在于,面对颓风恶俗,在"无哲师友之传"的情况下,能"独反复千儒百士之说,较而于先圣之义,视其合否而去取之,尽得其疴癞之所在,举而复之。于孔氏圣之□,独睎其意,不从其迹,期足以善身而致旧(联系下文,'旧'似应为'用'——引者注)。其治身之条目,敦行孝弟,崇尚气节,变化气质,检树风仪。其治用之章,曰经,曰史,曰掌故,曰义理,曰文词。其说平实敦大,皆出于□口心得之余,绝浮嚣,屏窈奥,学者由而行之,始于为士,终于为圣人。……古之道术以治为教者,其殆统一于是耶"。②从这段评介中,可以看出九江先生治学的宗旨,是要重新恢复先圣之道,其方法则是以"先圣之意"为标准,对以往各种学说进行鉴别,取其精华,而疗其伤病;对待孔学,亦独有所见("独睎其意,不从其迹"),注重达到"善身而致用"的目的。因此,九江先生治学的纲领可以归结为"治身"和"致用","治身"有四项条目,"致用"分五门学问(后来被称为"四行

(接上页)之夷狄视之",渐收西书以讲求西学。(参见康有为《我史》,载《康有为全集》第五集,中国人民大学出版社2007年版,第62—63页)这是一个非常关键的转变。经世之思与讲求西学的结合,使康有为对很多道理有了新的理解。在不久后康有为所撰写的理论著作《康子内外篇》中,《觉识篇》《不忍篇》《理气篇》等多篇论文就直接使用了"觉知""血气""形体"的概念,并围绕这些概念展开了一系列富有创意的论述。(参见《康有为全集》第一集,中国人民大学出版社2007年版,第105—107、103—104、110—111页)

① 康有为:《南海朱先生墓表》,载《康有为全集》第一集,中国人民大学出版社2007年版,第1页。
② 康有为:《南海朱先生墓表》,载《康有为全集》第一集,中国人民大学出版社2007年版,第1页。

五学")。学者依此而行，就能完成由"士人"到"圣人"的升华，而古人"以治为教"的道术，亦可重新得以"统一"。

简略地说，九江先生一生都在追寻"先圣之道"，并将其落实于"平实敦大"的"四行五学"之中，对圣道的传承做出了重要的贡献。将九江先生之学与"先圣之道"同列并称，按照传统文化的标准，这是一个很高的评价。

与"墓表"的尽情赞颂有所不同，康有为在较晚所写的一封信中，对九江先生治学的某些不足也有所议论。信中写道："近代大宗师，莫如朱、王，然朱学穷物理，而问学太多，流为记诵；王学指本心，而节行易窘，流于独狂，或专尚经制则少涵养，专重践履则少振拓。仆先师朱先生鉴明末、乾、嘉之弊，恶王学之猖狂，汉学之琐碎，专尚践履，兼讲世用，可谓深切矣。而从游之士，忠信愿朴者多，而发明光大者少，亦此之故。庄生所谓'其作始也简，其将毕也巨'，信矣。"①康有为不仅批评了"指本心"的王学，也批评了"穷物理"的朱学，还批评了"专尚经制"与"专重践履"的两种学派。对于九江先生，虽赞扬其"深切"，但还是将其划入"专重践履"一派，指出其所教之人长于"忠信愿朴"，而难以"发明光大"。也就是说，九江先生之学由于"少振拓"，虽可以使人信守"先圣之道"，却培养不出学问上的创新精神。作此批评之时，距九江先生去世已有7年，康有为已经完成了由传统旧道到启蒙新道的转变，并有了第一次上书清帝的重大政治经历。因此，当他再次回顾品评学术史（包括九江先生之学）之时，就有了一个新的立足点。

此后，康有为对九江先生还做过两次专门的评介。

一次见于《我史》，书中写道：

> 先生硕德高行，博极群书。其品诣学术，在涑水、东莱之间，与国朝亭林、船山为近，而德器过之。……以讲学躬行，荐授五品卿。先生壁立万仞，而其学平实敦大，皆出躬行之余。以末世俗污，特重气节，而主济人经世，不为无用之高谈空论。其教学者之恒言，则曰'四行五学'。四行者：敦行孝悌、崇尚名节、变化气质、检摄威仪。五学则经学、文学

---

① 康有为：《与沈刑部子培书》，载《康有为全集》第一集，中国人民大学出版社2007年版，第238页。

（"文学"似应为"史学"——引者注）、掌故之学、性理之学、词章之学也。先生动止有法，进退有度，强记博闻。每议一事，论一学，贯串今古，能举其词，发先圣大道之本，举修己爱人之义，扫去汉、宋之门户，而归宗于孔子。①

另一次见于《朱九江先生佚文叙》，文中写道：

> 以躬行为宗，以无欲为尚，气节摩青苍，穷极问学，舍汉释宋，源本孔子，而以经世救民为归；古之学术有在于是者，则吾师朱九江先生以之。……先生授学者以四行五学。……当是时，汉学方盛，饾饤为工，猎琐文而忘大义，矜多闻而遗躬行。先生琼识高行，独不蔽于俗，厉节行于后汉，探义理于宋人，既则舍康成，释紫阳，一一以孔子为归……盖国朝二百年来大贤巨儒，未之有比也。梨洲精矣，而奇佚气多；船山深矣，而矫激太过；先生之学行，或于亭林为近似，而平实敦大过之。②

这些评介与以往相比，虽然并无大的差异，但仍有值得注意的地方。

一是强调宗孔。所谓"归宗于孔子""源本孔子""一一以孔子为归"，都表达了以孔子统领一切的意思。在此之前，康有为也说过九江先生对"先圣之道""先圣之意"的追寻，但尚未如此突出孔子。这除了肯定九江先生的确崇尚孔子之外，与康有为本人1891年之后，以"复原孔学"为名，有意建立自己启蒙新道与孔子之道间的"统绪"，并且在"尊孔"之路上越走越远，显然有莫大关系。

二是在汉宋之间仍偏向于宋学。如果仅看前面的"扫除汉、宋之门户"，似乎对汉学、宋学一视同仁，但在后面已写得很清楚，是"舍汉释宋""舍康成，释紫阳"，即舍弃汉学，而对宋学作进一步的解读。事实上，康有为一直不喜欢汉学，而对朱子的理学则赞赏有加。这与其家族"以理学传家"和九江先生偏爱理学，是一脉相承的。

---

① 康有为：《我史》，载《康有为全集》第五集，中国人民大学出版社2007年版，第61页。
② 康有为：《朱九江先生佚文叙》，载《康有为全集》第九集，中国人民大学出版社2007年版，第8页。

三是通过对比，更加突出九江先生的学术特色。康有为对比了涑水（司马光）、东莱（吕祖谦）、亭林（顾炎武）、梨洲（黄宗羲）、船山（王夫之）五人，认为九江先生在"德器"或"学行"方面都有超越前人之处。他批评梨洲过于"奇佚"，船山过于"矫激"，以此反衬九江先生的"平实敦大"。当1889年之时，作为新锐的康有为对九江先生之学曾有过"少振拓"的微词，但时过20年之后，康有为日趋保守，已对一切新锐的言行皆生反感。此时他以"平实敦大"来批评"奇佚""矫激"，应该也是有感而发。

不论当时和后来作何评议，就读于九江先生门下对于早年的康有为而言，都是很有帮助的。三年的时间不长，但对康有为产生了多方面的影响。

最重要的影响是强化了康有为成为圣贤的志向。这一志向最初由祖父所培养时，还只是颇具感性的向往，而到了九江先生这里，就逐渐变成了充满理性的抉择："于时捧手受教，乃如旅人之得宿、盲者之睹明，乃洗心绝欲，一意归依，以圣贤为必可期，以群书为三十岁前必可尽读，以一身为必能有立，以天下为必可为。从此谢绝科举之文、土芥富贵之事，超然立于群伦之表，与古贤豪君子为群。"①很显然，九江先生的"硕德高行，博极群书"使他深有感触，等于为他提供了一个现成的圣贤榜样。正因如此，他坚信只要"一意归依"九江先生，就一定可以成为圣贤并成就一番大业，"为才质无似，精闻大道之传，决以圣人为可学，而尽弃俗学，自此始也"②。

由于受教于九江先生，康有为对治学门径的认识开始变得清晰："……余家小有藏书，久好涉猎，读书甚多，但无门径。及一闻先生之说，与同学……日上下其议论，即涣然融释贯串，而畴昔杂博之学，皆为有用，于是偶然自负于不朽之业。"③这里所说的"门径"，大致而言，应该就是九江先生所教的"五学"，即经学、史学、掌故之学、义理之学、文词之学。所有的学问，都被归入此五大门类之中，分门别类地进行讲求。而每种学问，九江先生势必都会给出自己的论说和研习的指导（可惜现存资料中，这方面的记载很少），这

---

① 康有为：《我史》，载《康有为全集》第五集，中国人民大学出版社2007年版，第61页。
② 康有为：《朱九江先生佚文叙》，载《康有为全集》第九集，中国人民大学出版社2007年版，第8页。
③ 康有为：《我史》，载《康有为全集》第五集，中国人民大学出版社2007年版，第61页。

自然就使原来读书虽多但毫无章法的康有为，从此可以井井有条地治学。

九江先生治学的宗旨和讲学的方式，对康有为也有潜移默化的影响。1891年，上书清帝不达的康有为回广州开堂讲学（始称长兴学舍，后易名为万木草堂）。他撰写了《长兴学记》，以作为学规。学记开篇就写道，"……尝待九江之末席，闻大贤之余论，谨诵所闻，为二三子言之"，点明了与九江先生在学脉上的继承关系。所谓"谨诵所闻"，当然是自谦之词，综观整个学记，应该说主要体现了康有为的治学思想，充满了创意和新见。即便如此，学记对九江先生多方面的传承，仍然清晰可见。如主张治学应以"先圣之道"为依归，学者尤应注重气节，采用九江先生"四行五学"的内容，等等。[①]在讲学方式上，康有为与九江先生亦有颇为相似的地方。[②]

（三）刻苦自学的收获

对于祖父志向上的教诲、九江先生学业上的指引，康有为并不是被动的接受者，而是通过刻苦的自学来回报先辈的期望。他天性喜欢读书，而家族建有"澹如楼"和"二万卷书楼"两座藏书楼，藏书达数万卷之多，为其自学提供了极好的条件。

在跟随祖父之时，他就自觉开始苦读群书，"于时神锋开豁，好学敏锐，日昃室暗，执卷倚檐柱，就光而读，夜或申旦，务尽卷帙。先祖闻之，戒令就寝，犹篝灯如豆于帐中，隐而读书焉"；"《明史》之外，竟日杂览群书"；

[①] 参见康有为《长兴学记》，载《康有为全集》第一集，中国人民大学出版社2007年版，第342—345、348、350页。康有为直接写入"学记"的有"敦行孝弟""厉节""变化气质""检摄威仪"和"义理之学""词章之学"等条目。

[②] 康有为记九江先生讲学的情形写道："日一登堂讲学，诸生敬侍，威仪严肃。先生博闻强记，不挟一卷，而征引群书，贯穿讽诵，不遗只字……至夫大义所关，名节所系，气盛颊赤，大声震堂壁，听者悚然。"（康有为：《朱九江先生佚文叙》，载《康有为全集》第九集，中国人民大学出版社2007年版，第8页）康门弟子对康有为的讲学也有这样的记载："先生讲学于粤凡四年，每日在讲堂者四五点钟。每论一学、论一事，必上下古今，以究其沿革得失……""其品行方峻，其威仪严整，其授业也，循循善诱，至诚恳恳，殆孔子所谓'诲人不倦'者焉。其讲演也，如大海潮，如狮子吼，善能振荡学者之脑气，使之悚息感动，终身不能忘；又常反复说明，使听者涣然冰释，怡然理顺，心悦而诚服"（梁启超：《南海康先生传》，载《康有为全集》第十二集，中国人民大学出版社2007年版，第424、426页）。师徒讲学从内在精神到外在形象，都多有相似之处。

"于时读书园中，纵观说部、集部"；"时好览经说、史学、考据书，始得《毛西河集》读之"；"……涉猎群书为多。始见《瀛环志略》、地球图，知万国之故，地球之理"；"是时督责甚严，专事八股……但还乡则得披涉群书耳"。① 由此可见，"群书"实在有着太大的吸引力，它们为求知欲极强的康有为，打下了最初的传统文化基础。

从师于九江先生之后，遵照先生所指示的门径，康有为攻读群书用力更勤，收获更大。"……既从先生学，未明而起，夜分而寝，日读宋儒书及经说、小学、史学、掌故词章，兼综而并骛，日读书以寸记。……于时读钱辛楣全集，赵瓯北《廿二史劄记》《日知录》《困学纪闻》，遂觉然通辟，议论宏起"；"大肆力于群书，攻《周礼》《仪礼》《尔雅》《说文》《水经》之学，《楚辞》《汉书》《文选》、杜诗、徐庾文，皆能背诵。九江先生提奖范氏《后汉书》之风俗气节，故尤致力焉。先生精于古文，不取桐城而上言秦、汉。因从学文而及周、秦诸子。先生甚称韩昌黎之文，因取韩、柳集读而学之，亦遂肖焉"。② 九江先生所大力倡言的"五学"，经过康有为的刻苦攻读，可以说逐一落到了实处。

通过以上途径，传统文化就对早期康有为产生了极为深广的影响。他从传统文化中收获了远大的志向、高尚的气节、广博的知识以及经世致用的精神，成为传统文化精华、精粹的多方受益者。这不仅使其超脱于一般科举功名追求者和随波逐流者之上，而且对其一生思想的发展，都具有奠基性的作用。

二、困惑与反叛

如果只看康有为从师于九江先生时的最初感受和努力，有理由相信他真的找到了自己人生道路的归宿，并完全有可能追随于九江先生之后，将其德行学问发扬光大，以后成为同样名满岭南的大儒。然而实际情况是，他在九江先生门下只学了不到三年的时间，就因产生了种种无法排遣的困惑，主动辞别其师，朝着另外的方向探求人生与世道的真谛。

---

① 康有为：《我史》，载《康有为全集》第五集，中国人民大学出版社2007年版，第60—61页。
② 康有为：《我史》，载《康有为全集》第五集，中国人民大学出版社2007年版，第61、62页。

关于这一重要变化，康有为有过颇为具体而生动的说明：

> 时读子书，知道术，因面请于先生，谓昌黎道术浅薄，以至宋、明、国朝文学大家巨名，探其实际，皆空疏无有。窃谓言道当如庄、荀，言治当如管、韩……即《原道》亦极肤浅，而浪有大名。千年来文家颉颃作势自负，实无有知道者。先生素方严，乃笑责其狂。……至秋冬时，四库要书大义，略知其概。以日埋故纸堆中，汩其灵明，渐厌之。日有新思，思考据家著书满家，如戴东原，究复何用？因弃之，而私心好求安心立命之所。忽绝学捐书，闭户谢友朋，静坐养心。同学大怪之，以先生尚躬行，恶禅学，无有为之者。静坐时，忽见天地万物皆我一体，大放光明，自以为圣人则欣喜而笑。忽思苍生困苦，则闷然而哭。忽思有亲不事，何学为？则即束装归庐先墓上。同门见歌哭无常，以为狂而有心疾矣。至冬辞九江先生，决归静坐焉。此《楞严》所谓飞魔入心，求道迫切，未有归依之时，多如此。①

一个本来充满理想和自信的年轻人，却突然变得难以理喻地哭笑无常，可见康有为所面临的困惑之大。

他的困惑表现在三个方面：一是对"道术"的质疑。自从唐代韩愈提出"道统"以来，学者们普遍沿袭其说，奉为定论。康有为却不以为然，认为从唐代到清代，名流大家层出不穷，但对道术的认识要么"浅薄"，要么"空疏"，实际上没有一个人知晓"道"为何物。被视为经典之作的《原道》，其实写得极为肤浅。若真正讲求道术，应该如庄子、荀子、管子和韩非子。如此一来，历代相传的道统就成了必须重新阐释的东西。二是对"群书"的反感。原本对"群书"迷恋不已的康有为，在遍读"群书"之后，却对书本产生了厌倦甚至敌对的情绪。他不仅感到自身"灵明"受到了"故纸堆"的压抑，而且针对备受时人尊崇的考据大家，提出了著书满家究竟有何作用的尖锐问题。为了寻找书本中无法求得的"安心立命之所"，他甚至做出了"绝学捐书"的偏激举动。三是对"苍生困苦"的忧悲。自以为是"圣人"令康有为"欣

---

① 康有为：《我史》，载《康有为全集》第五集，中国人民大学出版社2007年版，第62页。

喜"，但面对天下困苦的苍生，"圣人"居然拿不出任何解救之道，这使他禁不住"闷然而哭"。三大困惑归结到一点，就是"求道迫切"而求道无果，在"道"这个最根本的文化内核上，他没有"归依"之感，没有立足之地。他形容求道不得就好似"飞魔入心"，无法得到安宁，只有真正找到心中所信之道，才能驱除心魔，回归常人。

康有为"求道"陷入困境，从另一个角度来看，也反映了他与九江先生的思想分歧。九江先生也讲"先圣之道"，但只是以传统的孔学作为依归，一切以孔子的言论作为衡量是非得失的标准，在学理上并没有自己的突破和创新，而康有为对传统之道却多有怀疑和不满，表现出强烈的探索精神；九江先生指导学生时非常注重对书本知识的汲取，却缺乏对学生独立思考能力的开拓，而康有为则不愿意只是接受固有的知识，更希望能进行心灵的修炼，让自我精神进入自由驰骋的境界；九江先生也强调学以致用，但其落脚点只在修身和讲学，修身成就了个人高尚的德行操守，讲学弘扬了传统文化，对解救苍生困苦却并未起到多大实际作用，而康有为对于"道"的致用性则抱有更大的期待，这就是要能救治整个天下的疾苦。这些分歧不仅具有个人性（前辈大儒偏于守成而年轻学子急于求新），而且更具有时代性（九江先生代表着对旧时代传统文化精华的传承，而康有为则代表着对新时代文化精神的开拓）。尽管这些分歧还只是初现端倪，对于随后康有为思想的发展却具有标志性的意义。

就其实质而言，康有为的困惑包含了他对传统文化的价值、个人存在的意义、现实社会的改造等一系列重要问题的重新思考和重新认识。当他辞别九江先生之后，这些思考和认识沿着原来的轨迹进一步拓展，其困惑不断扩大和加深，并演化为脱离传统思想文化常轨的反叛精神。

首先，对传统"道术"的质疑被扩展为对整个学界生存现状的反省批判。当康有为认定千年来文人大家无人识"道"之时，九江先生曾"笑责其狂"，岂料这一"狂"论在走出师门后，有了更加无所顾忌的发挥，由"文家"论及所有儒家：

> 八股之文，八韵之诗，窃甲第，祭酒于乡，此曲巷陋儒之尊大也。及游大师之门，驰都会之观，披《四库》之说，略闻九流之余论，于经则有训诂、声音、名物、义理之门，其巨子曰胡、阎、惠、戴、段五氏，奔走

焉；于史则有掌故、考据、地理、议论之户，其巨子曰万、钱、王、赵、张、何，乞丐焉。破碎而无统纪，繁巨而不关要，著之副墨，哗之京邑，轻才讽说者榜之飏之，京邑文儒之尊大也。老师魁学，旧辈宿齿，通义理之科，讲经纬之条，天算金石，异域新学，兼综并贯，树论说，立德行，遍阅天下之才，老于当世之事，此大人魁儒之尊大也。若是者，求之古者之未曾有。好尚未统纪，立学无根蒂，建门无堂壁，经国无端绪，而况与论天人之事？①

他将群儒分为曲巷陋儒、京邑文儒和大人魁儒三种，对其各自据以"尊大"的资质皆不以为然，尤其对京邑大儒为学的"奔走"之状、"乞丐"之态及哗众取宠之行进行了尖锐的嘲讽。在他看来，这些儒者与古代之儒判然有别，其根本的缺失是治学零碎庞杂，没有整体一致性的根基，当然更难以到达论"天人之事"的境地。这等于表示了对士林全体的不满：从只知功名利禄的陋儒，到以学自炫的文儒，再到德高望重的魁儒，尽管高下有别，却无一人能获知学问的根源，找到治学的真谛。

之所以做出这样的评判，是因为他心中立有一个"道"的标准："今有道焉，渺造化之迹，通神明之数，气天寅合，变动形化，四通六辟，其运无乎不贯。其粗迹为君师之事，该本末，洽道数，生生之伦，拔幽冒而文明，昭千万祀而若揭，未尝为虚而寄体。造物忘乎圣通，其孰能与于斯？（未尝为虚。而寄体造物，忘乎圣通，其孰能与于斯？）自仲尼之后，分其体，率其性，卷舒开合，若者其有意乎？语乡祭酒以此，其何异语冰山之冰人，火山之火鸡，太平洋之岛山忽出？其疑而谩之固宜。"②从康有为的形容来看，他所说的"道"是一种极为神圣、神秘而且神通广大的东西。它无所不包、无所不能、无所不在，对于宇宙万物和人类社会起着绝对支配的作用。这个绝对、终极之物，就是康有为所要追寻、以作为"归依"的"道"。按照他的分析，这个"道"在

---

① 康有为：《康子内外篇·觉识篇》，载《康有为全集》第一集，中国人民大学出版社2007年版，第106页。
② 康有为：《康子内外篇·觉识篇》，载《康有为全集》第一集，中国人民大学出版社2007年版，第106—107页。

孔子时是完整无缺的（从人们认知的角度来说），但在孔子之后，"道"却分成了不同的部分，各自演变，以致整体之"道"不复为人所识。这些对于"道"的体认，在"乡祭酒"即陋儒听来固然像天方夜谭，而其他儒者也无人能懂。寻得此"道"，实际上是要重构理想中的大道体系，这是康有为为自己所定下的历史使命。

关于大道无人知晓这一点，康有为稍后讲得更加直截了当："今天下博闻强识之士不少，患无知道者，尤患无任道者。惟汉学之破碎，见闻之杂博，有以累其心；风节之披靡，众口之排挤，有以挫其气；自非金刚不坏身，未有不化作绕指柔者。故今之中国，圆颅方趾四万万，《四子书》遍域中诵之，而卓然以先圣之道自任，以待后学，不为毁誉、排挤、非笑所夺者，未有人焉。此所以学术榛塞，风气披靡也。"①虽"博闻强识"却不知"道"，更无从"任道"，这是他所认定的学界存在的最严重的问题。其原因一在汉学的拖累，一在世风的压抑，所以尽管人人遍诵"四书"，却无人敢卓然自立，去探求真正值得追寻的"先圣之道"。

从上述反省批判中，可以看到康有为要重新改造整个传统思想文化体系的心思，还可以看到他与整个旧学界的根本性对立。他将当下所有流行之学和所有治学之人皆排除在大"道"之外，而将自己摆到了寻道、知道与任道先驱者的位置。这表明传统的价值观发生了极大的动摇，对于晚清专制主义的思想文化统治来说，显然是一种重大的突破。

其次，在试图摆脱书本对"灵明"压抑的过程中，其内心的自我体验有了更为纵深的发展。

康有为所说的"灵明"，指的是人的主观世界，包括个人的精神、意念和个性，等等。他将"群书"（当然也包括儒家经典这些所谓圣人之书）与"灵明"对立起来，反映了旧式读书生活中的两个问题：一个是读书之人完全成为书本知识的附庸，除了记诵和重复之外，几无个人精神独立生长发育的空间；二是已有的书本知识并不注重开启人的心智、培养人的个性，相反还对人的独创性和批判性起种种遏制作用。许多人对此毫无察觉，终身为旧学所困，而思

---

① 康有为：《与沈刑部子培书》，载《康有为全集》第一集，中国人民大学出版社2007年版，第236页。

想活跃的康有为却开始感到极为压抑，有了将"灵明"从"故纸堆"中解救出来，由自己而不是书本决定个人精神归宿的强烈冲动。这是自我意识开始觉醒的标志。

为了将个人"灵明"最大程度的释放，康有为曾住进家乡附近西樵山的一个山洞里，恣意放纵自己的心灵世界，举止反常，思绪杂乱，完全颠覆了以往"圣人为"的形象。但感性的放纵毕竟不能持久，也不能找到解决困惑的答案。在强化自我意识的基础上，康有为还努力将感性与理性融为一体，进一步从人的本性与人的个性相结合的角度，深化对自身"灵明"的认识。

传统的人性论的主旨，不出所谓性善论和性恶论的窠臼，而程朱理学又特别提出"存天理，灭人欲"的观念，力图将人性纳入"天理"即纲常礼教的统辖之下。对群贤关于人性的这些定论，康有为皆不认可。他依据自身的体验，提出了"不忍人之心"这一概念，用以定义人类普遍的人性和自己独特的人性：

> 凡为血气之伦必有欲，有欲则莫不纵之，若无欲则惟死耳。最无欲者佛，纵其保守灵魂之欲；最无欲者圣人，纵其仁义之欲。我则何为哉？我有血气，于是有觉知，而有不忍人之心焉。以匹夫之力、旦夕之年，其为不忍人之心几何哉？余故知此哉！无如有不忍人之气，有不忍人之欲，只知所就有限，姑亦纵之。小则一家，远则一国，大则地球。其为不忍人之效几何哉？余故知。无如不能制断不忍人之欲，亦姑纵之。竭吾力之所能为，顺吾性之所得为而已。若能如佛降伏其心，视欲如毒蛇、猛虎、大火、怨贼，能力挫之，则吾亦不参预人事矣。其如不能何？则故纵之已耳。故夫制之者血气也，纵之者血气也。①

"血气"之欲是康有为立论的基础。"血气"应理解为人的物质性的生命力，凡有血气就必有欲望，而凡有欲望则势必极力表现出来。但人与人之间的欲望是各不相同的，佛家的欲望是"保守灵魂"，圣人的欲望是施行"仁

---

① 康有为：《康子内外篇·不忍篇》，载《康有为全集》第一集，中国人民大学出版社2007年版，第103—104页。

义"，康有为给自身欲望的界定则是"不忍人之心"：有对于"一家"的"不忍"，有对于"一国"的"不忍"，还有对于"地球"的"不忍"；这种"不忍"与"血气"俱来，只能放纵，无法遏制。

康有为究竟"不忍"什么，从上引之文中还看得不够清楚，需要用其另外一段议论作为补充。这段话写于第一次上书清帝不达之后，谈的也是他的"不忍"之欲："夫仆不忍人之欲，岂有奇特勉为者哉？犹人有声色之欲耳。仆未忘声色之欲，以为不应于义，则抑而制之。若毒蛇猛虎、大火怨贼，不使其纵焉。有不忍人之欲，以为合于义矣，则因而纵之。近知此欲万无可纵之日，于是引万物刍狗之说，坐视其颠连困苦而不顾视。不忍人之欲，亦如毒蛇猛虎、大火怨贼，抑而制之。还山三数年，不知能断割否也。然吾老母、妻子、兄弟、朋友，安忍舍之哉？则此欲亦时时决裂触发，而必有不能尽制者。"① "万物刍狗"语出《老子》："天地不仁，以万物为刍狗；圣人不仁，以百姓为刍狗。""刍狗"（草和狗）为轻贱无用之物，此语之意即为天地轻视万物、圣人轻视百姓，而康有为的"不忍"正好与此相反，是要尽力关注并解救民众的"颠连困苦"。尽管扼于时运不能如愿以偿，但此"不忍"之欲终究难以泯灭，时刻保持呼之欲出之势。

这样，"不忍人之心"就成了康有为对自身"灵明"的独特解读。它突破了与世事无关的烦琐的书本知识的束缚，而将个人与家人、国人乃至全球之人的生存现状联系起来。这是一种富有近代气息的世界视野和人文主义关怀，它对于康有为此后一生的作为都有重大的影响。

再次，对苍生的困苦有了更加广泛而深切的感受。

康有为所说的"不忍人之心"，与他所说的"苍生困苦"是紧密交织在一起的。前者是其主观意念，而后者则是产生这一意念的客观对象和社会根源。如果说，当初辞九江先生之时，他对"苍生困苦"还只有粗略感受的话，那么，随着对"道术"质疑的强化，对个人"灵明"的深思，他对"苍生困苦"的观照也越来越透彻。

令康有为感受最深的"苍生困苦"，直接来自他所生活的乡间社会。他写

---

① 康有为：《与沈刑部子培书》，载《康有为全集》第一集，中国人民大学出版社2007年版，第237页。

过这样一段话，来描述自己对乡民苦难的观察和沉重的心境：

> 康子燕居，目若营，神若凝，心若思，眉间戚戚，常若有忧者。或问之曰：人生不易，佳日难逢，行乐无荒，以逸厌生，如何出囚以自戕贼也？曰：予非不乐生也，予出而偶有见焉。父子而不相养也，兄弟而不相恤也，穷民终岁勤动而无以为衣食也。僻乡之中，老翁无衣，孺子无裳，牛宫马磨，蓬首垢面，服勤至死，而曾不饱糠麧也。彼岂非与我为天生之人哉？而观其生，曾牛马之不若，子（"子"似应为"予"——引者注）哀其同为人而至斯极也。以为天之故厄斯人耶？非然，得无政事有未修，地利有未辟，教化有未至而使然耶？斯亦为民上者之过也。使人人皆得乐其生，遂其欲，给其求，则予之好乐，将荒于人万万矣，虽日歌舞，岂所恶哉！若坐视其兄弟颠连困苦，睊睊侧目而已，方纵逸焉，亦何乐之有？①

康有为虽然自身衣食无忧，却见到四周许多穷民还过着牛马不如的生活，这不由得令他极为压抑，终日哀愁。对此，他提出了同为"天生之人"，为何有人能够"燕居"，有人却如此受苦受难的大问题，并将问题的症结归之于"民上者"，即统治阶级教治的种种缺失。他表示只有人人皆得其乐，自己才会真正感到快乐。这样一种苦乐观，已经开始将局部的人生苦难上升到全体人类苦难的高度，将单独的个人感受融入所有人的共同感受，带有明显的近代人道主义的意味。

这种深以穷民苦难为忧的心情，康有为在写给友人的信中也作过坦露："仆生于穷乡，坐睹族人、乡人困苦，年丰而无米麦，暖岁而无襦袴，心焉哀之。且受质近厚，仁心太盛，自弱小已好任侠之举，虽失己为之不恤。加十年讲求经世救民之学，而日日睹小民之难，无以济之，则不得不假有国者之力。盖不忍人之心，凝聚弥满，融于血气，染于性情，不可复抑矣。……所经之地，所阅之民，穷困颛愚，几若牛马，慨然遂有召师之责，以为四海困穷，不

---

① 康有为：《康子内外篇·不忍篇》，载《康有为全集》第一集，中国人民大学出版社2007年版，第104页。

能复洁己拱手而谈性命矣。"①从这段话中,可以清楚地看到民众疾苦与"不忍人之心"之间的互动:康有为因从小就有仁厚的秉性而同情穷民,而民众苦难的不断刺激又使"不忍人之心"日益增长和强化,以致敢于向"有国者"即清帝上书言事,慨然承担救民之责。传统士人只知洁身自好、空谈性命,而康有为却要以冒天下之大不韪的举动,与此旧的士林风气划清界限。

直到戊戌变法后,康有为逃亡海外,在印度大吉岭写成《大同书》,还在书的绪言中回忆起当年中法战争发生,因避战乱而从广州回到家乡,对民间种种苦痛所留下的不能忘怀的印象:"耳闻皆勃豀之声,目睹皆困苦之形。或寡妇思夫之夜哭;或孤子穷饿之长啼;或老夫无衣,扶杖于树底;或病妪无被,卧于灶眉;或废疾癃笃持钵行乞,呼号而无归。其贵乎富乎,则兄弟子姓之阋墙,妇姑娣姒叔嫂之勃豀,与接为构,忧痛惨凄。"②事实上,康有为早年所耳闻目睹的"苍生困苦",正是促使他产生"大同"思想的最初起点。他将这一起点不断拓宽、放大,最后变成了涵盖整个人类的数十种苦难,并针对这些苦难,逐一提出了他的大同设想,在很大程度上,《大同书》可以说就是一部疗治人类苦难的宝典。

不只是民众日常生计的苦难,国家和民族的忧患也开始不断进入康有为观察世事的视野,引致其内心发出沉重的感叹。

1879年,即辞别九江先生的次年,他在一首卧病抒怀的诗中写道:"夜夜登楼望大星,紫微帝座故荧荧。山河两戒谁能考,庙社千秋尚有灵。道丧官私惟帖括,政芜兵食尽虚名。虞渊坠日忧难挽,漆室幽人泣六经。"③康有为所登之楼,是他常年读书其中的澹如楼。他在楼上夜夜所见,紫微、帝座之星还是那么明亮,星空之下祖国疆域还是那么辽阔,千秋相继的历史还是那么充满灵气。然而,现实的中国却令人沮丧不堪:大道沦丧,朝野上下都只知操练博取功名的八股文;政事荒废,兵政民政都变得徒有虚名。世道的衰败恐怕就要像太阳落入虞渊一样难以挽救,这怎么不叫苦读圣贤之书的士人凄然落泪呢?这

---

① 康有为:《与沈刑部子培书》,载《康有为全集》第一集,中国人民大学出版社2007年版,第237页。
② 康有为:《大同书》,载《康有为全集》第七集,中国人民大学出版社2007年版,第3页。
③ 《康南海先生诗集·苏村卧病写怀》,载《康有为全集》第十二集,中国人民大学出版社2007年版,第145页。该诗集所录诗,有早于1888年的。

首诗直接抨击时政，同时也写得很感伤。

1885年，中法战争结束，时任鸿胪寺卿的邓承修御史奉朝廷之命赴广西，按照和约规定与法国一道勘划中越边界。邓承修据理与法人力争，法人竟以罢议相威胁，无能的清朝于是将邓撤回。康有为得知此事后，悲愤难抑，写下七律一首："山河尺寸堪伤痛，鳞介冠裳孰少多。杜牧罪言犹未得，贾生痛哭竟如何！更无十万横磨剑，畴唱三千敕勒歌。便欲板舆常奉母，似闻沧海有惊波。"[①]祖国疆土哪怕被占一寸也使人痛心，入侵的洋人与御侮的朝官谁更有理不是十分清楚吗？像唐朝诗人杜牧那样批评时政的直言听不到了，似西汉贾谊那样慷慨激昂地哭陈御敌之策更加难以想象！看不到剑气冲天的强大兵力，听不见万众一心的雄壮战歌。就算愿意回家侍奉父母，也会听得到多事的海疆掀起阵阵令人心惊的浪波。康有为为邓御史鸣不平，更为国家险恶的处境而忧愁不已。

外界社会对康有为内心世界的触动，还来自不同治理方式之间的鲜明对比。这一时期，康有为两次去过香港，一次途经上海。他在香港见到在英国人的治理之下，宫室瑰丽，道路整洁，巡捕严密，大开了眼界，从而开始了解到西方人原来很会治理，再也不能将他们视为古代的夷狄。他禁不住写诗赞美香港的繁华："灵岛神皋聚百旃，别峰通电线单微。半空楼阁凌云起，大海艨艟破浪飞。夹道红尘驰腰袅，沿山绿围闹芳菲。伤心信美非吾土，锦帕蛮靴满目非。"[②]"空濛海月上金绳，又看秋宵香港灯。曼衍鱼龙陈百戏，参差楼阁倚高层。怕闻清曲何堪客，便绕群花也似僧。欢来独惜非吾土，看剑高歌醉得曾。"[③]香港固然美景如画，观灯亦令人赏心悦目，但可惜皆非"吾土"。香港本属吾土，何以变成了他土？他土何日才能再变成吾土？中国广大的吾土为何不像香港那样充满生气？诗人的"伤心"和"看剑高歌"，实在包含了相当复杂也相当深切的感慨。在上海他游览了西人治理之下繁盛的租界区，见到了

---

① 《康南海先生诗集·闻邓铁香鸿胪安南画界撤还却寄》，载《康有为全集》第十二集，中国人民大学出版社2007年版，第146页。
② 《康南海先生诗集·初游香港睹欧亚各洲俗》，载《康有为全集》第十二集，中国人民大学出版社2007年版，第143页。
③ 《康南海先生诗集·八月十四夜香港观灯》，载《康有为全集》第十二集，中国人民大学出版社2007年版，第149页。

与香港同样的情景:整齐划一的房屋、桥梁、道路,严肃执法的巡役和管理得法的监狱,精致的舟车和器艺,于是进一步懂得了西人的治理之术是有根基的。对比被称为"首善之区"的京师,所见"一切乃与相反",心中不免大为震惊。

人民的苦难,内外的交困,洋人的先进与中国的落后……所有这些现实的刺激,就在康有为脑海里凝聚成了如何"救世"这样一个严峻的课题。在此课题之下,原来种种令人着迷的"记诵之学"如小学、考据、诗词、骈体文等逐渐失去了吸引力,而相沿已久的传统的圣贤之道,显然也无法提供如何救世的现成答案;要求救世之道,只有靠自己去寻找。康有为欲当圣人的大志仍在,但其中的内涵却起了重大变化,"既念民生艰难,天与我聪明才力拯救之,乃哀物悼世,以经营天下为志……日日以救世为心,刻刻以救世为事,舍身命而为之"①。这既是康有为个人的抉择,亦是时代赋予他的使命。

三、静悟与深研

无论是最初的困惑,还是随后的反叛,康有为所要达到的中心目的只有一个,就是要告别旧"道",而寻求新"道"。为此,他进行了近十年的艰苦探索。在此过程中,他采取了两种基本的求道方式,即静坐养心和苦读深研。前者侧重于精神的修炼,使求道之心始终保持一种强大的张力;后者侧重于学理的探究,力求获知天人之道的大本大源。两种方式交织并进,引领他一步步走向他所向往的理想境界。

如前所述,还在辞别九江先生之前,被种种困惑缠绕的康有为就有了"静坐养心"的举动。随后,他"静坐"的愿望更加强烈,特意住进一个幽静的山洞,过起类似隐士的生活:

> 以西樵山水幽胜,可习静,正月遂入樵山,居白云洞,专讲道、佛之书,养神明,弃渣滓。时或啸歌为诗文,徘徊散发,枕卧石窟、瀑泉之间,席芳草,临清流,修柯遮云,清泉满听。常夜坐弥月不睡,恣意游

---

① 康有为:《我史》,载《康有为全集》第五集,中国人民大学出版社2007年版,第62—64页。

思，天上人间，极苦极乐，皆现身试之。始则诸魔杂沓，继则诸梦皆息。神明超胜，欣然自得。习五胜道，见身外有我，又令我入身中，视身如骸，视人如豕。既而以事出城，遂断此学。在西樵山时，尝注《老子》，后大恶之，弃去。于时先祖弃养，颇能自立，谢绝时文，并不就试。秋间叔父督责至甚，令就乡试，乃至断其资粮。于是还乡……①

根据这段记载，从正月到秋间，康有为在山洞中待了大半年的时间。为了体认久被书本束缚的"灵明"，他极力扩张自己的想象力，在"弥月不睡"（所谓"不睡"应理解为没有正常地睡眠）的非常态下，脑中涌现出无数超凡的意境和幻象。不仅如此，他还尝试修炼一种叫"五胜道"的方术，仿佛有灵魂出窍、视觉变异之感，幸好因事中断，没有走火入魔。②

康有为入山的目的是要"专讲道、佛之书，养神明，弃渣滓"，但究竟如何讲习，如何修养，如何舍弃，在上述记载中并无明确的反映。从其种种反常的行为来看，他还处于一种初步的宗教情怀的体验、感悟及选择的过程之中，还没有取得预期的成功。因此，在迫于生计而出山、恢复了常人的生活之后，康有为对"灵明"的修炼仍在继续。除不时有"养心"之举外，还"玩心神明，颇多笔记，而有述作"，并用功钻研"佛典"。③

康有为山洞内外"静坐养心"的真正收获，来自对佛学的感悟。梁启超曾这样写道：

> （康有为）……潜心佛典，深有所悟，以为性理之学，不徒在躯壳界，而必探本于灵魂界。遂乃冥心孤往，探求事事物物之本原，大自大千诸天，小至微尘芥子，莫不穷究其理。常彻数日夜不卧，或打坐，或游

---

① 康有为：《我史》，载《康有为全集》第五集，中国人民大学出版社2007年版，第62页。
② 关于此时修炼情形，康有为后来还做过这样的描述："辞九江先生而入西樵山道观，读过佛书，以长□为无是，则究无生之说，枯木死灰，视身如无有，退视妻子亦作已死观。虽与周旋而泊然，未尝不极亲，而未尝恋也。又遇厨者之杀鱼，不忍其苦而放生，乃持斋焉。以三生无量世为可信，而今者之来，乃偶然示现也。以曾誓大愿不忍众生之痛，而特来此浊世，则不能避痛苦，以自求之而非人与之也。故素位而行，随遇而安，颇自在焉。"（康有为：《致沈子培书》，载《康有为全集》第十集，中国人民大学出版社2007年版，第466页）
③ 康有为：《我史》，载《康有为全集》第五集，中国人民大学出版社2007年版，第62、63、64页。

行，仰视月星，俯听溪泉，坐对林莽，块然无俦，内观意根，外察物相，举天下之事，无得以扰其心者；殆如世尊起于菩提树下，森然有天上地下惟我独尊之概。先生一生学力，实在于是；其结果也，大有得于佛为一大事出世之旨。以为人相、我相、众生相既一无所取无所著，而犹现身于世界者，由性海浑圆，众生一体，慈悲普度，无有已时。是故以智为体，以悲为用，不染一切，亦不舍一切。又以愿力无尽故，与其布施于将来，不如布施于现在；大小平等故，与其恻隐于他界，不如恻隐于最近。于是浩然出出世而入入世，横纵四顾，有澄清天下之志。①

康有为本人也做过与梁启超非常相似的记述：

……搜合诸教，披析大地，剖析今故，穷察后来。自生物之源、人群之合、诸天之界、众星之世、生生色色之故、大小长短之度、有定无定之理、形魂现示之变，安身立命，六通四辟，浩然自得。然后莫往莫来，因于所遇，无毁无誉，无丧无得，无始无终，汗漫无为，谓而悠然以游于世。又以万百亿千世，生死示现，来去无数，富贵贫贱，安乐患难，帝王将相，乞丐饿莩，牛马鸡豕，皆所己作②，故无所希望，无所逃避。其来现也，专为救众生而已。故不居天堂而故入地狱，不投净土而故来浊世，不为帝王而故为士人，不肯自洁，不肯独乐，不愿自尊，而以与众生亲，为易于援救。故日日以救世为心，刻刻以救世为事，舍身命而为之。以诸天不能尽也，无小无大，就其所生之地、所遇之人、所亲之众而悲哀振救之，日号于众，望众从之，以是为道术，以是为行己。③

综合起来看，佛学给了康有为两方面的深刻影响：一方面，他以佛学的

---

① 梁启超：《南海康先生传》，载《康有为全集》第十二集，中国人民大学出版社2007年版，第424页。这段话主要是对康有为当年研佛情形的描述，这些描述显然来自康本人的自陈，其自陈时间应在万木草堂讲学时期。
② "己作"，在楼宇烈整理的《康南海自编年谱（外二种）》中为"已作"（见该书，中华书局1992年版，第13页）。审读上下文意，笔者以楼书所载为是。
③ 康有为：《我史》，载《康有为全集》第五集，中国人民大学出版社2007年版，第64页。

眼光去观察世界,"冥心"思考一切身外之物的"本原",从至大至远,到至小至近,万事万物,有形无形,无不穷尽其理。这种所谓"穷理","穷"的当然不是可以验证的实理,而是"灵魂界"或佛法中的虚理。它尽管于世事无补,但对康有为有一大好处,就是极大地开阔了其心胸视野,乃至有了一己超越万象、宇宙"唯我独尊"的心态,个人的特立独行在理念上得到佛学的有力支撑。另一方面,对于个人使命感,多了一种宗教意义上的理解。本来康有为受"苍生困苦"的刺激,早已萌生经世救民之念,但其性质还完全属于世俗的范围。通过接受佛教关于"出世入世""性海众生""慈悲普度""愿力布施"等一套精深玄妙的说辞,康有为的世俗之念就在很大程度上被赋予了种种宗教化的特征,以致连其世俗性的存在和言行,也被刻意打上了各种宗教救世的烙印。这给予了康有为强大的宗教精神力量,使其经世救民之心、"不忍人之心"等变得坚不可摧。梁启超将康有为的研佛与释迦牟尼菩提树下的沉思相类比,认为成就了其一生的"学力",虽言过其实,但也确有相当的道理。

从"静坐养心"中,康有为获取了一种对于世界和自我的宗教(主要是佛教)认知方式,这一方式成了其大道的一个极为重要的组成部分。但单靠佛理养心,对于寻获大道是远远不够的。在心灵世界之外,还有更为广阔的物质世界;在宗教世界之外,还有更为繁复的知识世界;在未来世界之外,还有更为引人注目的现实世界。要解答心中所有的困惑,真正摆脱旧道而获得或创立新道,还必须面对所谓"灵魂界"之外的其他一切,而当下最为可行的办法就是重回对群书的苦读与深思之中去。事实上,在走出西樵山之后,康有为便开始了新一轮的读书生活。与跟随祖父时任凭兴趣读书和受教于九江先生时"日埋故纸堆"式的攻读群书相比,康有为此时的读书已不可同日而语。其读书非常明确地服务于"求道"的根本目的,因此,他不再感到群书对"灵明"的压迫,相反,所有有用之书都成了他构筑大道的知识基础和思想资源。

康有为所读之书非常广泛,除了宗教之书外,大致可分为五类:第一类是与救世之道关系最直接的经世致用和典章制度之书,如《周礼》《王制》《太平经国书》《文献通考》《经世文编》《天下郡国利病书》《读史方舆纪要》《东华录》《大清会典则例》《十朝圣训》及国朝掌故书等;第二类是史书,如唐、宋史,北魏、宋、齐、梁书,辽、金、元、明史;第三类是义理学术之书,主要为宋代的理学著作,如《正谊堂全书》《朱子全集》《朱子语类》及宋元明学案等；第四类是与了解西方和西学密切相关的著作，如《西国近事汇编》《环游地球新录》《海国图志》《瀛环志略》《万国公报》《格致汇编》，声、光、电、化、重学及各国史志、诸人游记等；第五类是杂书。其中，有相当一部分书籍康有为是重新阅读。然而，今非昔比，既有年龄的增长、心智的日趋成熟，更有读书目的从单纯求知到自觉求道的变化，读书所得自然不可同日而语。

刻苦仍是康有为读书一以贯之的精神。经常是白天读了一整天后，晚上还继续点灯夜读。1881年，即出西樵山后的第二年，是其读书最多的一年。因久坐积劳，臀部长了"核刺"，以后一直未能治愈，从此精力逐渐亏损。与苦读相伴的是苦思，持续不断、有时甚至是数月相继的俯读仰思，使他感悟日深，新识日增，常常充满"妙悟精理""日新大进"的喜悦。①

在孤独沉寂的读书生活中，康有为也开始结交为数不多的朋友，得到有益的交流和帮助。其中，最值得记述的是张鼎华。

张鼎华字延秋，广东番禺人。少时有神童之名，13岁就考中进士，曾入值军机处。32岁时在翰林院当编修，在京师素以文学而享有盛名。翰林院中唯有他一人不娶妻室，是个很有个性之人。1879年，他回粤探亲，顺便与四五名朝士游览西樵山，碰巧遇见了正在山里过隐居生活的康有为。相谈之中，康有为傲气十足，因意见不合，竟对张大声呵斥，最后还拂袖而去。大概是由于康有为谈吐不俗，张鼎华对这位自视甚高的年轻人并未见怪。回到广州后，还用赞美的语气对人说游西樵山最大的收获就是见到了一位"异人"。这话传到康有为耳里，颇感此君有容人之量，于是用骈文修了封书信给他，不意又得到张鼎华的大力夸奖，说还未见过粤人能写出这样工整的骈体文。两人于是订交。此后康有为常去广州访张君，一谈就是一个通宵。从张鼎华那里，康有为尽知京朝风气、近时人才及各种新书，对道光、咸丰、同治三朝的掌故也获得不少了解。康有为对张鼎华的印象是"聪明绝世，强记过人，神锋朗照，谈词如云"，将其与朱九江先生并列为自己的一师一友，认为从九江先生那里开始接触到"圣贤大道之绪"，而从延秋先生那里则广泛知晓了"中原文献之传"。②

---

① 参见康有为《我史》，载《康有为全集》第五集，中国人民大学出版社2007年版，第63页。
② 参见康有为《我史》，载《康有为全集》第五集，中国人民大学出版社2007年版，第62页。

张鼎华返京时，康有为特写诗送行，从"秋风每赋感知己，记得樵山花又红""多病宜为医药计，长途莫厌寄书多"①等诗句中，不难看出两人所结下的"相得至深"的友情。1885年，张鼎华去福建主持科举考试路过广州，康有为特地前去看望。1888年，张鼎华病逝，其时康有为正在京师应试，亲自为之安排葬礼，并写下《祭张延秋侍御文》和《哀词五首》纪念。

除张鼎华外，康有为此时还与石德芬（字星巢）、陈树镛（字庆笙）有过学问上的交往。

石星巢也是广东番禺人，曾受学于岭南著名学者、文学家陈澧，博览群书，通考据训诂，能作骈文、散文、诗词，而尤精八股文。1873年22岁时考中进士，名闻一时。当时康有为16岁，热切希望长孙一举登科的祖父康赞修曾常用石星巢的事迹对他加以激励。康有为并未走石星巢的道路，但居西樵山时，因知石星巢藏书很多，便经常找其借书，往往"盈箧以归"，以后一直借了很多年，对康有为博览群书很有帮助。②

与石星巢不同，广东新会人陈庆笙终生只是一名秀才。但他研究经学颇有造诣，能将汉学宋学结合在一起，深入探讨先王的微言大义，对《易经》《周礼》等有精辟的见解。康有为对他有"博大亭林，坚苦横渠"的评价，意思是他像明末清初著名思想家顾炎武一样视野广阔，像北宋哲学家张载一样肯下功夫。又称赞他解释经义"其口未开，昼冥雾塞，其说既出，雷厉甲坼"，形容他的见解就像骤至的雷雨一样，使百果草木的种子都开裂萌芽，可见其具有很强的独创性和感染力。两人相见于1880年，意气相投，每月必约在一起商讨学术，"参错造化，辨章教治，上摩三古，下匝九地"，涉及的领域非常宽广。1886年，两人曾商议修改《五礼通考》这部由清代学者秦蕙田编纂的讲中国古代礼制的代表作，这为康有为后来撰写《孔子改制考》等著作打下了学术上的基础。可惜陈庆笙1888年便去世，康有为闻讯，"目哭为眊"，写了《祭陈庆笙秀才文》，对这位同道英才的早逝哀痛不已，并表示"君命虽短，精神甚

---

① 《康南海先生诗集·送张十六翰林延秋先生还京》，载《康有为全集》第十二集，中国人民大学出版社2007年版，第144页。
② 参见康有为《清川边道石星巢墓志铭》，载蒋贵麟编《万木草堂遗稿外编》（下），台湾成文出版社有限公司1978年版，第507页。此文上引《康有为全集》未收。

长"。①这种长存的精神,应该说也就是以后康有为在学术领域进一步发扬光大了的不囿陈说、独立探索的精神。

康有为并不满足于仅从书本上和头脑中求道,还力求在行动上按自己所获得的新知新思行事,为此不惜与强大的旧势力旧风气相对立。这一个性特征,突出地表现在试图创建不裹足会之事上。中国女子缠足相传始于南唐李后主在位时期,千年流传,成为风气。在康有为生活的银塘乡,没有女子不缠足的,如不缠足,则被贱视为妾婢,不会被娶进富贵人家。康有为认为缠足是折骨伤筋、害人生理的谬俗,与夫人张云珠一道坚决不给长女同薇缠足,尽管族人惊讶不已、疑虑重重,有的长亲甚至追逼缠足,夫妻俩也毫不动摇。开了这个好头后,次女同璧及诸侄女趁势而下,不缠足便没有那么大的压力了。为了扩大影响,避免孤立,康有为积极策划推广不缠足的做法。当时邻乡有个员外叫区谔良,曾游历过美洲,家中女子也不缠足,康有为便与之商议创立不裹足会。在该会草例中,规定凡入会者家中女子皆不裹足,其已裹足者不强迫放足,已裹而愿意放足者则同人表示祝贺并予以表彰。康有为还为成立此会写了序文,进行宣传发动,响应者甚多。但区员外担心用"会"之名犯禁,结果还是未能成立起来。②

从苦读、深思到力行,康有为在求道之路上朝着既定的目标坚定不移、坚忍不拔地奋进,一步步走向古今中外人类各种思想文化精粹的融会贯通和独具特色的升华与超越。在此过程中,正在中国迅速传播的西学,对其新思想的成熟起了特别重要的作用。

四、西学的启迪

所谓西学,在中国近代思想文化史上是一个特定的概念,用来指称西方国家的文化。它可以比较严格地限定在思想观念和各类学术的范围,但也可以宽

---

① 参见康有为《陈庆笙秀才墓志》、《祭陈庆笙秀才文》,载《康有为全集》第一集,中国人民大学出版社2007年版,第244、185页;《我史》,载《康有为全集》第五集,中国人民大学出版社2007年版,第82页。
② 参见康有为《我史》,载《康有为全集》第五集,中国人民大学出版社2007年版,第63—64页。

泛地将西方宗教、制度乃至器物都包括在内。

鸦片战争之前，中国受传统"夷夏之辩"文化观的影响，拒绝对等地接受西方文化，西方文化与中国文化的交流甚少，影响甚微，中国知识界与西方文化之间长期存在极大的隔膜。在中国古代文化形态日渐僵化、很难凭借自身之力实现向近代文化形态转型，而西方文化早已成为近代新型文化的代表，并正以强势向全球渗透的时代背景下，能否接纳西学，成为鸦片战争之后中国士人所面临的一个严峻考验。

早在1874年17岁时，康有为就通过阅读《瀛环志略》等著作，对世界各国的概况有所了解，但当时并不重视，对自鸦片战争以来与中国发生了日益紧密联系的西方国家和西方人仍以古旧夷狄视之。1879年初游香港之后，对西方先进文明的亲身感受，使他开始改变原来的偏见，于是重新仔细阅读《海国图志》等书，购买世界地图，有意识地收集有关西学的书籍，作为讲求西学的基础。三年后，康有为路过上海，再次目睹了西人治理之下租界的繁盛，感触进一步加深，回家的路上更是一路留意大购西书，回家后便埋头钻研，"始尽释故见"。[①]此后，西学成了康有为每年的必修课。

作为全新而又陌生的知识体系，西学引起了康有为极大的兴趣。凡是能购买到的西学之书，包括自然科学、历史地理等方面的著作，他都如饥似渴地攻读，还打算编辑"万国文献通考"，为系统深入研究西学做准备。他对算学尤感兴趣，曾在两年时间里连续进行钻研，后来因为头部莫名剧痛而大病了一场，病后记性衰减，从此不再敢从事专业知识性太强的算学。但算学中欧几里得所建构的几何学理论模式显然给康有为留下了很深的印象，他在写作《人类公理》这部与算学毫无关系的综论人类社会之理的著作时，便在基本的格式上"依几何为之"，形成了一部在中国近代思想文化史上十分奇特的作品。他还对天象学下过很大功夫，对比中外历学，重定天然历法，提出了将"年"改为"周"，"以地绕日一周之故，宜以三百六十五日名为周，十年为十周，百年为百周"[②]等独特新颖的设想，可见地球绕日旋转这一哥白尼学说的核心观念对他颇有影响。此时，西学在康有为心目中所占重要位置，还可从他对西方医学

[①] 康有为：《我史》，载《康有为全集》第五集，中国人民大学出版社2007年版，第63页。
[②] 康有为：《我史》，载《康有为全集》第五集，中国人民大学出版社2007年版，第65页。

的态度上看出来。当前文所述患头痛之疾时，经多方疗治，中医已束手无策。因相信西学，康有为找出西医书来读，自己大胆地按照书上的药方来试用，结果病情渐有起色，最后治愈。这在当时的中国乡村，也算得上是一种不同凡响的举动。

越是用功钻研西学，康有为越是感到中国翻译过来的西书太少，尤其是缺乏介绍西方政治、社会学说方面的书籍。当时张之洞任两广总督，康有为对这位积极举办洋务新政的重臣颇有好感，于1886年春托张鼎华编修向张之洞建言：中国西书太少，英国传教士傅兰雅等人所翻译的西书都限于军事、医药等并非中国急需的知识，更重要的还是政书。西学中有很多中国所没有的新理，中国应当设立专门机构翻译西书，这是目前最重要的事情。张之洞对康有为的建议表示认可，并委托他和翰林院编修文廷式共同来操办开翻译局之事，但由于官方支持不力，并未见到成效。康有为又建议借用商人的财力来办成此事，但最终还是没有成功。

康有为钻研西学的目的，是想探究西方国家何以能在香港、上海，更不用说在其本国达到较高文明水平的"本原"，进而找到一直在苦苦寻觅的救世之道。但有限的西书（加上不懂外语，又尚未出过国），并不能为他提供现成、直接的答案，要想取得突破，必须选择其他的途径。对此，梁启超做过这样的解说：康有为在所读西书十分有限的情况下，能"以其天禀学识，别有会悟，能举一以反三，因小以知大，自是于其学力中，别开一境界"[①]。通过"会悟"而开辟学问和思想的新境界，确是康有为钻研西学的独特门径，也是他钻研西学的最大收获。

在西学的启示之下，康有为所获得的感悟是极为丰富也极有意义的。

他因显微镜能将物体放大成千上万倍，视虱如轮，见蚁如象，而悟大小齐同、大小无定而无尽之理。本来，天是至大者，蚁是至小者，但由显微之理推之，"不知天之为一蚁乎，蚁亦一天乎"？由此亦可推知至大之外，尚有大者，至小之内，尚包小者。因电机光线一秒能行数十万里，而悟久速齐同、长短久暂之无定而无尽之理，"乃悟吾所谓万亿年者，真顷刻也，而吾之顷刻，

[①] 梁启超：《南海康先生传》，载《康有为全集》第十二集，中国人民大学出版社2007年版，第424页。

乃他物以为万亿年者也"。① 由这些自然科学领域的"物理"，他进一步推论人类社会之理：既然大小齐同、无定无尽，那么，也就没有什么神圣之规，应该消除人类社会现存的一切隔阂和界限，走向人类社会的平等和一统；既然久速齐同、无定无尽，那么，也就没有什么永恒之界，应该不断改变人类社会的现状，走向未来的发展和进步。因此，"奉天合地，以合国、合种、合教一统地球"②，就成了康有为展望人类未来的主题。循此思路，他继续推想实现一统之后，人类的语言文字、饮食衣服宫室应如何变革，用什么方法实现男女的平等和人民的互通大同公益，以使所有人都进入极乐世界；还更深入地推想五百年乃至千年之后，世界如何变化，人的灵魂、体貌会有什么变异，月球与诸星应怎样交通，诸星、诸天、气质、物类、人民、政教、礼乐、文章、饮食等会呈现何种不同的面貌；总之是"奥远宵冥，不可思议"③，思绪进入了一个无穷无尽、浩渺玄深的世界。

西学与儒学、佛学，本来是相去甚远、差别很大的知识观念体系，康有为通过感悟，也找到了它们之间的共同点，并用新的一统之道将其融会贯通起来，设想"其道以元为体，以阴阳为用，理皆有阴阳，则气之有冷热，力之有拒吸，质之有凝流，形之有方圆，光之有白黑，声之有清浊，体之有雌雄，神之有魂魄。以此八统物理焉，以诸天界、诸星界、地界、身界、魂界、血轮界统世界焉。以勇、礼、义、智、仁五运论世宙……而务以仁为主"④。

冷热之气（如蒸汽机的发明应用、热胀冷缩的原理）、拒吸之理（如万有引力、作用力与反作用力）等是西学的自然科学知识，元、阴阳、仁等属于儒学固有的思想观念，诸天界、诸星界等通常为佛教用语，统统被康有为以新的体系结合到了一起，它们互相发明、互相印证、互相渗透，形成了一个既源于西学、儒学、佛学，又综合三者之长、超出三者之外的带有浓重的康有为个人

---

① 康有为：《致沈子培书》，载姜义华、吴根樑编校《康有为全集》第一集，上海古籍出版社1987年版，第544页。在中国人民大学出版社出版的《康有为全集》第十集中，将此书写作时间标为1917年，为是。两书出处相同，皆录自《万木草堂遗稿》卷四，但与遗稿版比对，人民大学出版社版所录错漏较多，故此处引上海古出版社籍版。
② 康有为：《我史》，载《康有为全集》第五集，中国人民大学出版社2007年版，第64页。
③ 康有为：《我史》，载《康有为全集》第五集，中国人民大学出版社2007年版，第64页。
④ 康有为：《我史》，载《康有为全集》第五集，中国人民大学出版社2007年版，第64页。

思辨色彩的集合体。

　　西学所引发的感悟，还使康有为先前在西樵山中静坐养心所获得的种种心智体验得到进一步的强化。一方面，从西学知识中悟到的新的大小、久速、远近观使他对心外之物的感受更加超脱，"视天地甚小，而中国益小；视一劫甚短，而一身益短也。于是轻万物，玩天地，而人间（'间'原文为'问'，酌改——引者注）世所谓帝王将相、富贵穷通、寿夭得失，益琐细不足计矣"，试图在观念中完全摆脱一切现实关系的束缚，俨然有飘然出世的味道。但另一方面，对西学的感悟又使他更加珍视万物，向往万物众生的平等，虽如蚁、虱之细小，在他看来，也有蚁、虱天地的存在，就像人类社会一样，有它们自己的礼乐、文理。相比之下，人之身就更显其高大，世界就更显其广袤，更不可漠然视之；当自己超脱一切、以求极乐之时，回视与自己一样同生于天的民众正处于颠连困苦之中，"吾岂忍焉"？于是"日以救民物为职志，而又弃己之行乐"。①

　　可以看出，康有为的感悟并不是严谨、科学的推导，其中充满了种种庞杂、飘忽甚至怪异的想法，但这些都不能掩盖其焕发出的理性光彩。正是这种在深厚的知识学养基础之上所做的无拘无束的自由思考，使康有为最终突破了中国传统思想文化体系的束缚，接受了作为近代新思想核心的进化论、平等论、人道主义论，实现了从传统士人向维新思想家的超越。

　　对这段感悟的历程，康有为一生中多次忆及。最早的一次，应该说也是最简洁明了的一次，是在1889年写给挚友、刑部主事沈曾植（字子培）信中的一段话。在这段记述中，他回顾总结了自11岁起的求学求知经历，谈到自己"二十四五乃翻然于记诵之学，近于瞽闻，乃弃小学、考据、诗词、骈体不为。于是内返之躬行心得，外求之经纬业务，研辨宋、元以来诸儒义理之说，及古今掌故之得失，以及外夷政事、学术之异，乐律、天文、算术之琐，深思造化之故，而悟天地人物生生之理，及治教之宜，阴阖阳辟，变化错综，独立远游，至乙酉之年（即1885年——引者注）而学大定，不复有进矣"②。这是康

---

① 康有为：《致沈子培书》，载《康有为全集》第一集，上海古籍出版社1987年版，第544、545页。
② 康有为：《与沈刑部子培书》，载《康有为全集》第一集，中国人民大学出版社2007年版，第237页。

有为对自己如何及何时确立新思想所做的最早、可信程度亦最高的披露。①

此后，对这一"学大定"的思考演进历程，康有为还作过多次回忆，甚至将当年思考的具体内容描述得相当细致、生动。②梁启超在《清代学术概论》这部名著中，也曾这样记述道："有为常言：'吾学三十岁已成，此后不复有进，亦不必求进。'"③可见早在1885年，康有为的新思想就已基本成熟。

农历乙酉年为1885年，是康有为开始动笔写《人类公理》的一年，也可以说，是他开始把在头脑中已感悟成熟的新的大道，用正式的著述逐一表达出来的一年。从1885年到1887年的三年间，自认为已找到"安身立命"之所，颇有"六通四辟，浩然自得"之感的康有为埋头于著书立说，先后写成了《人类公理》《康子内外篇》《教学通义》《民功篇》四部著作，标志着他十年寻道已结出丰硕的思想成果。

---

① 此信中所说的"学大定"，是与康有为对"道"的追求紧密联系在一起的。1878年，康有为开始对传统的道术、道统产生了怀疑，一心想另求 "安心立命之所"，处于"求道迫切，未有归依"的焦灼状态。此后经过数年艰苦探索，乃于1885年前后大彻大悟，着手写作《人类公理》，"以为吾既闻道，既定大同，可以死矣"；数部早期著作撰成后，则自觉"学有所得，超然物表，而游于人中，偶傥自喜"。（康有为：《我史》，载《康有为全集》第五集，中国人民大学出版社2007年版，第62、65、72页）此段"求道"经历，康有为又称之为"十年讲求经世救民之学"。（康有为：《与沈刑部子培书》，载《康有为全集》第一集，中国人民大学出版社2007年版，第237页）由此观之，康有为所说的"学"，也就相当于他所说的"道"，是指一种带有根本性和整体性的思想理论体系，而不仅仅限于某种学问或学术。

② 康有为：《致沈子培书》，载《康有为全集》第十集，中国人民大学出版社2007年版，第466页；康有为《我史》中1881年24岁至1885年28岁之间的记述，载《康有为全集》第五集，中国人民大学出版社2007年版，第63—65页；康有为：《戊戌轮舟中绝笔记及戊午跋后》，载中国史学会主编《戊戌变法》第1册，上海人民出版社、上海书店出版社2000年版，第411—413页。

③ 梁启超：《饮冰室合集》专集之三十四，中华书局1989年版，第65—66页。1885年康有为28岁，"三十岁"当为概数。

第二章

新思想的构建

承载康有为新思想的四部早期著作，按其基本内容可分为三大部分。第一部分堪称总纲，以《人类公理》①为代表，试图以涵盖古往今来的"实理公法"作为根本准则，为整个人类社会提供价值指导；第二部分论析哲理，以《康子内外篇》为代表，主要研究中国传统哲学命题，直接或间接运用西学知识阐发新的哲理，成为新思想的理论支点；第三部分注目历史与文化，以《民功篇》和《教学通义》为代表，以正在形成的新世界观做指导，紧密结合社会现实，对中国古史和传统文化做了总结借鉴式的批判。在这些著述的交融中，还特别孕育出了大体成熟的变法理论。至此，独具一格的新思想体系，终于初步告成。

一、创制人类公理

经过十年苦求终于悟获大道的康有为，曾有一个极为庞大的著述计划，就是要对人类古往今来所有的价值观念、行为准则及相关知识做一番彻底的清理，考察其沿革，辨析其正误，比较其得失，制定出一整套最为正确、合理的标准，以作为人们遵循的指针。这一计划，康有为起了一个总的书名叫《万身公法》。

《万身公法》包括《实理公法全书》《公法会通》《祸福实理全书》《地球正史》《地球学案》《正史学案》《考证全书》《万国公法》《各国律例》《各国字典》《地球书籍》《目录提要全书》十二部大书。仅从书名就可以明显看出，这是一个充满空想性的、不可能真正完成的任务。从现存文献看，康

---

① 《人类公理》原稿至今未见，但留下了作为修订稿的《实理公法全书》。本书论述《人类公理》，即以该修订稿为据。

有为初步成书的只有《实理公法全书》一种，再就是为《实理公法全书》《公法会通》《祸福实理全书》《地球正史》《地球学案》五书写出了极为简略的目录提要。

在《万身公法》体系中，《实理公法全书》占有核心的位置。康有为介绍说："此书为万身公法之根源，亦为万身公法之质体。"①有了此书，可使古代圣贤的得失纤毫毕现，使人类的智慧学问日益增长；学者只要解读此书一遍，其获得的知识就会远远超过古代圣贤。可见，这是展示康有为所获大道的最为重要的一部著作，这部书也就是《康南海自编年谱》中记载的从1885年至1887年陆续编写的《人类公理》。但从《实理公法全书》中引用了法国1891年夫妻离异、生育子女等方面的统计数字来看，此书又不完全等同于《人类公理》的原稿，而是一个修订本。②这种修订，符合康有为对《万身公法》书籍所做的每五年增修一次的规定。

所谓实理，是指最确凿不移的道理；所谓公法，是指最具普遍性和合理性的法则。按照康有为的解释，"实"字有实测之实、实论之实和虚实之实三种含义。实测就是格致家即自然科学家运用科学方法所做的研究和证明，如几何公理就是实测之理（康有为讲几何公理时，"几何"一词往往并非实指作为数学分科之一的几何学，而是借以表达实测之意）；实论就是据实而论，用事实说话，而且时间越近的事实就越有说服力，反对虚论空论；虚实之实是将实测之法则与无法实测的人立之法则相比较，认为两者在虚实程度上还是存在差别的，前者可称为必然之实、永远之实，而后者只能称为两可之实。"公"字也同样有三种含义，即公众之公、几何公理之公和公推之公。公众之公着眼于个人与众人的关系，强调个人与众人的统一、对众人的归依；几何公理之公是指实测之理的公用性和普遍通用性，根据几何公理而推导出的法则，是公法的一个来源；公推之公指出了公法产生的另一条重要的途径，即众人本着"最有益于人道"的原则共同制定法则。③之所以如此，是因为康有为已经看出仅靠实测

---

① 参见康有为《万身公法书籍目录提要》，载《康有为全集》第一集，中国人民大学出版社2007年版，第143页。
② 参见《康有为全集》第一集编校者按语，中国人民大学出版社2007年版，第146页。
③ 参见康有为《实理公法全书》，载《康有为全集》第一集，中国人民大学出版社2007年版，第147—148页。

性的几何公理，并不能直接有效地订立解决社会领域中一切问题的准则，还必须加上公推之法。

实测、实论、崇尚必然之实和永远之实，表现了强烈的科学精神；公众、公理、公推，主张最有益于人道，反映出鲜明的民主意识。这样，以"实"和"公"为特征的对科学和民主的追求，就成了贯串于《实理公法全书》中的基本精神，也成了制定实理与公法的指导性原则。

在提出实理、公法的同时，康有为还提出了"比例之法"[①]的概念。所谓比例之法，就是指世界上现行的尚不符合实理公法的制度。比例即相差之意，由于相差程度不一，有相差少者，也有相差多者，甚至有大相背离者。因此，对比例之法还需排出前后次序，在比例之法中排列得越靠后，就意味着离实理公法的距离越远。在《实理公法全书》中可以看到，面对具有近代科学与民主精神的实理公法的检验，无论是中国还是外国的愚昧性、专制性的传统制度，都无一例外地被列入了比例之法，也就是列入了理应按照实理公法加以改变、终究会被实理公法取而代之的旧制度的行列。这种泾渭分明的对比，出现在当时禁锢和迷信还相当严重的中国思想界，应该说需要具有很大的思想勇气。

以科学和民主精神作为实理公法的精髓，无疑体现了西学对康有为新思想所起的主导作用。更有意思的是，《实理公法全书》在编写格式上亦刻意模仿西学经典之作——欧几里得的名著《几何原本》的样子，对应此书的定义、定理、公式和证明等项目，分别以实理、公法、比例和按语来对各类问题进行阐述。实理相当于欧氏几何的定义，是作为出发点的、毫无疑义的根本之理；公法相当于欧氏几何的定理，是从实理中推演出来的比较具体的公共准则，即所谓"实理明则公法定"[②]；比例相当于欧氏几何的公式，是对各项比例之法的排列，在几何学中，公式与定义、定理是完全一致的，而比例与实理、公法则不一致，这表明了"依几何为之"的灵活性；按语相当于欧氏几何的证明，是对各项实理、公法和比例的分析说明。实理、公法、比例及按语之间，在形式上存在着严整规范的逻辑关系，表述的言辞也极为简明扼要。正如《几何原本》对于数学是一本经典教科书一样，康有为要使《实理公法全书》成为人类社会

---

① 康有为：《实理公法全书》，载《康有为全集》第一集，中国人民大学出版社2007年版，第147页。
② 康有为：《实理公法全书》，载《康有为全集》第一集，中国人民大学出版社2007年版，第147页。

一切义理和制度的经典教科书。这种模仿尽管很有点机械、生硬，却也生动地显示了西学特别是西方自然科学对康有为的重大影响，并且在实际上包含了极为可贵的探索精神和创新精神。深入《实理公法全书》的具体内容之中，不难发现这部用极为独特的形式撰写的著作确实在思想发展上取得了重要的突破。

《实理公法全书》共有16项目次，涉及总论人类、夫妻关系、父母子女关系、师弟关系、君臣关系、长幼关系、朋友关系、礼仪（包括上帝称名、纪元纪年用历、威仪和安息日时）、刑罚、教事、治事（包括官制、身体宫室器用饮食、丧葬、祭祀）、论人公法（包括论死节、论为道受苦）、整齐地球书籍目录公论（包括整齐万身公法书籍、推定圣经、推定专门之学各种书籍、编年分类以存古今书籍）等非常丰富的内容。全书所取得的思想突破集中表现于"总论人类"一项中所列举的四条实理、六条公法，它们相当于书中全部实理公法的总纲。

四条实理是："人各分天地原质以为人"；"人各具一魂，故有知识，所谓智也。然灵魂之性，各各不同"；"人之始生，便具爱恶（好恶之恶——引者注）二质。及其长也，与人相接时，发其爱质，则必有益于人；发其恶质，则必有损于人。又爱恶只能相生，不能两用"；"人之始生，有信而无诈，诈由习染而有"。①

六条公法是："人有自主之权"；"以平等之意，用人立之法"；"以互相逆制立法。凡地球古今之人，无一人不在互相逆制之内"；"以兴爱去恶立法"；"重赏信罚诈之法"；"制度咸定于一，如公议以某法为公法，既公共行用，则不许有私自行用诸比例之法者"。②

十条实理公法，就其精神实质而言，已在相当程度上接近西方资产阶级思想家所宣扬的天赋人权、自由、平等、博爱等观念，结合《实理公法全书》中其他具体内容，还可将其进一步归纳为自主、平等和兴爱去恶三大原则。

首先是自主的原则。"人有自主之权"这一命题在书中多次出现，并体现于人伦关系的几个主要方面。一是夫妇关系方面，男女有自主相爱的权利，爱则聚，不爱则散，不许用立约来管束。如果不爱而强行嫁娶则更是犯罪，应

---

① 康有为：《实理公法全书》，载《康有为全集》第一集，中国人民大学出版社2007年版，第148页。
② 康有为：《实理公法全书》，载《康有为全集》第一集，中国人民大学出版社2007年版，第148页。

当绳之以法。二是父母子女关系方面，子女虽然应报答父母的造就之功，但双方同样作为人则都有自主之权，其相互关系不应越此权限，父母不得责子女以孝，子女不得责父母以慈，孝与慈的要求都妨害人的自主之权。三是师弟关系方面，弟子不是师长的人身依附，应有自主之权。

其次是平等的原则。平等与人有自主之权两个命题有密切联系，但又有一定的差别。"人类平等是几何公理"①，而人有自主之权还只能算作几何公理所派生出来的公法。因此，平等原则所涉及的领域更为广泛。

在政治领域，表现为民与君的平等。民之所以立君，是作为自己的保卫者，就像两个人之间有相交之事，而另找一人作为中保人一样。所以，民皆可称之为臣，而凡是担任公职者则皆可统称为君。这个君，实际上已经不是传统意义上的君主，而只是受民委托、对民负责的任职人。实行民与君平等的理想方式是设立议院以行政，连"民主"（指民选之主，如共和体制下的总统）也不必设置，以便彻底地"权归于众"。②这相当明显地是一种"社会契约"的思想，其特色则为"泛君"论。在人伦领域，表现为长幼平等。长幼之间只有先生还是后生的差别，有德便值得尊重，年龄大小就如器物的新旧，不能成为可以偏重的理由。在人际领域，表现为"朋友平等"③。这里所说的朋友，不是通常意义上的亲朋好友，而是泛指人与人之间的关系。人与人只有平等相处，才最有益于人道。在教化领域，表现为圣贤与众人的平等。理为天地所生，古今言论只能以理作为标准来衡量，而不能以是否圣贤作为标准。"大道之权"④亦即实理公法的所有权应归于众人，而圣贤只是众人中的一分子而已。

再次是兴爱去恶的原则。这一原则表现于许多具体事项之中。如威仪，是用来表示人们相互之间的敬爱之意，凡是拱手、作揖、握手、接吻等，不论繁简都需要由医生考察其对于身体是否有益，以有益者定为通行于大众的公法；如安息日时，其长短应根据民众的贫富状况而定，富则多休息少劳作，贫则相增减，并应由医生考明每人每天的"精神血气"⑤是否足以承担其工作量，然后

---

① 康有为：《实理公法全书》，载《康有为全集》第一集，中国人民大学出版社2007年版，第148页。
② 康有为：《实理公法全书》，载《康有为全集》第一集，中国人民大学出版社2007年版，第152页。
③ 康有为：《实理公法全书》，载《康有为全集》第一集，中国人民大学出版社2007年版，第153页。
④ 康有为：《实理公法全书》，载《康有为全集》第一集，中国人民大学出版社2007年版，第152页。
⑤ 康有为：《实理公法全书》，载《康有为全集》第一集，中国人民大学出版社2007年版，第155页。

再作决定；如教化之事，其作用是扩充人的才智，使其增长爱性而保守信性，同时以实理公法使人享受利益，从而化除其恶性和因习染而得的诈术，使其才智不致误用；如身体宫室器用饮食，必集合地球上的医学家一道考明何种制度才最精当，须发之去留、沐浴之多寡因地球纬度不同而应有差别，花园、酒楼、博物院等当令其属之于公而不能据为一己之私，制度任其新奇，以开民智而悦民心，唯以不伤生为限，等等。总之，兴爱除恶就是以人的利益为中心，关注人，爱护人，使人得到最完善的发展。

自主、平等和兴爱除恶三大原则最后都指向一个归宿之点，即"最有益于人道"。在《实理公法全书》中，"最有益于人道"或"有益于人道"的词句出现过二十次，反复表达了制定实理公法最终所要达到的目的，极为鲜明地凸显了康有为新思想的人道主义特色。

肯定和崇尚以人道主义为核心内容的实理公法，势必就要否定无益于人道，甚至大有害于人道的"比例之法"。《实理公法全书》中所列"比例之法"不少，虽涉及世界各国，但以与中国相关者为多。许多中国社会历来被奉为纲常礼教、圣经贤传、金科玉律的制度及其观念，皆被贬为不符合实理公法的"比例之法"，虽未做全面批判，但从根本上摘掉了原来笼罩其上的神圣光环。

被列入"比例之法"而加以否定的中国旧制度及观念约有：第一，不自主的婚姻制。男婚女嫁不由自主，而由父母定之，一旦订立婚约则终身为期，非有大故不能离异。第二，夫权制。男为女纲，妻子受制于丈夫。一夫可以娶数妇，而一妇不能配数夫。第三，父权制。子女长大无自主之权，身为父母所有，父母责子女以孝，而子女责父母以慈。第四，定于一尊的圣贤观。凡奉某圣之教者，所有言论，以合于此圣为主，亦略以理为衡，甚至唯以此圣为主，不以理为衡，圣权无限。第五，旧的尊师之道。弟子之从师者，身为其师所有，不能自立。第六，君权制。君主威权无限。第七，主奴制。以一顺一逆立法，彼能制人而人不能制彼，结果一方可以独揽权势作威作福，而另一方则受压制之苦；将人变成奴婢，甚且买卖人口以换货财。第八，旧礼节。如下跪、叩首等，皆于身体有损。第九，旧官制。按照君主一己的私见选拔任用官员，违背官员都应通过公举产生出来再予以任用的公法。第十，旧祭礼。凡祭礼皆使用祭物和仪文，并限定时间和场地，这是由于智学未开而采用的愚昧做法。①

所有这些，就宣告了一种崭新思想的诞生。一方面，它毫无保留地接受了西方的科学与民主精神，将其体现在各项具体的实理公法之中，统领于人道主义的旗帜之下；另一方面，它又毫不含糊地诀别了中国以"三纲"为核心的一整套传统制度观念，将其置于不合理（实理）、不合法（公法）、无益于人道的地位，实际上是宣布了它们终将被取消的历史命运。在中国思想文化史上，这堪称第一次发生的具有转折性意义的突破。

编写《实理公法全书》，使康有为登上了一个新思想的制高点，他所获得的最重要的新理新知，得以用最简明的方式表达出来。但是，这种"依几何为之"的教科书式的编写法，还不足以将康有为的新思想全部表达出来。"实理公法"直接与西学相近，而康有为此时所了解的西学毕竟还十分有限，更多的新思想发生在他将西学、儒学、佛学及其他思想文化资源融会贯通的过程之中，产生于运用全新的实理公法对他过去所熟知的传统价值观念、典章制度、知识体系等的重新审视、观照、鉴别之中。将这些深思熟虑的新思想撰为论著，成了与编写《实理公法全书》并重的工作。于是，就有了侧重哲理思辨的《康子内外篇》和着重清理中国历史与传统文化的《教学通义》《民功篇》的成书。

二、宏论天人政教

《康子内外篇》撰于1886年至1887年，比《实理公法全书》晚动笔一年。两书撰写的方式不同，但涉及的领域同样都极为广泛。

《康子内外篇》全书共15个篇目，按现存稿本（抄本）目录顺序，分别为"阖辟篇""未济篇""理学篇""爱恶篇""性学篇""不忍篇""知言篇""湿热篇""觉识篇""人我篇""仁智篇""势祖篇""地势篇""理气篇""肇域篇"。照"康子"即康有为本人的说法，书中"内篇言天地、人物之理，外篇言政教、艺乐之事"②，但他没有明说上述篇目哪些为内篇，哪些

---

① 参见康有为《实理公法全书》，载《康有为全集》第一集，中国人民大学出版社2007年版，第148—157页。
② 康有为：《我史》，载《康有为全集》第五集，中国人民大学出版社2007年版，第65页。

为外篇。实际上，内外之篇的界限很难明确划分，许多篇目的具体内容都是将内篇之理与外篇之事融为一体。

从篇名上就不难看出，《康子内外篇》最显著的特征是其哲理性。在很大程度上，此书可看成是对《实理公法全书》所做的理论上的论证，而又不限于实理公法的范围。从阐释新哲理、提出新思想的角度来说，书中表述的主要观点可大致概括为新气质论、新人性论和新发展论。

（一）新气质论

世界的本原究竟是什么，这是一个最基本的哲学问题，也是欲论天地人物之理、政教艺乐之事必须解答的基础性理论问题。对此问题，中国哲学史上有两种基本的回答，一种是以气质论为代表的物质本原论，一种是以天理论为代表的精神本原论，后者在哲学史上占据着统治地位。特别是宋明以来，程朱理学强调理在气先、以理为本，使中国哲学更朝精神本原论一端偏斜。

在《康子内外篇》中，康有为非常明确地主张物质本原论而反对精神本原论，针对程朱的理气观、理欲观，多处予以辩驳。他认为程朱所说的天理，其实都是人理，先有天，后有人，有人之后才有人智和人智所产生的道理；即便从人而言，也是先有天生的欲望，然后才有对事理的认识；就本质而言，世界上除了气质别无他物，万物万理无一不从气质演化而出。这就摆脱了程朱理学的束缚，继承了中国哲学以气为本的传统。但康有为并未停留在旧气质说的水平之上，而是努力运用自己初步了解的西方近代物理学、天文学、生物学、地质学、考古学、生理学等方面的知识，克服旧气质论所存在的缺乏自然科学知识的基础，带有过多的笼统性、直观性及模糊性的缺陷，试图对气质如何作为本原与世界万事万物相联系做出比较清晰、确切和系统的说明。

他这样描述世界从气质的本原到衍生出万物的过程："夫天之始，吾不得而知也。若积气而成为天，摩励之久，热重之力生矣，光电生矣，原质变化而成焉，于是生日，日生地，地生物。"①有气才有天，才有自然界的运动变化，才有宇宙万物的连环相生。

---

① 康有为：《康子内外篇·理气篇》，载楼宇烈整理《康子内外篇（外六种）》，中华书局1988年版，第28页。

他还别出心裁地将作为天地之本、万物之母的"气"进一步分成"湿热之气"与"干冷之气"①两种，认为起着生生不息作用的主要是湿热之气：有湿热之气于是郁蒸而为天，诸天皆得此湿热之气于是展转而相生，生地生草木禽兽，生人类。人得湿热之气，上养其脑，下养其心。湿则仁爱生，热则智勇出。积仁爱智勇，人类于是造作宫室饮食衣服以养其身，又形成礼乐政教伦理以成其治。而干冷之气的作用主要是对湿热之气可能产生的弊端进行节制，以求得阴阳之间的平衡。

在"肇域篇""地势篇"中，康有为甚至还直接用地势、地气的决定作用来解释为什么印度的政教文物最先兴盛，为什么中国古今常为一统之国、中国之学固守尊卑贵贱之论，而印度和欧洲古今常为列国、能够产生平等之教，为什么数千年中儒教不能西行、佛法却能东来，近代欧洲政教能够盛行于亚洲、风行于美洲等重大历史文化现象，其观点颇有地理环境决定论的味道。

康有为的气质论并不科学，但由于崇尚并借助了近代科学新知识，因而对于传统的天理论及整个思想文化体系具有严重的挑战性和颠覆性。既然世界的本原与过去所认定的完全不同，那么，所有的理和事就都有重新估价的必要。

（二）新人性论

重新认识人性，是康有为新哲理和新思想的又一重要内容，在《康子内外篇》中占有中心的地位。中国传统的人性论往往以伦理道德为基础，或者主张性善论，或者主张性恶论。康有为则将气质作为人性的基础，提出了一系列新的见解。

他首先用气质之性来说明人的本源之性，认为人由气质而生，因此，凡是于其质相宜者则爱之，于其质不相宜者则恶（厌恶）之，所谓人性，从其根源来说，"惟有爱恶而已"。②爱恶是先天之性，无论是婴儿还是圣人都同具此性，只是因智识的差异而有爱恶程度的不同，而善与恶则是后天才形成的道

---

① 康有为：《康子内外篇·湿热篇》，载楼宇烈整理《康子内外篇（外六种）》，中华书局1988年版，第17页。
② 参见康有为《康子内外篇·爱恶篇》，载楼宇烈整理《康子内外篇（外六种）》，中华书局1988年版，第9页。

德之习，不能与先天之性相提并论。人性本身并无伦理道德意义上的善恶，如果说具体的人性存在着差异，那也是因为有的人抱爱质太多，有的人抱恶质太多，因而产生了这样或那样的弊端，假如其人爱恶之质均匀，就会表现出"中和"的美质，毫无弊端。据此，康有为一方面充分肯定人欲的天然合理性，认为人既为形质则必有欲望，此为天之所予，不能禁止，所以宫室、衣服、礼乐、妻妾、器物皆为圣人所倡导的正当之事；另一方面，他反复强调人欲不可放纵，必须加以节制。通过两方面的结合，达到人性完善，从而使人更好地生存与发展的目的。

在指出爱恶为人的本源之性的基础上，康有为进一步探讨人与禽兽草木等万物的差别，他的答案是：异于其智而已。人之所以为人，就在于他具有万物所不具有的智；人由于有智，因而能造作饮食宫室衣服，形成礼乐政事文章，讲求伦常，精研义理，从而使自己完全与万物区别开来。既然智独特地表现了人性的本质，那么，传统文化中仁义礼智信的顺序就需要重新加以排列。康有为主张：人道应以智为向导，以仁为归宿，以仁为主，以智为辅，而义礼信三者不能与仁智相比。这样，过去一直被列于仁义礼之后的智就与被当作最高道德境界的仁并列起来，其地位得到了极大的加强，这实际上也就是突出了人性乃至人本身的地位。

康有为还将智的重要意义与人类历史联系起来，预测重智将成为社会发展的必然趋势："上古之时，智为重；三代之世，礼为重；秦汉至今，义为重；后此之世，智为重。所重孰是？曰智为上，礼次之，义为下。"①从中可见他对以智为本质的人性重新获得人类社会中心地位的期望和向往。

人既然以爱恶为天性，以智慧为本质，那么，每个人对于他人乃至整个人类应抱何种态度？康有为提出应以与全人类的相通相爱作为最高的精神境界，不仅要"以天下为一家，中国为一人，血气相通，痛痒相知"，而且要"以人类为吾百体，吾爱之周之，血气通焉，痛痒觉焉"。②对此精神境界，康有为给

---

① 康有为：《康子内外篇·仁智篇》，载楼宇烈整理《康子内外篇（外六种）》，中华书局1988年版，第25页。

② 康有为：《康子内外篇·觉识篇》，载楼宇烈整理《康子内外篇（外六种）》，中华书局1988年版，第19页。

予了一个非常独特的极具个人色彩的称谓：不忍人之心。所谓不忍人之心，小则表现为对亲身所接触之人世苦难的同悲共忧，大则表现为对全人类乃至全宇宙一切可能的有生之类的同哀乐共忧患之感。他特别主张统治者应以不忍人之心，行不忍人之政，只为民众着想，不图自己的私利；要求君主改变气质的偏颇，根绝纵欲的愿望，力行兼爱之道，这样才能杜绝一切乱萌。

肯定人欲的合理性就冲破了所谓天理的禁锢，突出人智的重要性就播撒了理性和科学的种子，追求人类的相通相爱就势必反对一切专制的束缚和压迫，这种新人性论所包含的启蒙精神无疑是非常鲜明的。

（三）新发展论

以气质为本原的自然界和人类社会以何种状态存在，它们过去、现在和未来的演变如何，这也是康有为宏论天人政教时十分重视的问题。

在中国古代哲学中，关于万事万物不断变化发展的思想非常丰富，尤其是朴素的辩证法思想更是其中一大特色，成为极为宝贵的文化遗产。然而，由于缺乏近代的自然科学知识，中国传统的变易观、发展观也存在着很大的不足，变易发展的循环论、器可变而道不可变论等成为它们明显的局限。康有为继承了中国古代变易发展思想的积极成果，并进而用西方近代自然科学知识加以改造和发展，在不少方面提出自己的创见，形成了颇有特色的新发展观。

用进化的观点阐释自然和人类社会的演变，是康有为新发展观最显著的特色。他通过钻研西学而接触到并接受了进化论的知识，从而对自然和社会的演变有了与传统观念不同的新的理解，认识到宇宙的演变是一个万事万物互相紧密联系、以时间为顺序而先后生成的统一过程：最初宇宙中只有"气"，经过气的不断运动于是生"日"，生"地"；地球上先生草木，继生禽兽，再生人类。按照这种进化的观点，世界上就没有永远不变的东西，不仅自然是不断变化的，社会是不断变化的，而且历来被视为天经地义的纲常礼义也必定会发生变化："中国之俗，尊君卑臣，重男轻女，崇良抑贱，所谓义也。……习俗既定以为义理，至于今日，臣下跪服畏威而不敢言，妇人卑抑而无所识，臣妇之道，抑之极矣，此恐非义理之至也，亦风气使然耳。物理抑之甚者必伸，吾谓百年之后必变三者：君不专，臣不卑，男女轻重同，良贱齐一。"①这种变化已不是周而复始的循环，而是质的不断飞跃。

世界为什么会不断发展变化，发展变化的根本之理是什么，康有为认为可以用"阴阳"二字来高度概括："天地之理，阴阳而已"，"天地之理，惟有阴阳之义，无不尽也"。阴阳本是中国思想史上的传统术语，康有为在此用来表示高度抽象的两个对立面之间的互相依存、互相斗争和互相转化。其观点可略分为两个层面：

一是气质的层面，认为气质分为阴阳两类，它们之间的互动制约着宇宙万事万物的生存变化。阳为湿热之气，阴为干冷之气，湿热则生发，干冷则枯槁，二者循环相乘，无有终极。宇宙万事万物，包括天、日、地、草木、禽兽、人类乃至人的仁爱智勇都是湿热之气生发出来的。但对于人来说，湿热之气亦有善有恶，其恶需要干冷之气来节制才能无弊端，"常任湿热之自然，而时以干冷为之节"②，这才是圣人之道。

二是社会生活及治教的层面，认为可分为顺人性人情之自然与逆人情悖人性两个方面，两者处于永恒的互动互补互生的演变之中。前者以孔教为代表，体现为父子君臣兄弟朋友之伦，粟米蔬果鱼肉之食，诗书礼乐之学，士农工商之业，鬼神巫祝之俗，凡是人类生活都不能与此相脱离；后者则以佛为代表，主张戒肉不食，戒妻不娶，朝夕膜拜其教祖，绝四民之业，拒四术之学，去鬼神之治，与孔教正好相反。前者为阳教，后者为阴教。那么，孔、佛二教谁是谁非、谁胜谁负呢？康有为明确指出，不能够这样提出问题，二教无所谓是非胜负，正如"方不能有西而无东也，位不能有左而无右也，色不能有白而无黑也"③，它们只能共生共存，此消彼长，永无止绝。

在康有为的"阴阳之义"中，包含了深刻的辩证法思想。它将事物发展的根本原因归结为其自身内部存在的矛盾性，看到了对事物发展过程起制约作用

---

① 康有为：《康子内外篇·人我篇》，载楼宇烈整理《康子内外篇（外六种）》，中华书局1988年版，第22—23页。
② 康有为：《康子内外篇·湿热篇》，载楼宇烈整理《康子内外篇（外六种）》，中华书局1988年版，第18页。
③ 康有为：《康子内外篇·性学篇》，载楼宇烈整理《康子内外篇（外六种）》，中华书局1988年版，第14页。

的两大矛盾因素及由此导致的两种不同趋向，主张合理地调节矛盾，反对走极端和绝对化的观点，这无疑深化了对世界的认识。

在阐明"阴阳之义"的基础上，康有为对世界的发展始终处于矛盾运动状态的思想做了进一步的发挥。指出万物的发展皆有所以然之理，但人们对此理要有确切的认识并不容易，因为它总是处于"有定而无定"①，即变动不居的状态之中。比如物质世界的方圆、阴阳、有无、虚实、消长等现象，思想领域的经权、仁义、公私、人我、礼智等观念，都存在着相互依存、交替转换的关系，就像孔教与佛教、中国与泰西（即西方国家，一般指欧美各国）之间没有绝对的是非对错一样。人们应抱的态度是：行其有定，观其无定，通之而已。所谓行其有定，就是在行动上遵守现实中既有的规范，循其故常，不越常轨；所谓观其无定，就是在学理上要毫无束缚地去进行探讨，鉴古观今，追根究底，预测事物发展的必然趋势。也就是说，当一个行动与现实保持一致而思想却超前发展的通人。

从新气质论到新发展论，康有为就实现了对传统哲理的全面更新。这些新哲理构成了他重新观察和解释世界的新立场、新观点、新方法，对其如何面对现实、如何处世行事起着直接的指导作用。

三、重理传统文化

康有为既然以一套完整的实理公法作为最高的价值标准，那么对于中国历史与传统文化也必然产生完全不同的看法。这些看法在《民功篇》和《教学通义》两部著作中十分清楚地呈现出来。

（一）民功论

《民功篇》撰于1886年，是康有为对中国上古先王的民功事迹进行详细考察及加以论述的著作。所谓民功，即有功于民，体现于为民制作宫室、衣服、杂器、礼乐、法制之具及为民兴利除弊，与军功相对。该著围绕民功而作，赞

---

① 康有为：《康子内外篇·理学篇》，载楼宇烈整理《康子内外篇（外六种）》，中华书局1988年版，第8页。

美先王建树的民功业绩，总结后世民功不兴的历史教训，揭示先王民功业绩中所蕴含的义理并据以反省批判现实，形成了颇具特色的民功论。

对从伏羲到尧舜等先王的民功业绩，康有为逐一进行了陈述和赞颂。如伏羲氏为首出之圣，创作八卦，编制历法，定嫁娶之制，造琴瑟之器，教佃渔之事，奠定了民功之基；神农氏民功至大，事迹至奇，凡民众存在的缺食、缺乏器物之用、患病等疾苦，皆能设法解决，一身既为帝，又为农、为工、为商、为医，因而被视为神圣；黄帝为各种制作、制度之祖，举凡宫室舟车、衣服文字、历数技乐、什器礼治，皆创于黄帝，并在四千年中沿用至今，黄帝实堪称万王民功之魁；尧舜将黄帝的创制发扬光大，在百余年间形成了文明美善、臻于至治的局面，达到了民功业绩的高峰。①总之，先王们都是因为民功卓著而受到民众的拥戴和后世的尊崇。

将远古文明的出现归结为某几位神圣先王的创造，这本来是中国文化中一直相沿的传统观念。康有为对先王的赞美与传统观念的不同之处在于，他突出了民众作为社会主体的地位：先王之所以为圣人，是因为他们与民同忧共患，竭尽全力造福于民，成了爱民、忠民的最高楷模。这种诠释，就赋予旧的先王神圣论以新的意义。

在中国历史上，先王的民功业绩未能延续下去。康有为认为，夏、商、周三代虽号称极治，但所重者已转向增肉刑，加兵制，以世袭取代禅让，国家的观念日益占据中心地位而民事逐渐走向衰息。从秦朝开始，改变尧舜之法，一味以军功和国家为重，君主自私其天下，已丢掉了二帝三王的忠民之心。此后两千年中国皆用秦制，元朝尤其是凭借武力而入主中原，于是，军功盛而民功绝，民性日愚，民生日蹙。

后世的民功业绩为什么远远不及先王呢？康有为从多方面加以总结，大致原因有：其一，实行世袭制则固守祖法，即使祖法积久弊生也不敢变革；其二，过于推崇三代之治，丝毫不敢创新；其三，暴秦彻底破坏了先王之法的传承，流毒遗祸两千年；其四，后世统治者因为秦朝的自尊自私之道对自己甚为有利，可借以愚民，便甘舍尧舜周公之道而从秦，只知以军国为重而以民为

---

① 参见康有为《民功篇》，载《康有为全集》第一集，上海古籍出版社1987年版，第20—21、24—25、33、43—51页。

轻，于是两千年来民功遂歇绝熄灭于天下；其五，后世学者治学无方，只知依据残留的经典盲目推尊三代之治，而未尝深求治国救民的道理，民功因此不兴；其六，有时虽有圣君而无贤臣（康有为举了清朝康熙帝的例子），结果还是不能变法图治、驾乎三代之上；其七，民功业绩的盛衰虽系人事，但亦与天运相关，黄帝、尧、舜仅百年而大治适逢运会之盛，待运会衰时谁也难挽其颓势，只能等待下一次兴盛时期的到来。①

对民功业绩衰亡史的回顾总结，实质上就是以实理公法为衡量标准而对秦朝以来专制历史的反省批判，批判的锋芒直指皇位世袭制、君主私天下、武力征战、君重民轻、愚民政策、因循守旧、抱残守缺等种种不合人类公理的严重弊端，是对两千年封建专制史的一次颇有冲击力的清算。

为了重振民功，康有为着重对先王民功事迹中所蕴含的义理或所体现的先王德行进行了揭示，并据以反省批判社会政治现实，实际上是表达了他本人此时经过深思熟虑所形成的政治思想观点，其要义可概括为以下数点：

第一，应以天下为公器，以至德之人继帝位，以仁爱为天子之学。第二，要宜民安国就必须变祖宗成法，否则难免遭亡国之祸。第三，天子应知贤用贤，破除资格限制和谗言谤语的干扰。第四，天子应有好善之心，以至诚求言，而不应闭塞贤路。第五，君臣关系应如宾友，而不能尊君抑臣，否则下情必然壅隔，成为政治死症。第六，天子应纡尊降贵，出巡以了解民间疾苦，兴利除弊。第七，人道应以求美为准则，去朴陋而求繁盛。第八，祭祀应依经义典法行之，破除各类惑民、愚昧的习俗。第九，国土应该固守，决不能轻易割让与人。第十，治水应采浚川之法。第十一，封赏应以民功大小为准则，而不应以军功取代民功。②

这些主张具有强烈的现实针对性，构成了康有为变法思想的基干，特别是必变祖宗成法、必通上下之情、天子应纡尊降贵等观点的提出意义尤为重大，在康有为日后通过上皇帝书等形式表达的变法要求中，这些观点一直占据核心的地位。

---

① 参见康有为《民功篇》，载《康有为全集》第一集，上海古籍出版社1987年版，第67—69页。
② 参见康有为《民功篇》，载《康有为全集》第一集，上海古籍出版社1987年版，第19—20、25—26、47—62页。

（二）新教化论

在撰写《民功篇》的同一年，康有为还撰写了《教学通义》这部重要著作。它与《民功篇》为姊妹篇，都是以正在形成的新世界观做指导，针对严重的社会现实问题而对中国历史和传统文化所做的总结借鉴式的批判。《民功篇》侧重于政治史及政治思想史，而《教学通义》侧重于教化史和学术史。

《教学通义》中所说的"教学"含义很广，在人员上包括了民众的教与学、士人的教与学、官吏的教与学，在内容上则涵盖了政治思想教化、道德观念教化、学术研究、工艺技术传授等方面，构成了各个层次的文化进行传播、延续和发展的完备的网络。

康有为撰《教学通义》是为了解决"今天下治之不举"[①]，即国家不能得到有效的治理、处于衰败之态的严重问题，解决的办法是遵循古今结合、教治相通的原则，师法古先教学制度及举措的精华，搞好今日的教学。书中的主要内容有三大方面：

第一，系统考察从伏羲到周公教学制度形成发展的历史，勾勒先王教学之制的基本面貌，并着重阐述周公教学之制，将其作为教学制度的理想模式。

康有为认为，教学起源于人类之智所特有的思辨性。由于善于思辨，人类一出现便开始产生礼义的萌芽和进行衣食住行方面的制作，进一步形成教学中的"德行"（即礼教伦理）和"道艺"（即器物制作）两大部分，代代相传。[②]从伏羲到黄帝，教学制度不可考，尧舜时教学达到极盛。

周公教学之制是康有为论述的重点。他赞颂周公教学之制极其美备，将其概述为公学、国学和私学三种制度。公学为所有人之学，从庶民到世子（天子、诸侯的嫡长子）莫不学之，而庶民不仅为士者应学，凡农、工、商贾者亦皆学之。学习的内容有文字、礼节、德行、艺学和国法。学习从6岁开始，学至30岁才开始任事，士人分任六官，民庶各择九职，于是进入私学阶段。实施公学的结果，使农、工、商贾皆获得士人的出身，受到同样的教育，四民都能"内则崇德厉行，外则修其道艺"，且都能通晓本朝政典，上下一致，国家因

[①] 康有为：《教学通义》，载《康有为全集》第一集，上海古籍出版社1987年版，第80页。
[②] 参见康有为《教学通义》，载《康有为全集》第一集，上海古籍出版社1987年版，第85页。

而大治。国学是公学的一个特殊部分，其授学对象为贵族子弟及庶民中的"俊秀"之人。授学内容一为"小学"，专教贵族子弟，所教者与公学大致相同，但较为精深；二为"大学"，既教贵族子弟，亦教"俊秀"，以乐学为教，教以乐德、乐语、乐舞，其目的是"养德"，使这些身负重任的受教者通过德行修养，改变各种偏颇的气质性情，达到完美的程度，以便今后能完成国政民命所托。私学是继公学之后的职业化的专精之学。人们接受公学教育之后，按其地位、身份及才能、志向的不同，分别授予各种官职或安排从事各类职业，官者则掌握专学，业者则精研专学，于是人才辈出，智识日进，足以致君国之用。①

康有为认为实行由公学、国学和私学构成的教学制度是周公之治臻于至美至善的保障，可惜未能继承留传下来，至汉代已遭到完全的破坏。

第二，比较孔子与周公，指出孔子之学存在重大缺陷，同时对孔子之学与周公之制的关系做了全面分析。

康有为认为孔子在两个方面不如周公：一是周公得有天位，能定制度令百官万民施行，教与治紧密结合，而孔子贱为布衣，只能以道德义理之精教英才，而未尝顾及农工商贾、畜牧、百业之民，"坐谈高义，舍器言道"②，教与治截然分离；二是周公有先王们丰富的文化遗产可以继承，百官之学皆称发达，而孔子生于春秋之末百学凋零之际，孔子虽勤勉搜求仍所得极少，远不能跟周公的百官之学相比。但孔子之学与周公之制之间又存在着继承发展的关系。继承者在于孔子所修六经除《春秋》外，有五经皆以周公典章为本，与周公之制有不少相似或相近之处；发展者在于孔子所修六经虽然言治不宜于用，但言道则讲之日精，这全都是孔子之学，不属于周公，特别是《春秋》为孔子的"改制之书"，与周公之礼截然不同。作为今后的理想，康有为主张将周公之制与孔子之学以"内圣外王"的模式结合起来，复周公教学之旧以为外王之治，讲求孔子之义学以为内圣之教，"二者兼收并举，庶几周、孔之道复明于天下"③。

---

① 参见康有为《教学通义》，载《康有为全集》第一集，上海古籍出版社1987年版，第92—93、96页。
② 康有为：《教学通义》，载《康有为全集》第一集，上海古籍出版社1987年版，第118页
③ 康有为：《教学通义》，载《康有为全集》第一集，上海古籍出版社1987年版，第122页。

第三，依据先王（主要是周公）教学制度的精义，针对后世各种严重的弊端，提出全面改革的主张。

在这些主张中，带有根本性或总体性的有三项：一是立学，即遵照先王教学之制的基本精神，重新建立有治国治民之实用的教学制度。康有为概括先王教学制度的基本精神为道与器合、治与教合、士与民合，其突出的特点是注重教学的有用性。通过立学，挽救后世无用之学盛行、科举之制泛滥、人才极其缺乏的大患。二是从今，即教学要以时王时制为中心，为搞好现实之治服务，反对教治分离，好古贱今。这样做就能使上之法令易知，下之情意易通，所以能够致治。更重要的是，在这一做法中贯串着彻底变法的精神。如周制就是以时王为法，大周之通礼会典一颁，天下奉行，前朝典礼皆废弃不用。又如三代之时，新王变更礼制，下及杯勺、颜色、体制，无不变更。通过从今，改变后世教学与吏治分途，好古贱今，治学完全脱离现实的状况。三是尊朱，即以朱熹作为学者治学的榜样。康有为认为先王之学自汉代以来逐渐废坠亡灭，得先王学术之全、治教之密的大学者已寡有其人，只有朱熹与众不同，在治学上取得了非凡的成就：其学原始要终，外之天地鬼神之奥，内之身心性命之微，大之经国长民之略，小之度数名物之精，以及辞章、训诂、百凡工技之业，莫不遍探而精求，以一身而兼备之，是孔子之后中国最大的学者。其不足之处主要是对孔子改制之学还未能深思和发挥。通过尊朱，清除后世学者治学志向不大、眼光不远、钻研不深、知识不全等弊端。①

除此之外，康有为还提出了搞好幼学、讲求德行、向民宣示国法、修订礼制、讲求射御之意、教化民众、统一言语、设立师保八项具体的改革主张，虽不同程度地带有理想化的色彩，但也可见其思考改革问题的周密、细致、深入，其中数条实际上还成了他后来相关改革主张的蓝本。

从《民功篇》和《教学通义》两部著作中，可以看出康有为完全跳出了以往历史文化观的窠臼。他将自己的新思想灌注于先王先圣的事迹之中，赋予其新的内涵、价值和意义，并与自己变法的设想有机地融会贯通起来，从而完成了对中国历史与传统文化的重释和改造。

---

① 参见康有为《教学通义》，载《康有为全集》第一集，上海古籍出版社1987年版，第127—139页。

四、形成变法理论

除了以上三部分的内容外，在康有为新思想体系中还有一个十分重要的内容，就是关于变法的理论。这一部分与其他三部分相比，表现形式比较特殊。它不像其他内容那样，在篇章表述上相当集中，而是分散在四部著作的论述之中，需要进行必要的归纳和梳理，才会得到清晰的展现。不过，这一理论的基本论点非常明确，内涵非常丰富，各个论点之间也存在着密切的内在联系。综合起来，对此变法理论可做如下概述。

（一）传统气质本原论与西方自然科学相结合的宇宙进化发展观

康有为明显地继承了中国哲学史上以气质为世界本原的传统观念（《康子内外篇》中所大量引用的典籍材料足以证明这点），但又运用自己所接触到的各种西学新知识重新加以解说，从而形成了对宇宙如何起源和演化的独特推论。

按其解释，宇宙从气质的本原到衍生出万物是这样一个生生不息的过程："夫天之始，吾不得而知也。若积气而成为天，摩励之久，热重之力生矣，光电生矣，原质变化而成焉，于是生日，日生地，地生物。"对此过程，康有为还发明了"湿热之气"的概念（与之相对应的是"干冷之气"），试图做出更为具体的描述："于无极，无无极之始，有湿热之气郁蒸而为天。诸天皆得此湿热之气，展转而相生焉。近天得湿热之气，乃生诸日，日得湿热之气，乃生诸地，地得湿热之气，蒸郁而草木生焉，而禽兽生焉，已而人类生焉。人得湿热之气，上养其脑，下养其心。湿则仁爱生，热则智勇出。积仁爱智勇而有宫室饮食衣服以养其身；积仁爱智勇而有礼乐政教伦理以成其治。"[①] 在此漫长演变过程中，由于气质的作用，人类的认知能力不断发生由"愚"到"智"的变

[①] 康有为：《康子内外篇·湿热篇》，载楼宇烈整理《康子内外篇（外六种）》，中华书局1988年版，第17—18页。

化①，而世界各国的"政教文物"也相继盛衰交替。②

这些解说未必有多大的准确性和科学性，但其所表达的宇宙万物不断进化发展的思想无疑是非常明确的，它对一切不变论（包括器可变而道不可变这种顽固的保守心理）具有极大的消解力。正因为有了这种宇宙观，康有为就敢于对"尊君卑臣，重男轻女，崇良抑贱"这些历来被视为天经地义的义理习俗发起挑战，断言"物理抑之甚者必伸，吾谓百年之后必变三者：君不专，臣不卑，男女轻重同，良贱齐一"新宇宙观对于康有为的变法理论起着奠基的作用，从最为内在、最为根本的层面上规定和论证了变法的必然性。

（二）以自主平等和人道主义为核心的价值观

在《实理公法全书》中，康有为列举了许多条实理和公法，从变法理论的角度看，最重要的是贯串其始终的三项颇具普遍性的原则，即"人有自主之权""人类平等"和"最有益于人道"。

第一项原则具体体现于人伦关系的几个主要方面，如夫妇、父母子女、师弟等，规定其双方都有自主之权，双方都不能向对方提出超越此自主之权的要求。

第二项原则涉及的领域更为广泛，包括政治领域的民与君平等，人伦领域的长幼平等，人际领域的"朋友平等"，教化领域的圣贤与众人平等，等等。

第三项原则在《实理公法全书》中提到的地方最多，它本身并不是一条实理或公法，但与所有的实理公法都有关系，是制定实理公法最终所要达到的目的，这一原则的反复申说，极为鲜明地凸显了康有为新思想的人道主义特色。

既然确立了上述原则，那么，一切旧的不自主、不平等、无益于人道甚至大有害于人道的制度及观念，如不自主的婚姻制、夫权制、父权制、定于一尊的圣贤观、旧的尊师之道、君权制、主奴制、旧礼节、旧官制、旧祭礼等，势必就要予以否定。这就将中国以三纲为核心的一整套传统制度及观念，皆置于了不合理（实理）、不合法（公法）、无益于人道的地位，等于宣布了它们终

---

① 参见康有为《康子内外篇·理气篇》，载楼宇烈整理《康子内外篇（外六种）》，中华书局1988年版，第28页。

② 参见康有为《康子内外篇·肇域篇》，载楼宇烈整理《康子内外篇（外六种）》，中华书局1988年版，第30—31页。

将被取消的历史命运。（此处论述，参见本章第一大点"创制人类公理"）

这种价值观的重大突破，为确定变法的性质、发展方向及长远目标，提供了有力的理论依据。

（三）力主接纳欧洲政教的地势气运决定论

在康有为看来，欧洲政教的兴盛虽晚于中国，但其政教的合理性却优于中国，其影响力亦大于中国。之所以如此，皆因地势气运的不同。以中西政教的性质而言，中国"地域有截（指四周地理环境多崇山险阻，闭塞难通——引者注），故古今常一统，小分而旋合焉"，中国之学因此而为"义学"，主张"尊君卑臣，重男轻女，分良别贱，尊中国而称夷狄"，欧洲则正好相反，"山川极散，气不团聚，故古今常为列国，即偶成一统，未几而散为列国焉"，因而"以平等为教"；以中西政教的相互影响而言，中国"环境皆山，气无自出，故孔子之教，未尝远行，数千年未闻有如佛之高僧，耶稣之神父，投身传教于异域者，盖地势使然"，而欧洲政教却能凭借地势的优势东渐，"地中海之水，怒而欲出于海，近者里希勃斯开苏夷士河，地中海水泻而东来，泰西之政教盛行于亚洲必矣"，凡此种种，"皆非圣人所能为也，天也"。①

此论与地理环境决定论有几分相似，而颇多牵强臆断之处。揆其用心，是欲对近代以来（中国则自鸦片战争以来）欧洲政教浩荡东进的大势从必然性上做出解释，并以此作为坦然接纳西政和西学的依据。这就使康有为的变法理论带上了向西方学习的鲜明的时代特征，为中西文化的全面会通开辟了道路。

（四）发挥传统变易思想的祖法必变论

在中国传统文化中，有不少主张变易的思想资料，康有为的变法理论对其多有采用和阐发，最典型的论述见于《民功篇》中所写的一段按语。

书中先列举了《易》所载"神农氏没，黄帝、尧、舜氏作。通其变，使民不倦；神而化之，使民宜之……穷则变，变则通，通则久"等材料，然后深有

---

① 参见康有为《康子内外篇·地势篇》，载楼宇烈整理《康子内外篇（外六种）》，中华书局1988年版，第26—27页。

感触地议论道：

> 故《易》特有"通变""宜民"之美，以炎、黄、尧、舜皆出一家，而能变政以利民，故可美也。……夫法久则弊必生，令久则诈必起，若代逾百年，时代贸迁，人皆知非而必泥祖宗之成法，不通变以宜民，百政壅阏，民气郁塞，下不蒙德，国受其灾，必待易姓者改纪其政，而祖宗实不血食。汉不知通变，自改其政，而亡于女寺；唐不知通变，自改其政，而亡于藩镇；宋不知通变，自改其政，而亡于夷狄；元、明不知变，自改其政，而亡于盗贼。嗟夫！使汉、唐、宋、元、明之君臣，知师黄帝、尧、舜，早自变改，虽至今存可也。后之人舍黄帝、尧、舜之圣而不师，而甘蹈汉、唐、宋、明之覆辙，明知其非而乐循之，祸不旋踵矣。……夫乐倡守祖宗之成法者，援率由之美名也，必以是为美者，则黄帝、尧、舜之自变其政，孔子美之皆非也。后王不师黄帝、尧、舜、孔子以宜其民而安其国家，事其祖考，而乐拾率由之单字偏义，以自求于危亡。岂王者祖宗所乐，有是臣乎哉？不深通《易》之大义，而与鄙儒谋国，如其亡，如其亡！[①]

这段按语论证祖法必变的道理相当有力，且具有直接的现实针对性："后之人……甘蹈汉、唐、宋、明之覆辙"，这不明明白白说的就是清朝的君臣吗？可见变法已成为刻不容缓的当务之急。

（五）"势"与"术"并举的君权变法论

康有为所说之"势"，指的是中国君主的"独尊之权"；所说之"术"，则为君主用以控驭臣民的"阖辟之术"（又称为"开塞之术"）。他认为，此独尊之权不仅威力巨大，天子"一颦笑若日月之照临焉，一喜怒若雷雨之震动焉。卷舒开合，抚天下于股掌之上"，而且由于数千年来历史和文化传统的积淀熏陶，臣民尊君已成为一种习惯，"故民怀旧俗而无外思，臣幕忠义而无异论，故惟所使也"。这种"势"，是施行阖辟之术的依靠，也是"今日地球各国之中"中国

[①] 康有为：《民功篇》，载《康有为全集》第一集，上海古籍出版社1987年版，第25—26页。引者对引文标点有改动。

所独具的优长。但光有"势"还不够,还必须懂得"术"。他举了很多君主如何使用阖辟之术取得成功的例子,然后总结道:"施之术,有先有后,有轻有重,有宜先而后,有宜轻而重,有忽先忽后,忽轻忽重,在审时势,通民心,挈而抑之,顿而制之,举之九天之上,沈之九渊之下,震之以雷霆,润之以雨泽。妙其控纵,而天下之治,惟我所欲求,盖开塞之道得也。"①

他坚信君主只要凭借独尊之权,善用阖辟之术,就可成就一切变法之业:天下人才不可胜用,地无不垦,水利无不开,农足商兴,百工器械无不精,学校礼乐无不修明,水陆治兵无不炼,风俗可厚,外交可恃,"三年而规模成,十年而本末举,二十年而为政于地球,三十年而道化成矣"②。君权变法构成了康有为关于变法基本模式(或方式)及基本策略的理论,对后来如何设计变法的纲领及主张有很大的制约作用。

(六)分别"次第"反对"骤举"的循序渐变论

如前所述,康有为用"公法"来表示各项理想的社会制度,而将未达此理想阶段的制度统称为"比例之法"。在两者之间,康有为明确列出了等次的差别,越是排在后面的"比例",离理想的状态就越远;从多个等次的"比例"到"公法",构成了一个从落后制度逐步演变到先进制度的序列。③

---

① 康有为:《康子内外篇·阖辟篇》,载楼宇烈整理《康子内外篇(外六种)》,中华书局1988年版,第1—5页。
② 康有为:《康子内外篇·阖辟篇》,载楼宇烈整理《康子内外篇(外六种)》,中华书局1988年版,第5—6页。关于"势",康有为还有从"强弱"角度所做的分析,认为强弱相别、强弱相欺世是人与人、人与物之间最为本质的一种关系,因此,强弱之"势"是一切道理、义理的孕育者:"势生理,理生道,道生义,义生礼。势者,人事之祖,而礼最其曾玄也。"(康有为:《康子内外篇·势祖篇》,载楼宇烈整理《康子内外篇(外六种)》,中华书局1988年版,第25—26页)此言很有点"打通后壁"的意思。照此分析推论,君主的独尊之权,其实也是一种以强凌弱之"势",这一点康有为可能并不愿意明白地说出来。
③ 例如,政治制度方面,排在最后的"比例"是"君主威权无限",往前是"君民共主,威权有限",再前是"民主"(民选之主),"公法"则是"立一议院以行政,并民主亦不立";婚姻制度方面,排在最后的是"禁人有夫妇之道",往前则依次略为男女由父母立终身之约、男女自立终身之约、男女立约久暂不限、男女相悦者立约以三月为期等,公法则是"凡男女如系两相爱悦者,则听其自便,惟不许有立约之事。倘有分毫不相爱悦,即无庸相聚。其有爱恶相攻,则科犯罪者以法焉"。(康有为:《实理公法全书》,载楼宇烈整理《康子内外篇(外六种)》,中华书局1988年版,第45、38—40页)

怎样从"比例"前进至"公法"呢？康有为明确指出应遵循从最末的"比例"逐一变为排前的"比例"，直至变为"公法"这样的次序："公法最有益于人道，固不待言，然行事亦当有次序也。假如某国执政之人，深知公法之美，甚欲变法，然其国现时所用之法，仅在比例之末，则转变之始，当变为彼例之首者，俟再变乃至直用公法，庶无骤变而多伤之患也。"①对公法的讲求可以无所禁忌，但讲求者行事乃至公法的逐步实行必须不违现有的"律例"，不可"骤举"，"……有骤举公法以强人，至其事决裂而多伤者，则公论当转议其过"。②循序渐变论是对变法阶段性、程序性的规定，是康有为的变法理论始终保持的一种重要特征。

上述六大方面的内容表明，康有为在其早期著作中已形成了一个相当清晰、确切和完整的变法理论③，从一个特定的侧面印证了"学大定"的说法。据此，康有为变法理论的形成，就应确定在上清帝第一书之前的1885—1887年，后人将其延至"两考"（指《新学伪经考》《孔子改制考》）撰成的1891—1898年，似为一种误判。

至此，一个新的思想体系已初步构成。大体上看，《实理公法全书》是这一体系的最高准则和未来理想部分，《康子内外篇》是这一体系的哲理及社会政治理论部分，《民功篇》和《教学通义》是这一体系的历史文化观和现实变革主张部分。当然，三个部分实际上有很多互相交叉、互相补充的内容。这是康有为十年艰辛求道的宝贵成果，也是他终于找到安身立命之所、完成了从旧式士人到启蒙思想家转变的显著标志。

以四部早期著作为代表的新思想体系，是康有为独特的思想理论创造。通过这一体系，康有为以非常个性化的方式接纳了当时最为先进的西学，并将儒

---

① 康有为：《实理公法全书》，载楼宇烈整理《康子内外篇（外六种）》，中华书局1988年版，第64页。
② 康有为：《实理公法全书》，载楼宇烈整理《康子内外篇（外六种）》，中华书局1988年版，第65页。
③ 除了新宇宙观等重要理论观点外，康有为还在《民功篇》和《教学通义》中提出了许多比较具体的变法思想和主张，如用人破除资格限制、君主纡尊降贵通达下情、君臣关系应消除隔阂形同宾友、封赏应以民功大小为准则、重建有治国治民之实用的教学制度、君主左右应安置魁垒骨鲠而又通古今之人等。参见拙著《岭南维新思想述论》，中华书局2002年版，第153—160、171—183页。

学、佛学、基督教及各类中外文化资源融汇在一起，经过自己的选择、提炼、推衍和发挥，形成了完全带有康有为认识标记的新学说。尽管从这一体系中可以看到诸学所发生的明显而深刻的影响，很难将其称之为完全原创性的思想体系，但无论从其整体构建还是从其各个部分的内容来看，都应该说它是康有为以非凡的探索精神、批判精神和创造精神所培育的思想文化杰作。

  对于新思想体系的创立，康有为志得意满。他不仅沉浸在求道终获成功的巨大喜悦之中，"是时学有所得，超然物表，而游于人中，偶怳自喜"[①]，在很大程度上有种超凡入圣的感觉，而且也毫不掩饰对于自己新思想的自信，认为学已大定，此后不复有进，而且不必求进。在新思想的直接推动下，其救世用世之心变得格外迫切。1888年，即四部早期著作撰成后的次年，他便在京师展开了一轮堪称惊世骇俗的变法活动，这既是对其新思想的运用，也是对其新思想的检验。然而，活动的结果完全不如人意，由此引起他的深沉反思，并导致新思想发生转折性的变化。

[①] 康有为：《我史》，载《康有为全集》第五集，中国人民大学出版社2007年版，第72页。

第三章

转向"发明"孔学

新的思想体系本来是康有为的独特创造，但他却没有勇气继续按照自己的思路宣扬和发展这些学说。大约从1890年开始，他便专注于探究今文经学，以重新"发明"孔学自命，将自己的新思想完全纳入孔学之内。这一重大转向不仅改变了其新思想的表达形式，而且对其内涵和意义影响甚大。转向的发生，直接源于首次上书请求变法的失败，而得益于今文经学家廖平的启发。遵循新的方向，他先将居于正统地位的古文经斥为伪经，考证只有改制的今文经才是孔子真经，并以连接康学与孔学的"大同三世"说作为思想核心。经过这些发明，其新思想虽精髓仍在，却颇多变形，几近面目全非。

一、碰壁与反思

导致康有为新思想发生重大转变的最初原因，是其1888年首次变法实践的失败。这次实践活动，本来是在康有为业已形成的变法理论的指引下进行的，其核心的理念就是要"以君权变法"。

在这一理念中，包含了两方面的内容：一方面，在中国要想变法成功，只能依靠君权实行自上而下的变法。在《康子内外篇》中，有一篇叫《阖辟篇》，就专门讲的是君权变法的道理。在康有为看来，由中国数千年历史和文化所造成的君主独尊之权是有巨大威力的，君主一颦一笑像日月之照临，一喜一怒像雷雨之震动，卷舒开合，抚天下于股掌之上，在当今地球各国之中，只有中国能做到这点。只要将君主的独尊之权与所谓"阖辟之术"（即恩威并用、赏罚兼施的权术）结合起来，就能迅速而全面变法，达到治国安邦、求富求强、御侮雪耻等一切目的。另一方面，在君主不能主动自觉实行变法的情况下，臣属必须尽一切可能，想方设法打动和说服君主下决心变法。康有为此时所从事的变法活动，都是围绕"君权变法"这一中心展开的，都是要将关于变法的思想传递给君主。

当时，康有为还只是没有任何科举功名的一介布衣，在等级森严的专制社会里，不要说直接面见皇帝，就是间接将自己的意见呈递给君主，也是困难重重的。但康有为并未知难而退，而是以满腔的热忱和巨大的勇气，对如何将变法的强烈意愿传递给君主进行了敢为天下先的尝试。

在一年多的时间里，他先后展开了三个层面的活动。一是拜访那些颇有名气的公卿大臣，陈述自己的变法大计，督促他们去对皇帝施加影响，请求变法。二是自己给皇帝上书，然后找人代递，希望主张变法直达君主。三是积极联络小京官，利用他们所具有的上奏权，为其代拟变法奏折，向君主提出种种变法的建议。在此三项活动中，康有为都曾怀抱过很大的期望，做出过不懈的努力，然而却遭到了一次又一次的沉重打击。

先是拜访了三位公卿大臣，却一概拒绝了康有为的变法请求。

一位是潘祖荫，时任工部尚书，在南书房行走。在为官生涯中，潘是位仗义敢言之人，并有谦恭下士、爱惜人才的好名声。康有为先是上书求见，得到潘的许可。但交谈之后，潘祖荫并未接受康有为的变法思想，反而教导他要熟读律例，以便日后有可能当一个好官。康有为对此很不以为然，认为照章治事是天下太平时的做法，而中国的当务之急是要起衰微，振废滞，重造政教准则，更新社会万象，因此必须对现实有强烈的批判精神，在斟酌古今的基础上厉行变法。于是，他再次上书潘祖荫，详论变法的必要性和紧迫性，强调变法的关键是要"感悟圣意"即打动君上，使之幡然有欲治之心，而感悟的办法就是由一二元老当面向君上直陈变法之意。他希望潘大人即使明知君上未必马上听得进去，也要"与二三公忠同志大臣，涕泣陈之，甚且去就争之"。上苍如果保佑清朝，君上必能感悟，如实在感悟不了，就从容辞职，"上以报先帝，中以光祖德，下以塞人望"。①话讲得非常直率，但哭谏已经难度很高，辞职更没有哪个大臣可以做到。潘没有答复康有为。本来上次见面时应允为康的叔祖康国器撰写一篇墓志铭，大概是对康的再度上书起了反感，也一直拖延，没有兑现。

一位是翁同龢，为同治、光绪两朝帝师，时任户部尚书、管理国子监大臣

---

① 康有为：《与潘文勤书》，载《康有为全集》第一集，中国人民大学出版社2007年版，第169页。

等职。由于帝师的特殊身份，翁的政治地位自然非同一般，与皇帝的关系尤为密切。应该说，康有为求见翁同龢，内心寄托着更大的希望。可惜的是，翁连见面的机会也不肯给他，仅在其日记里留下了这样的记载："南海布衣康祖诒上书于我，意欲一见，拒之。"①布衣与位高权重的帝师相距太远，翁同龢行事又素称稳重，不见也并不奇怪。

还有一位是徐桐，时任吏部尚书，曾在弘德殿行走，当过同治帝的师傅。徐桐以治理学而闻名，又以顽固守旧而著称，门人有读西学者，即不许入见。康有为显然不太清楚徐的为人，曾三次上门求见，结果都被拒之门外。后来徐桐派人来问到底有什么话要说，于是康有为便写了《与徐荫轩尚书书》作答。此书与上潘祖荫书的大意相同，也是希望徐桐能哭谏君上变法，不听则请辞，但言辞不仅更加率直，有些话还相当尖锐难听。书中说，今日中国祸乱灾变深重，应及时感悟上心，幡然图治，否则异日有变，国事将有难言者。徐公为国家元老，深晓义理，又通佛学，当超脱于生死之事，"七十老翁，复何所求"，今天下待徐公不薄，愿公保全晚节。②这等于是要徐桐拼将性命来挽救国运，又等于说如不听康言将付出断送一生名誉的代价。徐大人哪里受得了这个。此书投出后，第二天就被原书退回，康有为被徐桐斥为不明事理的"狂生"。

康有为原以为，当国事危迫之际，请"魁垒耆艾"即德高望重的大臣们去大力推动君主变法，是再应当再正常不过的事。在明朝，当朝政不纲，君道秕懈之时，其卿士中不是尚多骨鲠忧国之人，常有九卿率科道伏阙力争之事吗？不承想，公卿大人们与他的变法思想存在如此之大的隔膜，不仅无半点勉励，反而都是抵制，没有一个肯采纳其议。康有为的失望和无奈，是显而易见的。

然后是上书皇帝，但不仅无法呈递，而且遭人攻击。

康有为发愤所拟的《上清帝第一书》长达五千言，是他第一次向最高统治者系统表达自己的政治见解，凝聚了其多年以来的思考和期待。上书首先痛陈了当今国事危蹙、祖陵奇变的严峻现实，接着表达了自己的三点主要政见：

---

① 陈义杰整理：《翁同龢日记》第四册，中华书局1992年版，第2232页。
② 参见康有为《与徐荫轩尚书书》，载《康有为全集》第一集，中国人民大学出版社2007年版，第171页。

第一，坦言对时局的三大忧虑，一忧外患内乱、国难保全，二忧病入膏肓、无可救药，三忧皇太后和皇上无欲治之心；第二，提出变成法、通下情、慎左右的纲领性政治主张； 第三，督促及时图治，以保全祖宗得来不易的天下。① 整封上书始终围绕着一个中心，就是要"感悟圣意"，即说服和打动君上下决心进行改革。为此，书中的言辞写得十分尖锐大胆，毫无掩饰，不留情面，不顾后果，不计利害，表现了士林中难得一见的勇气和锐气。而书中列举的三项政治主张则带有纲领性的意义，变成法全面否定了祖宗旧法，通下情具有改善君权、沟通君民的重要政治意义，慎左右与改善君权亦有密切的联系。七年之后，康有为再度上书清帝，这些主张还多次被作为政治改革的纲领性内容重提出来。

康有为虽然写好了上皇帝书，却不能直接递交上去。按照清朝的规矩，要身为科道之官或四品以上的堂官才可以直接上奏，四品以下的小京官如上奏则须交所在衙署的堂官代奏，或呈请都察院代奏。因此，康有为欲上书皇帝，必须求人代奏。他先后多次求人，却没有一次成功。

他先写信求徐桐代奏，并把话说得很绝："公以为可，望发还缮正，然后呈上；若有所不可，望赐笔削。若以为草茅狂愚，不识忌讳，不为代奏，则以公盛德巨学犹如此，他人益无可望，此则朝廷之大忧，非徒鄙人之失望。仆惟有被发大荒而已。夫复何言！"②不像是在求人，而像是在逼人就范。徐桐十分恼怒地退回了康有为这位"狂生"的信，"代奏"当然也就成了泡影。

接着，通过黄绍箕编修的引见，康有为结识了国子监祭酒盛昱，在盛的帮助下，这封上皇帝书交到了主管国子监的翁同龢手里。翁此前曾拒绝康有为的求见，此刻读到康的上书，仍然没有什么好感，他的评价是："语太讦直，无益只生衅耳，决计复谢之。"③攻击别人的短处或揭发别人的隐私叫作讦，翁觉得上书讲朝廷的问题太多，攻击力太强，只会惹出麻烦来，因此拒绝代奏。

国子监渠道不通，盛祭酒又帮忙去找左都御史祁世长，想通过都察院上

---

① 参见康有为《上清帝第一书》，载《康有为全集》第一集，中国人民大学出版社2007年版，第180、182、184页。
② 康有为：《与徐荫轩尚书书》，载《康有为全集》第一集，中国人民大学出版社2007年版，第172页。
③ 陈义杰整理：《翁同龢日记》第四册，中华书局1992年版，第2234—2235页。

奏。祁称赞康有为是忠义之士，答应为之代奏，并约好了递交上书的时间。但真到了约定这天，却有人送来消息说，祁公在车中流鼻血，眩晕而归，须改期再递上书。此后，祁公一直请病假，代奏也就没了下文。看来，祁大人也并非真的是因为有病，很可能是由于别的什么原因而改变了态度。

上书竟然递不上去，这是康有为始料未及的。他本以为有盛昱帮忙疏通，上书送达皇帝手中只是迟早的事。在较早写给其弟康广仁的信中，康有为预计皇帝看过上书后无非有两种结果：一是能感悟天意，此乃"如天之福"；二是以言事得罪，但也不会杀头，天恩宽大，"至重不过下狱，或出戍而已"。表示自己已经下定决心，"心一毫不动"，不管是福是祸，在京专等上书结果。①如今两种结果都没有，上皇帝书就是不能与皇帝谋面，这不能不使渴望君权变法的康有为非常失望也非常愤慨。他写下了"海水夜啸黑风猎，杜鹃啼血秋山裂。虎豹狰狞守九关，帝阍沉沉叫不得"②的诗句，将阻遏上书者称为"虎豹"，仇视却无奈的心态跃然纸上。

康有为的上书不仅遭到公卿大人们的阻遏，而且遭到朝士们的攻击。在专制时代，以布衣而向皇帝上书，这是一件极不平常的出格之举。在清咸丰、同治年间，曾有监生周同榖、贡生黎庶昌递折言事，但以后就再没有人敢这样做。更何况康有为在上书中极言时危，请大变祖宗成法，这是有上奏资格的公卿大人们都不敢说的话；再加上来年将举行光绪皇帝成婚亲政大典，朝廷刻意营造吉祥喜庆的气氛，康的上书与之显然形成了巨大的反差。因此，康有为上书之事传开后，朝士大哗，南海旅京同乡甚至有人提议将他驱逐出京，这也是康有为事先并未预料到的。他连下狱、流放都不怕，对来自朝士们的攻击当然更不会畏惧。他写了一首《苦蚊行》的诗，将这些攻击者比作秽草中滋生的"蚊虻"，"誓当聚火焚，扫除命僮仆。秽草皆捐涤，绝汝凭藉属"③，以此表示深恶痛绝的态度。

最后是通过小京官上奏言事，也渠道不畅，难以奏效。

---

① 参见康有为《与幼博书》，载《康有为全集》第一集，中国人民大学出版社2007年版，第175页。
② 《康南海先生诗集·乙丑上书不达，出都》（1888—1927年），载《康有为全集》第十二集，中国人民大学出版社2007年版，第174页。
③ 《康南海先生诗集·苦蚊行》，载《康有为全集》第十二集，中国人民大学出版社2007年版，第165页。

所谓小京官，是指那些品位不高、未掌什么实权的朝廷官员。在他们当中，有一批人与康有为颇具共同之点，康有为亦容易与之接近。因此在上书前后，康有为便积极与志同道合的小京官们联络，利用他们具有的上奏之权，代其草折言事，企图打开另一条指向君权变法的通道。在这些人中，黄绍箕、沈曾植、屠仁守等，就是康有为着意加以联络、与康交往甚多的几位小京官。在上清帝第一书前后，他们都给了康有为不小的帮助。其中，屠仁守所起的作用尤为突出。

屠仁守为湖北孝感人，同治朝进士，时任都察院御史，颇有直言敢谏的名声，对改良政治有很多切中时弊、见解独到的想法。在康有为给清帝上书的前一年即1887年，屠仁守曾上疏请朝廷勤修政治，提出了六项针对性很强、变法精神鲜明的主张：一是杜诿卸，批评大臣中遇事推诿的做法；二是开壅闭，要求当政者借鉴西方设议院之意，广开言路，虚心纳谏；三是慎动作，希望皇太后、皇上常驻宫廷办事，少临幸三海（北海、中海和南海）园林；四是抑近习，反对给太监以事权，矛头指向李莲英；五是轸民瘼，要求顾惜民生，以防内乱；六是重国计，要求节俭开支，反对耗巨资于无益之工程，对颐和园的兴修表示不满。这些主张与康有为在上清帝第一书中提出的变成法、通下情、慎左右三项纲领有很大的一致性，是屠、康二人能结成密友关系的政治思想基础。康有为视屠仁守为难得的知己，在上书清帝前后，频频为屠仁守代草奏折，对朝廷施加影响，"做有益之事也"。

从1888年10月到1889年1月，康有为代拟的奏折约七件，即《请开言路折》《钱币日坏，名实两失，请改铸银钱以维钱法折》（又称《钱币疏》）、《创开铁路宜择要地，以控天下收利权折》（又称《请开清江浦铁路折》）、《报效一途急宜停止，以存政体而遏乱源折》（又称《请停海军捐折》）、《门灾告警，请行实政而答天戒折》《家国疑难，恳明降懿旨，预远嫌微而全骨肉折》（又称《请醇亲王归政折》）、《宗社严重，国势忧危，乞赐面对以竭愚诚折》（又称《乞赐面对折》）。综观七件代草奏折，与康有为上清帝第一书构成了表里关系，核心主张还是变成法、通下情、慎左右，但又增加了许多具体的改革建议，触及了当时一些尖锐的朝政问题，是对第一书的补充和发挥。

据研究，这七件代奏，有五件半未曾递上朝廷。究竟缘何未递，原因复杂，已难详考。递上朝廷的只有第四件《请停海军捐折》及第三件《请开清江浦铁路折》的一半（屠仁守将此折的前后两部分内容分开改成了两道奏折，他只呈递了一道，另一道则并未呈递）。既然上递的机会都没有，那么大部分代拟奏折也像《上清帝第一书》一样，根本无法对朝廷发生影响。但已被呈递上去的《请停海军捐折》还是起了一定的作用。此折义正词严，理据充足，切中时弊要害，颇有震撼之力。折上后，慈禧不得不颁旨令奕譞核查。奕譞本来就是海军衙门开捐卖官的主谋，而捐款很大一部分又是用于修造供慈禧享乐的颐和园，这种核查哪里会有什么结果。奕譞在覆奏中，一方面百般为开海军捐辩解，坚持不能停捐；另一方面又不得不表示要严查诸弊，并待海防经费有保障后停止收捐。与此同时，他对告状的屠仁守进行反击，说其奏折是故意危言耸听，只矜词锋之利，转失事理之平，沿袭了以往清流派"抨击攻讦之余习"。慈禧同意奕譞的看法，因此海军捐也就并未终止。

最大的问题还在于，专制已成习惯的慈禧和朝廷不可能真正广开言路，听取下情。他们需要利用言官言路来为达到自己特定的政治目的服务，但又不允许超过这个限度。像屠仁守这样喜欢抨击严重的朝政问题，一再反对修颐和园，严厉指责海军捐的直言之人，是很难被慈禧和朝廷容忍的。到1889年2月，当屠仁守又一次上奏"直抒管见"时，早已对其不满的慈禧就抓住其中的一个把柄，给其安上"逞臆妄言，紊乱成法"的罪名，将其革职。①康有为有可能向君主表达意见的一切渠道，至此完全堵塞。清廷对屠仁守的惩处，不啻也是对康有为及一切敢言之士的警告。②

首次变法实践的失败，对康有为打击很大。最令他感到失望和失落的，是在京师亲身耳闻目睹所见证的朝政腐败没落之象："于时，上兴土木，下通贿赂，孙毓汶与李莲英密结，把持朝政。士夫掩口，言路结舌，群僚皆以贿进。大臣退朝，即拥娼优，酣饮为乐。……不独不能变法，即旧政风纪，亦败坏扫地。官方凌迟，士气尽靡……久旅京师，日熟朝局，知其待亡，决然舍归，专意著述，无复人间世志意矣。"③孙毓汶，时入直军机处兼总理衙门大臣，颇

---

① 参见康有为《我史》，《康有为全集》第五集，中国人民大学出版社2007年版，第73页。
② 以上关于屠仁守和康有为代奏事的论述，参见林克光《革新派巨人康有为》，中国人民大学出版社1990年版，第66—70页。
③ 康有为：《我史》，载《康有为全集》第五集，中国人民大学出版社2007年版，第73—74页。

受醇亲王奕譞的信任。李莲英,为总管太监,深得慈禧太后宠信。康有为曾在上书中主张"慎左右",在他眼中,孙、李就属于当时最坏的、最应去掉的君主左右之人。在康有为的观察中,朝廷政局已不是个别和局部的缺失,而是整体性的溃烂,所谓病入膏肓,只剩下"待亡"一途。这与变法之初的期待相差极大。

康有为来京之时,曾满怀热望地想推动君权变法。他作过这样的记叙:"时讲求中外事已久,登高极望,辄有山河人民之感。计自马江败后,国势日蹙。中国发愤,只有此数年闲暇。及时变法,犹可支持。过此不治,后欲为之,外患日逼,势无及矣。"①康有为看到了变法的紧迫性,同时也对变法的可能性怀抱着希望,至少以为自己即将开始的尝试不会毫无作用;在他对中外事的"讲求"中,对现实的朝局其实还没有多少深切的感受。从康有为1889年别离京师前所写的一首《去国吟》中,也可以看到他变法活动前后的重大思想反差:"平生浪有回天志,今日真成去国吟。回首五云宫阙迥,柴车恻恻怆余心。"②这首诗很有总结性的意味,从"回天"的豪情到"去国"的凄怆,万千感慨,真是不知从何说起。

通过变法实践,连环的碰壁不能不使康有为产生无可奈何、无能为力的绝望之感。他又不忍坐视中国之亡,甚至"大发浮海居夷之叹"③,也就是到国外去,或在美洲传播中国文化,或在巴西经营殖民地以作为新的中国,但想想自己并无此力量,又有老母亲在家,不能远游,"浮海"终究只是一句空话。

与绝望于朝局紧密相连的,是康有为对自己首次变法活动及今后人生事业的反思。创立了新思想体系的康有为,本来以为自己对天地自然、人类社会、时势演变及个人使命等都有了非常透彻的了解,而变法活动将为今后的发展提供一个新的契机。但没有想到的是,现实政治和现实社会与书斋中的认识会有如此之大的差距,这不得不促使他对原有的打算重新做全盘思考。

对此反思,在学界以往研究中似未得到足够的重视,甚至忽略不提。事实

---

① 康有为:《我史》,载《康有为全集》第五集,中国人民大学出版社2007年版,第72页。
② 《康南海先生诗集·去国吟》,载《康有为全集》第十二集,中国人民大学出版社2007年版,第166页。
③ 康有为:《我史》,载《康有为全集》第五集,中国人民大学出版社2007年版,第74页。

上，对于康有为来说，这次反思极为重要。因为正是在这次反思中，他深深感到了自己所创新思想体系的无力和自己作为一介布衣的无助，非常需要为自己找到一种可以作为凭借和依靠的强大力量。就是在此反思中，其新思想悄然开始发生了转向。

关于这一反思的内容，康有为在离京前写给沈曾植的辞行信中，曾有过一番相当淋漓尽致的吐露，值得细加分析。

首先，康有为在这封信中解释了自己之所以会有此次京师变法活动之举的原因。他将自己十余年来经世救民的远大抱负，概称为"不忍人之心""不忍人之欲"，认为此心此欲已"凝聚弥满，融于血气，染于性情，不可复抑矣"，就像人有声色之欲一样，已成了整个生命中仿佛天成、纯乎出于自然的部分。纵声色之欲不合于义，则抑而制之，而不忍人之欲自以为皆合于义，则因而纵之。[①]所谓"不忍"之心、"不忍"之欲，是康有为所喜好的一种有特殊标志性意义的说法。它除了带有心学的色彩和宗教的意味之外，还有一层内在的含义，就是表明康有为的思想完全是以"人"作为核心和立足点。这层含义在这封信中并未明言，但如果对照康有为早期著作中的种种相关论述，便不难做出恰当的解读。

其次，康有为表示了对待变法活动失败的态度。一方面，现今上书受挫，时不可为，"知此欲万无可纵之日"，他也曾想像老子所说的那样，以天地万物为刍狗，坐视民众颠连困苦而不顾，将不忍人之欲像"毒蛇猛虎、大火怨贼"一样抑制下去，成为一个与世无争的避世者；但另一方面，逃避现实终究违背"不忍"之心，"吾老母、妻子、兄弟、朋友，安忍舍之哉？则此欲亦时时决裂触发，而必有不能尽制者。……仆虽制之，而不能保其不发矣"。[②]也就是说，既定的政治信念是很难改变的，保不准什么时候又会像此次京师之行一样迸发出来。

那么，眼下究竟作何打算呢？信中否定了忘却现实社会，专门去做某项

[①] 参见康有为《与沈刑部子培书》，载《康有为全集》第一集，上海古籍出版社1987年版，第380—381页。
[②] 康有为：《与沈刑部子培书》，载《康有为全集》第一集，上海古籍出版社1987年版，第381—382页。

学问的可能性：为文词，则巧言以夺志；为考据，则琐碎而破道；为天文，为地舆，或讲求农学，都不具备种种必需的条件，成不了有价值的学问。但是，如果一味照"不忍人之心"去行事，也面临着一个非常现实的问题，即君权变法可以依靠君主的"势"与"术"，而个人欲独自经世济民，却没有什么可以凭借，用他自己的话来说就是："我无土地，无人民，无统绪，无事权，为之奈何？"①土地、人民、事权三者代表的是政治上的支配力，"统绪"代表的是思想文化上的权威性，康有为只是一介布衣，当然在两方面都谈不上任何权势。这一问题突出地反映了康有为强烈的变法愿望与其实际力量弱小之间的矛盾。

怎样解决这一矛盾呢？康有为暂且想到的办法是"托于教"，即将自己的经世救民之志寄托于教书授徒之事。他对"托于教"如何解决上述矛盾是这样设想的："凡比吾先而生，后吾而出者，皆吾人民也。声气所通，舟车所及，皆吾土地也。二帝、三王、先圣、诸儒，皆吾统绪也。立义树说，皆吾事权也。"②人民、土地、统绪、事权皆有，俨然构成了一个新的王国，一个教学的王国、文化的王国、创造和传播新思想的王国。有了这个王国，"不忍人之心"不也就可以纵横驰骋了吗？

在此自我安慰语中，"吾统绪"的设想特别值得重视。因为所谓"吾人民""吾土地"纯为虚拟者，只具有象征性和比喻性的意义；所谓"吾事权"，是康有为已经具有的著作之权，却并不等于前文所说的政治上的"事权"。也就是说，对于康有为欲取得政治上的支配力来说，"托于教"实际上是无能为力的。而"吾统绪"则不然，它是一件可以实实在在去做的事，对解决康有为所面临的另一方面的现实问题即思想上的权威性无疑具有实际意义。这就意味着在"托于教"的思考中，建构"统绪"势必成为康有为越来越关注的重点。同时，就此"统绪"本身来说，它所表明的是一种求助于中国历史文化传统的意向，联系康有为此前的思想历程，建此"统绪"也就是欲将其已经形成的新思想体系与中国历史文化的传统连成一体，以便获得可以凭借的强大

---

① 康有为：《与沈刑部子培书》，载《康有为全集》第一集，上海古籍出版社1987年版，第382页。
② 康有为：《与沈刑部子培书》，载《康有为全集》第一集，上海古籍出版社1987年版，第382—383页。

力量。这种"统绪"之思，就直接构成了康有为发生转变的思想基础，成为其随后转向今文经学的思想出发点。

但是，康有为最初设想的"统绪"是"二帝、三王、先圣、诸儒"，怎么会在很短的时间内就变成了今文经学的孔子之学了呢？这就必须要研究廖平对康有为所产生的影响。

二、廖平的影响

关于康有为转向今文经学确实受到廖平的影响，史学界历来看法比较一致，只是在影响发生的具体过程及达到何种程度等问题上，还存在着一些分歧。[①]不过，以往的研究也存在一个明显的缺陷，就是学者们对廖平的影响多从经学观的角度着眼，而未能与康有为《上清帝第一书》前后思想的发展演变紧密结合起来，这就使得对廖平影响的认识很大程度上停留在某些具体史实的表层，难以揭示其隐蔽在表象之后的真实底蕴。笔者以为，要将廖平对康有为究竟产生了何种影响这一问题弄清楚，需要分别从学术思想和政治思想两个层面进行考察分析。

廖平对康有为的影响，首先表现在学术思想层面。

还在1888年，康有为就在京师读到了廖平的经学著作《今古学考》。廖平一生经学思想多变，此书为其第一变的代表作，所持经学观为"平分今古"，即以礼制的不同为根本标准，将今文经学与古文经学平分为汉代经学的两大派别。康有为不是经学家，但对作为中国历代学术研究主流之一的经学研究亦颇感兴趣，此时在对待今文经学与古文经学关系的问题上，其见解与廖平相

---

① 较为集中的问题有两个：一是1890年春康、廖广州会面时，廖平有没有向康有为出示《知圣篇》《辟刘篇》；二是将廖平所著《知圣篇》《古学考》与康有为的"两考"相比较，两者异同如何。对这两个问题，学者们的看法相差颇大。（参见黄开国《廖平评传》第7章"廖平与康有为"，百花洲文艺出版社1993年版，第237—279页；吴义雄：《关于康有为与廖平学术思想关系的再探讨》，载《康有为与戊戌变法学术研讨会论文集》，学术研究杂志社1999年版，第71—98页；陈其泰：《清代公羊学》第6章"廖平对康有为的影响"，东方出版社1997年版，第279—283页）

近。①读廖著后，他将廖平"引为知己"②，与廖平产生了学术上的共鸣。因此，当康有为于次年底回到广州，得知廖平此时也在广州时，便主动前往广雅书院拜访。

康有为本来是因两人经学见解相似而前去求教，不料廖平的经学观这时已经发生了变化，由"平分今古"进入了所谓的第二变即"尊今抑古"的时期。"平分今古"对今文经学与古文经学只是加以区别，并无好恶褒贬，而"尊今抑古"则是将今文经学定为孔子的真学，将古文经学斥为刘歆的伪造，这是一个很大的变化。对此变化，康有为起初的反应是完全不可接受。拜访之后，他给廖平写了一封近万言的长信，一面赞扬《今古学考》，一面批评廖平现在的主张是"好名鹜外，轻变前说"，应赶快放弃。廖平回信相约面谈后再定从违，随后到安徽会馆回访康有为，结果两人相谈甚欢，在经学观上取得了共识。③自从这次见面后，康有为也像廖平一样，由对今文经学和古文经学一视同仁，转而走上了"尊今抑古"的道路，而且比廖平走得更远。这些基本事实表明，康有为在经学思想上发生显著变化，的确是以康廖羊城之会作为起点，并且直接受到廖平思想的影响。

然而，康有为并不只是从学术层面上接受了廖平的经学观念，更重要的是还从政治思想层面对其做了进一步的解读，这就是要通过"尊今抑古"，将自己所需要的"统绪"建立起来。这一意图，从康有为于1891年冬写给时任广雅书院教席的浙江学者朱一新的信中，可以相当清楚地看出来。

这是一封写的很长的信，信中有两段话专门讲到康有为从上书失败到专治今文经之孔学过程中的转变与思考。

一段是："仆昔者以治国救民为志，今知其必不见用，而热力未能销沮，又不佞佛，以为木石必有以置吾心，故杜门来，专以发明孔子之学，俾传之四

---

① 在提出"新学伪经"说之前，康有为对古文经与今文经是平等看待的，即都作为前代圣贤留存的儒学典籍。一方面，他看到古文经与今文经之间存在着不少差异和矛盾，对两者的界限做出明确的划分；另一方面，他区分今古并不是为了是此非彼或厚此薄彼，而是对两者都有称赞和批评。（参见康有为《教学通义》，载《康有为全集》第一集，中国人民大学出版社2007年版，第145—149页）

② 廖平：《经话甲编》卷一，载李耀仙主编《廖平选集》上，巴蜀书社1998年版，第447页。

③ 参见廖平《经话甲编》卷一，载李耀仙主编《廖平选集》上，巴蜀书社1998年版，第447页。

洲，行之万世为事。极知绵薄不逮，然见弃于世，终日醉饱，无补时艰，聊遣岁月，或有补益。且精思妙悟，自视不后于恒人，故谬以自任，如揭鼓而招亡子，然此则仆近岁之志也。"①

另一段是："沮格而归（指上书不达归粤——引者注），屏绝杂书，日夜穷孔子之学，乃得非常异义，而后知孔子为创教之圣，立人伦，创井田，发三统，明文质，道尧舜，演阴阳，精微深博，无所不包。仆今发明之，使孔子之道有不借国力而可传者……可使混一地球。（原注：非宣扬则亦不能，故今最要是敷教之义。）仆窃不自逊让，于孔子之道，似有一日之明，二千年来无人见及此者，其它略有成说。"②

在这两段话中，康有为完全避开了与廖平相见并受其影响之事，但对将来会采取何种态度对待孔学，倒是并不加以掩饰。其中特别值得注意的有三点：一是康有为专治今文经孔学的"近岁之志"是与其"治国救民"之志紧密联系在一起的，前者不过是后者的转化与寄托，两志实质上就是一志，即康有为欲在政教上做出重大建树的远大抱负。二是康有为反复强调自己对孔学的"发明"，所谓"专以发明孔子之学""精思妙悟""日夜穷孔子之学，乃得非常异义"，所谓"仆今明之，使孔子之道有不借国力而可传者"，所谓"于孔子之道，似有一日之明"等，无非都是在提示和证实康有为之学（即前文所论述的康的新思想体系）与孔学之间的"统绪"关系，孔学借康学得以"发扬光大"，而康学依托于孔子这位"创教之圣"的巨大声望，自然会增加影响之力。三是发明孔学的重大目的是欲其"传之四洲，行之万世"，甚至"混一地球"，这同样带有鲜明的政治思想色彩。以上三点，"统绪"无疑仍为中心环节，因为只有将"统绪"完全建立起来，康有为的所有志向才可望得到落实。

为了将这种政治思想层面上的意图显露得更加清晰，有必要对前文先后引述过的康有为的两封信，即见廖平之前写给沈曾植的信和见廖平之后写给朱一新的信，做个比较。

就可比者而言，两信内容有一个显著的相同之处，即凡是谈到会见廖平之

---

① 康有为：《答朱蓉生书》，载《康有为全集》第一集，上海古籍出版社1987年版，第1040页。
② 康有为：《答朱蓉生书》，载《康有为全集》第一集，上海古籍出版社1987年版，第1041—1042页。

前康有为的政治及学术思想取向的，表述皆颇为一致，尤其当记述（前信为当时实录，后信为两年后回忆）上书失败后既失望于朝廷，又不甘心于弃志的思虑时，两信文字竟几乎完全相似。① 这就不仅直接验证了前信的真实可靠性，而且为康有为思想的转变的确发生于会见廖平之后提供了一个间接的证明。与此同时，两信之间还表现出一个引人注目的变化，就是当前信以"二帝、三王、先圣、诸儒"为"统绪"时，康有为本人通过多年探索所创获的所谓"不复有进"的根本之学是完全独立存在的，以传统旧脉服务于康氏新学的意图显而易见，而后信变为以今文经学为"统绪"后，则只大讲"孔子之学""孔子之道"及康本人对孔子的"发明"，对康氏赖以安身立命的新学却只字不提，仿佛真的只是意在孔子。如果只读后信，容易产生误解，但只要前后对照，康有为欲利用和改造孔学，将己之学与孔之学融为一体的真实目的便昭然若揭。

需要进一步指出的是，康有为之所以会在政治思想层面对今文经学产生浓厚的兴趣和无限的遐想，与廖平的影响并无多少直接的关系。主要的原因，还应归于康有为从今文经学本身的特点之中，找到了（或者更准确地说是引申拓展出了）符合自己政治需要的东西。

首先，今文经学与占统治地位的古文经学判然有别，正可作为康有为新思想体系的旗帜和载体，以与一切正统旧学明划界限，力相抗衡。其次，今文经学历来以真孔子、真孔学相标榜，具有极大的权威性，以真斥伪不但对康有为宣扬的新学起非常有效的保护作用，而且大大加强了对旧学的打击力。再次，今文经学注重"微言大义"，颇多"非常异义可怪之说"，以义理丰富、思想活跃见长，这与康有为重新建构的"大道"也具有强烈的思想性和创造性颇为一致。复次，今文经学以"口说"相传，文本的记载非常简单有限，其传承发展在很大程度上依赖于后人的阐释和发挥，这一特点恰好可以成为康有为的新思想依托于今文经之孔学的衔接点。最后，今文经学的一些最重要的概念，如改制、三统、三世等，与康有为新思想中的变法、进化等观念至少在形式上颇有相似之处，对于两者的糅合来说，这提供了一个非常有利的基础。

所有这些，康有为当然不便于明说，但只要了解了康有为尊奉今文经学

---

① 参见康有为《与沈刑部子培书》《答朱蓉生书》，载《康有为全集》第一集，上海古籍出版社1987年版，第380—383、1036、1040页。

之前政治思想发展的真实状况，再将其与康尊奉今文经学之后的多种代表性著述①相对照，就不难清楚地看出康与今文经学之间借用与被借用的内在关系，这也是康有为撰写"两考"，从建构其新思想体系转变到尊奉今文经学上来的实质所在。

基于这些启示，康有为的经学观就发生了极为显著的变化，其著述的内容和形式也与求道时期的代表作有了很大的不同。这种变化与不同始终围绕着一个中心点而展开，就是要尽一切努力，把康有为所需要的孔子重新塑造出来。

三、伪经说与改制说

既然要重塑孔子，就不得不面对两千年来已有的孔子。这个旧孔子早已被历代统治者和经学家们从政治与学术两大方面塑造定型，其历史源远流长，其成见根深蒂固，其影响沦肌浃髓；现在要否定旧孔子，另造出一个能使人相信、让人接受的新孔子，不论在政治思想还是在学术上，都是一个非常艰难的任务。

康有为给自己的重塑孔子或者说"发明孔子之学"确定了这样的著述计划：先辟伪经，以著孔子之真面目；次明孔子之改制，以见生民未有；以礼学、字学附之，以成一统；以七十子后学记续之，以见大宗；辑西汉以前之说为"五经"之注，以存旧说而为之经；然后发孔子微言大义，以为之纬。像康有为1885年制定的《万身公法》目录一样，这又是一个庞大的写作计划。其中，政治与学术紧密交织在一起，孔子之旧与康有为之新紧密交织在一起，于庞大之外，更增添了复杂繁难性。康有为自己也承认这一计划"体裁洪博，义例渊微"，恐怕"汗青无日"，难以完成，抱着"成不成则天也"的态度。②

在随后的著述实践中，康有为并未完全照此计划实行，但计划中最重要的三项他是下了很大功夫去做的，这就是辟伪经、明孔子改制和阐发孔子的微言大义。

---

① 参见康有为《新学伪经考序》《桂学答问》（前半部分）《春秋董氏学自序》《礼运注序》《孔子改制考序》等。这些材料为治史者所熟悉，姑不详细征引。
② 参见康有为《答朱蓉生书》，载《康有为全集》第一集，上海古籍出版社1987年版，第1042页。

（一）伪经说

辟伪经，是康有为为了重塑孔子而首先着手的著述工作。在中国经学发展史上，从汉代开始，出现过用两种不同文字写成的儒学经籍。一种是用当时通行的文字（隶书）写成，被称为今文经；另一种是用先秦的古文写成，被称为古文经。所谓伪经，是康有为对儒学古文经籍做的一种判定。他认为，古文经籍根本不是先秦留存下来的原本，更与孔子所作的经籍无关，而是西汉末古文经学派的开创者刘歆出于帮助王莽篡夺政权、建立新朝的政治目的而蓄意编造出来的。因此，古文经绝非孔子的真经，而只不过是伪经（也叫作"新学"，意即服务于王莽新朝的经学），应该从儒学经籍中彻底清除出去。

康有为辟伪经的代表作为《新学伪经考》。此书写得很快，从受廖平启示后不久动笔，到1891年8月就已在广州刊行，仅用了一年多的时间。康有为撰写此书有学术上与政治上的双重目的，而又以学术目的服从于政治目的。

在学术上，《新学伪经考》要证明所有的古文经典及传注都不是孔子的真经，而只是刘歆编造出来的伪经。

为此，书中做了大量翔实而缜密的考证。其证伪的核心依据有三个：一是秦始皇焚书并未危及六经，汉代十四博士所传经典皆为孔门足本，并未残缺。既然如此，在今文经之外所发现的古文经就不可能是孔子的真经。二是在西汉经学中，从无古文经之说，到了刘歆才出现古文经，可见这完全是刘歆的伪造。只要将西汉经说与刘歆经说两相对照，便可知其伪乱百出。三是孔子时所使用的文字为籀文，至秦渐变为秦篆，至汉再变为汉隶，三者一脉相承，只稍有变化。汉儒之文字即孔子之文字，并无另外的所谓古文。刘歆另伪造古文字撰写伪经典，其伪昭然可见。由这些依据，康有为将伪经之说称为"铁案如山，不能摇动"①。

此外，书中还对刘歆作伪的具体内容、作伪手法和作伪目的等进行了详细的考辨分析，并进一步申斥刘歆伪造古文经犯下了数项"大罪"，如倒乱了孔子六经之序，以己伪经加于孔子真经之上，对真正传孔子之学的博士进行诋

---

① 康有为：《新学伪经考》，载《康有为全集》第一集，上海古籍出版社1987年版，第585页。

毁，以训诂形声之学毁灭六经微言大义之学，欲夺孔子之席，等等。①以学术方式和方法所做的辨伪构成了《新学伪经考》一书的主体。

在政治上，康有为欲通过否定伪经而动摇历代王朝统治的思想理论基础。

这一意图，康有为在为《新学伪经考》所写的序言中表达得十分清楚。他毫不留情地指出，明明是伪经的东西，却自汉代以来一直占据着统治地位，这是极为反常的咄咄怪事："阅二千年岁、月、日、时之绵暧，聚百、千、万、亿衿缨之问学，统二十朝王者礼乐制度之崇严，咸奉伪经为圣法，诵读尊信，奉持施行，违者以非圣无法论，亦无一人敢违者，亦无一人敢疑者。……'六经'颠倒，乱于非种，圣制埋瘗，沦于雺雾，天地反常，日月变色。以孔子天命大圣，岁载四百，地犹中夏，蒙难遘闵，乃至此极，岂不异哉！"②

这段话所具有的政治分量非常之重，其思想冲击力亦非常之猛烈。试想，在中国封建社会中，经学一直具有至高无上的特殊地位，被当作建立和维护统治的根本性信条，不允许任何人违背和怀疑，而康有为却将此经学一概斥为伪经，这不等于说，两千年来的统治者和学者都受了刘歆的欺骗，都在按照虚假谬误的经义行事吗？于是，既有经学的独尊性、神圣性甚至合法性都荡然无存。不仅如此。由于经是伪经，那么，循此伪经所制定的礼乐制度和阐释的各种学问，不也同样值得大加怀疑，需要重新厘清吗？这就把对古文经的学术批判，引发为对整个占统治地位的思想文化乃至政治制度、政治举措的批判。梁启超曾评价《新学伪经考》为"思想界之一大飓风也"，正是因为此书有比学术意义更为重大的政治意义。

《新学伪经考》刊行之初，读到的人并不多。康有为当时还没有什么名气，而真正把经学当学问来钻研的人也本来就少，所以，这样一部以考辨经书真伪为形式的专著难以引起士林普遍的关注。但在读过此书的人当中，所引起的反响仍然是比较强烈的。这一反响同样可分为学术与政治两大方面。

学术方面，没有一个人能完全接受康有为将古文经一概斥为伪经的结论，大都批评这一结论过于主观武断。如与康有为有过不少书信往来的朱一新，就认为康著对经史典籍"合己说者则取之，不合者则伪之"，是一种不可取的治

---

① 参见康有为《新学伪经考》，载《康有为全集》第一集，上海古籍出版社1987年版，第692页。
② 康有为：《新学伪经考》，载《康有为全集》第一集，上海古籍出版社1987年版，第572页。

经方法，不能得出可靠的结论。主持杭州诂经精舍的经学大师俞樾读过《新学伪经考》后，其学术评价几乎与朱一新一样，批评康有为"凡古书中有与己意不合者，皆以为刘歆窜入，亦未免武断矣"①。这是一种正确的批评意见。但对于康有为来说，存在此种"武断"之弊是不可避免的，因为他本来就不是要写一部单纯的经学辨伪之书，而主要是想通过全盘否定古文经学来猛烈冲击现存的统治思想，为传播他自己的新思想开辟道路。从这个意义上看，他的武断甚至可以说是有意为之。

政治方面，读此书者大都能深切感受到伪经说对整个传统思想文化的冲击，并站在卫道的立场上表示极大的担忧。朱一新担心对古文经学的怀疑会导致对整个经典的逐渐毁弃，因为既然存在了两千年的古文经不可信，那么今文经过了千百年也不一定可信，最后必将有仇视圣教者将整个经籍焚毁。

时在京师任户科给事中的洪良品对《新学伪经考》可能发生的政治影响讲得更为明白："夫以圣贤煌煌垂世大典，悬诸日月，著在天壤，历千百年无异词。乃忽借暧昧不明之人，以想当然三字断定，竟以圣贤经世垂教之书，谓出于乱臣贼子之手，侮圣毁经，贻患不小。"②如果不评价洪氏的立场，应该说这段文字将康有为的政治用意表述得非常到位，康有为不就是要从否定伪经开始，进而对"圣贤经世垂教之书"重新加以改造吗？

辟古文伪经是为了立今文真经，而实际上是为了立康有为自己的新思想学说，这也是重塑孔子的实质所在。那么，怎样才能达到这一目的呢？康有为紧紧抓住了一个至关重要的命题，就是所谓孔子改制。

（二）改制说

孔子改制本来是今文经学一种传统的说法，但对康有为来说，这一说法对重塑孔子非常有利。第一，改制的孔子必定是今文经学的孔子，而今文经学讲求的是孔子的大义之学，与古文经以训诂为中心、使学者碎义逃难、穷老尽

---

① 《俞曲园日记残稿》，转引自蔡乐苏、张勇、王宪明《戊戌变法史述论稿》，清华大学出版社2001年版，第202页。
② 苏舆编：《翼教丛编》，转引自蔡乐苏、张勇、王宪明《戊戌变法史述论稿》，清华大学出版社2001年版，第204页。

气于小学的做法截然不同，这种对大义的探讨追求也正是康有为治学的根本态度。第二，改制的孔子必定是敢于革新、充满创造力的孔子，这与康有为所具有的创新精神和大力倡导的变法是完全一致的。第三，孔子当时的改制主要体现于所谓微言大义之中，而既然是"微言大义"，也就有极大的任意解说发挥的空间，将康有为的学说改装成孔子的学说或者说将两者合为一体，也就完全有了可能。第四，按照今文经学的观点，改制本为王者之事，孔子没有王者之位却有改制之举，堪称"素王"，其地位甚至超过真正的王者，对万世都有难以估量的影响力。这种巨大的权威性，正是康有为在宣扬新思想时所渴望的。

基于这些考虑，康有为在《新学伪经考》刊行后，即着手编撰《孔子改制考》这部意义更为重大的著作。由于此书体裁博大，内容繁复，考证起来更为不易，加之从1895年起，康有为重新以极大的精力投身于上书变法活动，著述时断时续，因此《孔子改制考》直到1898年才撰成出版。经过变法运动的洗礼，此书最后示人的面目与其最初的设计之间，亦颇有差别。

《孔子改制考》前后写了6年，1898年初由上海大同译书局刊行。全书共21卷，34万字，是一部分量很重，凝聚了康有为大量心血的巨著。

开始动手编纂此书时，康有为的计划中还明显带有受廖平影响的痕迹，就是以礼制为中心线索来进行考察，将孔子所制之礼与三代旧制及刘歆伪礼明确区分开来。为此，制定了五项编写体例：一是孔子定说，以《春秋公羊传》、董仲舒《春秋繁露》《王制》《论语》《孟子》《荀子》等著作为主；二是三统说（三统指夏、商、周三代不同的正朔，夏为黑统，商为白统，周为赤统，以此表示三个朝代各有自己的制度体系），孔子所立制度皆有三统之别，虽有差异但同为孔子之正说；三是存旧，对杂见于诸子书中的周初遗制及诸国旧俗予以保留，以考旧制；四是辟伪，将窜乱于诸经之中的刘歆伪说清理出来；五是纠谬，对自刘歆之后诸儒展转附会讹传者予以澄清。①全书最后编成时，其内容大为突破了这个最初的设想，除涉及的学术领域更为宽广之外，更重要的是政治思想色彩更为浓厚，并明显突出了与现实社会变革之间的联系。

《孔子改制考》一书的中心内容说起来很简单，就是要证明真孔子是一个改制的孔子，或者说，真孔学是一个改制的孔学。但书中"改制"所及，包

---

① 参见康有为《我史》，载《康有为全集》第五集，中国人民大学出版社2007年版，第82页。

含的内容又十分丰富。所谓改制，是今文经学中一个特定的概念。改即变革，制即制度，尤其指一个朝代制度的整体。合起来说，改制即指从整体上变革一个朝代的制度，孔子改制即指孔子所做的改制工作。康有为对孔子改制进行考证，主要围绕着以下四个重要问题：

第一，孔子改制出现的原因。

康有为运用进化论的观点，指出这是历史长期发展的必然产物。书中从人智是世界长期进化的产物说起：凡物积粗而后精生，积贱而后贵生，积愚而后智生，积土石而后草木生，积虫介而后禽兽生，人为万物之灵，其生尤后。人类产生之后，经过两千年的"积人积智"而事理咸备，于是才智之尤秀杰者蜂出挺立，不可遏靡，皆"改制立度，思易天下"。印度、波斯、泰西等地无不如此，中国则出现了春秋战国时期"诸子并起创教"的繁盛局面。孔子既是创教诸子中的一子，又是"其尤神圣者"①，其他诸子皆有欠缺，唯有孔子能积诸子之盛，合大道，范万世，以神圣教主的资格进行改制。这是将历史进化论作为孔子改制说的理论基石，肯定有发展就必有改制，而改制本身也就是一种发展。这种进化论的观点，其实即是康有为十余年前在《康子内外篇》中已经阐明的观点。

第二，孔子改制的证明。

书中从三个方面进行了详尽的考证：一是从文献载体方面考证，指出六经皆为孔子改制所作，而以《诗》《书》《礼》《乐》《易》为先王周公旧典，《春秋》为"赴告策书"，这是刘歆创伪古文之后的说法，汉以前并无此说。二是从改制的微言大义方面考证，认为最能提供此项证明的著作是董仲舒《春秋繁露》中的《三代改制》篇，此外从"孔子与弟子商定改制大义"等史迹中亦可予以印证。书中还具体列出了多项孔子改制的微言大义，如仁之义、夫妇之义、正名之义、仁义之义、失民不君之义、革新之义、命之义、久丧之义、上下有等之义、诛民贼之义、奉天治民之义、五德终始之义等。三是从孔子所改的各项制度方面考证，如冠服之制、亲迎之制、立嗣之制、丧葬之制、建国之制、削封建行大一统之制、授时之制、制土籍田之制、选举之制、刑罚之

---

① 康有为：《孔子改制考》，中华书局1958年版，第9—10页。

制、姓氏之制、礼乐之制等。①这些考证构成了全书的主体,以此证明孔子改制的确定无疑,并表明改制是贯穿于孔子之学的根本精神。

第三,孔子改制的形式,即"托古改制"。

所谓托古,就是假借古人的言行事迹来表达自己的意图。孔子在改制时,并不说自己要如何,而是说先王的言行事迹如何,这些言行事迹并不一定是确凿的历史事实,只不过用来作为表达改制之意的材料,这就是孔子的托古改制。

孔子改制为何要托古?其原因有三:一是为了俯顺人们的"荣古贵远"之情,托于古人可令人"敬异",便于施行;二是为了使民信从,将改制说成是先王的言行事迹,有很强的说服力;三是为了避祸,"布衣改制,事大骇人,故不如与之先王,既不惊人,自可避祸"。②基于这些原因,孔子改制便无不托古,反之,孔子凡言古王、古事、古制、古语、古史等则无不为改制之托。为了证明这一点,康有为同样根据历史进化论,举出了一个有力的证据,就是孔子所热衷于宣扬的一切古史事迹,实际上都是"茫昧无稽"的:夏、殷的文献已亡失,周代的典籍亦不存,三代之前的古事更无可考。正因如此,诸子(包括孔子)便得以纷纷对古代事迹进行假托。

对于孔子的托古,康有为特别强调托于文王和托于尧舜的意义。托于文王代表了孔子的拨乱之治,实行君主制,而托于尧舜则代表了孔子的太平之治,实行民主制。这是两个不同的历史阶段和两种不同的治道,既互相区别,又互相联系。康有为认为,孔子更为重视的是尧舜之道:"尧、舜为民主,为太平世,为人道之至,儒者举以为极者也","孔子拨乱升平,托文王以行君主之仁政,尤注意太平,托尧、舜以行民主之太平"。③孔子托古始于文王而终于尧舜,这表示现实的君主制经过拨乱之治之后,一定会发展到民主制,达到太平之治。这里的"民主",与康有为曾在《实理公法全书》中列出过的民主实际上是一脉相承的。

第四,孔子改制的意义。

首先,由于改制是全新的创造,孔子就得以成为开创儒教、前所未有、

---

① 参见康有为《孔子改制考》,中华书局1958年版,第219、227、303—323页。
② 参见康有为《孔子改制考》,中华书局1958年版,第48—49、267—268页。
③ 康有为:《孔子改制考》,中华书局1958年版,第283、284页。

总合大道、影响万世的神圣教主。此点与古文经学之说针锋相对。按照古文经学，孔子不是开创者，而是守成者，六经皆为旧典旧史，孔子述而不作，这就将神明圣王、改制教主"降为一抱残守阙之经师"①。证明了改制的孔子，也就否定了守成的孔子，并进而为重释儒家经典、发掘其改制的微言大义铺平了道路。

其次，由于改制集天下义理制度之大成，孔子就得以成为"制法之王"即"素王"，意为没有王者之位，但有王者之道，能为王者立法。康有为从辨析王者之义着手，对此点进行了阐释："何谓之王？一画贯三才谓之王，天下归往谓之王。天下不归往，民皆散而去之，谓之匹夫；以势力把持其民，谓之霸；残贼民者，谓之民贼。夫王不王，专视民之聚散向背名之，非谓其黄屋左纛，威权无上也。……今中国圆颅方趾者四万万，其执民权者二十余朝，问人归往孔子乎，抑归往嬴政、杨广乎？既天下义理制度皆从孔子，天下执经释菜俎豆莘莘皆不归往嬴政、杨广而归往大成之殿、阙里之堂，共尊孔子，孔子有归往之实，即有王之实，有王之实而有王之名，乃其固然。"②这就不仅将代表义理制度的孔子置于掌握权力的君主之上，而且极为鲜明亦极为尖锐地将"天下归往"的"素王"孔子与历代天下并不归往的君王对立起来。

再次，由于改制立三世之法，并以太平之治、大同之乐作为追求的终极目标，这就使孔子具有超越时空的神圣地位，可以"为万世作师，为万民作保，为大地教主"③，而孔子之道对今人而言，当然也就仍是具有最高指导作用的大道，值得人们大力弘扬。

总之，这部以学术考证形式撰写的著作，实际上包含着重要的政治思想内容。它以孔子改制的名义，高举革故鼎新的旗帜，批判君主专制，赞颂"民主"理想，并力求使改制的孔子获得独尊的地位以利于大道的推行，这些对当时的社会现实具有极大的冲击力。但由于直接以学术为政治目的服务，这部著作也像《新学伪经考》一样，有不少牵强附会、主观武断之处，孔子改制说并不能成为一种科学严谨的学术结论。

---

① 康有为：《孔子改制考》，中华书局1958年版，第164页。
② 康有为：《孔子改制考》，中华书局1958年版，第195页。
③ 康有为：《孔子改制考》，中华书局1958年版，第1页。

《孔子改制考》编撰成书后，康有为为该书写了一篇叙文，直截了当地表明追求"太平之治"和"大同之乐"①是自己撰写此书、宣扬孔子改制说的根本宗旨。他认为自两汉以后，孔子当年所创立的太平大同理念就湮没无闻，于是中国之民两千年中受尽暴主、夷狄之酷政，直至今日，才由自己重新发现了孔子的太平大同之道，并担负起弘扬此大道的重任。实质上，康有为反复陈说的归于孔子名下的太平大同之道不是别的，正是他自己追寻"人类公理"时期所建构的新的思想体系。

　　早在《孔子改制考》出版前，康有为及其弟子们宣扬的改制说就引起卫孔子旧道者们的一片反对之声。此书公开出版后，其犹如"火山大喷火"一样的冲击力和影响力，招致了更加严厉的指责。在这种情况下，一直支持维新变法的湖南巡抚陈宝箴上了一道《厘正学术造就人才折》，一方面赞扬康有为是可用之才，有敢言之气，另一方面批评《孔子改制考》有"穿凿附会""伤理而害道"之弊，请下令自行销毁。接着，属于帝党阵营重要人物的孙家鼐上疏请"严禁悖书"，更加严厉地斥责《孔子改制考》会导致人人存改制之心，人人谓素王可作，蛊惑民志，导天下于乱，因而请将康书中凡有关孔子改制称王等字样一律删除。结果，《孔子改制考》终遭毁版。②

（三）《春秋董氏学》和《礼运注》

　　对于重塑孔子而言，证明孔子改制还不是最重要的一步，最重要的还在于要把孔子所改之制与康有为新的思想学说直接或间接地挂起钩来，还需要在阐释孔子微言大义方面狠下一番功夫。

　　但此事有个很大的难处，就是孔子毕竟是孔子，即使只认今文经学，也已有不少定论成说在前，不宜随意改变，更何况绝大多数学者所熟知和认同的孔子，仍然还是偏重于古文经学或至少也是今古文经学共同塑造的孔子。这就决定了康有为欲通过阐释孔子的微言大义来阐释自己的新思想，必须要做大量学术性或思想性的考证辨析工作，走一条迂回曲折、旷日持久的"注经"之路。

　　在动手编撰《孔子改制考》的第二年，康有为就同时开始撰写"发孔子微言

---

① 参见康有为《孔子改制考》，中华书局1958年版，第1页。
② 参见汤志钧《戊戌变法史》，人民出版社1984年版，第92页。

大义"的著作。这年他本想撰《三世演孔图》，因实在太难而作罢。1894年开始著《春秋董氏学》，1898年出版。1897年前后撰《礼运注》，但迟至1913年才公开刊行。这两部书是戊戌政变前康有为阐释孔子微言大义的最重要的著作。

按照今文经学的观点，六经之中最能代表孔子改制之作的是《春秋》一书，而对《春秋》之义解释得最好的是《春秋公羊传》。西汉董仲舒是专治《春秋公羊传》的今文经学大师，又以《春秋繁露》一书建立了一套推阐公羊学的颇为博大而完备的理论体系。因此，发明董氏之学便成为康有为系统阐发孔子微言大义的首选，以求"因董子以通《公羊》，因《公羊》以通《春秋》，因《春秋》以通六经，而窥孔子之道"①。在《春秋董氏学》一书中，康有为按照自己的需要对《春秋繁露》的主要内容重新进行了整合，并通过所加的一百五十余条按语，对董氏思想学说作了广泛的发挥，形成了一个融孔子、董仲舒和康有为的思想为一体，而终归以康氏思想为主导的"孔子之道"。

《礼运注》是对儒家经典《礼记》中的《礼运》篇所做的注解。康有为阐发孔子的微言大义，最为重视的是其中的所谓太平大同之道，实质上是欲借此道来表达自己未来的社会理想。这方面本来就存在一个难题，就是在儒学众多经传中，皆无可以直接而明确印证孔子太平大同之道的材料。幸好，有《礼运》篇独一无二地记载了孔子对"大同"之道的一段相当精辟的论述（此段论述实际上为后来儒家学者所托），讲的正是三代之前尧舜之世的太平景象，而按照孔子托古改制的观点，远古应视为未来的倒影，尧舜之道也就是太平大同之道。这真是给康有为帮了一个天大的忙。

他在叙文中对《礼运》篇赞叹道："是书也，孔氏之微言真传，万国之无上宝典，而天下群生之起死神方哉！天爱群生，赖以不泯，列圣呵护，幸以流传，二千五百年至予小子而鸿宝发见。辟新地以殖人民，揭明月以照修夜，以仁济天下，将纳大地生人于大同之域，令孔子之道大放光明，岂不异哉！"②这等于说，康有为想要阐发的新思想，终于找到了一个再理想不过的载体。

于是，在《礼运注》中，他对《礼运》原文逐段或逐句加注，重点是围绕"大道之行也，天下为公，选贤与能，讲信修睦。故人不独亲其亲，不独子

---

① 康有为：《春秋董氏学》，中华书局1990年版，第2页。
② 康有为：《礼运注叙》，载《康有为政论集》上册，中华书局1981年版，第193页。

其子。使老有所终，壮有所用，幼有所长，矜寡孤独废疾者，皆有所养。男有分，女有归。货，恶其弃于地也，不必藏于己；力，恶其不出于身也，不必为己。是故谋闭而不兴，盗窃乱贼而不作，故外户而不闭。是谓大同"①这段话，逐项论述君臣之公理，朋友有信之公理，父子之公理，夫妻之公理，大同之道的禁律，及去国界、家界、身界，将一切私产化为公产之后所必然出现的大同景象。他曾在《实理公法全书》和万木草堂"大同口说"中表述过的未来社会理想，又以孔子的名义，结合儒学的语言得以再现。

四、"大同三世"说

在康有为所阐发的孔子之学的微言大义中，"大同三世"说是其最核心的观念。

所谓"大同三世"，在今文经学中本来不是合在一起的概念。"大同"一词出自儒家经典《礼记·礼运》，是对三代之前"天下为公"的理想社会状态的概称，与之紧密联系而又相反的概念为"小康"，是对三代及其以后"天下为家"的社会状态的概称。"三世"则是今文经学中逐渐发展起来的一种带有社会进化意义的历史观。

最初，《春秋公羊传》解释《春秋》某些经文时，认为孔子采取了一种"所见异辞，所闻异辞，所传闻异辞"（即根据事情发生远近不同的三个时段分别给予不同的记载。"所见"最近，"所闻"较远，"所传闻"最远）的撰写方法。到了董仲舒著《春秋繁露》，便进一步提出《春秋》是将书中所记鲁国十二世的历史（从鲁隐公到鲁哀公）分为"所见""所闻""所传闻"三等，分别采用不同的写法，"于所见微其辞，于所闻痛其祸，于所传闻杀其恩，与情俱也"。真正确定"三世"的社会历史意义的是东汉的今文经学家何休。他在《春秋公羊解诂》一书中对前辈的说法有了很大的发展："于所传闻之世，见治起于衰乱之中，用心尚麤觕，故内其国而外诸夏，先详内而后治外，录大略小，内小恶书，外小恶不书；大国有大夫，小国略称人，内离会书，外离会不书是也。于所闻之世，见治升平，内诸夏而外夷狄，书外离会，小国有大夫。……至

---

① 康有为：《礼运注》，载楼宇烈整理《孟子微　礼运注　中庸注》，中华书局1987年版，第239页。

所见之世，著治太平，夷狄进至于爵，天下远近大小若一，用心尤深而详，故崇仁义，讥二名。"何休以社会的治理程度为标准，认为所传闻之世尚属"衰乱"，所闻之世进至"升平"，所见之世以"太平"为理想，三世既迥然有别，又随着时间的推移不断向前发展，治理的程度亦即文明教化的程度不断提高。这样，经过何休的阐释，单纯表示时间远近的所传闻世、所闻世、所见世就被既标示历史发展阶段，又标示文明发展程度的衰乱世（后亦称"据乱世""乱世"）、升平世、太平世所取代，形成了今文经学的"三世说"。①

康有为用今文经学观念表达其社会历史渐进发展的思想，起初是分别对三世说和大同小康说进行阐述。

在《万木草堂口说》中，他对《春秋》三世之义，做了意思大致相近的两种解释：一是按人类文明发生的进程区分三世，"以天下分三等：一等为混沌洪濛之天下，一等为兵戈而初开礼乐之天下，一等为孔子至今文明大开之天下，即《春秋》三世之义也"；二是紧密结合中国历史和儒学观念说明三世的含义，"《春秋》分三世：有乱世，有升平世，有太平世。乱世无可得言，治升平世分三统：夏、商、周，治太平世亦分三统：亲亲、仁民、爱物"。②

书中对大同、小康的论述较多，或者从内涵上指明大同的核心是"公"和"仁"，而小康的核心则是"家"和"礼"，"夫子（指孔子——引者注）言礼，专言小康，不论大同"，"天下为家，言礼多而言仁少；天下为公，言仁多而言礼少"，"孟子多言仁少言礼，大同也；荀子多言礼少言仁，小康也"；或者分别以尧舜和文王作为大同、小康的代表，"孔子法尧、舜、文王，于《尚书》《春秋》托之，故有两种治法。行文王之法，小康也；法尧、舜之道，大同也"，"孔子两种学问，尧、舜谓之大同，文、武谓之小康"；并进一步阐释大同，"美国人所著《百年一觉》书是大同影子，《春秋》大小远近若一是大同极功"，"《公羊》何注及董生言，人人有士君子之行。此句最宜着眼，大同之世全在此句。反复玩味，其义无穷"。③这些阐述以社会分阶

---

① 参见汤志钧《康有为与戊戌变法》，中华书局1984年版，第37—38页。
② 康有为：《万木草堂口说》，载楼宇烈整理《长兴学记　桂学答问　万木草堂口说》，中华书局1988年版，第99、100页。
③ 康有为：《万木草堂口说》，载楼宇烈整理《长兴学记　桂学答问　万木草堂口说》，中华书局1988年版，第132、158、170、133页。

段进化发展为基本精神,扩充和丰富了三世和大同、小康概念的内涵,但在表述时,使用的大致上还是今文经学固有的术语和理念。

在撰著《春秋董氏学》一书时,康有为开始将三世说与大同、小康说糅合起来,将"升平"等同于"小康",将"太平"等同于"大同":"三世为孔子非常大义,托之《春秋》以明之。所传闻世为据乱,所闻世托升平,所见世托太平。乱世者,文教未明也;升平者,渐有文教小康也;太平者,大同之世,远近大小如一,文教全备也。"① 这标志着"大同三世"至少在形式上已经成为一个统一体。不过,该处所说的"文教"仍然还是一个传统色彩甚浓且相当抽象的概念,从中还看不出究竟包含了何种特别的新意。

开始采用新的政治理念突破传统的三世说,见于《孔子改制考》。该著列有《孔子改制法尧舜文王考第十二》专章,十分明确地将文王作为拨乱升平世君主制的代表,而将尧舜作为太平世民主制的代表,如说"……《六经》中之尧、舜、文王,皆孔子民主君主之所寄托","《春秋》始于文王,终于尧、舜。拨乱之治为文王,太平之治为尧、舜","孔子拨乱升平,托文王以行君主之仁政,尤注意太平,托尧、舜以行民主之太平",等等。② 从中不仅可见对君主制与民主制泾渭分明的区别,而且可见对两者态度鲜明的褒贬。联系中国迟迟不肯维新变法的现状,康有为甚至激愤地抨击两汉以来的君主统治皆为"暴主、夷狄之酷政",呼吁必须尽快按孔子的"改制之义""三世之说"行事,以便早日求见"太平之治"和"大同之乐"。经学的古老术语不但与康有为新的政治理念,而且与其现实的政治态度密切结合起来。这样,不论是三世,还是大同、小康,就都被赋予了新的思想意义和时代意义。

康有为将自己的新思想全面灌注于"大同三世"的概念之中,主要是通过撰写《礼运注》表现出来的,其要义有三。

一是对所谓"太平世大同之道"做了全新的阐释。

这一阐释,是围绕《礼运》篇所载孔子论大同之道的原文而展开的:"天下为公,选贤与能",被解释为大同之道的"君臣之公理";"讲信修睦",被解释为大同之道的"朋友有信之公理";"故人不独亲其亲,不独子其子,

---

① 康有为:《春秋董氏学》,中华书局1990年版,第28—29页。
② 康有为:《孔子改制考》,中华书局1958年版,第285、288、283—284页。

使老有所终……皆有所养",被解释为大同之道的"父子之公理";"男有分,女有归",被解释为大同之道的"夫妇之公理";"货,恶其弃于地也,不必藏于己;力,恶其不出于身也",被解释为大同之道的两项禁律;"是故谋闭而不兴,盗窃乱贼而不作,故外户而不闭。是谓大同",被解释为去"国界""家界""身界",将一切私产化为公产之后所出现的大同景象。① 如此一来,孔子的大同之道,就几乎完全变成了康有为的未来社会理想。②

二是以大同之道为标准,对中国古代社会和儒家学说进行总体定性。

康有为很明确地下了这样一个结论:"吾中国二千年来,凡汉、唐、宋、明,不别其治乱兴衰,总总皆小康之世。凡中国二千年儒先所言,自荀卿、刘歆、朱子之说,所言不别其真伪、精粗、美恶,总总皆小康之道也。其故则以群经诸传所发明,皆三代之道,亦不离乎小康故也。"③ 在这段话中,"小康"一词反复出现:社会是"小康之世",儒学是"小康之道",所谓"三代之道"亦超不出"小康"的范围,"小康"成为一个最引人注目的概念。

这里所说的"小康",直接与"大同"相对,是"大同"这一"大道"的对立物:"大道者何?人理至公,太平世大同之道也。三代之英,升平世小康之道也。"④ 由于大同之道"隐而未明,郁而未发",小康之道才得以盛行一时。"小康"与"大同"的对立表现在:"天下皆自私其家,君主不能公天下,乃以天下为一家私有之物。今虽明父慈子孝之义,亦异于乱世野蛮不知父子者。然仅自私所亲,不能锡类推仁以平天下也。虽能作力运货,百业兴于文明,然只自营己私,不能为公。故无公产公功以兴公益,贫愚老疾者不得齐于

---

① 参见康有为《礼运注》,载《康有为全集》第五集,中国人民大学出版社2007年版,第555页。该书在全集中未明确标示写作年份,但在按语中做了这样的说明:"本书康有为自署作于1884年,显系'倒填年月'。论者或谓撰于1897年,论据亦欠有力。查康氏1901年至1902年避居新加坡、印度期间,除遍注四书外,并系统演述《礼运》大同之义。是本书应作于这段时期内。"同前引,第552页。

② 早在《实理公法全书》中,康有为就曾以"君臣门""朋友门""父母子女门""夫妇门"及"总论人类门"为目,制定了有关的实理公法,上述"君臣之公理""朋友有信之公理"等与这些实理公法不仅在思想内容上一脉相承,而且在表述形式上也十分相似。当然,《礼运》篇大同论也有反过来给予康有为以启迪的地方。例如,"公产"的观念在"大同三世"说中占有重要地位,就应与"天下为公""货,恶其弃于地也,不必藏于己"等主张的影响有关。

③ 康有为:《礼运注》,载《康有为全集》第五集,中国人民大学出版社2007年版,第553页。

④ 康有为:《礼运注》,载《康有为全集》第五集,中国人民大学出版社2007年版,第554页。

人类，俗弊种坏，富贵者亦不得免焉。天子、诸侯、大夫，世之大人也，不能让贤选能，始以武力得国家，后则私据之。或世传子孙，或兄终弟及，造作礼典，定为名义。……凡此一切，义非不整齐开明，然皆自营其私，故诈谋不能止而日作，兵伐不能止而日兴也。"①康有为虽肯定"小康"比"乱世"有进步，但亦明言其隐患极大、绝不理想，对"天下为家""天下为私"的"小康"持批评否定的态度。此外，"小康"与"大同"的差异除了表现为"礼运"与"仁运"、文武与尧舜的不同，其实质性的区别在于前者为"君主之治"，而后者为"民主之治"。②

三是强调中国当今的目标是朝着太平之治的方向迈进。

他认为当今中国与孔子之时已经不同，孔子"哀生民之艰，拯斯人之溺，深心厚望，私欲高怀，其注于大同也至矣。但以生当乱世，道难躐等，虽默想太平，世犹未升，乱犹未拨，不能不盈科乃进，循序而行。故此篇余论及它经所明，多为小康之论，而寡发大同之道"，而当今中国已小康升平，对太平大同不能止于"默想"，仍旧"寡发"，"泥守旧方而不知变，永因旧历而不更新，非徒不适于时用，其害且足以死人"，同时"泥守旧方，是失孔子之意，而大悖其道也，甚非所以安天下乐群生也，甚非所以崇孔子同大地也"。③据此，中国现今要解决的问题就是在"已小康"的情况下，如何逐步实现太平大同之治，这也正是康有为欲通过维新变法所要完成的根本历史任务。

经此改造，"大同""三世"等经学语言形式中，终于填满了近代社会历史发展观的思想内涵，"大同三世"因而也就名存实变，成了康有为新学说的代名词。

五、"两考"属性辨析

长期以来，史学界习惯于将《新学伪经考》和《孔子改制考》这两部著作

---

① 康有为：《礼运注》，载《康有为全集》第五集，中国人民大学出版社2007年版，第555—556页。
② 参见康有为《礼运注》，载《康有为全集》第五集，中国人民大学出版社2007年版，第556、557页。
③ 康有为：《礼运注》，载《康有为全集》第五集，中国人民大学出版社2007年版，第553—554页。

（以下简称"两考"）作为康有为变法理论的代表作。①随着康有为数部早期著作和戊戌时期多种著述的陆续公布出版②及相关研究的不断深入，这一流行的定论越来越有重新审视的必要。

如果以"两考"作为康有为变法理论的代表作，那么这一理论部分形成的时间最早也要到《新学伪经考》撰成的1891年，而其全部形成则更迟至《孔子改制考》成书的1898年初。可是，早在1888年，康有为就开始了上书公卿特别是上书皇帝的活动，随后又于1895年连续三次上书皇帝，提出系统全面的变法纲领，并先后开强学会于京师和上海，在全国范围内掀起了变法维新运动。结合这些变法实践来看，康撰写"两考"时才形成变法理论就难免显得非常滞后，且基本上起不到什么指导作用。是康有为的变法理论本身存在这样的问题吗？其实不是。这个问题本来并不存在，因为康有为早在1887年写成《人类公理》③等早期著作时，其变法理论就已经形成，并在随后撰写的早期著作中得到确切的体现，这比"两考"撰成的时间分别早了约4年和11年。

"两考"的撰写作为康有为思想发生重大转变的标志，自然有其不可低估的意义和价值。但此意义和价值究竟为何，能否将"两考"称为康变法理论的代表作，还必须根据具体的史实审慎地进行分析。

首先，撰写"两考"并不以建构变法理论为目的，它们实际上只是康有为"发明孔子之学"庞大计划的一部分。

关于这一计划，最初见于康有为1891年写给朱一新的信，整个计划的设想是："先辟伪经，以著孔子之真面目；次明孔子之改制，以见生民未

---

① 参见范文澜《中国近代史》上册，人民出版社1955年版，第309页；胡绳：《从鸦片战争到五四运动》下册，人民出版社1981年版，第505页；李侃等：《中国近代史》，中华书局1994年版，第239—240页；汤志钧：《戊戌变法史》（修订本），上海社会科学出版社2003年版，第102、115、131—133页；等等。
② 早期著作主要有《实理公法全书》《康子内外篇》（该著全稿15篇，先于1899年在《清议报》上刊出9篇，其余6篇则登载较晚）及《民功篇》《教学通义》4部。戊戌时期著述主要有《日本变政考》《杰士上书汇录》等。
③ 据学界研究，《实理公法全书》很可能是《康南海自编年谱》中所记《人类公理》《公理书》二稿的修订本。参见《中国文化研究集刊》第一辑"编者按"，复旦大学出版社1984年版，第324页；《康子内外篇（外六种）》"点校说明"，中华书局1988年版，第2—3页；《康有为全集》第一集，上海古籍出版社1987年版，第275页"按"。笔者基本赞同这一看法，但认为根据"自编年谱"前后文意分析，《人类公理》和《公理书》并非二稿，实为一稿，即《人类公理》。

有；（康有为自注：仆言改制自是一端，于今日之宜改法亦无预，足下亦误会。）以礼学、字学附之，以成一统；以七十子后学记续之，以见大宗。辑西汉以前之说为'五经'之注，以存旧说，而为之经；然后发孔子微言大义；以为之纬。体裁洪博，义例渊微，虽汗青无日，而□□穷年，意实在此，若成不成则天也。"①

从这个计划看，辟伪经是发明孔学的第一步，目的是为树立孔子真经扫除障碍；明改制是第二步，是为了证明孔子确有独创精神（针对朱一新的"误会"，康还特别说明计划中的改制与现实中的变法并不是一回事）。走完这两步后，接下来就是编撰属于孔学本身内容的礼学、字学、西汉前"五经"旧说，进而阐明孔子的微言大义等。很清楚，在所有这些工作中，第一步和第二步纯属为发明孔学而做的前提性、铺垫性的工作，据其性质，它们不大可能、事实上也没有产生出变法的理论著作。

康有为这一计划由于做得太大（加上自"公车上书"后康投入现实变法运动的时间日渐增多），实际上并没有完成。但从已完成的部分来看，遵循的仍是原计划的顺序和逻辑，即先辟伪经，次明改制，再阐发孔子的微言大义，其代表作则分别为《新学伪经考》《孔子改制考》《春秋董氏学》和《礼运注》四部著作。②

对于原计划中仅略略提及的各个环节的写作宗旨，康有为在此四部著作的自序中做了相当详明的论说。

辟伪经是因为真孔子为刘歆等人所乱所篡已达两千年之久，"刘歆之伪不黜，孔子之道不著"，只有彻底清算新学伪经，才能"提圣法于既坠，明六经于暗昏……发奸露覆，雪先圣之沈冤，出诸儒于云雾"，进而达到"起亡经，翼圣制，其于孔氏之道，庶几御侮云尔"的目的。③

明改制是因孔子本为教导万世、保护万民的神圣教主，其所立之法为"垂

---

① 康有为：《答朱蓉生书》，载《康有为全集》第一集，上海古籍出版社1987年版，第1042页。
② 此就戊戌政变之前而言，政变后康有为还撰写了《中庸注》《春秋笔削大义微言考》《孟子微》《论语注》《大学注》等数部著作，皆为阐发孔子微言大义之作。另，康自称《礼运注》撰于1884年，据汤志钧考订，此为"倒填年月"，实际约撰于1897年。（参见汤志钧编《康有为政论集》上册，中华书局1981年版，第194页）此处采汤说。
③ 康有为：《新学伪经考序》，载《康有为政论集》上册，中华书局1981年版，第93页。

精太平"的三世之法,此法无所不包,专为行仁救民,六经为其书,口传七十子后学为其言,可惜这一切皆为刘歆所篡乱,"削移孔子之经而为周公,降孔子之圣王而为先师,公羊之学废,改制之义湮,三世之说微,太平之治,大同之乐,暗而不明,郁而不发",然而,通过证明孔子的改制,就可以"扫荆榛而开途径,拨云雾而览日月",重现孔子大道。①

《春秋董氏学》和《礼运注》皆为阐发孔子的微言大义而作。前者将董仲舒定为得孔子口说真传之人,欲通过阐释董氏之学而再现孔学,也就是康有为所说的"因董子以通《公羊》,因《公羊》以通《春秋》,因《春秋》以通六经,而窥孔子之道"。后者是要证明对于孔学来说至关重要的"大同之道"的确见于儒家经典的原文,并据此原文作进一步的"发明",此项工作康有为看得极重,声称"是书也,孔氏之微言真传,万国之无上宝典,而天下群生之起死神方哉!天爱群生,赖以不泯,列圣呵护,幸以流传。二千五百年至予小子而鸿宝发见,辟新地以殖人民,揭明月以照修夜,以仁济天下,将纳大地生人于大同之域,令孔子之道大放光明,岂不异哉"。

从辟伪经到阐发微言大义,三大环节可谓环环相扣,其中心目的只有一个,就是"发明孔子之学",而与建构变法理论并无直接的关系。就"两考"而言,其立足点一在证古文之伪,一在证改制之真,还只能算作孔学正式出台的前奏,当然更难以成为变法理论的代表作。

其次,细读"两考"文本,无论从其形式还是从其内容,都可以清楚而确切地看出它们并不是变法理论著作。

先看其形式。《新学伪经考》共十四篇,其篇名称"考"者五篇,称"辨伪者"五篇,称"纠谬"者三篇,称"表"者一篇;《孔子改制考》共二十一篇,篇名皆以"考"相称。两书在纲目体系上,完全不超出考证的范围。在撰写方法上,两书皆以列举引用史料为主,而辅以康有为自撰的考订及说明性文字,②这也是一般考证性著作采用的通例。在表述方式上,"两考"从行文到立

---

① 康有为:《孔子改制考序》,载《康有为政论集》上册,中华书局1981年版,第199页。
② 据笔者粗略估算,《新学伪经考》一书直接列举的史料与康有为撰写的按语等约各占一半,但在康的按语中,直接或间接引用的史料仍然不少,因此全书的史料数量还是占了半数以上;《孔子改制考》直接列举的史料超过七成,而康所撰按语等不足三成,史料数量显然更大。

论，考订的风格和色彩非常鲜明，虽然与汉学家的考据只注重训诂迥然有别，但这只是考据方法的差异，并未改变考据本身的性质。从这些方面看，"两考"应该说已属于形式完备的考据性著作。

再从其内容看。"两考"尽管篇幅浩繁，但就其核心要点而言，其实相当集中而且简单明了。《新学伪经考》的核心为证伪，即证明一切古文经皆为刘歆伪作，绝非孔子真经；《孔子改制考》的核心为证真，即证明真孔子是改制的孔子，而不是古文经所说的泥古的孔子。两书所有的考证分别围绕这两个核心而展开，由此形成的是系统独特的证伪之说和证孔改制之说，而非变法的理论。进一步分析两书的主要内容，可以更具体地印证这一点。

对"两考"的主要内容，梁启超在《清代学术概论》一书中做过简要的概括。"《新学伪经考》之要点"有五："一，西汉经学，并无所谓古文者。凡古文皆刘歆伪作。二，秦焚书，并未厄及六经，汉十四博士所传，皆孔门足本，并无残缺。三，孔子时所用字，即秦汉间篆书，即以'文'论，亦绝无今古之目。四，刘歆欲弥缝其作伪之迹，故校中秘书时，于一切古书多所窜乱。五，刘歆所以作伪经之故，因欲佐莽篡汉，先谋湮乱孔子之微言大义。"①这段话言简意赅，常被学者们原文照引。其所言五点内容皆为证伪之论，并不涉及变法理论。

关于《孔子改制考》内容的"大略"，梁启超论得稍松散些，略加整理，亦可归纳为五点：一，"定《春秋》为孔子改制创作之书，谓文字不过其符号，如电报之密码，如乐谱之音符，非口授不能明"；二，"凡六经皆孔子所作。昔人言孔子删述者误也，孔子盖自立一宗旨而凭之以进退古人，去取古籍"；三，"孔子改制，恒托于古。尧舜者，孔子所托也，其人有无不可知，即有，亦至寻常，经典中尧舜之盛德大业，皆孔子理想上所构成也"；四，"周秦诸子罔不改制，罔不托古"；五，"有为谓孔子之改制，上掩百世，下掩百世，故尊之为教主。误认欧洲之尊景教为治强之本，故恒欲侪孔子于基督，乃杂引谶纬之言以实之"。②这些内容的落脚点，都在于证明孔子的改制，

---

① 梁启超：《清代学术概论》，载《梁启超史学论著四种》，岳麓书社1985年版，第77—78页。
② 梁启超：《清代学术概论》，载《梁启超史学论著四种》，岳麓书社1985年版，第78—79页。

同样不是阐释变法的理论。①

正因为如此，梁启超从不认为"两考"为变法理论著作，而是称之为"皆康有为整理旧学之作"②。这个结论，对应"两考"的主要内容，应该说是准确而且具有权威性的。

在"两考"（主要是《孔子改制考》）中，当然也还有某些超出"旧学"的内容，这就是康有为欲依托、附会于所谓真孔子身上的"平等""民主""选举""议院""民权""君者群""进化""改制教主""托古改制"等带有浓重近代启蒙色彩的新观念。这些观念的渗入使康有为"整理旧作"的工作意义重大，但由于它们在"两考"中还只是只言片语，因此并未改变"两考"本身的著述性质。

再次，以往史学界判定"两考"为康有为变法理论的代表作时，主要提出了两方面的论证。一是《新学伪经考》在学术上是要推翻古文经学的"述而不作"，在政治上是要抨击顽固派"恪守祖训"、泥守古法的主张，从而"为维新变法制造理论依据"；二是《孔子改制考》是用资产阶级的政治思想附会《春秋》公羊派的"三统"说和"三世"说，否定君主专制，肯定君主立宪和民主共和，从而"为维新变法提供了历史理论依据"。这两方面的论证都还有值得商榷之处。

就《新学伪经考》而言，其学术上的主要任务是证伪，即全盘否定古文经学，所谓"述而不作"只是古文经学对孔子的一种评价，并不足以成为该著特别需要针对的对象。政治上，该著的意义也不在于直接批判顽固派的信祖守旧，而是欲通过证伪，质疑现存官方正统理论、思想及其典章制度等的可信性

---

① 在同一段论述中，对康有为所言改制，梁启超还做了这样的解释："近人祖述何休以治《公羊》者，若刘逢禄、龚自珍、陈立辈，皆言改制，而有为之说，实与彼异。有为所谓改制者，则一种政治革命、社会改造的意味也，故喜言'通三统'：'三统'者，谓夏、商、周三代不同，当随时因革也。喜言'张三世'：'三世'者，谓据乱世、升平世、太平世，愈改而愈进也。有为政治上'变法维新'之主张，实本于此。"（《梁启超史学论著四种》，第79页）整个说来，康有为在谈"改制"确有"政治革命、社会改造"的意义，但在《孔子改制考》一书中，他对"三统""三世"着墨并不多，甚至并没有出现过"通三统""张三世"的词句。梁启超断言"三统""三世"说为康有为政治上主张"变法维新"之本，更显为误判，因为"随时因革""愈改而愈进"等变法维新思想，康有为早在尊奉今文经学之前就已形成。参见前文。

② 梁启超：《清代学术概论》，载《梁启超史学论著四种》，岳麓书社1985年版，第80页。

乃至合法性，这比起批判顽固派来目标更加宏大。如果非要将《新学伪经考》的著书宗旨套入以新更旧的模式不可的话，那么，该著中的大量考证反而对此立论相当不利：所谓"新学伪经"（即古文经学）相对于西汉孔学（即今文经学）来说，皆为新作而非旧述，为此，书中还赞扬了刘歆等人的创新精神；① 康有为将真孔子定在西汉，这比东汉的孔子更为古老。可见，《新学伪经考》所力辩者在真伪，而不在新旧。况且，批判"述而不作""恪守祖训"之类的文字也不见于《新学伪经考》一书。

就《孔子改制考》而言，上述关于该著为变法提供理论依据的论证，在书中也是难以得到证明的。关于"三统"说，康有为在该著中并无明确的论述；关于"三世"说，康有为在书中虽然做了世别之间的划分，将"民主"比附到孔子身上，但对每一世的内涵并未做出从君主专制到君主立宪再到民主共和这样清晰完整的阐释。其言"民主"之世，在书的正文中尚未与"大同"相连接，只是在出版前所撰的序言中才将两者结合在一起。尤其是所谓"君主立宪"，不仅这一概念，而且相关含义，在全书中都并无一处提及。事实上，君主立宪要到戊戌政变之后才成为康有为现实的政治纲领，也才与他对今文经学的比附联系起来。在此之前康有为言据乱世、升平世，其内涵均属君主制。②

如果"两考"不能算作康有为维新变法理论的代表作，那么，应当如何评价它们的意义和作用呢？

梁启超曾将"两考"比作"飓风"和"火山大喷火"③，虽略嫌夸张，大体上还是不错的。笔者以为，这两部著作之所以能在当时的思想文化界掀起轩然大波，并不是因为它们构建了一套维新变法的理论，而在于它们以孔子为聚焦点和突破点，对历来占统治地位的思想文化体系进行了相当猛烈的冲击。它

---

① 康有为认为古文经学的创始者刘歆及其传承者扬雄、杜林、桓谭等皆为"博学多通"之人，正因如此，他们便不愿死守今文经学之章句，而是敢于开创和发展新学派，"尽舍旧学而新是谋……因笑章句之徒固陋无知"，"通训诂不为章句，乃刘歆新开之学派也"。（康有为：《新学伪经考》，载《康有为全集》第一集，上海古籍出版社1987年版，第750—751、758、752页）
② 戊戌政变前，康有为对"三统""三世"做出较多的附会解释，是在《春秋董氏学》和《礼运注》这两部著作中，此为康有为复孔的第三个环节。但就是这些附会解释也同样没有单独构成维新变法的理论依据。在这两部书中，也没有出现"君主立宪"的概念。
③ 梁启超：《清代学术概论》，载《梁启超史学论著四种》，岳麓书社1985年版，第78页。

们要以一个超越君权、向往民权的孔子，取代维护君权、固守纲常的孔子；以一个充满离经叛道之言、异端另类之思的孔子，取代作为官方正统文化最高代言人的孔子；以一个可供康有为任意解说的孔子，取代历代学者已有定论陈说的孔子——凡此种种，不仅具有现实的政治杀伤力，而且具有根本的文化颠覆性，已远远超出了康有为变法理论的范围，其具有的思想震撼力亦远非康有为的变法理论所能相比。

"两考"对思想文化界产生巨大的冲击是必然的，也是必要的。这一冲击鲜明地显现了康有为维新思想的启蒙特质和锐利锋芒，在政治思想上打破了两千年相因不变的正统儒术独尊统治的格局，在学术上也起到了开启疑古疑经之风的作用。正如梁启超所说，"两考"对于思想和学术两方面的"解放"，在当时和后来都起了很大的作用。[1]

---

[1] 参见梁启超《清代学术概论》，载《梁启超史学论著四种》，岳麓书社1985年版，第78—79页。

第四章

维新变法的理论

发明孔学以重新包装"康学"为核心目的，这是康有为早期新思想演变的主线之一。与此并行，演变还有另一条主线，就是早期变法理论的继续发展。从1888—1898年，中国民族危机格外严重，朝野变法呼声迅速高涨。为了救亡图存，康有为积极投入变法运动，一跃变成维新派的主要领袖。受此推动，康有为的早期变法论得以不断充实和完善。从理论形态考察，其前后变化大致表现为四种情形：第一是早期进化论、祖法必变论和学西方论经过整合引申，变成了维新时期的必变论和全变论；第二是早期君权变法论被照搬移植，又以"抑君尊"论做了重要补充；第三是早期循序渐进论沿袭不变，但增加了速变论的新内容；第四是另有所增，提出了未曾出现的"变政"论。戊戌维新运动的蓬勃兴起，这些理论发挥了不可低估的指导作用。

一、必变论

所谓必变论，包括了康有为对变法必要性的一系列论述，可分为理论和现实两个层面。

在理论层面，康有为主要依据万物变化论、历史变迁论和中国传统变易论阐明必须变法的道理。这一阐释集中见于康有为1895年所撰写的"朝考卷"《变则通通则久论》一文中。

关于万物之变，康有为以天、地、人作为万物的大宗，通过举出大量变化的现象，对无时无刻不在变动的"天道"进行了论证：

> 天不能有阳而无阴，地不能有刚而无柔，人不能有常而无变。……夫天不变者也，然朝夕之晷，无刻不变矣，况昼夜之显有明晦，冬夏之显有寒暑乎？如使天有昼而无夜，有夏而无冬，万物何从而生？故天惟能变通而后

万物成焉。且如极星，所谓不动者也，然唐、虞时在二十四度，今则二十三度二十九分耳，日至所谓定时也，然高冲卑冲，终无实测焉。若夫风云虹霓珥朓蚀流，日月星辰无刻不变，故至变者莫如天。夫天久而不弊者，为能变也。地不变者也，然沧海可以成田，平陆可以成湖，火山忽流，川水忽涸，故至变者莫如地。夫地久而不弊者，为能变也。夫以天地不变且不能久，而况于人乎？且人欲不变，安可得哉！自少至老，颜貌万变，自不学而学，心智万变，积微成智，闷若无端，而流变之微，无须臾之停也。①

关于历史之变，康有为以他所熟知的史实为据，提出了历史"千年一大变，百年一中变，十年一小变"的见解："三代之文明不得不变太古，秦汉之郡县不得不变三代，此千年之大变者也。……魏文口分世业，府兵之制，至唐之中叶，不能不变为两税犷骑，两税之后不能不变为一条鞭，犷骑之后不能不变为禁军。汉试士诸生，家法文吏笺奏，隋、唐不能不变为诗赋，宋不能不变为经义。肉刑之制，汉文不能不变为杖笞，隋文不能不变为徒流，此百年之变也。若夫时有不宜，地有不合，则累朝律例典礼，未有数十年不修改者，此十年之变也。若泥守不变，非独久而生弊，亦且滞而难行。"②

关于传统变易之论，康有为引用了诸多古人的思想言论来加以说明。其中，有孔子的《春秋》"改制"观、《易》的"变通"观："昔孔子之作六经，终以《易》《春秋》，《春秋》发明改制，《易》取其变易，天人之道备矣。……孔子改制，损益三代之法，立三正之义，明三统之道以待后王，犹虑三不足以穷万变，恐后王之泥之也，乃作为《易》而专明变易之义，故参伍错综，进退消息，观其会通，以行其典礼。圣人盖深观天道以著为人事，垂法后王，思患而豫防之，孔子之道至此而极矣"，"法《易》之变通，观《春秋》之改制，百王之变法，日日为新，治道其在是矣"；有伊尹的"用新去陈"之术："伊尹曰：用其新去其陈，病乃不存，此道家养生之术，治身如此，治国何独不然"；有董仲舒的为政应善于"更张"之义："董仲舒曰：为政不能善

---

① 康有为：《变则通通则久论》，载《康有为政论集》上册，中华书局1981年版，第110页。引者对引文分段有改动。
② 康有为：《变则通通则久论》，载《康有为政论集》上册，中华书局1981年版，第110—111页。

治，更张乃可为理。譬病症既变而仍用旧方，陆行既尽而不舍车徒，盛暑而仍用重裘，祁寒而仍用绨绤，非惟不适，必为大害"，①以圣人之道的名义来增加变法论的分量。

现实层面是康有为论述变法必然性的重点。

首先，他指出西方列强日益加紧的侵略，已对中国造成了极为严峻的生存危机，只有变法，中国才能避免被吞并瓜分的命运。这一方面的论述很多，仅以其先后写下的一些有代表性的文字为例。

早在1888年的《上清帝第一书》中，康有为就对"方今外夷交迫"的情状做了清醒的描述："……自琉球灭、安南失、缅甸亡，羽翼尽翦，将及腹心。比者日谋高丽，而伺吉林于东；英启藏卫，而窥川滇于西；俄筑铁路于北，而迫盛京；法煽乱民于南，以取滇、粤……国事蹙迫，在危急存亡之间，未有若今日之可忧也"，提出必须"变成法"，"变法则治可立待也"。②

甲午战争失败后撰写的《上清帝第二书》对列强的紧逼表示了更深的危机感："……甲午以前，吾内地无恙也，今东边及台湾一割，法规滇、桂，英规滇、粤及西藏，俄规新疆及吉林、黑龙江，必接踵而来，岂肯迟迟以礼让为国哉？况数十国之逐逐于后乎？譬大病后，元气既弱，外邪易侵，变症百作，岂与同治之时，吾国势犹盛，外夷窥伺情形未洽比哉！……此举人等所为日夜忧惧，不惮僭越，而谋及大计也。"康有为所谋"大计"最重要的一条就是"变法成天下之治"，法之所以不能不变，是因为"方今当数十国之觊觎，值四千年之变局，盛暑已至而不释重裘，病症已变而犹用旧方，未有不喝死而重危者也。……言率由而外变相迫，必至不守不成；言无为而诸夷交争，必至四分五裂"，因此"非变通旧法，无以为治"。③

在同年所作的《京师强学会序》中，康有为结合世界诸多"守旧之国"兴亡史，将中国在列强包围之下若不变法只有沦亡一途的悲惨前景描绘得异常清晰可怖："俄北瞰，英西睒，法南瞵，日东眈，处四强邻之中而为中国，岌岌

---

① 康有为：《变则通通则久论》，载《康有为政论集》上册，中华书局1981年版，第110—111页。引者对引文标点有改动。
② 康有为：《上清帝第一书》，载《康有为政论集》上册，中华书局1981年版，第52—59页。
③ 康有为：《上清帝第二书》，载《康有为政论集》上册，中华书局1981年版，第115、122—123页。

哉！况磨牙涎舌，思分其余者，尚十余国。……昔印度，亚洲之名国也，而守旧不变，乾隆时英人以十二万金之公司，通商而墟五印矣。昔土耳其，回部之大国也，疆土跨亚、欧、非三洲，而守旧不变，为六国执其政，剖其地，废其君矣。其余若安南，若缅甸，若高丽，若琉球，若暹罗，若波斯，若阿富汗，若俾路芝，及为〔国〕于太平洋群岛、非洲者，凡千数百计，今或削或亡，举地球守旧之国，盖已无一瓦全者矣。"中国若守旧不变，"倏忽分裂，则桀黠之辈，王、谢沦为左衽；忠愤之徒，原、却夷为皂隶。伊川之发，骈闻于万方；钟仪之冠，萧条于千里。三州父子，分为异域之奴；杜陵弟妹，各衔乡关之戚。哭秦庭而无路，餐周粟而匪甘。……肝脑原野，衣冠涂炭。嗟吾神明之种族，岂可言哉！岂可言哉"！①

1897年德国强占胶州湾事件发生后，康有为面对"外衅危迫，分割洊至"的险恶时局，再次上书清帝，用极为惊心动魄的语言发出瓜分在即、国亡在即，变法乃为求生存的唯一出路的疾声呼吁：

……万国报馆议论沸腾，咸以分中国为言。若箭在弦，省括即发……瓜分豆剖，渐露机牙，恐惧回惶，不知死所。……二万万膏腴之地，四万万秀淑之民，诸国眈眈，朵颐已久；慢藏诲盗，陈之交衢；主者屡经抢掠，高卧不醒；守者袖手熟视，若病青狂；唾手可得，俯拾即是，如蚁慕膻，闻风并至，失鹿共逐，抚掌欢呼。其始壮夫动其食指，其后老稚亦分杯羹，诸国咸来，并思一脔。……自尔之后，赴机愈急，蓄势益紧，事变之来，日迫一日。教堂遍地，无刻不可起衅，矿产遍地，无处不可要求。骨肉有限，剥削无已。且铁路与人，南北之咽喉已绝；疆臣斥逐，用人之大权亦失。……职恐自尔之后，皇上与诸臣，虽欲苟安旦夕，歌舞湖山而不可得矣，且恐皇上与诸臣，求为长安布衣而不可得矣。②

病在膏肓，火延眉睫，"图保自存之策，舍变法外别无他图"。书中提出了如何变法的三策，认为"凡此三策，能行其上，则可以强，能行其中，则犹

---

① 康有为：《京师强学会序》，载《康有为政论集》上册，中华书局1981年版，第165—166页。
② 康有为：《上清帝第五书》，载《康有为政论集》上册，中华书局1981年版，第201—203页。

可以弱，仅行其下，则不至于尽亡"，"若徘徊迟疑，因循守旧，一切不行，则幅员日割，手足俱缚，腹心已刲，欲为偏安，无能为计；圈牢羊豕，宰割随时，一旦脔割，亦固其所。……沼吴之祸立见，烈晋之事即来，职诚不忍见煤山前事也"，①将外患深重、中国不能不变法的必要性阐发到了极致。

特别值得注意的是，康有为在力陈西方侵略的严重态势时，并未仅将西方列强视为企图瓜分中国的大敌，而是同时亦将其看作新时代的代表，认为中国不仅因为遭受侵略面临生存危机而必须变法，而且更因为远远落后于侵略者、落后于新的时代而必须变法。

他以西方入侵为界限，将历史划分为"治平之世"与"敌国并立之世"这样前后两大不同的时代，认为处于前一时代可以采用"守成之势"和"一统垂裳之势"治天下，处于后一时代就应以"开创之势"和"列国并立之势"治天下，"盖开创则更新百度，守成则率由旧章；列国并立则争雄角智，一统垂裳则拱手无为。言率由而外变相迫，必至不守不成；言无为而诸夷交争，必至四分五裂"。②《上清帝第四书》着重分析了列强入侵对于时代格局的改变和对中国旧的治法的巨大冲击："夫泰西诸国之相逼，中国数千年来未有之变局也。曩代四夷之交侵，以强兵相陵而已，未有治法文学之事也。今泰西诸国，以治法相竞，以智学相上，此诚从古诸夷之所无也。……若使地球未辟，泰西不来，虽后此千年率由不变可也。无如大地忽通，强敌环逼……以此闭关之俗，忽当竞长之时，缔绤宜于夏日，雨雪忽至，不能不易重裘，车马宜于路行，大河前横，不能不觅舟楫……若引旧法以治近世，是执旧方以医变症，药既不对，病必加危。"③

在康有为看来，西方正是新时世和新治法的代表，比起中国旧时世和旧治法来，具有极大的优越性。对此，他进行了相当广泛的比较："泰西大国，岁入数十万万，练兵数百万，铁船数百艘，新艺新器岁出数千，新法新书岁出数万，农工商兵，士皆专学，妇女童孺，人尽知书。而吾岁入七千万，偿款乃

---

① 康有为：《上清帝第五书》，载《康有为政论集》上册，中华书局1981年版，第208—210页。
② 康有为：《上清帝第一书》《上清帝第二书》，载《康有为政论集》上册，中华书局1981年版，第59、122—123页。
③ 康有为：《上清帝第四书》，载《康有为政论集》上册，中华书局1981年版，第149—151页。

二万万，则财弱；练兵铁舰无一，则兵弱；无新艺新器之出，则艺弱；兵不识字，士不知兵，商无学，农无术，则民智弱；人相偷安，士无侠气，则民心弱，以当东西十余新造之强邻，其必不能禁其兼者，势也。"①又说："夫今日当大地忽通、万国竞长之时，迥非汉唐宋明一统之旧，各国治法、文学、技艺、制造、财富、武备之盛，迥非匈奴、突厥愚犷之风。以地言，则英俄倍我；以新政言，则自英人倍根变法至今五百年，政艺日新，而我今始用之，其巧拙与彼有一与五百之比；以财富言，英人匀算有人二万七千镑，而吾民鸠形菜色，不及十金，今镑价值银十一圆，是英人人有三十万圆，是吾贫富较彼有一与三万之比，英美赋税皆七十万万，而吾仅七千万；以兵言，则泰西强国皆数百万，铁舰百数，而吾无一劲兵，无一铁舰，则不在比数之列。"根据这些比较，"故当今而思图存，舍变法外更无他巧……臣民想望，有不可不变之心，外国逼迫，有不能不变之势，然则今日之国是，莫有出于尽革旧习、变法维新者矣"。②总之，变法势在必行。

其次，他认为中国本身存在着极其严重的积弊，只有通过变法才能加以清除，从而获得生机。对这些积弊，他做了很多揭露和抨击。

《上清帝第一书》言"今天下法弊极矣"，其表现为：

> 六官万务所集也，卿贰多而无所责成，司员繁而不分委任，每日到堂，拱立画诺，文书数尺，高可隐身，有薪炭数斤之微，银钱分厘之琐，遍行数部者，卿贰既非专官，又多兼差，未能视其事由，劳苦已甚，况欲整顿哉？故虽贤智，亦皆束手，以为周公为今冢宰，孔子为今司寇，亦无能为，法弊至此，求治得乎？
>
> 州县下民所待治也，兵刑赋税教养合责于一人，一盗佚，一狱误，一钱用而被议矣，责之如是其重，而又选之极轻，以万余金而卖实缺焉。禄之极薄，以数百金而责养廉矣，其下既无周人虞衡牧稻之官，又无汉人三老啬夫之化，而求其教养吾民，何可得哉？以故外省奉行文书，皆欺饰

---

① 康有为：《上清帝第五书》，载《康有为政论集》上册，中华书局1981年版，第203页。
② 康有为：《外衅危迫，分割洊至，急宜及时发愤，大誓臣工开制度新政局折》，载《杰士上书汇录》，故宫博物院藏本。

以免罪，京朝委成胥吏，率借例以行奸。他若吏部以选贤才也，仍用签除，武举以为将帅也，乃试弓石，翰林以储公卿也，犹讲诗字，其他紊于法意，而迂于治道，舛乱肴决，难遍以疏举……今之法例，虽云承列圣之旧，实皆六朝、唐、宋、元、明之弊政也。①

在《上清帝第二书》中，康有为对"法弊"的表现做了进一步的补充，由官制、吏治扩展至工农商学兵等各方面："伏念国朝法度，因沿明制，数百年矣。物久则废，器久则坏，法久则弊，官制则冗散万数，甚且鹭及监司，教之无本，选之无择，故营私交贿，欺饰成风，而少忠信之吏。学校则教及词章诗字，寡能讲求圣道，用非所学，学非所用，故空疏愚陋，谬种相传，而少才智之人。兵则绿营老弱，而募勇皆乌合之徒。农则地利未开，而工商无制造之业。其他凡百积弊，难以遍举。而外国奇技淫巧，流行内地，民日穷匮，乞丐遍地，群盗满山，即无外衅，精华已竭，将有他变。"②《上清帝第三书》更是一言以蔽之曰："夫中国二千年来，以法治天下，而今国势贫弱，至于危迫者，盖法弊致然也。……若非大变讲求，是坐待自毙也。"③

到撰写《上清帝第五书》时，康有为对清廷迟迟不肯变法已是"忧思愤盈"，"中夜屑涕，仰天痛哭"，书中用了弱、昧、乱、亡四字来概括中国社会极为衰败的现状：

弱——重申前几次上书已揭示的财弱、兵弱、艺弱、民智弱、民心弱等情状，痛言国家和国民如此之弱，"以当东西十余新造之强邻，其必不能禁其兼者，势也"④。

昧——"……中朝诸臣，狃承平台阁之习，袭簿书期会之常，由复以尊王攘夷，施之敌国，拘文牵例，以应外人，屡开笑资，为人口实。……公卿台谏督抚，皆循资格而致，既已裹足未出外国游历，又以贵倨未近通人讲求。……故贤者心思智虑，无非一统之旧说；愚者骄倨自喜，实便其尸位之私图。有以

---

① 康有为：《上清帝第一书》，载《康有为政论集》上册，中华书局1981年版，第57—58页。
② 康有为：《上清帝第二书》，载《康有为政论集》上册，中华书局1981年版，第122页。
③ 康有为：《上清帝第三书》，载《康有为政论集》上册，中华书局1981年版，第140页。
④ 康有为：《上清帝第五书》，载《康有为政论集》上册，中华书局1981年版，第203页。

分裂之说来告者，傲然不信也；有以侵权之谋密闻者，薨然不察也；语新法之可以兴利，则瞑目而诘难；语变政之可以自强，则掩耳而走避；老吏舞文，称历朝之成法，悚然听之者，盖十而六七矣；迂儒帖括，诩正学之昌言，瞿然从之者，又十而八九矣。无一事能究其本原，无一法能穷其利弊，即聋从昧，国皆失目。……夜行无烛，瞎马临池，今日大患，莫大于昧。"①

乱——"自台事后，天下皆知朝廷之不可恃，人无固志，奸宄生心。陈涉辍耕于陇上，石勒倚啸于东门，所在而有，近边尤众，伏莽遍于山泽，教民遍于腹省……加以贿赂昏行，暴乱于上，胥役官差，蹙乱于下，乱机遍伏，即无强邻之逼，揭竿斩木，已可忧危。"②

亡——"顾见举朝上下，相顾嗟呀，咸识沦亡，不待中智；群居叹息，束手待毙，耆老仰屋而咨嗟，少壮出门而狼顾；并至言路结舌，疆臣低首，不惟大异于甲申，亦且迥异于甲午；无有结缨誓骨，慷慨图存者。生机已尽，暮色凄惨，气象如此，可骇可悯，此真自古所无之事。"③

康有为引《仲虺之诰》中"兼弱攻昧，取乱侮亡"一语，问道："吾既自居于弱昧，安能禁人之兼攻？吾既日即于乱亡，安能怨人之取侮？"唯一的办法就是发愤维新，"若皇上赫然发愤，虽未能遽转弱而为强，而仓猝可图存于亡，虽未能因败以成功，而俄顷可转乱为治"。④

以上两大层面，尤其是现实层面，可以说将中国必变的道理讲得非常清楚。其视野之开阔，知识之丰富，情感之激昂，文字之震撼，可谓前所未见，具有很大的说服力，堪称变法动员的经典。

二、全变论

所谓全变，就是要彻底变法，从根本上变，而不能只变枝节，或者只变其一，不变其二。在此方面，康有为提出了一系列重要的观点。

---

① 康有为：《上清帝第五书》，载《康有为政论集》上册，中华书局1981年版，第204—205页。
② 康有为：《上清帝第五书》，载《康有为政论集》上册，中华书局1981年版，第205页。
③ 康有为：《上清帝第五书》，载《康有为政论集》上册，中华书局1981年版，第205页。
④ 康有为：《上清帝第五书》，载《康有为政论集》上册，中华书局1981年版，第203、208页。

第一，中国积弊太深，如不全变大变将毫无成效，难救危亡。

康有为以清朝办洋务不成功作为典型事例，阐述了变法必变根本的道理。

在《上清帝第一书》中，他直接批评了洋务式变法所存在的严重弊端："今天下非不稍变旧法也，洋差商局学堂之设，开矿公司之事，电线机器轮船铁舰之用，不睹其利，反以蔽奸。夫泰西行之而富强，中国行之而奸蠹何哉？上体太尊而下情不达故也。……夫太尊则易蔽，易蔽则奸生，故办事不核实，以粉饰为工，疾苦不上闻，以摧抑为理。至于奸蠹丛生，则虽良法美意，反成巨害，不如不变之为愈矣。"①书中所说的"奸蠹"，应该是指以办洋务为名，而行谋取私利之实，以致无法达到使国家富强的目的。之所以如此，根本原因就在于"上体太尊而下情不达"，也就是说，变法还完全没有触动上下隔绝这一政治体制，所以种种"奸蠹"之行可以躲避监督惩罚，使学习西方办洋务的"良法美意"无法实现。

在康有为上第一书的1888年，清朝所办的洋务活动已开展近20年，由于没有政治体制的改革作为保障，的确难以取得近代化建设的显著成效。而到了甲午战争爆发，作为办洋务标志性成果的北洋舰队竟在战争中全军覆没，洋务式变法的根本缺陷更是尽显无遗。在写于此时的《上清帝第二书》中，康有为对洋务活动的反省变得更加深刻。

他首先指出，中国当今的变法只有从全局着眼，才有可能真正收到成效："曩言今当以开创治天下，不当以守成治天下，当以列国并争治天下，不当以一统无为治天下。诚以积习既深，时势大异，非尽弃旧习，再立堂构，无以涤除旧弊，维新气象。若仅补苴罅漏，弥缝缺失，则千疮百孔，顾此失彼，连类并败，必至无功。夫夏屋坏于短梲，金堤败于蚁穴，况欲饰粪墙，雕朽木，而当雷电风雨之交加，焉有不倾覆者哉？"他进而再次批评清廷办洋务因不变根本而弊端百出："近者设立海军、使馆、招商局、同文馆、制造局、水师堂、洋操、船厂，而根本不净，百事皆非，故有海军而不知驾驶，有使馆而未储使才，有水师堂、洋操而兵无精卒，有制造局、船厂而器无新制，有总署而不能通外国掌故，有商局而不能外国驰驱，若其徇私丛弊，更不必论。故徒糜巨款，无救危败，反为攻者借口，以明更张无益而已。"主张皇上"召问群臣，

---

① 康有为：《上清帝第一书》，载《康有为政论集》上册，中华书局1981年版，第59页。

讲明国是，反复辩难，显露事势，确知旧习之宜尽弃，补漏之无成功"，如此则"大体既立而后措施不失，议论著定而后耳目不惊，先后缓急，乃可徐图，摧陷廓清，乃可用力"。①

在这些议论中，康有为极为明确地论证了变法必须变根本的重要性，种种洋务事业之所以成效不显，关键问题还不在于"奸蠹"的侵蚀，而在于没有抓住变法的根本。由于根本未变，因此洋务诸务只能停留在"补苴罅漏，弥缝缺失"的水平之上，而对于现今犹如"粪墙"和"朽木"的中国大局来说，"补漏"毫无出路，只有"尽弃旧习，再立堂构"，改革才能走出困境，取得成功。这种必变根本的见解，不仅对洋务运动的失败做了精当的总结，而且十分尖锐地评估了中国政治衰朽的现状，为挽救危败指出了新的出路。

进入戊戌年（1898）之后，急切呼吁变法的康有为又在《上清帝第六书》中再次提醒朝廷，务必吸取办洋务失败的教训："……今日之国是莫有出于尽革旧习、变法维新者矣。自同治、光绪以来，总署、使馆、同文馆、招商局、制造局、税务司、船政厂、电线、铁路之设皆采用新政，非祖宗之旧法矣，皇上与诸臣审时度势、图谋自强，亦因知法之不能不变矣。徒以根本未变，大制未新，少袭皮毛，未易骨髓，譬犹厦屋朽坏，岌岌将倾，而粉饰补漏、糊裱丹青，思以支拄，狂风暴雨之来，求不覆压，岂可得哉？"②他一方面肯定洋务诸业亦属变法新政，与祖宗旧法有别；另一方面强调洋务式变法还只是"皮毛"之变，而不是"骨髓"之变，仍无法抵挡内忧外患的"狂风暴雨"。

关于洋务运动存在的弊端，不少早期维新派人士已做过批评。他们主要以学习西方为立足点，认为洋务运动只学了西方的皮毛和枝节，还没有学到西方的富强之本。要想取得学西方的成功，就还必须学习西方办学堂以育人才、设议院以通下情等一系列制度性的举措。康有为在早期维新派认识的基础上，进一步提出了变根本的重大问题，从而将学西方从外部师法的不足，延伸到了内

---

① 康有为：《上清帝第二书》，载《康有为政论集》上册，中华书局1981年版，第152页。引者对引文标点有改动。
② 康有为：《外衅危迫，分割洊至，急宜及时发愤，大誓臣工开制度新政局折》，载《杰士上书汇录》。此折即为《上清帝第六书》。学界原来所用第六书，依据的是《戊戌奏稿》，后来发现有改篡，真实的第六书是当年所存《杰士上书汇录》中的此折。两者对比，内容有着明显的不同。

部全局性的革新，使维新思想有了很大的突破。

第二，变法之事互相关联，欲变此则必变彼，否则皆难成功。

康有为举例说，欲救贫弱，就要讲求开矿、制造、通商、练兵、选将、购械各事，而科举不改，人们就不会由追求功名转为投身实业，"舍所荣而趋所贱"，必须"稍改科举，而以荣途励著书制器寻地办工之人，大增学校，而令乡塾通读史、识字、测算、绘图、天文、地理、光电、化重、声汽之学"；欲改科举、精学业，又必须开学会，因为"凡讲一学，必集众力以成之，固为集思广益，观善相摩，亦以购书购器，动费巨万，非众擎则不举"，故外国有各种学会，"会若不开，则学亦不成"；欲开学会，又必须改官制，因为"学至精微，事至繁重，谁为考授，谁为兴举，乡里纤悉，势必责成于县令，而县令上有层累之督抚、司道、本府以临之，则控制殊甚，下惟杂流之典史、巡检、胥差以佐之，则辅理无人。……以此而欲其遍开新学，鼓舞人士，大劝农工，兴启利源，岂可得哉"；即使官制已改，诸学遍立，也还不够，还必须去君主之"独尊"，密切君主与臣民关系，这样变法自强最终才有保障，"上下不交，宿弊不去，蠹在根本，终难自强。……天地既交，万物萌动，根本既净，堂构自立，百度昭举，自强可致矣"。①

在此环环相扣的变法链条中，他对变君主"独尊"尤为重视，明确指出上下隔绝，特别是君主与臣民隔绝，是中国首要的、根本的大病；中国之所以"败弱"和"百弊丛积"，都是由"体制尊隔"造成的。②如果不改变君主独尊、太尊的状况，不仅不能变法自强，而且还会"近之有土地不守、人民不保之患，远之有徽钦蒙尘、二世瓦解之祸"③，后果不堪设想。为避免祸患，求得自强，他要求君主师俄国彼得大帝变政之榜样，鉴缅甸、越南亡国之覆辙，"纡尊降贵"，下决心改变君权太尊的体制，以便与"天下贤士"相接，实现"大变"的目的。④

第三，新旧两大时代、新旧两大治法截然相反，变法只能全部用新，不能

---

① 参见康有为《上清帝第四书》，载《康有为政论集》上册，中华书局1981年版，第154—158页。
② 参见康有为《上清帝第二书》《上清帝第四书》《上清帝第七书》，载《康有为政论集》上册，中华书局1981年版，第134、156、219页。
③ 康有为：《上清帝第四书》，载《康有为政论集》上册，中华书局1981年版，第157页。
④ 参见康有为《译纂〈俄彼得变政记〉成书，可考由弱致强之故折》，载《杰士上书汇录》。

丝毫照旧。

康有为对此说得很坚决:"既以今为列国竞长之时,则必以列国竞长之法治之,而不可参以分毫大一统之旧。如治病然,或凉或热,病症既变,用药全反,若犹参用旧方,医必不效,终归死亡而已。……皇上既辨明今日为诸国竞长之时,则请尽去昔日一统闭关之旧,即以救割地瓦解之患矣。"①他又说:"中国自汉唐宋明之后,皆为大一统之时,及今欧亚美澳之通,遂为诸国竞长之世。一统竞长二者之为治,如方之有东西,色之有黑白,天之有晴雨,地之有水陆,时之有冬夏,器之有舟车,毫发不同,冰炭相反。……故当泛海之时则乘巨舰,虽有金车之美亦必舍;当盛暑之时则衣绔绤,虽有狐白之裘亦必弃之,则今日之宜全用诸国竞长之法而不能毫厘用一统闭关之法至明。"

康有为对"一统"与"竞长"两种截然相反的治法做了鲜明的对比:"夫治一统之世以静,镇止民心,使少知寡欲而不乱;治竞长之世以动,务使民心发扬,争新竞智,而后百事皆举,故国强。治一统之世以隔,令层级繁多,堂阶尊严,然后威令行;治竞长之时以通,通上下之情,通君臣之分,通心思,通耳目,通身体,咸令无阻阂,而后血脉流注而能强。治一统之世以散,使民不相往来,耕田凿井,不识不知;治竞长之世以聚,令人人合会讲求,然后见闻广,心思扩,有才可用。治一统之世以防弊,务在防民而互相牵制;治竞长之世以兴利,务在率作兴事,以利用成务。"据此而请求皇上"尽涤旧制,尽除旧俗,不留毫厘以累新政,摧陷廓清比于武事",强调"行歧道者不至,骑墙者不下,此为变法辨门径之始也。……方今不变固害,小变仍害,非大变全变骤变不能立国也"。②

在距离戊戌政变不到一个月所上的一份奏折中,康有为再次向皇上发出了必须彻底变法的呼吁:"既以诸国并立之势治天下,则当全去旧日一统之规模;既以开创维新之势治天下,则当全去旧时守成之面目。百度庶政,一切更始,于大东中开一新国,于二千年成一新世,如新宫之作金碧辉煌,如新衣之服色样整洁,分毫旧料皆弃而勿用,然后国势巩固,民气昌丰。……故不变则

---

① 康有为:《译纂〈日本变政考〉成书,乞采鉴变法折》,载《杰士上书汇录》。
② 康有为:《推行新政,请御门誓众开制度局折》,载《杰士上书汇录》。

已，一变则当全变之，急变之。"①

至于怎样才算彻底变法，或者说怎样才算抓住了变法的根本，康有为的认识也是逐渐深化的。他先是在《上清帝第四书》中将君主去"独尊""纡尊降贵，与臣民相亲"视为变法自强的"根本"。②深入研究日本明治维新史后，他对日本"改定国宪"高度重视，认为："购船置械，可谓之变器，不可谓之变事；设邮便，开矿务，可谓之变事矣，未可谓之变政；改官制，变选举，可谓之变政矣，未可谓之变法。日本改定国宪，变法之全体也。总摄百千万亿政事之条理，范围百千万亿臣民之心志，建斗运枢，提纲挈领，使天下戢戢从风，故为政不劳而易举。"③随后又在上奏论统筹全局时指出："今之言变法者，皆非变法也，变事而已。言兵制，言学校，言铁路矿务，无论如何，大率就一二事上变之，而不就本原之法变之，故枝枝节节，迄无寸效。皇上既统筹全局，臣谓下手之始，宜先变法。将内政外交一切法度尽行斟酌改定，使本末精粗小大内外皆令规模毕定，图样写就，然后分先后缓急之序，次第举行，选天下通达之才与之分任，然后有效也。故必变定法度，而后徐图举事也。"④

三、君权变法论

康有为早期变法理论中的君权变法论被照搬移植，同时又以"抑君尊"的论述对其做了重要补充和完善。

在整个维新时期，康有为都坚持必须以君权变法的立场。对早期所提出的君主应将"势"与"术"结合起来实行变法的观点，他在给皇帝的上书上奏中又以大致相同的语句进行了宣扬，如说中国君权有"莫强之势"："……中国地方二万里之大，人民四万万之多，物产二十六万种之富，加以先圣义理入人之深，祖宗德泽在人之厚，下知忠义而无异心，上有全权而无掣肘，此地球各国之所无，而泰西诸国之所羡慕者也。以皇上之明，居莫强之势，有独揽之

---

① 康有为：《恭谢天恩，并呈编纂群书，以助变法折》，载《杰士上书汇录》。
② 参见康有为《上清帝第四书》，载《康有为政论集》上册，中华书局1981年版，第157—158页。
③ 康有为：《日本变政考》卷七按语，故宫博物院藏本。
④ 康有为：《推行新政，请御门誓众开制度局以统筹大局折》，载《杰士上书汇录》。

权，不欲自强则已耳，若皇上真欲自强，则孔子所谓欲仁仁至、孟子所谓王犹反手。盖惟中国之势为然。"①或以"爵赏"为例证明君权的威力："夫爵赏者，奔走天下之具，人主操之以控天下，如牧者之驱群羊，视鞭所指，南北东西，莫不如意。齐桓公好紫而一国皆紫，楚灵王好细腰而宫中饿死，城中广袖城外全帛，风行草偃，有必然者。故科举尚八股，则士人日夜呫哗，高吟低唱，皆八股矣。推八股白折之勤勤，皆能为量天缩地之精奇也，视在上者之所注耳。"②总之，在康有为看来，既然君权如此强大，以君权变法也就是中国变法的最好方式。

康有为主张君权变法的事实依据是俄、日两国凭借君权进行变法所取得的成功。他将中国国情与俄日加以比较，认为中国完全具备采法俄日"以君权变法"的条件。中国与俄国有诸多相同，"职窃考之地球，富乐莫如美，而民主之制与中国不同；强盛莫如英、德，而君民共主之制，仍与中国少异。惟俄国其君权最尊，体制崇严，与中国同。其始为瑞典削弱，为泰西摈鄙，亦与中国同。然其以君权变法，转弱为强，化衰为盛之速者，莫如俄前主大彼得，故中国变法莫如法俄，以君权变法莫如采法彼得"③。而对照日本，中国在君主独尊上有更大的优势："皇上乾纲独揽，既无日本将军柄政之患，臣民指臂一体，又无日本去封建藩士之难，但……取日本更新之法斟酌草定，从容行之，章程毕具，流弊绝无，一举而规模成，数年而治功著，其治效之速非徒远过日本，真有令人不可测度者。天下万里皆皇上之地，臣民四万万皆皇上之人，操纵阖辟，教化导养，何求不得，其事至易，其效至速，其功至奇。"④

君权变法的起点是君权，归宿是变法。也就是说，它一方面希望君主"乾纲独断"，即充分运用君主独尊的权力，另一方面它所主张"独断"的根本之事又完全是按照维新派的设计进行变法（就其实质而言）。君权与变法，二者是不可分割地联系在一起的。对康有为来说，鼓吹君权变法的过程，也就是不断批评君主未能变法的现状，督促君主痛下变法的决心，并随时局的发展对君

---

① 康有为：《上清帝第四书》，载《康有为政论集》上册，中华书局1981年版，第153页。
② 康有为：《请以爵赏奖励新艺新法新书新器新学折》，载《杰士上书汇录》。
③ 康有为：《译纂〈俄彼得变政记〉成书，可考由弱致强之故折》，载《杰士上书汇录》。
④ 康有为：《译纂〈日本变政考〉成书，乞采鉴变法折》，载《杰士上书汇录》。

主提出越来越高的变法要求的过程。

起初，康有为着眼于唤起君主的"欲治之心"：

> 臣所大忧者，患我皇太后皇上无欲治之心而已。……窃见与强夷和后，苟幸无事，朝廷晏安，言路闭塞，纪纲日隳。顷奇灾异变，大告警厉，天心之爱至矣，不闻有怵惕修省之事，上答天心。……而徒见万寿山、昆明湖土木不息，凌寒戒旦，驰驱乐游，电灯火车奇技淫巧，输入大内而已，天下将以为皇太后皇上拂天变而不畏，蓄大乱而不知，忘祖宗艰大之托，国家神器之重矣。……如使皇太后皇上忧危惕厉，震动人心，赫然愿治，但如同治、光绪初年之时，本已立则末自理，纲已举则目自张，风行草偃，臣下动色，治理之效，必随圣心之厚薄久暂而应之。①

随后，激励皇上要自强不息，排除干扰，坚定变法的决心："自古非常之事，必待大有为之君。自强为天行之健，志刚为大君之德。……伏惟皇上英明天亶，下武膺运，历鉴覆辙，独奋乾纲，勿摇于左右之言，勿惑于流俗之说，破除旧习，更新大政，宗庙幸甚！天下幸甚！"②并进一步强调皇上必须"讲明国是"，彻底变法，坚决摆脱庸臣们的牵制："……惟知之极明者，行之极勇……若犹更化不力，必是讲明未至，以为旧习可安，不必更张太甚，是虽有起死之方，无救庸医之误矣。……尝推皇上有忧危之心而不能赫然愤发、扫除更张者，大半牵于庸臣无动为大之言，容悦谨媚之习。……《诗说》谓：与师处者帝，与友处者王，与奴隶处者亡。皇上日与容悦之臣处，惟有拜跪唯诺，使令趋走而已，安有不致今日之事哉！"③

接着，《上清帝第五书》向皇上提出"择法俄日以定国是"的变法上策，"愿皇上以俄国大彼得之心为心法，以日本明治之政为政法而已"；④《上清帝第七书》认为俄彼得大帝"变法自强"的举动"为千古英主之所无，故其创

---

① 康有为：《上清帝第一书》，载《康有为政论集》上册，中华书局1981年版，第56—57页。
② 康有为：《上清帝第二书》，载《康有为政论集》上册，中华书局1981年版，第136页。
③ 康有为：《上清帝第四书》，载《康有为政论集》上册，中华书局1981年版，第153、161页。引者对引文标点有改动。
④ 康有为：《上清帝第五书》，载《康有为政论集》上册，中华书局1981年版，第208页。

业遂为大地万里之雄霸",皇上若效法彼得,亦将"神武举动,绝出寻常,雷霆震声,皎日照耀,一鸣惊人,万物昭苏,必能令天下回首面内,强邻改视易听,其治效之速,奏功之奇,有非臣下所能窥测者"。①康有为代监察御史杨深秀所拟的《请定国是而明赏罚折》还力主皇上运用大权赏擢开新者而罢斥守旧者:

> 且赏罚者,人主之大柄,所以操纵奔走天下者也。皇上有赏罚之大柄而不用……故曰欲行维新之政,而未见毫厘之效也。故从古行新法之时,未有不大用赏罚也。今开新者力任艰巨,未见赏擢,守旧者废格诏书,未见罢斥。开新者事劳而势逆,守旧者事逸而势顺,是驱天下人守旧而已。昔赵武灵王之罢公叔成,秦孝公之罢甘龙,日本之君睦仁变法之罢幕府藩侯,俄彼得变法之诛近卫大臣,此皆变法已然之效也。皇上欲推行新政,速见实效,请查核内外大臣奉行甲午以来新政之谕旨,若学堂,若武备,若商务农工,何者举行,何者废格,嘉奖其举行者,罢斥其废格者,明降谕旨,雷厉风行。如此而新政不行,疆土不保者,未之有也。②

为了实行自上而下的变法就要充分运用独尊的君权,但君权本身如果不对其原有的"独尊"做一番改造,就不可能倾听到维新派的变法呼声,更不可能真正按照维新派的设计进行以学习西方为基调的彻底变法。因此,康有为在力主"以君权变法""乾纲独断"的同时,又着重提出了"抑君尊"的主张,进一步表明了"君权变法"是要以君权服务于、服从于变法的思想。1888年康有为开始上书清帝,就明确提出了"抑君尊"的要求。上书从总结办洋务的教训入手,认为君主"太尊"是洋务活动不见成效的根本原因,而改变君主"太尊"的办法是"通之而已","通之之道,在霁威严之尊,去堂陛之隔,使臣下人人得尽其言于前,天下人人得献其才于上"。③

以后,康有为多次上书清帝,对中国如欲变法自强,则必须破除君主之

---

① 康有为:《上清帝第七书》,载《康有为政论集》上册,中华书局1981年版,第218—219、221页。
② 康有为:《请定国是而明赏罚折 代杨深秀拟》,载《康有为政论集》上册,中华书局1981年版,第245页。
③ 康有为:《上清帝第一书》,载《康有为政论集》上册,中华书局1981年版,第59—60页。

"独尊"、改变上下严重隔绝状况的主张做了相当全面、颇有锋芒的论述。

其一，指出上下隔绝是中国变法自强首要的、根本的障碍："夫中国大病，首在壅塞，气郁生疾，咽塞致死；欲进补剂，宜除噎疾，使血通脉畅，体气自强。今天下事皆文具而无实，吏皆奸诈而营私。上有德意而不宣，下有呼号而莫达。同此兴作，并为至法，外夷行之而致效，中国行之而益弊者，皆上下隔塞，民情不通所致也"，"……上下不交，宿弊不去，蠹在根本，终难自强"，"尝考中国败弱之由，百弊丛积，皆由体制尊隔之故"。①

其二，列举上下严重隔绝，特别是君主与臣民严重隔绝的种种表现。有知县与民之隔，"今之知县，品秩甚卑，所谓亲民者也，而书吏千数人盘隔于内，山野数百里辽隔于外，小民有冤，呼号莫达，书差讹索，堂署森严，长跪问讯，刑狱惨酷，乃至有人命沉冤，鬻子待质，而经年不讯者"；有督抚与民之隔，"若夫督抚之尊，去民益远，百县之地，为事更繁，积弊如山，疾苦如海，既已漫无省识，安能发之奏章。况一省一人，一月数折，闭塞甚矣，何以为治"；有枢臣与群臣之隔，"枢臣位重事繁，又复远嫌谢客"，"枢臣位尊体重，礼绝百僚，卿贰大臣，不易得见，至与群僚益复迥隔"。②更为突出的是君主与臣民的隔绝：一方面，只有极少数人才能与君主保持联系，绝大多数人皆被隔绝，"夫以一省千里之地，而惟督抚一二人仅通章奏，以百僚士庶之众，而惟枢轴三五人日见天颜"，"皇上九重深邃，堂远廉高。自外之枢臣，内之阉寺外，无得亲近，况能议论"，"京师百僚千万，非无人才，而惟九卿台谏，方能上达，故直省民数虽四万万，而达官仅数十，余皆隔绝，是虽有四万万人，而实俱弃之"；③另一方面，就是有幸得见君主之人，也因君威而不能真正与君主沟通，"小臣引见，仅望清光；大僚召见，乃问数语。天威俨穆于上，匍匐拳跪于下，屏气战栗，心颜震播，何以得人才而尽下情哉！每日办事，召见枢臣，限以数刻，皆须了决，伏跪屏气，敬候颜色，未闻反复辨难，

---

① 康有为：《上清帝第二书》《上清帝第四书》《上清帝第七书》，载《康有为政论集》上册，中华书局1981年版，第134、156、219页。
② 康有为：《上清帝第四书》《上清帝第七书》，载《康有为政论集》上册，中华书局1981年版，第156、219—220页。
③ 康有为：《上清帝第二书》《上清帝第四书》《上清帝第七书》，载《康有为政论集》上册，中华书局1981年版，第134、156页。

甚少穷日集思"。总之,"……君与臣隔绝,官与民隔绝,大臣小臣又相隔绝,如浮屠百级,级级难通,广厦千间,重重并隔"。①

其三,剖析君主太尊导致的各种严重弊端。一是不能广用人才,难以治理好天下。君主太尊使君主所用之人限于"督抚枢轴"等极少数重臣,"夫天下万物之繁,封圻千里之广,使督抚枢轴皆是大贤,然是数人者,心思耳目所及必有未周,才力精神之运必有不逮,以之运骤[筹]四海,措置百务,已狭隘不广矣。……天下人民四万万,庶士亿万,情伪百端,才智甚广,皇上仅寄耳目于数人,而数人者又畏懦保禄,不敢竭尽,甚且炀灶蔽贤,壅塞圣听,皇上虽欲通中外之故,达小民之厄,其道无由"。②二是使臣下深存忌讳不敢言事,导致君主的壅塞无知,"尊严既甚,忌讳遂多。上虽有好言之诚,臣善为行意之媚,乐作太平颂圣之词,畏言危败乱贼之事,故人才隔绝而不举,积弊日深而不发。至中国败坏之由,外夷强盛之故,非不深知,实不敢言","皇上虽天亶聪明,而深居法宫,一切壅塞,既未尝遍阅万国以比较政俗之得失,并未遍见中国而熟知小民之困穷,所见惟宫姜宦官,所遇皆窳败旧物,谐媚日接于耳目,局束自困其心灵,外国宫室、桥梁、道路、器艺、军械之瑰奇新丽,孰从而知之"?③

康有为极力渲染君权的威力,其实质并不是要重新肯定君权独尊的合理性,而是要让独尊的君权为变法服务。为达此目的,就不仅要借用君权,而且还要改造君权,抑制君权的独尊,这样才有可能使君主倾听到维新派的变法呼声,并按照维新派的设计彻底变法。因此,在这一时期的君权变法论中,康有为加进了大量关于"抑君尊"的内容。这充分说明君权变法不能简单地等同于尊君权,而应该说是对君权的借重甚至是利用。当然,君权变法论本身是存在矛盾的,而且清朝君权的实际状况要比康有为的想象复杂得多。君权变法尽管在理论上有一定的合理性,但终究难以变成成功的事实。

---

① 康有为:《上清帝第四书》《上清帝第二书》,载《康有为政论集》上册,中华书局1981年版,第156、134页。
② 康有为:《上清帝第四书》,载《康有为政论集》上册,中华书局1981年版,第134页。
③ 康有为:《上清帝第四书》《上清帝第七书》,载《康有为政论集》上册,中华书局1981年版,第157、220页。

四、速变论

所谓速变，就是要迅速变法，不能犹豫徘徊、拖延不决，而应当机立断，雷厉风行。

对于变法，康有为的基本理念是必须循序渐进。在早期变法理论中，他曾对循序渐进的理念专门做过论述。这一理念在维新时期对康有为仍从根本上起着指导和制约作用。他划定了一个以"君权变法"为主导的变革范围，其关于变法"总纲"和"次第"的种种设计，都没有超出这一范围。对有些激进的维新派想立即开国会、立宪法，将"君权变法"为主导变为以"兴民权"为主导，超越顺序而行，康有为表示坚决反对。

但是，当时变法面临的主要问题并不是变得太快，而是变得太慢，甚至根本不变。在这种情况下，康有为强调得更多的就不是循序渐进，而是要迅速变法。在每次上书上奏请求皇上变法时，康有为几乎都会疾呼速变。之所以需要速变，一是由于外部强敌逼迫，二是由于内部动乱威胁，而两者之中前者更为紧要。随着外患的日益加深，康有为请求速变的呼声也愈加强烈。

早在《上清帝第一书》中，康有为就提出："故从臣之言，及今亟图，犹为可治……否则恐数年后，四夷逼于外，乱民作于内，于时乃欲为治，岂能待我十年教训乎？恐无及也。"① 呈《上清帝第二书》时，瓜分狂潮已现端倪，要求速变的语气更为急切："及今为之，犹可补牢。若徘徊迟疑，苟且度日，因循守旧，坐失事机，则诸夷环伺，间不容发，迟之期月，事变必来。后欲悔而改作，大势既坏，不可收拾，虽有圣者，无以善其后矣。"② 相隔仅两月之久的《上清帝第四书》以对短期之患和长期之患的预言补充道："若狃于俗说，不能扫除，则举事无人，百弊从积，稍变一二，终难补苴，而民日以贫，兵日以弱，士日以愚，国日以蹙。强夷环逼于外，会匪蔓延于内，五年之间，江、浙、闽、广、滇、桂恐不能保，十年之内，皖、楚、辽、藏、蒙、回亦虑变

---

① 康有为：《上清帝第一书》，载《康有为政论集》上册，中华书局1981年版，第60—61页。
② 康有为：《上清帝第二书》，载《康有为政论集》上册，中华书局1981年版，第135页。

生。二十年后，败坏非所敢知矣。……皇上果何择焉。"①

上第四书两年之后，康有为再撰《上清帝第五书》，面对朝廷"泄沓如故，坐以待亡"的可悲局面，书中再次强调："宗社存亡之机，在于今日；皇上发愤与否，在于此时。若徘徊迟疑，因循守旧，一切不行，则幅员日割，手足俱缚，腹心亦刲，虽欲偏安，无能为计；圈牢羊豕，宰割随时，一旦脔割，亦固其所。"②随后所撰《上清帝第六书》又重申必须速变之意："若惑于庸人之论，不为全局之谋，徘徊迟疑，苟且度日，旧弊未去，变法不全，则责言日闻，幅员日割……时乎时乎，岂容再误，宗社存亡之机在于今日，皇上图存与否在于此时。"③

康有为关于必须速变的一段最为详尽的论述，见于戊戌年七月所上的《恭谢天恩，并陈编纂群书，以助变法折》。折中从总结波兰因迟迟不肯变法以致终于被人"分灭"的惨痛历史教训入手："臣近编泰东西各国变政之书，至于纂波兰分灭之记，考其亡国惨酷之由，因变法迟延之故。其始两次经俄、普分割，国主才臣并欲变法，而守旧之贵族大臣阻之。及经第三次分割后，举国君臣上下咸欲变法，抑可谓不可得之机会，非常之人心矣。而俄人恐其变法即可自强，俄使挟兵围其议院，勒令废新法而守旧章，不四年而波亡矣。臣编书至此，未尝不废书而流涕也。"接着，康有为回顾了清廷变法之机一失再失、主权利权越丢越多的沉痛历程："自失琉球、割安南后，我之弱已形矣，当时汲汲变法，犹可及图，实为变法第一机会"，而朝廷不变法，于是"不数年而有东事，赔款二万万而割台湾、辽东矣，此为第一失机"；"……乙未和议成后，若能如俄彼得、日本睦仁翻然大变，至今三年，规模略具，犹可自立，此变法第二机会也"，而朝廷又不变法，于是"不二年遂有胶州、旅顺、大连湾、威海、九龙、广州湾之事。于是政权在人，拱手听命，轮船、铁路、商务，惟所占据矣，此为第二失机"。他指出现今皇上明确下诏宣布变法是"第三次机会"，必须"全变之、急变之"；如果仍然犹疑不决，变法无方，便会

---

① 康有为：《上清帝第四书》，载《康有为政论集》上册，中华书局1981年版，第160—161页。
② 康有为：《上清帝第五书》，载《康有为政论集》上册，中华书局1981年版，第209页。
③ 康有为：《外衅危迫，分割洊至，急宜及时发愤，大誓臣工开制度新政局折》，载《杰士上书汇录》。

再失良机，一旦强敌借端要挟，则"将为波兰之续，虽欲变而不能矣"。①这种急迫的变法态度，是对当时中国所处严峻时局的清醒反映，同时也是以康有为为代表的维新派勇于引领变革潮流之先的实际表现。

五、变政论

"变政"论的提出，是康有为1895年之后深入考察日本明治维新史的结果。

在此之前，康有为曾四次上书清帝，但都未得到朝廷的积极反响。这促使他一方面改变策略，加强下层的变法宣传组织活动；另一方面着重钻研日本变法的历史，希望从中找到"君权变法"的新思路。通过钻研，日本"变政"的经验给康有为留下了非常深刻的印象，他认定中国变法如要取得成功，就应"以日本明治之政为政法"②，走日本式的"变政"道路。他编成了"专明日本变政之次第"③的《日本变政考》一书，在多封上书奏折中，极力推荐日本变政的做法，并提出以"开制度局"为核心内容的新变法纲领，作为变政的中心。

从理论层面看，变政论主要包含了这样几个重要思想：

一是三权分立思想。康有为将制度局（亦称为"立法院"）之设与西方"三权鼎立之义"和"定宪法"直接联系在一起，将制度局之人称为专管立法改制的"议政之官""论思之官"，认为有此专官，变法就能"规模既定而条理出，纲领既举而节目张"。④

二是维新派直接参与最高层权力决策的思想。制度局设于内廷，"妙选天下通才十数人"为基本成员，派王大臣为总裁，"体制平等"，每日共同讨论，皇上亲临定夺，将旧制新政宜改宜增之事"草定章程，考核至当，然后施

---

① 康有为：《恭谢天恩，并陈编纂群书，以助变法折》，载《杰士上书汇录》。
② 康有为：《上清帝第五书》，载《康有为政论集》上册，中华书局1981年版，第208页。
③ 康有为：《上清帝第五书》，载《康有为政论集》上册，中华书局1981年版，第208页。
④ 康有为：《请讲明国是正定方针折 代宋伯鲁拟》，载《康有为政论集》上册，中华书局1981年版，第262—263页。参见康有为《日本变政考》卷一按语。

行"。①这显然意味着制度局实为领导新政的最高决策机构,而"通才"们正是维新派的代表。

三是大力削减原朝廷中枢机构和地方大员权力的思想。制度局的设立,将六部、军机处、总署这些原中央权力机构全部排除在新政的讨论决策之外,而新政的推行,中央交给新成立的"十二局"施行,地方则交给新成立的"新政局"和"民政局"施行,原有的中央机构和地方大员皆不能插手。②

变政论集中代表了维新派政治制度改革的诉求。康有为等人通过变法运动的实践已经看得很清楚,在当时所有的改革中,政治制度的改革才是最为关键的改革。如果政治制度不改,朝廷决策就只会有君主的独断专行,而没有分权体制下的集体智慧;只能听任旧官僚机构的照常运行,而不可能真正实现自上而下的全面革新。更重要的是,如果制度照旧,维新派就无法进入最高权力圈之内,发挥自己的主导作用,而变法假如没有维新派的指引,仅仅依靠一帮老朽昏庸的大臣,即使有所举措,也不会取得实质性的成效,甚至越改越乱。

力主变政固然在很大程度上是因为受到日本明治维新史的启发,但从更深层的原因来看,同时也相当鲜明地表现了维新派政治权力意识的觉醒。他们已不满足于仅仅只是充当变法的建言人,而且更渴望成为变法决策的参与者。这种觉醒本身,就是维新派正在由传统士人向具有近代政治思想观念的新型知识分子转化的重要表征。

除以上几种情形之外,康有为早期变法理论中的启蒙思想在维新时期的变法理论中也有一定程度的体现。例如康有为宣扬的兴学开智、合群保国、代表民权的议院终究必开等观点,其中就包含着明显的启蒙因素。但由于康有为始终以"君权变法"为重,他对启蒙思想的宣传还是很有限的。

---

① 康有为:《外衅危迫,分割洊至,急宜及时发愤,大誓臣工开制度新政局折》,载《杰士上书汇录》。
② 参见康有为《外衅危迫,分割洊至,急宜及时发愤,大誓臣工开制度新政局折》,载《杰士上书汇录》。

第五章

维新变法的方略

除理论之外，康有为维新思想还有一个不可或缺的组成部分，即变法方略，可约分为纲领、次第、策略及主张。这一部分更贴近现实，具有更强的针对性，也更为具体和翔实。其变法纲领前一阶段以改善君权、全面变法为中心，后一阶段则着重强调仿照日本"变政"，通过开制度局进行政治体制改革；其变法次第与变法纲领的变化保持一致，先是显得头绪繁杂，后删繁就简；其变法策略不多，以分别官差为重点；其变法主张前后相承，内容丰富，涉及思想文化者为多，而以政治改革者最为重要。从这些方略中，不难看出康有为对变法的殚精竭虑和良苦用心。

一、变法纲领

所谓变法纲领，是指带有提纲挈领性质的、最为重要的、根本性的变法主张。康有为自己很少使用变法纲领一词，这与后来孙中山发动反清民主革命，明确规定以三民主义作为革命纲领显然不同。其原因在于，孙中山革命时已经成立了具有政党性质的组织——同盟会，标明纲领势在必行，而康有为变法时，虽然也有某些组织活动，但始终没有形成政党之形，因此不存在必以纲领示人的需要。但是，康有为在向皇帝和朝廷建言变法时，确实又不是随意铺陈或任意改变，而是明确提出了纲领性的主张。这些主张就成为康有为及其所代表的维新派的变法纲领，它们表示了康有为及维新派变法的基本方针和基本目标。

康有为提出的变法纲领，可以《上清帝第五书》为界，大致分为前后两个阶段。前一阶段以改善君权、全面变法为中心内容，后一阶段则突出强调要学习日本"变政"，通过设制度局而对清朝进行体制上的重大改革。

先看前一阶段的变法纲领。

《上清帝第一书》所提出的变法纲领有三条，即"变成法、通下情、慎左右"。变成法，就是要变祖宗或"列圣"之旧法，变六朝、唐、宋、元、明之弊政，"酌古今之宜，求事理之实，变通尽利，裁制厥中……尤望妙选仁贤，及深通治术之士，与论治道，讲求变法之宜而次第行之"。通下情，就是要君主"霁威严之尊，去堂陛之隔，使臣下人人得尽其言于前，天下人人得献其才于上"。慎左右，就是要"辨忠佞"，一味阿谀逢迎、以平安无事相欺者为佞臣，敢于批评责难、以灾危可忧相告者为忠臣，皇上要"去馋慝而近忠良，妙选魁垒端方通知古今之士，日待左右"，这样将有助于皇上启知修德。① 变法的初步设计，具有指明方向、启动变法的意义。

《上清帝第二书》将"变法成天下之治"作为"立国自强之策"，提出了一个颇为全面系统的变法纲领：一是富国，包括进行纸钞、铁路、机器轮舟、开矿、铸银、邮政方面的变革；二是养民，包括务农、劝工、惠商、恤穷；三是教民，先改革科举以开民智，次设报馆以裨政教，再宣扬孔教以挽救风俗人心；四是变通国政以为"教养之本"，一方面除内弊，其法为停捐纳、改官制、增俸禄，另一方面讲外交，其法为培养使才、遣宗室大臣及品官游历各国、鼓励士庶出洋学习；五是去隔塞以通下情，其法是设"议郎"；六是用府兵之法，讲铁舰之精。②

《上清帝第三书》对变法纲领略有调整补充：一是富国，二是养民，三是教民（又称教士），四是举治体，五是修兵备（又称练兵）。紧接着康有为写道："然凡此富国、养民、教士、练兵之策，所以审端致力者，则在乎求人才而擢不次，慎左右而广其选，通下情而合其力，三者而已。"可见，此三者更为关键，是变法纲领中的核心内容。"求人才而擢不次"，是要皇上通过各种渠道发现和重用人才，尤其要"专求草泽，禁见显僚"，这样"天下之士必踊跃奋发，冀酬知遇，必有豪杰出济艰难者"。③ 此项为前两书所无。"慎左右而广其选"略同于《上清帝第一书》中"慎左右"一项，"通下情而合其力"与《上清帝第二书》中"去隔塞以通下情"一项相同。

---

① 康有为：《上清帝第一书》，载《康有为政论集》上册，中华书局1981年版，第57—60页。
② 康有为：《上清帝第二书》，载《康有为政论集》上册，中华书局1981年版，第123—135页。
③ 康有为：《上清帝第三书》，载《康有为政论集》上册，中华书局1981年版，第144、146页。

《上清帝第四书》在变法纲领的表述上有较大的变化，强调变法要"讲求体要"，或者说要"讲明国是"。对此"国是"（即"体要"），康有为概括为八个字，就是"尽弃旧习，再立堂构"，这成为变法的总纲。在此总纲中，一方面包含着要全面、彻底变法的内容，例如欲救贫弱，就要改科举、增学校，为此就要立学会，随之就要改官制，而特别就要抑君尊。另一方面包含着康有为提出的五项重大变法举措：一是下诏求言，设上书处许天下之人递折言事；二是开门集议，"令天下郡邑十万户而推一人，凡有政事，皇上御门令之会议，三占从二，立即施行，其省府州县咸令开设，并许受条陈以通下情"（此项略同于第二书、第三书中提出的"议郎"制）；三是辟馆顾问，选天下人才在皇上身边分班轮值，建言献策，顾问之员取于翰林、荐举、上书和公推（此项略同于第三书提出的"求人才而擢不次"）；四是设报达聪，广开报馆，上呈下发（此项第二书中列为"教民"的内容之一）；五是开府辟士，从枢臣到督府、县令，皆可开设幕府，招收幕僚议事。① 此五项举措亦可视为变法总纲之下的分纲，其要旨与第三书中提出的"求人才而擢不次，慎左右而广其选，通下情而合其力"是完全一致的。

总括起来，一至四书中提出的变法纲领既有从富国、养民、教民到变国政、修兵备等全面系统的内容，又突出强调求人才、慎左右、通下情、抑君尊的重要性，尤其是将抑君尊视为变法的根本，而以"尽弃旧习，再立堂构"作为变法的最高追求。

再看后一阶段的变法纲领。

从《上清帝第五书》起，康有为的变法纲领开始发生新的转变。第五书上于1898年1月，距离第四书有两年多的时间。这两年中，全国救亡变法运动的高涨及岭南维新派政治思想的发展，使从第五书起所提出的变法纲领的面目焕然一新，发生了重大的改变。《上清帝第五书》并未详述新变法纲领的具体内容，但对此纲领的根本特征做了相当清楚的阐明，这就是"择法俄日以定国是，愿皇上以俄国大彼得之心为心法，以日本明治之政为政法"，并强调"闻日本地势近我，政俗同我，成效最速，条理尤详，取而用之，尤易措手"，表示已编有"专明日本变政之次第"的《日本变政考》，如果皇上垂采，当写进

---

① 康有为：《上清帝第四书》，载《康有为政论集》上册，中华书局1981年版，第158—159页。

呈，只要皇上与大臣们按照此书讲求施行，就一定能够收到"起衰振靡，警聩发聋"的效果，对日本的变政经验表现出极大的羡慕。康有为将此新纲领称为变法的上策，除此之外还提出了变法的中策和变法的下策，认为"凡此三策，能行其上，则可以强，能行其中，则犹可以弱，仅行其下，则不至于尽亡，惟皇上择而行之"。①

新变法纲领是在《上清帝第六书》中正式提出的。康有为明确指出："考日本维新之始，凡有三事：一曰大誓群臣以革旧维新而采天下之舆论，取万国之良法；二曰开制度局于宫中，征天下通才二十人为参与，将一切政事制度重新商定；三曰设待诏所许天下人上书，日主以时见之，称旨则隶入制度局。此诚变法之纲领，下手之条理，莫之能易也，伏愿皇上采而用之。"②这是直接将日本维新之始所做的三件大事，即大誓群臣、开制度局和设待诏所，作为中国变法的纲领，表明要完全仿照日本的变法模式。

在此模式之下，对新变法纲领中的三项内容，书中结合中国国情做了进一步设计：

第一项，大誓群臣，"……择吉日大誓百司庶僚于太庙，或御乾清门下诏申警，宣布天下以维新更始，上下一心，尽革旧弊，采天下之舆论，取万国之良法，俾趋向既定，四海向风"。③太庙是帝王的祖庙，乾清宫是皇上办事的处所，在这些地方举行隆重的仪式，率领群臣宣誓变法，是要表示最高统治者坚决变法的态度，统一朝野上下的视听，为变法的开展造成强大的声势。

第二项，开制度局，"用南书房、会典馆之例，特置制度局于内廷，妙选天下通才十数人为修撰，派王大臣为总裁，体制平等，俾易商榷，每日值内，同共讨论，皇上亲临，折中一是，将旧制新政斟酌其宜，某政宜改，谋事宜增，草定章程，考核至当，然后施行"。④南书房曾经是清代帝王令人起草诏令

---

① 康有为：《上清帝第五书》，载《康有为政论集》上册，中华书局1981年版，第208—209页。
② 康有为：《外衅危迫，分割洊至，急宜及时发愤，大誓臣工开制度新政局折》，载《杰士上书汇录》。
③ 康有为：《外衅危迫，分割洊至，急宜及时发愤，大誓臣工开制度新政局折》，载《杰士上书汇录》。
④ 康有为：《外衅危迫，分割洊至，急宜及时发愤，大誓臣工开制度新政局折》，载《杰士上书汇录》。

的地方，会典馆则为制定典章制度的机构。将此两者集中于制度局一身，就是要使制度局成为直接为皇上服务的、以改革政治制度为主要职责的特别权力机关。其最显著的特点是以"天下通才"为主体，他们在平等的体制下与皇上和王公大臣共商国政，发表自己的政见，施展自己的才华，直接影响甚至有可能左右朝廷的决策，这对变法将起到至关重要的作用。

第三项，设待诏所，"其午门设待诏所，派御史为监收，许天下人上书，皆与传达，发下制度局议之，以通天下之情，尽天下之才，或与召见，称旨者擢用，或擢入制度局参议"。①天下之人都可以上书皇上，这不仅打破了原来非常森严的君民界限，使皇上可以广泛了解民情，发现各种人才，而且还传递了一个更重要的信息，就是民众可以自由地参与议论政治，尽管这种自由还不等于民权，但亦不妨将其视为由专制过渡到民权的一个前奏。

新变法纲领与原来的变法纲领有一定的联系。在根本宗旨上，都是主张彻底变法，广求人才，尽通下情；在具体内容上，"大誓群臣"与"明定国是"，开制度局与设议郎、"辟馆顾问"等，皆有相似之处，而设待诏所与第四书中提出的设上书处，几乎没有多大差别。

但是，新变法纲领又在原来的基础上有了进一步的发展，集中表现在"开制度局"这一核心内容之上。除前述关于开制度局的设计外，第六书还对制度局的职能做了两项重要的规定：

一是制度局是专管"议论"变法新政的中枢决策机构。原有的中央机构如六部、军机处、总署等皆为"行政之官"或"办事之官"，而不是"论思专官"或"议论之官"，这就"譬有手足而无心思，又以鼻口而兼耳目，不学问思辨而徒为笃行，夜行无烛，瞎马临池，宜其丛脞也。若开局讨论，专设一官，然后百度维新，可得精详"。②这样就把原有的中央机构皆排除在新政决策之外。

二是制度局之下设立专门的机构以推行新政。中央共设12局，即法律局、

---

① 康有为：《外衅危迫，分割洊至，急宜及时发愤，大誓臣工开制度新政局折》，载《杰士上书汇录》。
② 康有为：《外衅危迫，分割洊至，急宜及时发愤，大誓臣工开制度新政局折》，载《杰士上书汇录》。

税计局、学校局、农商局、工务局、矿政局、铁路局、邮政局、造币局、游历局、社会局、武备局，凡制度局所议定之新政，皆交12局施行。地方每道设一新政局，每县设一民政局，负责新政的筹划实施，而原有的地方机构直省藩臬道府"皆为冗员"，州县守令"选举既轻，习气极坏，仅收税断狱，与民无关"，虽一时难以"尽革"，但可以采取"变官为差"的办法加以改变。①这就意味着，原有的中央机构和地方机构亦皆被排除在新政的施行之外。

上第六书后，康有为还在多处对新变法纲领的内容和意义（主要围绕"大誓群臣"和"开制度局"两项）做了进一步阐述，同时大声疾呼尽快将此变法纲领付诸实施。②康有为反复力陈的新政治纲领虽然从光绪皇帝处得到过一些反响，但由于事关清朝政治制度的重大变革，守旧派极力加以反对和抵制，因此没有一项内容得到实施。当制度局之议受挫后，康有为和梁启超等人曾代之以"开懋勤殿"的主张，得到光绪帝的赞同。但这一主张直接触怒了慈禧太后，致使光绪帝惧而下"密诏"向维新派告急，成为政变迅速发生的重要原因之一。③

二、变法次第

所谓变法次第，就是变法的先后次序。康有为颇重变法次第，认为："变法之道，必有总纲，有次第，不能掇拾补缀而成，不能凌躐等级而至。"④他首次明确提出变法的次第，是在《上清帝第四书》。对此"次第"，书中讲得非常详细：

> （皇上）先引咎罪己，以收天下之心；次赏功罚罪，以伸天下之气。然后举逸起废，求言广听，广顾问以近人才，置议郎以通下情……三月之

---

① 康有为：《外衅危迫，分割洊至，急宜及时发愤，大誓臣工开制度新政局折》，载《杰士上书汇录》。
② 参见康有为《译纂〈日本变政考〉成书，乞采鉴变法折》《推行新政，请御门誓众开制度局以统筹大局折》《恭谢天恩，并陈编纂群书，以助变法折》等，均载《杰士上书汇录》。
③ 参见孔祥吉《康有为变法奏议研究》第七章第三节"从制度局到懋勤殿"，辽宁教育出版社1998年版，第309—333页。
④ 康有为：《日本变政考》卷九按语。

内，怀才抱艺之士，云集都中；强国救时之策，并伏阙下。皇上与二三大臣，聚精会神，延引讲问；撮群言之要，次第推施；择群士之英，随器拔用；赏擢不次以鼓士气，沙汰庸冗以澄官方。于是简傔从，厚俸禄，增幕府，革官制，政皆疏通；立道学，开艺科，创译书，遣游学，教亦具举。征议郎则易于筹饷，而借民行钞皆可图；荣智学则各竭心思，而巧制精工可日出。然后铁路与邮政并举，开矿与铸钱兼行，农学与商学俱开，使才与将才并蓄，皆于期岁之内，可以大起宏规。①

这一"次第"与一至四书中的变法纲领所要实现的基本目标是相吻合的。

从《上清帝第五书》起，康有为提出的变法纲领发生了重要的变化。与此相适应，变法的次第也有了明显的不同。如果说，在此之前，变法次第主要还是康有为自己的设计，那么在此之后，他就基本上采用日本变法的次第。第五书认为，日本变政"成效最速，条理尤详，取而用之，尤易措手"，并表示已编好《日本变政考》一书，"专明日本变政之次第，若承垂采，当写进呈"。在《上清帝第六书》中，日本变政的纲领与次第是合为一体的，这就是大誓群臣、开制度局和设待诏所三事，它们既是"变法之纲领"，又是"下手之条理"。②

在戊戌三月进呈《日本变政考》时，康有为在序文中对日本变政的次第做了相当详细的阐述：

> 日本外有英、美之祸，内为将军柄政，封建遍国，人主仅以虚名守府，欲举国而变之，其势至难也。然一朝桓拨，誓群臣而雪国耻，聘万国而采良法，征拔草茅俊伟之士以升庸议政，开参议局、对策所、元老院以论道经邦，大派卿士游学泰西，而召西人为顾问，尽译泰西之书，广开大小之学，于是气象维新，举国奋跃也。然尊卑犹隔，道路尚阻，新政虽

---

① 康有为：《上清帝第四书》，载《康有为政论集》上册，中华书局1981年版，第159—160页。引者对引文标点有改动。

② 康有为：《外衅危迫，分割洊至，急宜及时发愤，大誓臣工开制度新政局折》，载《杰士上书汇录》。

美,不能逮于民也。乃尽去封建,以县令宣上而下达,开通道路,立巡捕,救患而防奸。于是一国之中,民情毕达,纤细俱至矣。然守旧之党犹多,泰西情意未狎,阻挠之议亦甚,则易衣服,去跪拜,改正朔以率之;犹患众情未一,民情未洽,章程未立也,则开社会以合人才,立议院以尽舆论……草定议院之宪法。宪法既定,然后治具毕张,与万国通流合化矣。于是采德、法之兵制,师英国之商务,法美国之工艺,集罗马、英、法之律法,兼收东西之文学格致,精摩力仿,咄咄逼真。至今三十年,举国移风,俗化蒸蒸,万法毕新……新政成矣。①

这段话概括了日本变政的全过程,大致可分作四步:第一步是维新之始,由朝廷采取有力措施造成变法的强大声势;第二步是自上而下推行新政,沟通民情;第三步是破守旧之阻挠,立议院,定宪法,与万国通流合化;第四步是全面变器、变事,新政最后告成。在此"次第"中,前三步都是变政,第四步才是变器和变事,由此亦可见变政在康有为心目中的分量。

在《日本变政考》的跋文中,康有为再次论及日本变政的"大端"即变法次第中的重要事项:"其条理虽多,其大端则不外乎大誓群臣以定国是,立制度局以议宪法,超擢草茅以备顾问,纡尊降贵以通下情,多派游学以通新学,改朔易服以易人心数者。其余自令行若流水矣。我朝变法,但采鉴日本,一切已足。"②

当然,康有为并未全盘照搬日本变政的次第。鉴于中国的实际,他在戊戌年始终强调的是要做成大誓群臣和开制度局二事,这既是变法的纲领,又是最重要的变法次第。

三、变法策略

所谓变法策略,是指为了达到既定的变法目标,根据实际情况而采取的某种变通办法,以克服变法过程中存在的困难或障碍。整个看来,康有为提出的

---

① 康有为:《日本变政考·序》。
② 康有为:《日本变政考·跋》。

变法策略并不多，比较重要的有两项。

一是君主以现有之权，行可变之事。按照康有为"君权变法"的理念和模式，君主本来应握有绝对的政治权力，只要君主痛下决心，变法就能易如反掌。但客观事实是，当时朝廷的大权并未掌握在光绪帝而是掌握在慈禧太后手中。对于这一事实，康有为最初是从翁同龢口中得知的，但知之不深。到1898年6月16日光绪帝亲自召见之时，康有为才开始提出解决皇上权力不足问题的策略，这就是"就皇上现有之权，行可变之事"①。这一策略，后来又在《恭谢天恩，并陈编纂群书，以助变法折》中有所提及。现存文献中，记载这一策略的地方不多，可见康有为对此策略似并不十分重视，策略本身也远不完善。所以，当光绪帝于政变前夕发出密诏，命维新派设法解决既要彻底变法又不能开罪慈禧太后的难题，否则皇位且将不保时，康有为等人毫无思想准备，唯有"跪诵痛哭"，并于仓皇之中决定劝说袁世凯起兵勤王，此实为毫无把握、毫无可能成功之事。②

二是分别官差，以行新政。这是变法策略的重点。为了破除守旧大臣对变法的阻碍，早在《上清帝第六书》中，康有为就提出了"变官为差"的设想。随后，在光绪帝召见之时，他明确主张擢用小臣而姑存旧人（旧大臣），认为朝廷现有的大臣皆不能担当变法的重任："惟方今大臣，皆老耄守旧，不通外国之故，皇上欲倚以变法，犹缘木以求鱼也。"这些大臣并非不想留心办事，"奈以资格迁转，至大位时，精力已衰，又多兼差，实无暇晷，无从读书，实无如何，故累奉旨办学堂，办商务，彼等少年所学皆无之，实不知所办也"。因此，"皇上欲变法，惟有擢用小臣，广其登荐，予以召对，察其才否，皇上亲拔之，不吝爵赏，破格擢用"，而"其旧人且姑听之"。③在《日本变政考》中，康有为就自古"官爵并行"之义，写下了一段很长的按语，其中"爵"即同今日之"官"，"官"即同今日之"差"，"官爵并行"也就是要"分别官差"。④

---

① 楼宇烈整理：《康南海自编年谱（外二种）》，中华书局1992年版，第42页。
② 参见宋德华《岭南维新思想述论》第三章第二节第三点"对君权现状认识不足"，中华书局2002年版，第322—324页。
③ 楼宇烈整理：《康南海自编年谱（外二种）》，中华书局1992年版，第43页。
④ 康有为：《日本变政考》卷一按语。

戊戌七月，康有为专门上了一个《厘定官制，请分别官差以行新政折》，对此策略做了更为完整的阐述。

折中首先对许多人提出的"厘定官制，并裁冗署"的意见进行了评论，认为"言之是也，而今行之非其时也。夫立政变法有先后轻重之序，若欲厘定新制，须总筹全局，若者宜增，若者宜改，若者宜裁，若者宜并，草定宪法，酌定典章，令新政无遗，议拟安善，然后明诏大举，乃有实益。若稍革一二，无补实政……然统筹全局，改定官制，事体重大，不能速举也"①。这就是说，官制要改变，得全部设计好了之后，再彻底整改，而这不是一下子就能达到的。所以今之施行新政，还不能先厘定官制、并裁冗署，而是应"专重差使"。

接着，康有为指出"从古用人，皆分官爵，爵以辨等，官以得才，二者不能偏废"。他举出三代之制、唐宋之制及泰西和日本的例子说明"官爵分途"的必要，进而批评清朝"官差不别，品秩太峻"，"品秩峻则非积资累格不足以致大位，至是则年已老矣；官差不别则若尚书、侍郎既领枢垣译署之差，即不当复任本部任事，即不当充各要差。盖以一人之身，才力有限，精神无多，且皆垂老之年，而令其官差杂沓，并归一人，势必一切具文不办而后止。外省督抚亦以秩尊年老，积资选用，故亦一事不办。顷皇上欲行新政，屡下诏书，而无一能奉宣圣意，少有举行者，皆由官爵合一，不用古者分途并用之法，以高爵待耆旧，以差使任才能，故官至大僚皆年老精衰，畏闻事任也"。②

针对"法弊至此"的状况，为了推行新政，康有为主张"采用三代官爵分途之制，宋及日本专用差使之法，汉、宋优待功臣之义"，并具体建议"推行新政，先注意差使，令各政皆别设局差……自朝官以上，不拘资格任之，去卿贰大臣方任专差之例。若以积习相沿，骤难变易，则此专差人员皆赏给京卿御史职衔，准其专折奏事，自辟僚佐。其每直省亦派通才一人办理新政，体制亦同。……凡官不得兼差，其有枢垣译署管学等差者，亦无庸到本衙门办事，其年较耆老者，不必劳以事任，赏给全俸，令奉朝请。如此则耆旧得所，人才见用，新政能行，而自强可望"。③这些建议，实际上是《上清帝第六书》中提出

---

① 康有为：《厘定官制，请分别官差以行新政折》，载《杰士上书汇录》。
② 康有为：《厘定官制，请分别官差以行新政折》，载《杰士上书汇录》。
③ 康有为：《厘定官制，请分别官差以行新政折》，载《杰士上书汇录》。

的制度局下设立专门的机构（中央设12个专局，地方设新政局和民政局）以推行新政之主张的变通。

戊戌政变后，康有为对"分别官差"策略的提出和施行做过一段总结："时奏折繁多，无议不有，汰冗官、废卿寺之说尤多，上决行之，枢臣力谏不获听，且曰：'康有为并请废藩臬道府，何为不可。'而吾向来论改官制，但主增新，不主裁旧，用宋人官差并用之法……军机大臣廖仲山闻我论，托人来请我言之，吾乃草折①言官差并用之制……言方今官制，诚不可不改，然一改即当全改。统筹全局，如折漕之去漕运，抽灶之去盐官，尤为要义也。上即大裁冗散卿寺……廖乃咎我，将请吾谏止裁官，而吾乃请全裁。盖上于变政勇决已甚，又左右无人顾问议论，故风利不得泊也。"②

这段话有几处说得不尽准确。第一，康有为论改官制"但主增新，不主裁旧"，是从《上清帝第六书》开始才明确表达的。在此之前，例如在第二书和第四书中，他曾坚决主张"裁旧"。③第二，康有为受廖寿恒（仲山）之请所上之折，其主旨是官制不可速改，只宜分别官差。据《杰士上书汇录》，该折中并无去漕官、盐官等语。第三，因此，光绪帝大举裁冗等，与康所上之折没有直接关系，而廖之咎康完全是一个误解，因为康折之意恰好是"谏止裁官"，而反对"全裁"。由这段话亦可看出，康有为所提出的"分别官差"的策略，最终并没有奏效。

四、变法主张

这里所说的变法主张，是指康有为提出的比较具体的改革事项。如前所述，在康有为的变革方案中，最重要的内容是变法纲领，它们具有全面性、系统性和根本性，代表了变革所要实行的整体目标和基本目标。根据变法纲领，康有为还逐项设计了变法的次第。与此同时，为了使改革切实可行，康有为还

---

① 此折即为前引康有为《厘定官制，请分别官差以行新政折》。
② 楼宇烈整理：《康南海自编年谱（外二种）》，中华书局1992年版，第55页。引者对引文标点有改动。
③ 参见康有为《上清帝第二书》《上清帝第四书》，载《康有为政论集》上册，中华书局1981年版，第133、156页。

就许多改革事项如何实施,提出了具体的建议。特别是在变法纲领及变法次第并不能如愿实行的情况下,康有为只能一面极力呼吁皇上变法要统筹大局、抓住纲要,一面密切结合当时的实际,就一些重要的改革事项单独上奏,希望通过一项项具体的改革取得突破。

从《上清帝第一书》到"百日维新",这些具体变法主张的内容十分丰富,许多主张前后一以贯之,也有一些具有明显的阶段性。其中,"百日维新"时期的变法主张最有代表性,亦最引人注目。这里,主要根据康有为这一时期所上奏折(包括代拟的奏折),按时间顺序对其变法主张进行概析。

第一,改革科举制。

这一改革的中心内容是废除八股,改试策论。早在《上清帝第二书》中,康有为就比较系统地提出了改革科举制的主张①,其中实际上已包含了废除八股、改试策论的内容,但提法尚不明确。明确提出废除八股,始于《请照经济科例推行生童岁科试片》。该片指出,以经济六科试童生为"今日救贫弱之首务",而今生童岁科试仍以八股,势必使士子"颛愚无知,轻佻无耻,败人才而坏风气",因此,请立令直省学政考试照新章举行,推行经济科之例,废除八股之式。②随后,其代拟《请厘定文体折》,强调科举制"非立法不善之为害,而实文体不正之为害也",为了厘正文体,就要废除八股,但废八股不等于就可以废经义。③

康有为专项完整地提出废除八股、改试策论的主张,见于他代拟的《请改八股为策试论》。折中指出:"方今国事艰危,人才乏绝,推原其由,皆因科举仅试八股之故。"请皇上"特下明诏,永远停止八股……一切考试,均改试策论,除去一切禁忌"。④紧接着,康有为又自上《请商定教案法律,厘正科举

---

① 参见康有为《上清帝第二书》,载《康有为政论集》上册,中华书局1981年版,第131页。
② 参见康有为《请照经济科例推行生童岁科试片》,载《杰士上书汇录》。
③ 参见康有为《请厘定文体折 代杨深秀拟》,载《康有为政论集》上册,中华书局1981年版,第247—249页。
④ 康有为:《请改八股为策试折 代宋伯鲁拟》,载《康有为政论集》上册,中华书局1981年版,第265页。关于该折作者,《康南海自编年谱》与梁启超《致夏曾佑书》中的记载不同,一为康有为,一为梁启超。参见汤志钧此页的"说明"。笔者此处姑据"自编年谱"。

文体折》和代拟《请废八股以育人才折》，再次请求皇上下诏"罢废八股"。①

光绪帝接受请求，下诏废八股、改策论之后，康有为一方面针对"守旧之徒"发出的反对之声，激励皇上"勿为所摇"②，另一方面进一步扩大成果，提出了一些新的建议。如为了"会通"中西两学，请将经济岁科归并于正科，"泯中西之界限，化新旧之门户，庶体用并举，人多通才"；新政宜速推行，请将正按旧制运作的各省岁科试迅即改策论；③等等。

第二，尊崇孔教。

在《上清帝第二书》中，康有为就曾针对"风俗弊坏""外夷邪教，得起而煽惑吾民"等时弊，提出要大力宣扬孔教，并建议采取立道学科、改淫祠为孔庙、善堂会馆独祀孔子、奖励传孔道于外国、于南洋派设教官立孔庙等举措。④

随后，在《两粤广仁善堂圣学会缘起》一文中，康有为又主张应"独尊孔子以广圣教"，通过成立圣学会而"专以发明圣道"，恢复善堂原有的"庚子拜经"之规，"庶以维持圣教，正人心而绝末萌"。⑤

"百日维新"开始后，康有为递呈了《请商定教案法律，厘正科举文体折》，对如何尊崇孔教提出了进一步的建议。这些建议有对内对外两方面的目的及具体设想。对外是为了给教案的妥善处理提供一种"补救之策"，具体方法是成立以衍圣公为总理的孔教会，由中外双方共同制定教律，以作为处理教案的法规。对内是为了破除淫祀盛行、八股取士，而孔子圣道义理日渐沦亡废坠的积弊，通过尊崇孔教而维持人心、激励忠义，以此作为"变法之本"。其办法是：下诏令天下淫祠皆改为孔庙，令士庶男女膜拜祭祀，并令孔教会派人在庙中"日夜宣演孔子忠爱仁恕之道"；厘正科举文体，废除八股，治学"以

---

① 康有为：《请废八股以育人才折 代徐致靖拟》，载《康有为政论集》上册，中华书局1981年版，第286页。
② 康有为：《请废八股勿为所摇片 代宋伯鲁拟》，载《康有为政论集》上册，中华书局1981年版，第296页。
③ 康有为：《奏请经济岁举归并正科并各省岁科试迅即改试策论折 代宋伯鲁拟》，载《康有为政论集》上册，第294—295页。
④ 康有为：《上清帝第二书》，载《康有为政论集》上册，中华书局1981年版，第132页。
⑤ 康有为：《两粤广仁善堂圣学会缘起》，载《康有为政论集》上册，中华书局1981年版，第187—188页。

发明大道为主,必须贯串后世及大地万国掌故以印证之,使学通今古中外乃可施行"。①

第三,奖励创新。

康有为提出奖励创新,最早见于1895年的《殿试策》。②在上清帝的第二书和第三书中,奖励创新的主张有进一步的扩充。③

奖励创新的主张在"百日维新"时所上的《请以爵赏奖励新艺新法新书新器新学折》中得到充分而集中的体现。折中认为中国方今欲强兵富国,就必须"智其士,智其农工,多著新书,多制新器",为此就要去八股之学,而"悬新器新书之赏,驱数百万之人士、数万万之农工商转而钩心构思求新出奇"。因此,请皇上"特立新器新书之赏",凡有制新器、著新书者,由官府给予奖励,准其享有专利,而其有能自创学堂、自修道路、自开水利,有功于民者,还"酌其大小给以世爵"。④

第四,设立学堂。

在《上清帝第二书》中建议改革科举制时,康有为曾提出"今宜改武科为艺科,令各省、州、县遍开艺学书院……分立学堂",这种学堂尚属与科举制紧密相连、用以教士选士的学堂。此外,书中还设想"若能厚筹经费,广加劝募,令乡落咸设学塾,小民童子,人人皆得入学,通训诂名物,习绘图算法,识中外地理、古今史事,则人才不可胜用矣"。⑤

这一普及民众教育的设想在"百日维新"时被扩充为专门的《请改直省书院为中学堂乡邑淫祠为小学堂折》。折中认为:"泰西户口少而才智之民多,吾户口多而才智之民少……故欲富强之自立,教学之见效,不当仅及于士,而当下及于民,不当仅及于国,而当遍及于乡……泰西变法三百年而强,日本变法三十年而强,我中国之地大民众,若能大变法,三年而强,欲使三年而强,必使全国四万万之民,皆出于学,而后智开而才足。"为此,折中提出了两项

---

① 参见康有为《请商定教案法律,厘正科举文体折》,载《杰士上书汇录》。
② 参见康有为《殿试策》,载《康有为政论集》上册,中华书局1981年版,第107—108页。
③ 参见康有为《上清帝第二书》《上清帝第三书》,载《康有为政论集》上册,中华书局1981年版,第127、131、132、134、143页。
④ 康有为:《请以爵赏奖励新艺新法新书新器新学折》,载《杰士上书汇录》。
⑤ 康有为:《上清帝第二书》,载《康有为政论集》上册,中华书局1981年版,第132页。

"兴学至速之法"。一是改书院为学堂,将"省府州县乡邑公私现有之书院、义学、社学、学塾,皆改为兼习中西之学校",分别为高等学校、中等学校和小学校,并逐一解决学费、师资和教材等问题;二是改祠堂为学堂,责令民人子弟年至六岁者,皆必入小学读书。以上二法,折中请"明降谕旨,饬下各省督抚施行,严科地方官以为殿最,违者纠劾一二,以警其余"。① 可见,康有为对此甚为重视。

第五,开报馆定报律。

在《上清帝第二书》中,康有为已提出报馆"宜纵民开设,并加奖劝,庶裨政教"②。随后在《上清帝第四书》中,他将"设报达聪"列为五项重大变法举措之一。

"百日维新"时期,康有为代宋伯鲁拟折,奏陈著名的维新报刊上海《时务报》因办理不善而将停办,请降旨将《时务报》改为官报,以便继续印行。此折递上后,皇上接受了其建议,派康有为督办此事。康有为即上折谢恩,并附《请定中国报律片》,针对孙家鼐所拟章程第一条,有"宜令主笔者,慎加选择,如有颠倒是非,混淆黑白,挟嫌妄议,一经查出,主笔者不得辞其咎",指出"惟是当开新守旧并立相轧之时,是非黑白未有定论。臣……昌言变法,久为守旧者所媢嫉,谤议纷纭。……他日或有深文罗织,诬以颠倒混淆之罪,臣岂能当此重咎",主张仿照"西国律例"制定中国报律,以便各报遵依办理,凡洋人在租界内开设报馆者,亦皆当遵守此律令。③

第六,振兴商务。

康有为最初仅在《殿试策》中提及"讲求商学"。在《上清帝第二书》中,则专项提出了"惠商"的主张,强调"必以商立国",建议国家设通商院,各直省设立商会、商学、比较厂(即博览会),并免厘金之害,减出口之税等。④

这些主张在"百日维新"时所上的《请立商政以开利源而杜漏卮折》中

---

① 康有为:《请改直省书院为中学堂乡邑淫祠为小学堂折》,载《杰士上书汇录》。
② 康有为:《上清帝第二书》,载《康有为政论集》上册,中华书局1981年版,第132页。
③ 康有为:《请定中国报律片》,载《杰士上书汇录》。
④ 参见康有为《殿试策》《上清帝第二书》,载《康有为政论集》上册,中华书局1981年版,第108、128—129页。

得到扩展。该折除阐明商与国的重大关系外,还指出"商之源在矿,商之本在农,商之用在工,商之气在路",将振兴商务的总体规划设计为"先出矿质,发农产,精机器之工,精转运之路,然后开商学、译商书、出商报以教诲之,立商律、行保险、设兵舰以保卫之,免厘金税、减出口征以体恤之,给文凭、助经费游历以奖助之,行比较赛珍会以激劝之,定专利、严冒牌以诱导之,定册籍草簿之式以整齐之"。而当务之急是要"开局讲求","设专官以讲之"。具体办法是令各省皆设立商务局,每局皆令立商学、商报、商会、保险公司、比较厂,并先以上海为试点,然后各省次第仿行。①

第七,禁止缠足。

在上奏朝廷请禁止缠足之前,康有为就已在自己家乡南海进行过组织不缠足会的实践,并在广东和上海等地推广。②

"百日维新"期间,康有为上奏请禁缠足,指出从国家而言,妇女缠足有两大害:一是因"拱手坐食"而"累及其夫其子因而累及于国",使国家贫困,二是传种日弱,"致令弱其兵弱其士弱其官";从人道而言,裹足之事等于古之刖刑,"此诚亘古未有之酷毒而全球所笑之蛮俗也"。主张"特下明诏,禁止妇女缠足",具体办法是:"姑从宽典,准令妇女已缠足者宽勿追究。自光绪二十年以后所生之女不准缠足,如有违犯,不得给了封典。"③

第八,振兴农业。

关于农业,康有为最早在《殿试策》中提到"劝农以土化"及兴修水利等事。在《上清帝第二书》中,则专项提出"务农"之法,主张学习外国,"宜命使者译其农书,遍于城镇设为农会,督以农官。农人力薄,国家助之。……宜设丝茶局,开丝茶学会,力求振兴,推行各省"等。④

"百日维新"中,康有为上《请开农学堂地质局折》,为"兴农殖民而富国本"提出四项具体建议:一是各省府州县皆立农学堂,"酌拨官地公费,令绅民讲求,令开农报,以广见闻,令开农会,以事比较";二是每省开一地质

---

① 参见康有为《请立商政以开利源而杜漏卮折》,载《杰士上书汇录》。
② 参见楼宇烈整理《康南海自编年谱(外二种)》,中华书局1992年版,第11页。
③ 康有为:《万寿大庆,乞复祖制行恩惠,宽妇女裹足折》,《杰士上书汇录》。
④ 康有为:《殿试策》《上清帝第二书》,载《康有为政论集》上册,中华书局1981年版,第108、126页。

局,"译农学之书,绘农学之图,延化学师考求各地土宜,以劝植土地所宜草木"等;三是在通商口岸上海、广东设地质总局,"其有可推行外国者,皆令送小样至总局,以便外国人阅看购取,庶几商业盛而流通广,农业并兴";四是"可否立农商局于京师,而立分局于各省以统率之,出自圣裁"。①

第九,设议政之官。

康有为主张设议政之官可追溯到《上清帝第一书》,书中提及"汉有光禄大夫太中大夫议郎专主言议"。该书提出"增设训议之官"和上清帝的第二书、第三书、第四书主张"设议郎",都含有设官议政之意,但宗旨还是为了"通下情"。从《上清帝第六书》起,康有为提出"开制度局"作为新政治纲领的核心内容,而制度局的主要职能之一就是议政(但其最重要的职能是对变法新政起决策和领导作用,参见前述)。

此外,康有为还专代翰林院学士徐致靖上《冗官既裁请置散卿以广登进折》,该折原件未见,据协办大学士孙家鼐"遵旨议奏"时的转述,其大致内容为:"查原奏内称:自古设官,有行政之官,有议政之官。行政之官不可冗,议政之官不厌多。历引三代至唐宋以来故事,欲仿其制,定立三四五品卿,翰林院衙门定立三四五六品学士,不限员,不支俸等语。"②

上述九项变法主张,最多的是思想文化领域的变革,最重要的是政治体制的变革,由此可更加具体地看出康有为变法思想的特点。

康有为与维新派的巨大努力,促成了作为变法高潮的"百日维新"的出现,但变法与反变法势力极为悬殊的力量对比,很快导致了戊戌政变的发生,维新运动宣告失败。失败之后,逃亡海外的康有为并未消沉退缩,而是坚决反击后党政府的倒行逆施,领导开展了保救光绪、勤王自立的斗争,维新时期的"君权变法"思想,迅速转换为保皇自立思想。

---

① 康有为:《请开农学堂地质局折》,载《杰士上书汇录》。
② 国家档案局明清档案馆编:《戊戌变法档案史料》,中华书局1958年版,第176页。康有为记述道:"吾以古者皆有散大夫以备讽议,盖有行政之人,而无议政之人,古今亦无此政体。乃请置三四五品散卿,三四五六品散学士,草折交徐子靖侍郎上之。"(楼宇烈整理:《康南海自编年谱(外二种)》,中华书局1992年版,第56页)与孙氏所述相合。

第六章

保皇自立思想

康有为将"君权变法"转换为保皇自立，在政变前夕已开其端。出逃后，他改动光绪帝密诏，以奉诏求救的名义游说外国，通过歌颂皇上和抨击慈禧，鲜明地表达捍卫维新、反击政变的立场，继而向华侨宣扬忠君爱国合力救亡，得以建立海外活动基地。义和团运动高涨之际，他一方面全力筹划勤王起义，以救上为名，行自立之实，并为新党执政预画新的蓝图；另一方面期盼借列强之手，彻底除旧布新，扶持皇上与新党上台。自立军起义失败，促使他对专制主义展开激烈批判，自主、民权、革命、国会乃至种族之论，成为其大力渲染的思想亮点。然而，保皇自立也像"君权变法"一样，始终存在虚幻性和矛盾性，虽一时再续新篇，却难结正果，终成绝响。

一、保救之策的谋划

康有为保皇自立思想的形成，以保救之策的实行为开端。

所谓保救之策，是指保护和救助光绪帝的谋略。戊戌政变发生之前，光绪帝虽无实权，重大问题必须听命于慈禧太后，但尚有亲政之名，能在一定范围内处理和决定政事，并能在一定程度上自主表达支持变法、赞同维新的意见，因而还不存在要维新派保救的需求。与此相一致，"君权变法"在政变前也一直是康有为既定的政治纲领和主要的变法方式。可以说，从1888年第一次上书皇帝开始，他都对君主自上而下的变法满怀期待，并为促其实现而殚精竭虑。尽管在其主观判断与君权现实状况之间，还存在着许多不合实情之处，但其努力毕竟没有白费，光绪帝和帝党终于与维新派结成盟友，直接主导了"百日维新"的出台。

然而，光绪帝所拥有的君权，只是极为有限的"事权"，因此看似热闹轰动的变法高潮，不能不止步于短暂的百天。皇帝要变法，却落得个被幽禁的结果，在君权之上，竟还有更强的制约者，这在宣告"君权变法"落空的同时，也对康有为提出了必须改变政治斗争纲领和方式的任务，以帮助光绪帝解脱困厄为中心的保救之策，于是逐渐酝酿出台。

实际上，还在政变发动前夕，维新派就已秘密开始了保救光绪帝的活动。之所以有此非常举动，与光绪帝以密诏①的形式，先后向他们下达了紧急求助和迅速撤离的指示直接相关。密诏共有两道，分别于慈禧宣布重新"训政"前六日和前四日发出。

两道密诏，以第一道更为重要，需要讨论的问题也更多。关键的问题是，此道密诏的原本内容究竟如何？由于此密诏今未存光绪帝手书原件，只有数种抄录或改写之本，因此难有定论。但通过分析抄改之本，还是可大致见其原貌。依据学界已有研究，第一道密诏约有三种主要的版本。

一是黄尚毅本②（下简称黄本）和杨巘谷本③（下简称杨本）。之所以将黄本和杨本列为一种，是因为它们有一个共同的来源，即抄自杨锐之子杨庆昶手中所保存的密诏。据杨庆昶说，戊戌政变发生后，他将密诏缝在衣领中逃到四川，才躲过一劫。宣统元年（1909），光绪帝与慈禧已先后过世，为了彰显光绪帝之德，于是将幸存的密诏呈缴都察院。就在密诏未缴之前，黄尚毅和杨巘谷（杨通过傅增湘之手）分别进行了抄录，黄、杨之本由此得来。两本由于抄自同一底本，因而文字几乎全同。为便于比较，现将黄本、杨本密诏合引如下（引文括号外为两本相同之文，括号内为杨本的不同之处）："近日（"日"作"来"）朕仰观圣母意旨，不欲退此老耄昏庸之大臣，而进用英勇通达之人，亦不欲将法尽变。虽（增"由"字）朕随时几谏，而慈意甚坚。即如七月廿六日("廿六日"作"二十八日")之事，圣母已谓（"已谓"作"谓已"）太过。朕岂不知中国积弱不振，非退此老耄昏庸之大臣，而力行新政不可。然此时不惟朕权力所不能及，若必强以（"以"作"而"）行之，朕位且不能保。

---

① 关于光绪帝密诏，学界看法多有分歧，下文将以相关研究成果为基础进行论述和商讨。
② 参见黄尚毅《杨叔峤先生事略》，载《杨叔峤文集》卷首，成都昌福公司印刷本。转引自汤志钧《戊戌变法史》（增订本），上海社会科学院出版社2003年版，第569页。
③ 参见杨巘谷《记清光绪给杨锐的密诏及杨庆昶陈情》，载《四川文史资料选辑》第20辑，四川人民出版社1980年版。转引见贺宏亮《光绪密诏的另一个版本》，《南方都市报》2014年5月13日。

尔与刘光第、谭嗣同、林旭等详悉筹议，必如何而后能（无"而后能"）进此英勇通达之人，使新政及时举行，又不致少拂圣意。即具封奏以闻，候朕审择施行，不胜焦虑之至！钦此。"①两本相较，只有五处个别文字的不同，皆不影响文意。这种来自不同抄录者的高度相似性，反证了所抄内容的真实性。进一步推敲，黄本文字似更近底本，而杨本已有所润色加工。

二是赵炳麟本（下简称赵本）。赵本的来源，也是杨庆昶呈缴的底本。当时赵为主持代奏之事的官员，曾疏请将密诏编入实录，随后则将其录入自己所编的《光绪大事汇鉴》，其所录密诏是：

> 近来朕仰窥皇太后圣意，不愿将法尽变，并不欲将此辈老谬昏庸之大臣罢黜，而用通达英勇之人，令其议政，以为恐失人心。虽经朕累次降旨整饬，而并且随时有几谏之事，但圣意坚定，终恐无济于事。即如十九日之朱谕，皇太后已以为过重，故不得不徐图之，此近来之实在为难之情形也。朕亦岂不知中国积弱不振，至于阽危，皆由此辈所误；但必欲朕一旦痛切降旨，将旧法尽变，而尽黜此辈昏庸之人，则朕之权力实有未足。果使如此，则朕位且不能保，何况其他？今朕问汝：可有何良策，俾旧法可以全变，将老谬昏庸之大臣尽行罢黜，而登进通达英勇之人，令其议政，使中国转危为安，化弱为强，而又不致有拂圣意。尔其与林旭、刘光第、谭嗣同及诸同志等妥速筹商，密缮封奏，由军机大臣代递。候朕熟思，再行办理。朕实不胜十分焦急翘盼之至！特谕！②

将赵本与黄、杨二本相比，基本内容相同，文字却有很大差别。其相同证明两者的确出自同一底本，其差别则表明两者之中，必有一种对底本做了较大改动。整体衡量，黄、杨二本的文字相对比较简朴，而赵本则显得相当周全完善，于文意多有补充和延伸，而某些不同用语（如"圣母"与"皇太后"），

---

① 黄本、杨本皆转引自上揭贺宏亮文。
② 赵炳麟：《光绪大事汇鉴》卷九。转引自黄彰健《戊戌变法史研究》，台湾商务印书馆1970年版，第430页。

也能显出与底本相合程度的区别。①因此，在同一底本的基础上，黄本、杨本显然更近于照录，改动可能性较大的应是赵本。

三是康有为本（下简称康本）。康本的直接来源，是戊戌政变前由林旭交付的"手诏"。按理，此手诏与杨庆昶呈缴的密诏底本应完全一致（有可能就是同一份密诏原件）。那么，据此手诏而成的康本密诏，与黄本、杨本和赵本也应大同小异。然而，康本呈现的面貌却并非如此。如果说，赵本对密诏已很有可能做了修改的话，那么，康本毫无疑问不仅不是密诏的原本，而且对原本做了重大的改动，有的改动甚至与原意截然相反。

准此而论，光绪帝发出第一道密诏②是在朝廷新旧矛盾日益尖锐的情况下，要维新派赶快想出一个调和的办法。在密诏中，他通报了近来变法陷入严重困境的情形，主要是慈禧不愿罢退守旧大臣和进用维新之人，亦不愿"将法尽变"；表示中国确需罢退守旧大臣，"力行新政"，但自己还"权力所不能及"，若强而行之，"朕位且不能保"。因此，嘱咐杨锐等人"详悉筹议"，提供如何才能进用维新之人，"使新政及时举行，又不致少拂圣意"的办法，赶快上奏，"不胜焦虑之至"。③

第二道密诏是对同日所发的一道明诏的补充。早在约两个月前，光绪帝曾谕令康有为前往上海督办《时务报》改为官报之事。到了9月17日，即发出第一道密诏后的第二天，处于"不胜焦虑"状态之中的光绪帝，等不及维新派调和帝后矛盾的方策，不得已采纳了杨锐复奏中所提出的权宜之计，发布上谕，命康有为赶快离京赴沪办理报务。因担心康有为重视不够，便又托林旭带出密诏，催康速行。

两道密诏，第一道表明了既要坚持变法，又不愿与慈禧对抗的妥协态度，第二道则直接以让维新派避祸求存为应对策略。它们都不同寻常地昭示了政治形势的险恶，提出了必须及时应变的要求。从密诏中，康有为等人敏锐地意识到了维新派正在面临的巨大危险，但并不接受光绪帝的调和主张，而是反

---

① 参见前揭贺宏亮文。
② 此道密诏于1898年9月15日（戊戌年七月三十日）写给杨锐，并交其带出。参见汤志钧《戊戌变法史》（增订本），上海社会科学院出版社2003年版，第572页。
③ 参见前引黄本、杨本、赵本密诏。

其道而行之，决意要与慈禧兵戎相见，企图为挽救"君权变法"败局做最后的努力。

在接到密诏的当天，情绪激昂的维新派们经过短暂商议，连夜派谭嗣同游说握有兵权的袁世凯，密陈围颐和园、劫慈禧、诛荣禄、救皇上之计。对于手无寸铁却欲坚守变法事业的维新派来说，这是万般无奈的孤注一掷，但也是极为仓促鲁莽的铤而走险，不存在任何成功的可能性。对于不过是变法同路人的袁世凯而言，此举则无异于一场颠覆朝廷的谋反，不仅需要以身家性命的存亡为赌注，而且需要从根本上突破其政治底线。无论如何，这位精明的武将都不会接受势单力薄、异想天开的维新派的驱使。面对打着光绪帝密诏旗号而来，且带有要挟之意的维新派，袁世凯只是虚与委蛇，敷衍应付，不肯做任何实在的承诺。在联袁举兵的同时，康有为等人还匆忙寻求英美驻华公使的帮助，也毫无结果。当所有的非常之策都落空后，随着风声日紧，康有为只剩下离京避祸一途。维新派最初的保救活动可以说尚在襁褓之中，就已宣告夭折。

康有为正式确定保救之策，是在戊戌政变发生之后。他在赴沪途中，从英国人口中得到了未曾预料到的政变消息，并随即受到英国政府的保护。在很短的时间里，康有为经历了生死抉择和安危转换的震撼。[①]在失去国内合法身份的同时，他开始走向境外更为广阔的政治斗争舞台，以保救光绪帝为旗号的谋略，也迅即构想成形和逐步付诸实施。首要的一步，就是重新改写密诏，为保救活动制造合法的依据。政变前，康有为已借密诏之名，行维新派兵变密谋之实，但尚处于隐秘的状态。政变后，时势大变，密诏可以而且急需公之于世，并在国内无法立足的情况下，将海外求救作为诏令的重点。经康有为改写的密诏，最早通过记者访谈，以英文披露于香港出版的报纸上。[②]随后，康有为以公开信的形式向报纸投稿，信中全文附录了密诏的内容。到成立保皇会时，康有

---

① 刚听到朝廷对自己的通缉令和光绪帝已被害的谣传，康有为曾有过轻生之念，并留下了绝命书。（参见康有为《戊戌轮舟中绝笔书及戊午跋后》，载《康有为全集》第五集，中国人民大学出版社2007年版，第4页）待得知皇帝仍在，自己又得以安全逃到香港后，康有为的心境已完全改变。

② 参见《中国的危机》，载《戊戌变法》第3册，上海人民出版社、上海书店出版社2000年版，第511页。该篇对密诏内容未直接按英文译出，而是采用了后来《康有为墨迹》中的版本。二者之间，应有文字上的差异。

为又对密诏做了新的修改。至此，密诏的改写已完全定型。①

对两道密诏，康有为究竟改动了什么，很有必要了解清楚，因为这对于把握其政治思想的变化至为重要。

按完全定型后的版本，第一道密诏的内容是："朕惟时局艰难，非变法不能救中国。非去守旧衰谬之大臣，而用通达英勇之士，不能变法。而太后不以为然。朕屡次几谏，太后更怒，今朕位几不保。汝康有为、杨锐、林旭、谭嗣同、刘光第可与诸同志妥速密筹，设法相救。朕十分焦灼，不胜企望之至。特谕。"②将此内容与前引黄、杨、赵本密诏相比较，可清楚地看出一方面它们有着相同的要点（这说明它们都以真实的密诏为依据），另一方面又有数处关键性的不同。第一，将光绪帝不愿强行与慈禧相抗说成敢于与其作对，由此显示帝后的势不两立；第二，将光绪帝皇位不保的假设说成已成的现实，由此凸显形势的危急；第三，将希望维新派设法调和帝后矛盾说成令其出外求救，由此表明"奉诏求救"的合法性；第四，将领衔受命之人杨锐说成康有为，由此突出康的领袖地位。③这些不同，皆为实质性的重要差异，表达的完全是康有为认同的意愿。

第二道密诏的内容是："朕今命汝督办官报，实有不得已之苦衷，非楮墨所能罄也。汝叵迅速出外求救，不可延迟。汝一片忠爱热肠，朕所深悉。其爱惜身体，善自调摄，将来更效驰驱，共建大业，朕有厚望焉。特谕。"④这道密诏目前尚未见于别处记载，只存有康有为公布的版本。此诏内容，大致可分为两点：一是督促康有为尽快离京，此与明诏相呼应，应属密诏本有之意；二是明示康有为向外国求救，其要旨与第一道密诏的改动完全合拍，而其行文有更多不合情理之处，如说"更效驰驱""共建大业"等。由此可以判定，对第二

---

① 关于康有为所改密诏的流布，汤志钧做过详细的考察。参见汤志钧《戊戌变法史》（修订本），上海社会科学院出版社2003年版，第565—576页。
② 康有为：《保救大清皇帝公司序例》，载《康有为全集》第五集，中国人民大学出版社2007年版，第155页。
③ 参见汤志钧《戊戌变法史》（修订本），上海社会科学院出版社2003年版，第570—571页。
④ 康有为：《保救大清皇帝公司序例》，载《康有为全集》第五集，中国人民大学出版社2007年版，第155页。

道密诏,康有为也按照己意作了重大修改。①

两道密诏的改动集中到一点,就是"出外求救"。光绪帝下达密诏,本来先是希望维新派想出既能尽变旧法,又能不得罪慈禧的办法,以便继续推进变法;紧接着因预感大局有变,为保护康有为,便督促其赶快离京避祸。这些想法中,并无任何"出外求救"的意思。康有为当然能读懂光绪帝的密诏,但不可能完全按照皇帝的旨意行事。作为维新派领袖,在整个变法运动中,他虽然严重依赖于君权,却一直将自己当成君主的导师,而不是相反。当此君权不保、政变发生之际,他已无法再与君主结成变法同盟,更需要单独做出自己的政治决断。这一决断,就是决不向守旧势力妥协,而是要继续进行对抗。其首要的方略,就是修改密诏,将外出避祸改为出外求救,打着君主的旗号,以奉诏行事的名义,到外国去搬变法救兵。通过这种改动,戊戌时期的"君权变法"就悄然落下历史帷幕,而"保救光绪"的新的政治斗争,在海外正式开启。

二、圣主复位安邦论

从1898年9月下旬逃离中国,到次年7月在加拿大成立保皇会之前,是康有为积极求助外国保救光绪帝的时期。求助的对象,一是英国,二是日本。戊戌政变前,康有为就主张在外交上联英、日以制俄,在内政上聘英国人、日本人为顾问以助变法,并与英、日两国朝野人士有着密切交往。他与梁启超等人之所以能安全出逃,正是由于得到了英、日两国的协助和保护。在此背景之下,在国内已无立足之地的康有为,自然将求救英、日当成了保救光绪帝的首选。

在此期间,他尽其所能,通过电文、书信、照会、文论、谈话、当面托付等各种方式,直接或间接向英、日政府表达求救的愿望。这一愿望的核心内容,就是请英、日政府"主持公义,调兵会议,速为救援,除我篡弑之贼,保我大皇帝圣躬,归我大皇帝权力"②。围绕这一核心内容,他大造保救光绪帝的

---

① 参见汤志钧《戊戌变法史》(修订本),上海社会科学院出版社2003年版,第571—572页;黄彰健《戊戌变法史研究》,台湾商务印书馆1970年版,第440—444页。
② 康有为:《致日本驻华公使照会》,载《康有为全集》第五集,中国人民大学出版社2007年版,第31页。又见康有为《致英国驻华公使照会》,载《康有为全集》第五集,第34页。

舆论，承接原有君权变法的根本理路，依据已经变化了的时势，在政治思想上做了一系列新的调整和拓展。

光绪帝何以应该保救，这是康有为论述最多的问题。这一问题，关乎对变法与政变究竟应采取何种态度，无疑是开展保救斗争的重要前提和关键。在此问题上，康有为立场异常坚定，旗帜分外鲜明，将光绪帝与慈禧分别作为维新与守旧的代表，通过双方大善与大恶的对比，为保救光绪帝提供了非常充足的理据。

对于光绪帝，康有为竭力赞颂，苦心塑造其变法圣主的形象。他在致英、日驻华公使的照会中，将光绪帝的变法业绩简要概括为："采万国之良法，以变中国之敝政。四月以来，庶政具举，力图维新，凡学校、农商、保国、养民之举，并仿西法，次第施行。英明仁武，真能救此中国者，此万国所共知也。"① 同时，康有为所撰的《奉诏求救文》，对光绪帝的记述则大为扩充：

> 皇上勇知天锡，神武绝出，通万国之故，审时变之宜，哀中国之阽危，悯生民之涂炭，忧勤图治，发愤自强。自四月以来，亲断庶政，明诏屡下，百度维新，以开创为守成，以变通济时艰。万方不得康乐，则引为失职。山谷不闻新政，则引为大耻。痌瘝之抱，哀痛之诏，此禹、汤之高躅，而近世所未闻者也。加以广悬鼗铎，采及刍荛，大纵士民之上书，以觇国人之才识。致有野民渔人，亦争言事……圣上……大度容之。皇上屋黝不涂，桌破不修，毡旧不易，恭俭仁厚，岁费仅数万金。勤学好问，神谟远虑，任贤则直推心腹，去佞则若拔恶草，绝无嗜好，日以忧国保民为事。薄海臣庶，莫不欢欣距跃，回首面内，冀望太平。②

为了更完美地显示光绪帝的圣贤品质，他在《清议报》上连载《光绪圣德记》，分列15个标题，以戊戌变法时期的表现为中心，倾心诉说和纵情渲染圣主之德，可谓用尽了美好言词：记其"舍身忘位而变法"，则言"社稷为重而

---

① 康有为：《致日本驻华公使照会》，载《康有为全集》第五集，中国人民大学出版社2007年版，第31页。又见康有为《致英国驻华公使照会》，载《康有为全集》第五集，第33页。
② 康有为：《奉诏求救文》，载《康有为全集》第五集，中国人民大学出版社2007年版，第35页。

君位为轻，以民为贵而身为贱……决然冒险犯难而行之……以死殉社稷，以死告祖宗，以死对四万万臣民……处至难之境，难白之地，而卒以仁智垂功德于天下，舍身轻万乘，而思以保国救民，自非至圣仁人，孰能若此者乎"；①记其"新政皆无人辅佐而独断"，则言"英断绝人……变行新法……一切独断，裁自圣心……新政大行，从善如转圜，受言如流水。虽上压于西后，下阻于群臣，而规模广大，百度维新，扫千载之秕政弊风，开四万万人之聪明才智，流风善政，美不胜书，民望蒸蒸，国势日起。以二千年来之贤君英主，在位数十年之久，贤才数十人之多，可书之事，可传之政，未有若我皇上无权无助行政九十日之多者。令有全权，多贤辅而久道化成，岂止孕虞育夏、甄殷陶周哉"；②记其"爱民忘位"，则言"大学士孙家鼐……谏曰：方今外患殷迫，诚不可不变法，然臣恐变法后，君权从此替矣。……上曰：吾变法但欲救民耳，苟能救民，君权之替不替何计焉。呜呼！皇上无私其位之心，但有救民之志，虽尧、舜之圣，岂有加诸？又议院者皆各国之民以死争之而后得，俄罗斯之民以死争之百年而不能得者。而我皇上乃自欲开之。好善如不及，而无一丝毫之私心……至公至仁，孰有若我皇上者乎"③。其他记叙，如"群僚士民皆许上书""豁达大度""日昃勤政""求才若渴""破格用人""明罚敕法""用人不惑""从善如流""简德谨行""好学强记""养晦潜藏""特善外交"等，无不同样充满了至善至美的颂扬之语。④

这些描述，一方面确有其事实根据。鸦片战争结束半个多世纪之后，之所以终于能够出现戊戌变法运动，特别是形成"百日维新"高潮，光绪帝对变法的支持，在很大程度上起了决定性的作用。如果不是他坚决站在维新派一方，勇于运用自己的"事权"为变法开路，这场自上而下的改革断难拉开大幕。变法的实质，已超越对封建制度的枝节或局部改良，而达到了整体实现资本主义

---

① 康有为：《光绪圣德记》，载《康有为全集》第五集，中国人民大学出版社2007年版，第110、111页。
② 康有为：《光绪圣德记》，载《康有为全集》第五集，中国人民大学出版社2007年版，第111—112页。
③ 康有为：《光绪圣德记》，载《康有为全集》第五集，中国人民大学出版社2007年版，第115页。
④ 参见康有为《光绪圣德记》，载《康有为全集》第五集，中国人民大学出版社2007年版，第112—115页。

变革的高度，这尽管并非光绪帝的初衷，但的确因为他的决策，变法才得以通过诏令的形式，向世人描绘了全新制度的蓝图。将此近代化或资本主义化的转型称为史无前例，一点也不过分。就个人品德而言，光绪帝作为封建时代的君主，其贤明也显得相当突出，尤其是与变法维新连接在一起，更多可圈可点之处。然而另一方面，康有为对光绪帝的美化甚至神化亦非常明显。除了那些"神武绝出""至圣仁人""英断绝人"之类的虚词套话外，他所列举的不少史迹，其实并不真实，要么做了很大的夸张，要么完全出自想象或编造。在基本史实层面，他不愿正视光绪帝严重受制于慈禧太后的掌控、权力极为有限，同时自身存在各种弱点和局限的现实，也不愿客观评析导致变法发生的各种时局条件和人事因素，将变法成就一概归功于"圣主"的英明和美德所致，这就使本有的事实蒙上了难以取信的虚幻。

与歌颂光绪帝截然相反，对于慈禧，康有为则不遗余力地加以抨击。一是斥其不守君臣纲常，不但违背"天子于正嫡乃得为母，妃妾不得为母"的"经义"，身为"先帝之遗妾"而胆敢作为母后临朝执政，且公然"废我圣明之大君。妄矫诏书，自称训政"，"民无二王，国无二君，正名定罪，实为篡位"；二是斥其因私利而不肯变法，"……淫昏贪鸷，惑其私嬖，不通外国之故，不肯变中国之法，向揽大权，荼毒兆众，海军之款二千万，卢汉铁路之款三千万，京官之养廉年二十六万，皆提为修颐和园之用，致国弱民穷，皆伪临朝抑制之故"；三是斥其凶恶狠毒，"……素有淫行，故益奸凶，太监小安之戳（'戳'为'戮'之误——引者注），事已暴扬。今乃矫诏求医，是直欲毒我大皇帝，此天地所不容，神人所共愤者也。伪临朝有奸生子名晋明，必将立之，祖宗将不血食，固中国之大羞耻"。① 此三项恶行，他在《奉诏求救文》中进一步扩展为十宗"大罪"，而以废黜圣主为聚焦点，严词进行声讨："乃伪临朝那拉氏，蛇虺为心，狐蜮成性，向怙大权，久思幽废。……皇上名为垂衣，实同守府，幸能遵晦，故获少安。顷以圣明英断，猜忌更深，与其私人荣禄，公然废我神主，幽我民父。举清四万万之人民，而鬻为奴隶。举中国四千年之文治，而悉加灰灭。夫废我二十四年之圣主，实亡我二万里之大清也。非

---

① 康有为：《致日本驻华公使照会》，载《康有为全集》第五集，中国人民大学出版社2007年版，第31页。又见康有为《致英国驻华公使照会》，载《康有为全集》第五集，第33页。

惟亡我二万里之大清，实以亡我四千年之中国也。自开辟以来之酷毒，岂有过此者哉！"①

将慈禧形容得如此丑恶不堪，显然并非据实而论，而是采取了妖魔化的手法。康有为这样做，是要通过刻画和鞭挞慈禧的种种罪恶，以表达对其悍然扼杀中国变革生机、残酷镇压维新运动的极度愤懑，并以此反衬变法圣主光绪帝的英明和无奈，以期收到对掌权守旧势力同仇共恨的效果。这种悲痛的情绪和宣传鼓动的策略可以理解，但其笔下的慈禧，毕竟扭曲了历史的真实，种种议论描绘，多有不实之词，不可视为信史。不过，也应该看到，慈禧的确具有独揽大权的专制性和严除政敌的残忍性，的确不愿从根本上变祖宗之法，的确代表守旧势力发动了倒行逆施的政变，这些基本史实，构成了康有为述说的基础，其原本样貌得到了程度不一的折射。

戊戌变法的兴起取决于光绪帝的圣明，而政变之祸的发生应归罪于慈禧的邪恶，这在康有为看来毫无疑义。然而，时人并不都接受这样的结论。有一种说法就与其大相径庭，认为变法之所以失败，乃是"持之过激，因以酿成今日之祸"②。这就将失败的责任算在了维新派和光绪帝头上，间接开脱了政变的罪责。康有为认为这是"故为苛论"，斥其"党附贼臣、设淫词而助之攻"，"颠倒是非，而不顾万世之清议"。③他以变法新政皆势在必行、并不过激为中心论点，从三个方面进行了辩驳：

一是从新政重大变革目标来看。如变科举、变官制、变学校等，皆属积弊已深、变之唯恐不速的要项，"其布置在十数年以前，其收效在十数年以后，有识者已太息痛恨于前此守旧误国之庸臣，拘守成法，穷不思变，以养成今日国弱民贫偿款失地之天下。奈之何肆口雌黄者，乃竟猥谬奇陋，一至于此极也"。之所以持过激论，一因"知守旧而不知开新，贼民之毒，中之已深"，一因"于变法条理，懵无所知"，这些人"固无耻之尤，万死不足以

---

① 康有为：《奉诏求救文》，载《康有为全集》第五集，中国人民大学出版社2007年版，第35页。
② 康有为：《论中国变政并无过激》，载《康有为全集》第五集，中国人民大学出版社2007年版，第47页。
③ 康有为：《论中国变政并无过激》，载《康有为全集》第五集，中国人民大学出版社2007年版，第47、54页。

蔽其辜者也"。①

二是从百日维新期间"已变之事"来看。如允许士民上书、允许报馆昌言、去衰老大臣、派亲王游历、立劝业功牌、严责疆臣、召见小臣、改则例、毁淫祠、立编译局、一士民之心、办民团、改洋操、汰旗兵、兴海军、广内地邮政、开海外学堂、立农务局、立工务局、立商务局、立医学、修道路等，无一不是应变、必变的"急务"。"要而论之，君子之论人也，但言其是非，不计其成败。成而是者，固从而是之，成而非者，亦从而非之；败而非者，固从而非之，败而是者，亦从而是之。平其心，正其气，不阿一时之私见，持立千古之大公。彼落井下石、以求知遇于权奸者无论矣，而吹毛求瑕，事后言志，迁就是非，诡遇于世，抑亦大雅之所不取也。"②

三是从"皇上将行之新政"来看。这些新政，"曰免厘金，曰重官俸，曰废毒刑，曰免奴婢，曰徙游民，曰实荒地，曰禁洋烟，曰禁赌博，曰推广善堂，曰保护华工，曰开女学，曰禁缠足，曰开赛会，曰迁新都，曰开议院，曰立宪法，曰开懋勤殿，曰立制度局，曰巡幸各省，曰游历外国，曰免长跪之礼，曰开太平之会，曰置巡捕房，曰开洁净局，曰设课吏馆，曰立保民约，曰教育苗瑶侗僮无知之愚民"，也都是"利民便民之要务"，值得"为天下诵，为天下惜"，诘之好为论议者，"尚以为过激否也"。③

严格来说，变法是否应该与变法是否过激，并不是一回事。前者论是非，后者论成败，变法正当和必要，并不等于变法就不过激。问题的要害在于，过激论者看起来像是论成败，实际上很大程度上是在论是非。他们没有设定变法必须进行这个大前提，没有充分肯定光绪帝和维新派的变法功绩，也没有将政变的发生首先归罪于守旧派维护既得利益，这样就使得对过激的指责变成了对变法本身的非议。康有为正是抓住了这个要害，通篇为变法的正义性辩护，其提纲挈领的梳理评说，不啻对变法新政做了一次系统的总结和展示。特别是对

---

① 康有为：《论中国变政并无过激》，载《康有为全集》第五集，中国人民大学出版社2007年版，第47—49页。引者对引文标点有改动。
② 康有为：《论中国变政并无过激》，载《康有为全集》第五集，中国人民大学出版社2007年版，第54页。引者对引文标点有改动 。
③ 康有为：《论中国变政并无过激》，载《康有为全集》第五集，中国人民大学出版社2007年版，第54—55页。

将变之政的列举，令人在已颁新政诏令的基础上，对维新派的宏图大愿有了更全面的了解。从另一方面看，变法虽然理所应当，但在很短的时间内，一下子推行过多过快，顾不上权衡轻重和讲究策略，的确又存在"过激"（应理解为过急）的严重弱点，成为变法失败的一个重要因素。对此，康有为未必没有清楚的认识，只是作为失败者和落难者，此时还不愿意直接面对这一点。

既然不承认过激，那么变法因何而败，这是康有为不能回避的重要问题。他对此做出了明确的回答，将变法失败的根本原因归结于光绪帝无权。关于这一点，他在致日本友人的信中，写得十分清楚："若夫蹉跌（指变法失败——引者注）之故，其因甚多。……而本原之故，实因于我皇上之无权。……若使无西后之故，皇上有全权若吾先帝时，则照今办法加倍，亦必无事。此贵国人士所不知也。"①又说："自政变以来，议论纷纭，其词不一。或有以仆为急激者，或有以仆为变而无法者，或有料仆之必败者。又有以仆为阴险者，又有以仆为弋功名、求富贵者，又有引天王圣明、臣罪当诛之说以仆訾西后为反叛者。……凡贵国议论之纷纭，率由未知敝国帝、后之嫌故也。敝国向来大权皆在西后，皇上不过祭则寡人而已。……若使……皇上……有兵力以行其大权，则西后无能为，而敝国天子专制之权，雷霆万钧，无不披靡，有何所谓巨室大官者哉？或优其爵禄以待之，或解其柄权以驱之，在指顾间耳。"②

在加拿大对华侨演说时，他进一步阐释道："皇上名虽为皇帝，而大权一切在西后，皇上虽极明西法，极欲维新，而无可如何。故在位二十余年，而无一日之权，所有割地鬻民之事，皆西后为之。而外人不知，多归咎于皇上，此天下古今大不直之事。……百日以来，新政毕举，诏书日下。凡关新政益国益民之举，夕上奏而朝下行，守旧千年之弊，一扫而定。……此真尧、舜之主也。若有全权行之，三月而成规模，三年而有成效，十年而中国大强矣。"③由于皇上无权，变法所以失败；假若给予皇上"全权"，变法必定迅速成功。正

---

① 康有为：《致冈田正树书》，载《康有为全集》第五集，中国人民大学出版社2007年版，第43页。引者对引文标点有改动。
② 康有为：《复依田百川君书》，载《康有为全集》第五集，中国人民大学出版社2007年版，第108—109页。
③ 康有为：《在温哥华鸟喊士晚士叮埠演说辞》，载《康有为全集》第五集，中国人民大学出版社2007年版，第121、122页。

是基于这一点，康有为便理所当然地将光绪帝"复位"作为抵制政变、重续维新的最为关键的一环。他极力宣扬"伪临朝太后守旧虐民，徒亡我国。大皇帝维新变法，实兴我邦。存亡之局，系于一人。保救之方，在于此日"①，"如无皇上，不但不能进行改革，且无立国之面目。故只有期待皇上安全无恙，早日复位"②，"若伪临朝再主大统，敝国必亡。我皇上复位，则敝国必救。然则欲立东亚而救敝国者，则莫如救我皇上复位矣"③，"今中国虽危弱，而实篡后、权臣一二之故耳。皇上复位，则吾四万万同胞之兄弟皆可救矣"④，中国的安危存亡，全都寄托到了对光绪帝的"保救"之上。

如果光绪帝大权在握，变法就定能成功，这延续了康有为"君权变法"的理路。按此理论，中国君主历来具有绝对的专制权力，只要君主决心变法，成功就易如反掌。如今光绪帝已被证明是一个千载难逢的变法圣主，其变法失败、惨遭幽禁，只是因为缺少权力。假若通过"保救"，使其复位复权，变法的成功就指日可待。这个假设看起来颇有道理，其实很有问题。最大的问题在于，光绪帝身为皇上而无权，慈禧无君主之位却可以成为最高统治者，不仅仅关乎个人权力的有无，而是集中体现了晚清朝廷的政治格局，是各种政治势力反复较量后的最重要的结果，也是这一历史时期君主专制的特定反映。要让光绪帝有权，就必须改变整个政治格局和新旧政治力量间的对比，瓦解根深蒂固的专制统治基础，逼使现有的最高统治者交权。然而，"保救"之策并无这样的认识，也绝无这样的能力。因此，康有为的假设极为虚幻，仅有宣传的意义，而并无实行的价值。

需要特别指出的是，康有为对光绪帝的宣传，其实也是甚至更是维新派的自我宣传。他多次明确表示，在圣明神武的皇上背后，始终站立着充当其变法

---

① 康有为：《致日本驻华公使照会》，载《康有为全集》第五集，中国人民大学出版社2007年版，第31页。又见康有为《致英国驻华公使照会》，载《康有为全集》第五集，第33页。
② 康有为：《与近卫笃麿的谈话》，载《康有为全集》第五集，中国人民大学出版社2007年版，第42页。
③ 康有为：《致日本思父书》，载《康有为全集》第五集，中国人民大学出版社2007年版，第44—45页。
④ 康有为：《游域多利、温哥华二埠记》，载《康有为全集》第五集，中国人民大学出版社2007年版，第118页。

导师的维新派，自己"能左右皇上"①，"听到说皇帝对于我的建议（指1898年1月康有为在总理衙门大臣召见时所提的建议）是非常满意的。他说他从来没有看见过一个比这个更好的奏议，或一个比这个建议更好的制度。……皇帝已经采取了很多我的奏折中的建议"，皇上亲自召见时"对我说，你的书（指康有为进呈的《日本变政考》和《俄彼得变政记》——引者注）是非常有用的，而且也是非常有益的"。②"……皇上信用之深，言之无不听从。倘由此改革三年，则中国可以全变，十年则中国成一东方强国。"③

因此，"中国皇帝和维新党"就成了一个不可分割的整体，为"保救"光绪帝所宣扬的一切，也同时都是为维新派自己张目；就其实质而言，维新派所高举的"保救"光绪帝的旗帜，并不是一面帝王之旗，而是一面继续变法之旗。以此为旗号，并不能真"保救"出光绪帝，但对于对抗倒行逆施的政变、宣扬维新变法的理想、重聚推进改革的队伍，仍然具有显著的作用。

三、忠君爱国救亡论

为了得到外国对"保救光绪"支持，康有为做了很大的努力，却未取得任何成效。他所拥戴的光绪帝徒有君主之名，所代表的维新派毫无实力，乞求外国相助，却拿不出半点可以交换的条件，只能"效申包胥之哭，遍诣各国，痛哭求救我皇上，以冀保全万一"，④这显然无法打动一心贪图中国权益的列强。在此路不通的情况下，康有为只得另辟蹊径，将目光移向中国人自己，到海外华人华侨中去寻找"保救"的力量。1899年4月，他远赴加拿大，随后成立保皇会，"保救"斗争由此掀开了新的一页。⑤

---

① 康有为：《与班德瑞的谈话》，载《康有为全集》第五集，中国人民大学出版社2007年版，第9页。
② 康有为：《答〈中国邮报〉记者问》，载《康有为全集》第五集，中国人民大学出版社2007年版，第22—23页。
③ 康有为：《答域多利〈泰晤士报〉记者问》，载《康有为全集》第五集，中国人民大学出版社2007年版，第117页。
④ 康有为：《谢奉到衣带密诏折》，载《康有为全集》第五集，中国人民大学出版社2007年版，第16页。申包胥为春秋后期楚国大夫，为求秦国出兵救楚昭王，在秦庭痛哭七日，终于如愿以偿。其事见《春秋左传·申包胥哭秦庭》。
⑤ 1899年5月底，康有为从加拿大赴伦敦，托人游说英国政府"保救"光绪帝，未果而重返加拿大。

作为流亡海外、"奉诏求救"的维新派领袖，康有为在加拿大受到华人华侨的热烈欢迎。他记叙道：

> 甫至域岸……电话立传，迎者纷至，夹道拥观，至数百人。乃开中华会馆而见之，集者千数。咸言沦落海外，不能齿列国之齐民，西望宗国，睊睊忧悲。故闻维新而蹈跃大喜，闻政变而忧愤交作，闻吾被逮而忧念惴惴。……咸虑无国可归，无家可归，其情至可悲也。多走数百里来，相与争问皇上之安否及政变之故。乃告以皇上爱民之德意……则咸欢喜欣乐。及语及皇上被囚瀛台不得出……则欷歔憯愁，有感泣者。问以愿中国自强否？愿者抚掌，则咸抚掌。愿皇上复政否？愿者抚掌，则咸抚掌。吾……在温哥华演说，远近各埠千数百里来观，集者千三百余人，楼上下皆挤塞……吾所至之地，乡人杂立，拥道环观。……其各埠之来迎者纷纷矣。①

这种始料未及的盛情，令康有为感慨万分："吾以一逋臣无补国艰，何足道，而邦人相爱至此。非惟爱吾也，爱变法也。非爱变法也，爱其国也，忧其国也。大以如是之人心，何所不可哉！……呜呼！谁谓中国民之不爱国哉！在此乡人皆通英语，亦多有明达之才、专门之学者。中国维新，需才孔亟，天其或假我尽见之，以联海外之同胞之情，而擢异域怀才之秀，未可知也。吾益知海外之民之可用也……"②

"海外之民"如此无所顾忌、万众一心地支持维新，爱国忧国，对康有为是一个巨大的鼓舞。政变之前，康有为也曾进行"变于下"（在地方上宣传鼓动变法）的活动，结果皆陷入绝境。如今当"变于上"即"君权变法"的梦想亦破灭后，他终于在异国他乡找到了华民知音，这不仅足以慰藉其求助外国而无果的失落，更能增强其将变法之志坚持到底的决心。以此为新的起点，他

---

① 康有为：《游域多利、温哥华二埠记》，载《康有为全集》第五集，中国人民大学出版社2007年版，第118页。
② 康有为：《游域多利、温哥华二埠记》，载《康有为全集》第五集，中国人民大学出版社2007年版，第118、119页。

开始将"保救"宣传的重点放在海外华民身上,除继续宣扬光绪帝圣明、慈禧太后邪恶、保皇上才能救中国之外,还针对新群体的特点,着重增添了忠君爱国、"和亲通联"、急切救亡等新内容,使"保救"思想变得更加丰富。

忠君爱国是中国文化中居于核心地位的政治观念,在朝野都有极为深厚的信奉基础。尽管此时近代民族主义思想已萌生于国人之中,忠君与爱国开始出现分离,但毕竟还只表现为极少数先行者的觉醒。[①]对于一般民众,特别是漂泊于异国他乡的海外华人来说,忠君爱国仍是一种相当牢固的政治信仰。正是充分意识到这一点,极力激发忠君爱国之心,就成为康有为鼓动海外华人投入"保救"活动最重要的精神依托。他刻意以对待"圣主"光绪帝的态度作为忠君爱国的中心,发出一连串义正词严的质问:"我国民有此神圣之主,而坐听其为权奸逆党所幽囚,以鬻国卖民,有忠君爱国之心者,其忍出此乎?存亡强弱之所关如此,有不为奴隶不忍亡国之心者,其忍坐视乎?且皇上苟不变法,固尊荣无恙也。……岂不知变法取权,必不见容于那拉、荣禄而致废弑哉?皇上以救爱我四万万之民,拼死舍身而救之……而我四万万之民,乃坐视其囚废……犹得为有人心乎?夫谓中国者,礼义之邦,忠爱之俗,而何预于不忠不义之甚?"[②]在此基础上,进一步强化传统的君权神圣、乱贼必讨的思想:"夫所谓君者,皇上也。孔子曰:天无二日,民无二王。故王者天之所授,民之所归,天下之大主也。凡敢于篡君位、囚君身、夺君权者,无论何人,皆篡逆之贼也。……篡弑之反贼,以孔子《春秋》之大义论之,所谓乱臣贼子,人人得而诛之者也。况于所篡废者为舍身救民之圣主、所矫诏者日为亡国鬻民之政事乎!……今欲忠于皇上,则必讨篡废之贼乃为忠。坐视篡废,不得为忠矣。"[③]

以近代标准来衡量,忠君爱国已是一种陈旧落后的政治思想。君主制必将为民主制所取代,君权必须让位于民权,因而爱国不必也不应忠君,这是业已出现的时代诉求。不过,具体分析,虽然康有为所依托的忠义之理已经过时,

---

[①] 1894年孙中山在檀香山成立兴中会,以"驱除鞑虏,恢复中华,创立合众政府"为宗旨,随后围绕这一宗旨而展开宣传,可作为此种觉醒的典型代表。

[②] 康有为:《保救大清皇帝公司序例》,载《康有为全集》第五集,中国人民大学出版社2007年版,第145页。

[③] 康有为:《保救大清皇帝公司序例》,载《康有为全集》第五集,中国人民大学出版社2007年版,第145—146页。

但他所聚焦的光绪帝，主要还不是代表君主的专权，而是变法救亡、舍身救民的政治符号和精神象征。在特定的历史时期，服务于特定的历史任务，这一以旧图新的主张，还有其现实合理性，在较大程度上符合对海外华人进行政治动员的需要。

要完成以"保救"光绪帝为中心的忠君爱国大业，不仅要激发精神，更要整合力量，希望众人"和亲通联"，就是康有为为凝聚海外华人乃至全国民众之力而提出的重要主张。

他撰文写道："吾中国人民之多，患在不和亲通联耳。能和亲通联，则可救矣。今以同胞在外，而兄弟相阋、手足相殴，则四万万人，实则孤寡一人，宜人之侮之矣。譬如壮夫，一身血脉不相通，则痿而不成人矣。若吾同胞能和好联络，则内之省省通，府府通，县县通，外之人人相通，埠埠相通。则外之合海外五百万人为一人，内之合四万万人为一人，其孰能凌之？若能和亲通联，内之可以救中国。即不幸宗国沦亡，犹不失为犹太也。"①又发表演讲说："今海外同胞兄弟五百万，若能同心一志，联络以求保其国，众志成城，何所不可？凡中国之事，败于散而不聚，塞而不通，私而不公。若知其病，通之，聚之，公之，分则弱，合则强。昔外人诮我一盘散沙，则我虽有四万万人，若省省不通不合不聚，府府县县不通不聚不联，埠埠人人不聚不通不联，虽有四万万人，实一人耳。宜其弱，宜其被侮也。今海外人心，咸能发愤，然率无成效者，以各埠不相通，埠中人人不相通之故耳。今日国势危急，非空空发愤所能补救，宜亟通而聚之，如救火然乃可。"②如何"和亲通联"，他设计了两种方案："上方曰保皇会，则保已能医救我国民之圣主复位，则四万万人立救矣。下方曰保工商会，则我海外五百万同胞，合力自行保护，则亦可补救我四万万人焉。上方至顺至易，下方至厚至稳，而皆以人心十分为引。愿吾同胞，真知病危者，亟服此良药，以救万死。"③ "和亲通联"直接延续了康有为

---

① 康有为：《游域多利、温哥华二埠记》，载《康有为全集》第五集，中国人民大学出版社2007年版，第118页。
② 康有为：《在温哥华鸟喊士晚士叮埠演说辞》，载《康有为全集》第五集，中国人民大学出版社2007年版，第123页。
③ 康有为：《保救大清皇帝公司序例》，载《康有为全集》第五集，中国人民大学出版社2007年版，第150页。

戊戌变法时期的"合群"思想，并将原来以士大夫为合群的主要对象，扩充为各阶层民众的联合。这对于改变海外华人的涣散状况，建立统一的政治团体，开展多种形式的政治活动，很有现实针对性。

为了进一步引起海外华人对合力开展"保救"活动的重视，康有为还着力强调中国危亡的严重性和救亡的紧迫性，以尽快收到凝聚人心、组建政团的效果。

他将祖国"危殆"情形概括为"土地、人民分割""失路权""失利权""失兵权""失用人之权"五点[1]，并总结其巨大危害说："盖古之灭国者，以兵力破毁其城野，俘杀其人民，去其君长，而后取其地。此强劫之法……今之灭国者，取其兵权、路权、矿山、商业、制造、关税、银行之权。此曲巧之术……此灭国之新法，而愚者尚以为我国无恙也。譬犹渔者取鱼于网中，暂系网于海。鱼在海水中，游泳泼剌，甚自得也。而不知已在网中，为渔者之朝卖而暮餐也。……今我国人，皆在各国网中，待烹而已，而尚不知国亡。天下之可哀，未有过于垂死而不知也……"[2]亡国之前，国人就已受尽"贱辱残虐"，一旦亡国，还将遭受更为残酷的"重税之苦""凌辱奴贱之苦""驱逐之苦""绝种之苦"。[3]要挽救危亡，国人就要赶快投入"保救"斗争，"中国卖地鬻权日急，皇上幽囚经年，公司中同志，宜亟发忠愤，日夜念之。奉诏速筹，一切急办，如救火追亡，以救君国，凡各埠见此《序例》者，望大呼同志，立即举行，勿延迟以误大局"[4]。

将中国民族危机描绘得惊心动魄，大声疾呼救亡图存时不我待，亦是戊戌变法时期康有为进行政治鼓动的重要方略。当时无论对"变于上"还是"变于下"来说，都曾收到过振聋发聩的效果。在民族危机依然深重的时代背景下，他再度将此方略用于速建保皇会的宣传，同样具有很强的震撼力。这对于增强海外华人

---

[1] 参见康有为《保救大清皇帝公司序例》，载《康有为全集》第五集，中国人民大学出版社2007年版，第146—147页。
[2] 康有为：《保救大清皇帝公司序例》，载《康有为全集》第五集，中国人民大学出版社2007年版，第147页。
[3] 康有为：《保救大清皇帝公司序例》，载《康有为全集》第五集，中国人民大学出版社2007年版，第147—148页。
[4] 康有为：《保救大清皇帝公司序例》，载《康有为全集》第五集，中国人民大学出版社2007年版，第155页。

的爱国意识和民族意识,将个人命运与国家命运紧密连接起来,无疑将起积极作用,尽管这一鼓动受"保救"活动本身的限制,也存在着明显的党派功利性。

四、奋力开新除旧论

康有为在海外华人中进行的"保救"宣传和组织活动,在很短的时间内就取得了显著成效。美洲各埠陆续建立起保皇会,吸收了大批会员,募集到不少资金。流亡的维新派不仅在国外站稳了脚跟,而且形成了具有一定规模的政治势力。这使康有为开展"保救"斗争的底气大增,将保皇大业中最为重要的"勤王"之举付诸实行,也逐渐提上议事日程。

所谓"勤王",意为起兵救君主之难。对于"保救"斗争而言,就是通过发动武装起义,铲除后党势力,使光绪帝得以复位。早在《奉诏求救文》中,康有为就曾发出过"岂若同举敌忾勤王之义,咸厉奔问官守之心,名义正则天助其顺,圣主存则国赖以兴。逆顺既明,去就易审,共除武莽,力赞中兴"①的召唤,因当时一心指望搬救兵于外国,"勤王"还不过是一种空想。

保皇会成立后,在与人通信中,他对"勤王"之事谈论渐多。有的是期望扩大保皇会组织,以筹集更多起义经费,称"仆奉诏筹救,奔走海外,号呼同志。今者中国亡不亡,皆在于斯。内地人心踊跃,独筹饷未足。贵埠义士爱国忧种,自救身家,想有同心。今寄往('往'似为衍文——引者注)《保皇会序例》,望速立值理,成此大举",②"顷内地已有兵七十余万。……勤王之举,汲汲欲行。……所以待之者,专待饷耳。美洲多富商,若有愿为国出力者,封侯之赏在今日。望劝之得千百数万,乃可举动"。③有的是激励建功立业,勇当元勋,以为"古今之事,成于仁人义士之志也。若运之以谋,建之以名,谋以合众,名以勤王,苟有所据,天下皆动,迎刃而能势如破竹耳。两粤草茅之间,其中多有义杰之士。若鼓动之,湘、桂遍地皆是会人。……若有志士元夫指挥之,出湘、桂疾卷武昌,长驱河朔……义声所定,一举而柬之之业

---

① 康有为:《奉诏求救文》,载《康有为全集》第五集,中国人民大学出版社2007年版,第37页。
② 康有为:《与黄仕初等书》,载《康有为全集》第五集,中国人民大学出版社2007年版,第138页。
③ 康有为:《与滕芳书》,载《康有为全集》第五集,中国人民大学出版社2007年版,第139页。

成矣"。①还有的是直接提供起义方略,主张"大举必从闽、粤发难,以长江响应而掣中原之肘。缘粤多人才而民强悍,且风气已开,各府县皆有倜傥不羁之土豪。若能收罗而抚之,则此辈俱为我用。然许应骙党羽颇盛,而又有李鸿章为之督。其如何办理之处,鄙等不敢妄献刍荛。至于福建官场中,人材绝少,但将许督、善将军、张藩数人诛戮,余皆传檄可定"②。这都清楚地表明,康有为已实际开始了对"勤王"的谋划。尽管这些谋划多属纸上谈兵,不可信以为真(如"有兵七十余万",如何"势如破竹",如何"传檄可定"等),但毕竟标志着"保救"斗争从海外向国内主战场的靠近。

康有为真正全力投入"勤王"之举的发动,是在义和团运动的高潮时期。这场运动源起于北方民众对外国教会侵略的抗争,迅速发展起来之后,其盲目排外的弱点被清廷恶意利用,以至陷入失控的境地。为了维护和扩大侵略权益,列强组成八国联军镇压义和团,并一度占领北京,最后以朝廷签订中国近代史上丧权辱国最严重的《辛丑条约》收场。此次民族矛盾的大激发,在康有为看来,正是一次成就"勤王"之业的绝好时机。

约从1900年5月起,康有为加紧了对"勤王"之事的统筹策划。一方面,他非常密集地与相关办事人特别是担负重责的康门弟子进行联络,商讨起义机宜;另一方面,密切注视列强的举动,借助外国之力以收"保救"之功的愿望更加强烈。在此期间,其政治思想又有新的变化,这就是以新旧斗争为主线,对如何因应时势、内外结合,以取得开新除旧的成功,做了一系列颇具特色的论析。

(一)以"救上"与"自立"为"勤王"宗旨,以全面仿效西方为新党执政方针

大力策动"勤王"起义,是康有为开新除旧的立足点。他清楚地知道,如果新党本身不努力有所作为,即使有外国相助,也只能寄人篱下,任人摆布,

---

① 康有为:《与简朝亮书》,载《康有为全集》第五集,中国人民大学出版社2007年版,第159页。张柬之,唐朝宰相,于神龙年间乘武则天病重发动政变,恢复李唐王朝。
② 康有为:《致某某书》,《康有为全集》载第五集,中国人民大学出版社2007年版,第161页。

而无法达到维新救国的目的。① 因此,义和团变乱最动荡的数月,亦是"勤王"运筹最上紧的时期。除了具体谋划筹饷、购械、用人、举兵、方略等要务外,康有为在"勤王"指导思想上,突出标示了两大宗旨。

一是一直以来所宣扬的"救上",以忠君爱国为其主要内涵。他布告全国民众:"我皇上至仁同天,爱民如子,变法救国,舍身济人。……惟我义旗,应天而起。但以为复我圣主,保我生民,睦我友邦,全我国土。讨逆贼以清君侧,平匪乱以谢四邻。……凡我大夫卿士……观大势之推移,审忠义之所在,必当翻然改辙,从我同仇。……皇天后土,鉴我忠君爱国之心。万国五洲,助我敌忾勤王之气。"② 他又劝诫各省督抚:"……八国联盟,皆议救圣主。岂可身为大臣,而不奔问……公若整率义师,正名讨贼,以为名则忠义感于人心,以为功则勋德弥于天地,以为身则富贵益以崇高,以为时则拉朽易于摧破。……君不可背,国不可弃,天不可逆,时不可失。"③ 所谓"忠义",基本不脱传统政治思想的窠

---

① 康有为曾设想假如英国答应帮助新党,自己将请求搭乘英兵舰一道"赴京救上",但同时又有诸多顾虑:"一则吾一君一臣孑然于各大国中,微独团匪遍地,荣军满京,祸机四伏,出入难保,或又有俄人之牵,须留在北,吾无一兵,为之奈何?即能渡南,亦无亲卫,四面皆借洋兵。所定和议,分割赔饷之数,吾一人当之,既受彼厚恩,又绝无势力,只得俯首,一切惟命。是吾为安南也,是卖国自吾也。不然亦为波兰、为埃及,恐土耳其亦不可得也。吾甚忧之,故即能救上,而其难其患如此。……且中国变法亦难矣,非经雷霆荡之威,未易行也。即论救上,亦须我军威既立,能直捣京师,然后请西人从中调和,成之和议乃易。不然南还,亦必吾南中亲军已立,然后可靠。……今吾南北之师已集,正宜借此作威,以著吾新党之力,然后外交可固,而内奸知畏。天下古今,固未有如此大变,而吾以一君一臣两人晏然而坐定者也。"(康有为:《致唐才常书》,载《康有为全集》第五集,中国人民大学出版社2007年版,第180—181页)这段话说得很有意思。他想象自己有可能托庇于外国,与皇上相见,并代表中国与洋人商定"和议",但又担心这只能成为卖国之举;认为中国变法若不经"雷霆扫荡",断难成功,即使要"救上",也必须自身有强大的兵力;期待尽快启动"南北之师",以助新党成就大事。这些看法一半是真知,说明康有为懂得维新救国终究还是要靠本身具有实力;但一半是错判,对列强和新党皆有幻想。他没有低估列强的势力,但高估了自己的分量。事实上,他在列强眼中并没有那么重要,和议"吾一人当之"毫无可能,而新党也并没有做好武力"作威"的准备,"今吾南北之师已集"只是一句虚语。因此,无论是"赴京救上"的"奇策",还是"还港调度"的"正策",都落不到实处。
② 康有为:《告全国民众书》,载《康有为全集》第五集,中国人民大学出版社2007年版,第242—243页。
③ 康有为:《致各省督抚书》,载《康有为全集》第五集,中国人民大学出版社2007年版,第244—245页。引者对引文标点有改动。

曰，虽然光绪帝作为"变法救国"之"圣主"，与古代君主实际上已有了不同。

二是赋予"勤王"以新政治生命的"自立"。自立之义，此时开始多次出现于康有为笔下。如说"中国内腐至弱之国，何以当各国哉！其速瓜分，即不亡，遂为土耳其乎？然有此时机，皇上复位赖此机，中国自立赖此机"①，"此次北乱……北京必倾，中国大分，然或者复辟之事，及中国自立之举，即在此乎"②，"此次与各国开仗，必大分矣，不亡为幸。然为圣主复位，我辈自立，则天助也。然中国必不可全矣"③，"伪政府之倾，不待言矣。……伪府既倒，新党已于上海设立国会，预开新政府，为南方立国基础。将来迎上南迁……复我维新之治"④，等等。从这些言辞看，"自立"就是要建立取代清廷的新政府，一面奉光绪为帝，一面由新党主政，除了恢复戊戌新政外，还进一步增设"国会"，开始向君主立宪制过渡。

除此之外，以幻想"各国联合救皇上复位"为前提，康有为还假设新党一旦执政，在对外政策上，将推行十项举措：一是尽开沿海口岸为各国通商之地，"盖西人商务之精、制造之美，及其桥梁、宫室、道路、巡捕之整齐，皆足开我民之智慧，而补我民之器用，令我民日进于文明，此事有大益而无损。……各国文明之气既得输入于中国，中国人民可以大开其智识，以为进化之地。又可以知西人为有政教之国，必不至妄诮为夷狄而闹教矣。外交之情，于是融洽而相亲矣"；二是免内地厘金，"厘金重税，中国人民久已苦之。……若行新政，此必与开沿口通商口岸同一先办者也"；三是改律法，"取西人国律、商律、民律、兵律及外交之律……斟酌其宜而施行之。务令大体与西人相合而与中国舆情不背，则内外多相安矣"；四是改监狱，"……内地皆改用西人监狱式样。……于通商地方，并雇西人以为法官，帮助讯案。如此则中西相安，容易办理"；五是请西人教习，"西人各学，实为日新日精。将来中国各种科学皆开，必当请西人为之教习……当用西人几至万人"；六是整顿开创各业，"内地农、工、商、矿各事，皆当整顿开创，皆当用西法

---

① 康有为：《致唐才常书》，载《康有为全集》第五集，中国人民大学出版社2007年版，第180页。
② 康有为：《与谭张孝书》，载《康有为全集》第五集，中国人民大学出版社2007年版，第194页。
③ 康有为：《致徐勤等书》，载《康有为全集》第五集，中国人民大学出版社2007年版，第215页。
④ 康有为：《致各埠保皇会公函》，载《康有为全集》第五集，中国人民大学出版社2007年版，第225页。

行之……用西人不可限量";七是与各国平等交际,"……当用日本法,一切平等往来。其国优待我人民者,我亦优待之。其国不能优待我人民者,亦如而待之。凡西人之在我内地,身命财产,我皆当极力保护之";八是与各国彼此相通,"驿务、信局、电线、车路,应彼此相通者,我皆从万国公例相通。其有兵事及其他万国公会大事相通者,我皆从万国公例";九是内地各国杂居,"日本行之,我国终当行之。但须俟我法律改后、政事定后,乃能行之";十是信教自由,"万国宗教,各听其人民之所择。……日本法一概听人民之所择,风俗既一,亦为日本无教案矣"。①

这些举措继承和发扬了戊戌变法时期学习西方的精神,与后党统治集团的恪守祖法、畏惧变革的取向截然相反,就改变中国落后状况、追赶世界先进潮流而言,可以说展示了一幅充满新气象的蓝图。但这幅蓝图也有一个很大的缺陷,就是没有为学西方设定必须坚守独立自主、维护中国权益的前提,对严峻的列强侵占、外侮加深的形势亦不置一词。尽管新党处境艰难,欲借助外国之力以对抗后党集团有不得已的苦衷,但若因此之故,就一味以学西方向西人示好,而不同时表明坚决反对丧权辱国,终究是一种不健全亦不现实的态度。

(二)预言义和团引发的变乱将毁灭旧党巢穴,尽歼守旧诸贼,从而奠定中国维新之基

义和团运动兴起后,很快就以京师为主要活动之地,原有的统治秩序大乱,中外战火速燃,像第二次鸦片战争时一样,清廷再度面对外国侵略军兵临城下的危机。对此变乱,康有为视之为"天命",兴高采烈地宣称这将为"复圣主而存中国"提供一个极好的机会。

天命实现的第一步,就是通过"夷毁"藏污纳垢的旧京师,为中国"别开新基"创造条件。在他看来,京师是一切罪恶的渊薮,"……中国积弊之深、守旧之力,以压四万万人而亡中国者,未有若北京之甚者也。即旧党千亿之蟠

---

① 康有为:《答某国大员问新党执政之外交政策》,载《康有为全集》第五集,中国人民大学出版社2007年版,第238—239页。

踞，亦惟北京之故。……盖积千年弊坏恶慝之薮，以为梗塞新法之源，合以为亡中国之具，皆北京也"，其"苟非大乱，皆无术以涤荡之。即皇上维新发愤，迁营新都，剪其枝叶，而风俗根株，终不能拔，易种新邑，尚复蔓延"，因此"天以为不毁至秽之北京，则无以固中国维新之基础也，于是先为夷毁北京之计。……将来各国强兵劲卒，大破京师，焚烧尽灭，则将尽六部之则例而焚之，尽室庐服玩、婢妾倡优而掳掠之、尽贵人大官、惟阿庸劣之人而奔走散除死亡之、尽恶风丑俗、谬例弊化而涤荡洗刮之。如耕田之用犁，如迁室之洗地，必尽去旧积而后别开新基。迁徙新都，乃无旧种之牵累污染"。①

伴随旧京师的毁灭，盘踞于此的"贼党"也将一并被歼，新党得以顺利"救上"开新。他坦承旧党本来拥有强大的兵力，以保皇会的"区区之捐，绵薄之力"，显然不是他们的对手。于是，"天命"再度显现，"……曲为聚歼旧党之术，巧发难于拳匪，俾合武卫、虎神、神机诸军而尽歼于西人，又并旧党李秉衡、鹿传霖之类，皆聚之京畿而并歼之。于数月之中，而那拉、端逆、庆逆、荣禄、刚毅、赵舒翘、董福祥、聂士成之流，皆不俟新党分毫之力而尽歼焉。而后新党救上、新中国之事乃易措也。如导引者，引诸毒尽聚于大痈，而后决而溃之，而身乃可保，命乃可寿。天之曲助新党以救中国者，可不谓至乎"。②

列强若"大破京师，焚烧尽灭"，这是中国的一大灾难，康有为却对此大唱赞歌，显然非常偏激，与他历来对亡国灭种之惨的悲情诉说，也显得很不协调；因自身软弱无力，寄希望于外国占领军消灭旧党、维新中国，还美其名曰天意，更只是一种远离现实的幻想。不过，其预测亦蕴含真实意义，这就是除

---

① 康有为：《拳匪之乱天为复圣主而存中国说》，载《康有为全集》第五集，中国人民大学出版社2007年版，第235—236页。

② 康有为：《拳匪之乱天为复圣主而存中国说》，载《康有为全集》第五集，中国人民大学出版社2007年版，第236、237页。对于"天命"说，康有为还做过这样的分析："此次诸贼之结拳匪，此殆天亡之，以兴我新党者。何以言之？伪府诸贼盘踞北京，根深蒂固，拥兵甚重……我一旦起而与之相抗，虽有名义之正……然耗力竭智，亦需时日，乃足破之。今则天夺其魄，鬼焚其穴，结匪自踣，激外自杀。……外结万国之深仇，内生各督之抗拒，不成为政府，不足为朝廷。今幸外国之兵未能大集……再延一月，西兵既至，亡可翘足而待耳。我新党乘斯时以起义军，远在南方，固成割据，而彼无如何。即进捣贼穴，亦以疲弊而难自救。故日天与之会，不可失也！"（康有为：《致各埠保皇会公函》，载《康有为全集》第五集，中国人民大学出版社2007年版，第225页）

了借题发挥、抒发对后党集团的深仇大恨之外，还表达了对中国守旧势力根深蒂固的深度认识，对不彻底除旧就不能真正维新的深切感悟，以及对一举全歼旧党以革新中国的急切期待。这折射出历经磨难之后，康有为对中国改革面临的困难、必备的条件等，有了更为清醒的估计。

（三）请求各国分清中国新旧之党，大力支持新党而彻底清除旧党

康有为尽全力策动"勤王"，终于促成了唐才常领导的自立军起义，但很快便被张之洞镇压下去。失败后，他还不愿放弃自己的期望，对业已占领北京的列强仍充满种种幻想。此时，外国侵略军正与出逃在外的清廷议和而未果，康有为视此为最后的机会，再度向各国建言献策，以扶新除旧为中心，重点提出了四方面的请求。

第一，废西后、去后党而扶皇上，这是扶新除旧的首要之策。他力言西后是义和团变乱的总祸根，也是皇上复位的最大障碍。如要保救皇上，就必须使皇上与西后"离居"，对西后"必先逐之，而以兵困之"，这样"皇上自然有权矣"，否则，"若皇上与那拉仍同住一处，则暂时虽或听归政，而那拉仍必操权。若出上谕，必仍那拉自专而假皇上之名行之。则皇上名虽复位，实同木偶，与未尝复位同耳"。这点只有各国才能做到，"方今中国当危急之秋，全仗尔扶助中国，废西后而复扶立皇上"。为达此目的，还必须"同去后党"，特别是对"西后倚为心腹"的荣禄和庆亲王奕劻，"其宜革或杀，由各国处之"，[①]如若不然，"……仍听后党诸人执政，是皇上必不能复权，而且更加危险，中国必将大乱，西人必再蒙大祸而已"。[②]

第二，明辨帝党、后党两大对立阵营，这是扶新除旧的关键所在。他告知各国，帝党、后党之辨是"中国内情"的极大之事，务必留心考察。帝党即为新党，他们"深通交涉，忠于皇上，亲好各国，喜西方之文明，最欲与各国亲结者也"，其党人"遍布各省及南北美洲、澳洲、南洋各岛，凡数百万人，其力最磅礴，其最和蔼也"；后党即为贼党，其"骄愚横悍，不通公法，深恶

[①] 康有为：《中国内情五策论》，载《康有为全集》第五集，中国人民大学出版社2007年版，第270、271页。

[②] 康有为：《查中国事当辨党派说》，载《康有为全集》第五集，中国人民大学出版社2007年版，第277页。

外国而日欲杀逐之"。①两党之分布，可以朝野画线，后党在朝而帝党在野，"那拉执政权，凡帝党者，杀之戮之，禁之逐之，故在朝诸大臣实无一帝党者。凡党于帝，则必不容于朝也。……如各国政党，一党魁得权在朝，其余党人皆大用。一党魁失权在野，其党人皆在野，此各国之通例"。②两党之争，实为新旧之争，新党"皆与皇上同心变法者，皇上深知外国法律风俗之美，欲仿而变之"，而守旧党则"不知万国之情，并不知有万国，以为中国独一天国而已"，这种新旧交争，"亦如各国旧事新旧交争同。……各国旧日维新，必新旧相争，中国今亦适当其时"。③

第三，重用帝党而尽除后党，这是扶新除旧的根本保障。其具体举措，可约分为五项：其一是议和用新党而拒绝后党，新党"久于游历、熟悉西例"，有助于"整顿中国"；其二是召回被后党囚禁、革职、放逐的帝党之人；其三是不许北京"守旧之吏"接近皇上，对"尤有大害"的后党要员"皆须尽除之"；其四是授权新党辅佐皇上，"上若独复位，而无新党辅佐之，中国亦不能维新"；其五是以兵力保护新党，"现北京联军不可撤，若撤北兵，则西后复放肆矣。且乃留此兵，以保护皇上用新党大臣。如此，则中国可振救矣"。④

第四，勿信张之洞对新党的诬陷，这是扶新除旧的紧要之点。针对外国协助镇压自立军起义，他专门辩解道："张之洞，后党也，今以有保护长江之约（指'东南互保'条约——引者注），各国遂深信之。不知其立心叵测，暗输饷械于北部，欲助端、荣等之攻外国也。……此次汉口大变，杀戮至卅余人，皆有名望之帝党也。其举事欲勤王，张之洞乃诬为乱党，诬为欲焚烧汉口租界，以恐吓外人。外国徒感其立约保护之德，而不深窥其隐，许在租界捕人。……不惟不依公法而保护之，反助其仇党以戕害之。……各国既有扶皇上

---

① 康有为：《各国今日之目的》，载《康有为全集》第五集，中国人民大学出版社2007年版，第275页。
② 康有为：《查中国事当辨党派说》，载《康有为全集》第五集，中国人民大学出版社2007年版，第277页。
③ 康有为：《中国内情五策论》，载《康有为全集》第五集，中国人民大学出版社2007年版，第271页。
④ 康有为：《中国内情五策论》，载《康有为全集》第五集，中国人民大学出版社2007年版，第271页。

之盛心，而不翼帝党，且助纣为虐焉。……南辕北辙，最失策之事也。"[①]

以上请求就其本身而言，固然体现了对中国政情的清醒认识，对于改变新党极为不利的政治处境，完成康有为为之苦斗的保救自立大业，是一个相当完整而理想的方案，相比于此前的"作威"大话、"执政"空想及"天命"预言，康有为的政治现实感有了显著的增强。然而，由于"勤王"起义事实上已经终结，康有为的底气也变得更加不足，对列强的依赖性亦更大。其请求能否实现，完全取决于各国的态度，新党只能听从其摆布。各国为了从中国获取最大的侵略权益，当然只会与愿意妥协的清廷打交道，而不会出手帮助毫无实力的新党。

五、为民权思想辩护

康有为苦心经营的"勤王"之举，由于新党的涣散无力，进行得很不顺利，诸多策划看似气势如虹，实际上只是虚张声势。酝酿已久的自立军起义甫一发动，就迅即遭到镇压，死者达30余人，以更悲壮的形式重演了戊戌六君子遇难一幕。张之洞于镇压之后，除发布告示宣布起义者罪状外，还特地撰写劝诫之文，以信守尊亲大义、反对犯上作乱为宗旨，痛斥康梁邪说、民权谬论、"勤王"逆行，奉劝新党之人尽早幡然悔悟，迷途知返。这一舆论与思想领域的追杀，激起了康有为的极大斗志。

为了反击张之洞，为新党伸张正义，他针锋相对地写下了多篇辩驳之文。在这些论战文中，他一方面具体批驳强加于自立军起义的种种罪名，另一方面着重以张之洞所论为切入点，反驳旧党所固守的专制主义，竭力为新党所认可的民权思想辩护。这一辩护因出于对新党再度流血惨败的悲愤，对旧党代言人张之洞固守专制之论的痛恨，言辞格外激烈，观点格外鲜明，对民权观的表达锋芒毕露，无所顾忌，显示了前所未有的新面貌和冲击力。对此加以梳理，能清楚地看出在"保救"斗争实践的推动下，康有为的政治和文化思想的进展可以达到怎样的高度。

[①] 康有为：《各国今日之目的》，载《康有为全集》第五集，中国人民大学出版社2007年版，第275—276页。关于这些请求，还可参见康有为《致各国政府书》、《致八国公使电 代作》，载《康有为全集》第五集，中国人民大学出版社2007年版，第357—358、359页。

（一）推崇"自主之权"为"地球之公理，文明之极点"

"人有自主之权"，是康有为早年撰写《人类公理》时就已提出的命题，但一直限于理想上的抽象认同，很少做现实而具体的阐发。此时为了反驳张之洞对"人人有自主之权"的攻击，他对此命题的内涵做了很大的拓展。

其论述的中心点，是要通过列举各国史实，力证此权绝非康梁私言，而是早已通行于世界的公理：一者见于言说，"夫人人有自主之权一语，今日欧美诸国，无论其为政治家，其为哲学家，议会之所议，报章之所载，未有不重乎是者。若欲尽举其说，盈箱累篋而不能尽。列国著名之士……所著之书，何一不言自由，何一不言平等，何一不言民权。……声名遍于全球，各国争译其书，政治家人人仰之为山斗，其故何耶？无他，公理之于地球，犹衣食之于吾身，不可一日无者，乃欧西诸名士，竭毕生之力以发明之"；二者见于实践，"……法之革命也，天赋人权之说，载于宪法。美之独立也，权利自由之书，布之列邦。其他各国所有者，曰人民言论思想之自由权，曰出版之自由权，曰从教之自由权，曰立会之自由权，曰居住移转之自由权，曰身体之自由权，曰住所之自由权，曰信书秘密之自由权，曰产业之自由权。载之宪法，布之通国，人人实享其利益"。总之，"人人有自主之权，为地球之公理，文明之极点，无可訾议者也。若欲知其理之所以然，则诸家之说，原书具在，其理甚精，可详考也"。①

康有为毫无保留地肯定了欧美各国对自主之权的普遍和高度重视，将发明了自由平等民权说的欧洲启蒙思想家们赞为泰山北斗，以法国革命和美国独立作为落实自主之权的典范，并对各国宪法所保障的九项最重要的"自由权"逐一列举称颂，可说非常明确地站立到了中国民主思想潮流的前沿。

（二）颂扬"民权"为"救中国之圣药"

民权与自主之权关系密切，后者重在个人之权，而前者重在群体之权。在维新运动中，民权论直接与君主专制论相对立，是维新派鼓动变法最有战斗力的思想武器，也是固守纲常者们最为仇视的观念。但由于当时民权思想才刚兴

---

① 康有为：《代上海国会及出洋学生复湖广总督张之洞书》，载《康有为全集》第五集，中国人民大学出版社2007年版，第328—329页。

起,"君权变法"又是维新派选择的主要变法方式,因此对民权公开谈论者很少,不过"微昌其绪"。经过戊戌政变和自立军起义失败,新旧两党的对立日益严重,双方政权之争流血相搏,已无调和的余地。在此情形下,康有为对民权的宣扬变成大声疾呼,显得毫无顾忌。

他一方面仍借助于孔学,宣称"若夫民权之大义,则自孔、孟六经倡矣。所谓天视自我民视,天听自我民听。……此皆民权之义。张之洞虽欲媚牝朝而压天下,岂能攻孔、孟而焚《诗》《书》耶";另一方面着重以世界为例,大赞民权潮流的不可抗拒,"至于近日,东西各国,民权大伸。百年以来,各国之争,民党无不大胜者,皆流血成河,死至百数十万人,以得有今日文明之治强。……地球各国,无有不授民权而能立国者。……地球各强国,人民无不有自主之权者。其有长上,以力压之者,无不死败。此又揽近百年事而可见。……故民权之有益于国而非作乱,人人明之。……抑压民权,无一不败者"。合而论之,"康、梁哀民生之困,惧中国之亡,上据孔孟之微言,横鉴万国之通义,特倡此说,以解民缚。使四万万人各伸其用……诚救中国之圣药也"。①从六经大义到各国史例,从"立国"之本到救国"圣药",在康有为心目中,民权显然已占据极为重要的位置。

(三)盛赞以流血革命反抗压制

既然力争民权,必定无法避免"流血",而劝诫勿"以流血为身心性命之学"②,正是张之洞论说的一大重点。为颠仆此说,康有为一反此前从不正面首肯革命的常态,对流血革命大唱赞歌:

> 至若不受压制,甘心流血,固舍身救民之志士之所为,各国历史数见不鲜者矣。试取英国之史观之,一千二百十五年之革命何如?一千四百八十五年之革命何如?一千八百三十二年之革命又何如?使英人

---

① 康有为:《驳张之洞劝戒文》,载《康有为全集》第五集,中国人民大学出版社2007年版,第337、338、339页。
② 康有为:《驳张之洞劝戒文》,载《康有为全集》第五集,中国人民大学出版社2007年版,第346页。

甘心压制，而不流血，则今日之英民，犹君主贵族之奴隶也。取法国之史观之，一千七百八十九年之革命何如？一千八百三十年之革命何如？一千八百四十八年之革命又何如？使法人甘心压制，而不流血，则今日之法民，亦君主贵族之奴隶也。又取美国之史观之，英之所以压制美国者何若？美之所以抵抗英人者又何若？使美人甘心压制，而不流血，则今日之美国，犹印度也。取意大利之史观之，各邦之君，所以治其内者何若？法、澳诸国，所以制其外者又何若？使意人甘心压制，而不流血，则今日之意国，犹土耳其也。是故西儒有恒言曰：列国之文明，皆从流血购来。柏雷亚曰：自由犹树也，溉之以虐政之血，而后生长焉。①

英国、法国、美国、意大利等各类流血革命，皆在讴歌之列，并完全认可只有通过流血斗争，才能建构文明、获得自由的大道理，这是一种相当激烈的反专制压迫的态度。

（四）断言立"国会"方能造就民权

流血革命要付诸实施，民权理想要落到实处，必须通过一定的组织形式。自立军起义时，曾在上海召集"国会"，既作为名义上的领导机关，也作为日后新政权的象征性标志。张之洞劝诫新党及其追随者时，谴责自立"国会"错仿外国、纠合会党叛乱是其又一重点。针对此论，康有为分别从"立会"权和"立法"权两个角度，阐释立"国会"所蕴含的民权之理。

从前者看，立会属于民众所拥有的组建新国之权："国会者，立此会以兴中国者也……盖立会者，各有宗旨……各有自由。暴君不可得而制，民贼不可得而夺者也。故地球之上，苟称为文明国者，其宪法所载，必使人人有立会之自由权。诚以会党者，国民之元气也。法无革命党，何以成民主？德无国民党，何以成联邦？意大利无烧炭党，何以脱外国之拘绊而成新造之国？"②若张

---

① 康有为：《代上海国会及出洋学生复湖广总督张之洞书》，载《康有为全集》第五集，中国人民大学出版社2007年版，第329页。
② 康有为：《代上海国会及出洋学生复湖广总督张之洞书》，载《康有为全集》第五集，中国人民大学出版社2007年版，第330页。

之洞认为只有"外国开化之民"才能做到这点，而"中国会党，皆贪淫犷悍之人，何足语此"，其实也大谬不然，"中国之民，岂生性好乱哉？暴君污吏，肆其荼毒，横征暴敛，迫之以饥寒冻馁，驱之使然，而又穷设法网，绝其生路。故其人之所欲者，衣食而已。所仇视者，官吏而已。有能除官吏、与衣食者，自奋身忘死，乐为其用。徐而导之以谋生之路，与之以教养之方。是本良民，其智其力，岂必让欧美哉"。①这里所说的"立会"或"会党"，主要指近代意义的政党。他将政党称之为"国民之元气"，当作建立民权新国家的必备前提，并前所未有地首肯革命党，前所未有地为中国会党之民进行辩解，这都表现了康有为戊戌之后政治上的更新进步。

从后者看，"国会"所仿效的欧美下议院，必须掌握立法权，而不是"但发为议论，备当事采择"：

> 下议院者何？全国人民之代表者也。曷谓之代表？全国人民不能人人入议院以议定其政事，故于人民中选举若干人以代议其事，所谓代议政体也。代议者，人民之权利，不能以君主之威，而使之不议，即不能以君主之威，而使之无权，此所谓民权也。故议院者，为民而设，非为君而设。若但备采择，是专制国之顾问官，而议院不如是也。考之各国宪法……下议院皆有立法权，而君主与大统领，不过行法权而已，则下议院之权，远出君主与大统领之上……是君主有君主之权，议院有议院之权，非徒凭君主之采择，君以为是而所议皆是，君以为非而所议皆非，如东方专制之国者也。②

从这些论述中，可看出康有为对一直向往的议院制有了更深入的了解，其用语和含义，如"全国人民之代表者也""代议者，人民之权利""东方专制之国"等，都带有浓厚的近代意味。

---

① 康有为：《代上海国会及出洋学生复湖广总督张之洞书》，载《康有为全集》第五集，中国人民大学出版社2007年版，第331页。
② 康有为：《代上海国会及出洋学生复湖广总督张之洞书》，载《康有为全集》第五集，中国人民大学出版社2007年版，第330页。引者对引文标点有改动。

（五）力辨国家与朝廷的本质之别

凡为革命，势必与朝廷为敌，康有为所筹划的勤王起义，虽算不上一次正式的革命运动，但在对抗朝廷这点上，也与革命相差无几。张之洞在痛斥康党"叛逆"之行时，总是将朝廷与国家混为一谈，将对朝廷的反叛抗争，同时视为对国家的极大危害。康有为认为，这种"不知国家为何物，不知国家与朝廷之区别"的陋识，正是张之洞所有错谬之论的"病根"。

为拔此根，康有为从学理与现实的结合上，对国家与朝廷做了明确的区分：所谓国家，"即人民集合之区域，以达共同之志愿，居一定之疆土，组织一定之政治，而有独立无限之主权者也"，因而"国家之土地，吾民集合之区域也。国家之庶务，吾民共同之志愿也。国家一定之疆土，吾民与他国人民之界限也。国家一定之政治，吾民之机捩也。国家独立无限之主权，集合吾民之权力而成者也。由此观之，国家之土地、疆域、庶务、政治、主权，何一非本于吾民。故曰国家者，民众之国家也，非一人之私产也"；所谓朝廷，"指君主于国家中所占之地位而言，属于一姓者也"，国家之土地人民不属朝廷所有，一切政事无不决定于议院，国家之权力与朝廷无关，举凡日本、德国、英国、奥地利与匈牙利、瑞典与挪威等有朝廷之国，无不如此，且美国、法国更是无朝廷而有国家的著名范例。①

独有张之洞等人不懂此区别，"以国家为朝廷之私物，视朝廷即为国家者……故于国家之兴亡，亦视为朝廷之私事。于是国家之土地，听朝廷之割让；国家之庶务，听朝廷之荒废；国家之疆域，听朝廷之淆乱；国家之政治，听朝廷之败坏；国家之主权，听朝廷之放弃；甚至朝廷败亡，为异族贱种人而据有吾国家，亦遂安然奉之为朝廷，且奉之为国家，而靦然号于人曰：吾中华也"。正因受此"私事"论的误导，国家才陷于危亡之境，今日若要救亡，就"必自辨朝廷与国家之区别始"，认清"君权为天授""国家为朝廷之私

---

① 参见康有为《代上海国会及出洋学生复湖广总督张之洞书》，载《康有为全集》第五集，中国人民大学出版社2007年版，第332页。

有""朕即国家"之非,而真正懂得"自由人权平等之说"的"精义粹理"。①

这些辨析不仅极为精彩,而且再度彰显了康有为此时政治思想的先进性。他认定国家的一切决定于民,断言"国家者,民众之国家也",相当于在呼唤"民国"的诞生,与兴中会"创立合众政府"的纲领有异曲同工之妙,而直言不讳地抨击"异族贱种人而据有吾国家",与革命派的民族革命宣传亦如出一辙。此番堪称领民主潮流之先的前卫言论,在其一生的公开著述中,似为仅见。

在为民权辩护的同时,康有为还在《清议报》发表《中国布新先除旧论》,以决不妥协的精神,继续为彻底铲除守旧势力而大造舆论。首先,总结庚子之变,将"京师破,六部例案焚……公卿士之死亡戮辱斥逐者,殆不可胜数"这一"古今所未有之大祸",称为除旧布新的"天意",赞其对200余年所蓄积的清朝旧根基起了"扫荡廓清""扫涤旧污"的作用,可谓"一旦拨云雾而见青天",因此"今兹之惨祸,直中国之大庆也。……吾四万万人,其有瘳矣";其次,指出不能仅仅除京邑的"积污",还必须扫除"各省之旧法",正如当"满身肿毒"之时,"必俟其肿毒遍发,血肉狼藉,药散四敷,血去毒消,然后可渐望生肌也",由于根本已拔,枝叶易剪,此事将在"二三年"内速成;再次,预测各省皆将难免清除旧毒的"祸变",区别只在"其旧毒重者,其祸重;其旧毒轻者,其祸轻",其大势是"以南北论之,则南方多新,北方多旧,则北方祸重。……合南北之枢、新旧之界而论之,则两湖当南北之冲,武昌尤必争之地,被祸宜重。……故后日之祸,必始于陕甘,以新都之遗毒也;必烈于武汉,以新旧之竞心也。两者既起,乃蔓他省;两者祸毕,旧毒半拔,新光乃始发。……必始于庚子之冬,而尽己丑,乃可讫",此仍为新必胜旧的"天运","非人力所能为也",新党不必因暂时的黑暗而悲观,"今虽长夜之未旦,风雨之纷纷,鸡鸣胶胶,此非恶声,唤晓时至,闻音交应。嗟我维新志士,其激昂起舞于中庭乎"。②

---

① 康有为:《代上海国会及出洋学生复湖广总督张之洞书》,载《康有为全集》第五集,中国人民大学出版社2007年版,第332—333页。引者对引文标点有改动。

② 康有为:《中国布新先除旧论》,载《康有为全集》第五集,中国人民大学出版社2007年版,第355、356页。引者对引文标点有改动。引文中"其祸轻",原文为"其祸酷轻",酌改。

这是一篇眼光锐利、思虑超前、斗志高昂，同时又将自身弱点暴露得十分明显的维新宣言。以前者论，康有为清楚地看到了义和团运动所起的沉重打击清廷守旧势力的客观作用，热切期待各地也发生荡涤守旧之毒的变动，并以十分乐观进取的态度，断定一旦变起，整个中国将以陕甘为先锋，武汉为枢纽，他省为响应，一举尽拔"旧毒"，焕发"新光"，迎来一个"皎日即腾""光彩缤纷"①的新世界，这虽未如期兑现，却仿佛对11年后爆发的辛亥革命，做了一个颇有几分相似的预言；以后者论，他的种种立论，皆建立在虚而不实、幻而不真的"天意"或"天运"的基点之上，与时局现状及实际走向相隔甚远，而这一虚幻性说到底，就是仍对列强扶持皇上复位，抱有莫大的希望，他对于除旧布新光明前景的展望，很大程度上取决于此。因此，对康有为来说，这种"激昂起舞"只能止于一时的激愤空想之言，而难以转化为强劲的除旧布新的现实举动。

从戊戌政变到义和团运动，是康有为政治斗争生涯中又一重要时期。这一时期，由特殊的历史条件所决定，"君权变法"以保皇自立的形式获得了新的生命，继续发挥着推进中国政治变革的作用。在"君权变法"主张的基础上，保皇自立思想将隐忍克制的新旧论争转变为对维新变法的热烈歌颂和对守旧势力的猛烈抨击，将国内开智合群的宣传转变为海外立会结党的鼓动，将逐步摈斥旧党的图谋转变为以武力彻底扫荡后党政府的设想，将仅开其端的民权主张转变为对专制主义的全面宣战，这都鲜明地彰显了康有为所取得的重大进步。

但与此同时，他在伸张民权与保救君主、立足自立与求助列强、力倡西学与发明孔教之间，还存在诸多并未解决的矛盾，受到很大的制约。当保救斗争遭受重挫、列强支持毫无指望、清廷政局暂时稳定之后，康有为的政治和文化思想再度发生了转折性的变化，集中表现为其不再继续朝深化中国社会变革的方向前行，而是重返戊戌之前自身思想的原点。以此为营寨，他逐一以总结性或反思性著述的方式，对原有的大同论、孔学论、学西方论、变法论等做了定

---

① 康有为：《中国布新先除旧论》，载《康有为全集》第五集，中国人民大学出版社2007年版，第356页。

型完善，最终完成了自身思想体系的再建造。①在此建造中，他一方面仍有许多新的拓展和收获，另一方面却开始全面呈现保守和后退的态势。这一充满矛盾的状态，一直持续到辛亥革命爆发之前。

---

① 康有为在《官制议》序言中写道，从"庚子之秋，避地槟榔屿"起，就在重新全盘思考中国变法的问题，"……日写定凤昔所注之《礼运》《大学》《中庸》《论语》《孟子》《春秋微言大义考》暨《人类公理》，以明大同太平之义……政议始待焉"。（《康有为全集》第七集，中国人民大学出版社2007年版，第232页）此"写定"者，《人类公理》就变成了《大同书》，《礼运》等就组成了后来陆续出版的演孔系列之著，"政议"则以《官制议》《物质救国论》等为代表。

第七章

写定"大同"理想

第七章 写定"大同"理想

在康有为的新思想体系中,未来社会理想是一块最重要的基石。早在开始上书清帝之前,康有为对这一理想就以"人类公理"的形式,做了极为抽象的勾勒。其后,演化为"大同口说",在万木草堂中传授给少数康门弟子。1901—1902年,康有为避居印度大吉岭,写成了作为大同理想最终定本的《大同书》。①

《大同书》在核心价值上,宣扬以人为本的人权观、平等观和苦乐观;在启蒙层面上,对以君权、夫权、等级制为代表的专制主义进行了深入的批判;在未来制度设计上,设想个人将成为没有家庭而直接依赖和服务于社会的独人,社会将建立一整套公有、民主、符合人性的体制,世界将成为没有国界、按民主原则统一管理的人类共同体。这部书将思想启蒙的深度与广度推进到新的层面,同时也清楚地显露了芜杂空虚等严重弱点。

一、以人为本的价值观

自走上思想启蒙之路开始,康有为就保持着对作为万物之灵的"人"的关注,不断从各种角度探索解读人的特性和意义。这种以人为本的价值观,是康有为未来理想的理论支柱。在《大同书》中,他将此价值观概述为人权观、平等观和苦乐观,力图说明人类之所以必须和必然走向大同,都与这些基本理念有着莫大的关系。

---

① 康有为的大同理想从开始酝酿到最后定性成熟,经历了较长时间的发展,大致可分为奠基、大同口说、撰写《大同书》三个阶段。关于这三个阶段的演变过程和内容,参见拙著《岭南维新思想述论》第一章第三节"追求民主的大同构想",中华书局2002年版,第74—86页。

（一）从自主之权到"天赋人权"

"人有自主之权"是康有为在"实理公法"论中提出的重要命题，用以高度概括个人所应拥有的根本权利。在"大同"论中，这一命题演变为"天赋人权"的观念，并从人伦关系领域进入范围更为广泛的社会政治领域。

在万木草堂所做的"大同口说"中，康有为谈到了"男女同权"的话题："今泰西女权虽渐昌，然去实际犹远，即如参政权一事，各国之妇女有权投票者，不过美国及澳洲间有一二州耳，余皆无闻。自余各事，无一能平等者，若东方更不必论矣。大同之世，最重人权，苟名为人，权利斯等。"① 在康有为看来，无论是东方还是西方，人权平等的任务都还十分艰巨，与大同之世的理想相隔遥远。

在《大同书》中，康有为仍着重围绕男女相互关系这一问题，从多方面论述了"天赋人权"的思想。

其一，强调人权的天赋性："人者天所生也，有是身体即有其权利，侵权者谓之侵天权，让权者谓之失天职。男与女虽异形，其为天民而共受天权一也；人之男身，既知天与人权所在而求与闻国政，亦何抑女子攘其权哉，女子亦何得听男子独擅其权而不任其大职哉！"② 天生、天权、天民、天职，天与人成了一个不可分割的整体，而人借助于天则应当享有不可让与、不可剥夺的权利。

其二，指出天赋人权的核心内容是独立自主（自由）和平等。这方面的论述较多，如："凡人皆天生，不论男女，人人皆有天与之体，即有自立之权，上隶于天，人尽平等，无形体之异也。……女子与男子，同为天民，同隶于天，其有亲交好合，不过若朋友之平交者尔；虽极欢爱，而其各为一身，各有自立自主自由之人权则一也"；"人人有天授之体，即人人有天授自由之权。故凡为人者，学问可以自学，言语可以自发，游观可以自如，宴飨可以自乐，出入可以自行，交合可以自主，此人人公有之权利也。禁人者，谓之夺人权，

---

① 梁启超：《康有为传》，载楼宇烈整理《康南海自编年谱（外二种）》，中华书局1992年版，第262页。
② 康有为：《大同书》，古籍出版社1956年版，第130页。

背天理矣"①,等等。人由于隶属于天,所以人人都应是自己的主人,自己决定和选择自己的活动,而绝不可附属、受制于他人。

其三,将对"天赋人权"的认识作为达到大同理想境界的前提和起点,并将"天赋人权"视作全部"大同之道"的精髓所在。对此,《大同书》中写得非常明确:不论全世界之人欲去家庭之累、去私产之害、去国与国之争、去种与种之争,还是最后欲致大同之世、太平之境乃至极乐之世、长生之道,都必须从懂得"男女平等各自独立"开始。书中还进一步总结说:"吾采得大同、太平、极乐、长生……之术,欲以度我全世界之同胞而永救其疾苦焉,其惟天予人权、平等独立哉,其惟天予人权、平等独立哉!"②由此可见,以平等独立为核心内容的"天赋人权"对于康有为所向往、所宣扬的大同的确极其重要。

像西方资产阶级启蒙思想家所宣传的天赋人权论一样,康有为的天赋人权说也有不彻底和存在局限性的地方。仅从表面上或字面上看,天赋人权应指一切人的权力,只要具备是人这样一个条件,他(她)就应该享有一切天赋的权利。康有为在许多地方,也正是这样说的。但是,他并没有将这一观点始终贯彻到底。例如,他在谈到清除人种差别问题时,认为黑色人种是人类中的"恶种",倘不能最终变为白种或黄种,就只有被进化的规律淘汰掉,而绝不能像白种或黄种那样同享天赋的权力。③又比如,康有为所大声疾呼的女子的独立自主和平等也是有条件的。女子光有"天赋"不仅不能而且不许享有独立之权,只有当她们"学问才识备足公民之人格"后,她们的独立之权才是现实的。④由此可见,权利并不完全是甚至完全不是"天赋"的。

实际上,康有为所说的"天赋人权"是一种理想的人权,是人摆脱各种社会的压制和束缚及某种自然的限制(如人种的限制)之后所达到的一种完全解放、自由自在的生存状态。只有在这种极其理想并带有相当多的空想的状态中,人人才享有完全相等的权利。因此,尽管康有为反复强调人权的天赋性,但当其理想与社会现实出现巨大反差时,他便不惜一再削减"天赋"的意义和价值。

---

① 康有为:《大同书》,古籍出版社1956年版,第134、136页。
② 康有为:《大同书》,古籍出版社1956年版,第253页。
③ 参见康有为《大同书》,古籍出版社1956年版,第118页。
④ 参见康有为《大同书》,古籍出版社1956年版,第167页。

（二）平等观的成熟

在康有为的"自主之权"和"天赋人权"思想中，已经包含着"平等"的内容，两者之间有着非常密切的联系。但它们又是有差别的，康有为在论述自主之权与天赋人权的同时，往往又专就平等进行许多解释。比较而言，自主之权与天赋人权侧重于表明个人所具有的基本权利，而平等则侧重于体现人与人之间应有的合理关系。

在"实理公法"论中，康有为已就平等的原则做了多方面的规定。在"大同"论中，康有为的平等思想有了很大的发展。一方面，他对平等的认识更贴近社会现实；另一方面，他对平等的审视和设计眼光更加宏大。在原已论述的政治领域、人伦领域、人际领域和教化领域的平等的基础上，康有为进一步阐述了人类社会应普遍遵循的人民社会地位平等、政治权利平等、男女平等的法则，形成了比较完整的平等观。

其一，社会地位的平等。

社会地位平等的主张是针对等级（康有为又称之为"阶级"）制度而提出的。康有为列举了等级制在世界各国的不同表现形式，如印度的种姓制，各国古今的奴隶制，欧洲中世纪的大僧、贵族、平民、奴隶之别，中国蛋户、乐户、丐户、优倡、皂隶流品之贱等，指出这些都是极不合理的制度，"皆据乱世以强凌弱，以众暴寡，以智欺愚，以富轹贫，无公德，无平心，累积事势而致之也"[①]。

他依据大量历史事实指出，平等还是不平等，将带来两种截然不同的后果，"凡多为阶级而人类不平等者，人必愚而苦，国必弱而亡，印度是也；凡扫尽阶级而人类平等者，人必智而乐，国必盛而治，如美国是也。其他人民、国势之愚智、苦乐、强弱、盛衰，皆视其人民平等不平等之多少分数为之，平之为义大矣哉"[②]。根据平等之义，康有为主张必须铲除各种不平等的制度，并特意指出中国仍有奴制、贱业，同样应该彻底予以消除。[③]

[①] 康有为：《大同书》，古籍出版社1956年版，第45页。
[②] 康有为：《大同书》，古籍出版社1956年版，第110页。
[③] 参见康有为《大同书》，古籍出版社1956年版，第112、114页。

其二，政治权利的平等。

这一平等集中表现为打倒和根除专制主义的君权，确立体现全体人民的意志、保护全体人民利益的民权。康有为所说的民权，主要有这样一些内涵：在全世界范围内，所有人民享受同样的政治权利，人民通过公议、选举议员及实行自治等方式对政治起决定作用，公政府对政治事务的决策和管理均以民主的方式行事等。[①]这是一种带有极为浓厚的理想化色彩的民权主义。

对理想的民权主义终将实现，康有为抱有很大的期望，从多方面论证了民权主义必然战胜专制主义，全地球全人类终将消除国界差别而成为一个民主政治共同体的道理。

首先，民权的出现和发展是社会历史进步的大趋势，它使国家的联合成为易事，因此民权就成为"大同之先驱"。他以美国、法国等国家实行立宪、共和的历程做依据，预言"故今百年之中，诸弱小国必尽夷灭，诸君主专制体必尽扫除，共和立宪必将尽行，民党平权必将大炽。……自尔之后，大势所趋，人心所向，其必赴于全地大同、天下太平者，如水之赴壑，莫可遏抑者矣"[②]。

其次，民权的存在和强大，使国与国之间封建性的吞并和一统变得不可能。由于各国逐渐都建立起民主共和制或君主立宪制，决定国事之权掌握在人民手里，于是各国就有了共同的利害关系，各国的联合只能是在立宪和共和基础之上的联合，不可能再有过去那种"秦吞六国、一统天下之事"[③]。

最后，民权的确立和巩固，将彻底铲除君主专制的一切痕迹。随着立宪政治的推行，皇帝、王、后等名称就会变成徒有虚名的称号，并逐渐被废除，此时"平等之义大明，人人视帝王君主等名号为太古武夫屠伯强梁之别称，皆自厌之恶之，亦不愿有此称号矣"[④]。

当君主专制彻底扫除之后，康有为强调要特别防止其通过任何独尊的行为而重新复活，将"禁独尊"列为大同之世的四大禁律（禁懒惰、禁独尊、禁堕胎、禁竞争）之一，指出："太平之世，人人平等，无有臣妾奴隶，无有君主

[①] 参见康有为《大同书》，古籍出版社1956年版，第103—106、91—97、256—267页。
[②] 康有为：《大同书》，古籍出版社1956年版，第74页。
[③] 康有为：《大同书》，古籍出版社1956年版，第73页。
[④] 康有为：《大同书》，古籍出版社1956年版，第80页。

统领，无有教主教皇，孔子所谓'见群龙无首'，天下治之世也。若首领独尊者，即渐不平等，渐成专制，渐生争杀，而复归于乱世。故无论有何神圣，据何职业，若为党魁，拥众大多共尊过甚者，皆宜防抑。故是时有欲为帝王君长者，则反叛平等之理，皆为大逆不道第一恶罪，公议弃之圜土。……故凡有独尊之芽，宜众共锄之，不许长成。"① 对"独尊"进行如此周密的防范，表明了康有为对君主专制永远根绝的坚决态度。

其三，男女平等。

康有为对男女平等极为重视，《大同书》中有大量篇幅专论妇女的平等问题。

这一问题之所以如此重要，是因为妇女受到了极不平等的待遇。她们虽然像男子一样同为人类，却享受不到同样的权利，而是被"抑之，制之，愚之，闭之，囚之，系之"，"不得自立，不得任公事，不得为仕宦，不得为国民，不得预议会，甚且不得事学问，不得发言论，不得达名字，不得通交接，不得预享宴，不得出观游，不得出室门，甚且斫束其腰，蒙盖其面，刖削其足，雕刻其身，遍屈无辜，遍刑无罪"。如此严重的不平等，古今数千年来却一直无人关注，视为当然。康有为认为这是"天下最奇骇、不公、不平之事，不可解之理"，因而决意要"为过去无量数女子呼弥天之冤"，"为同时八万万女子拯沉溺之苦"，"为未来无量数不可思议女子致之平等大同自立之乐"。②

康有为主要从"公理"和"实效"两方面论述了女子应当与男子平等的理由。以"公理"言之，人之有男女完全是出自天理必然；男女既然同样为人，就必然具有相同的基本特征，女子也就应该像男子一样享受人所具有的各种权利，如天授自立之权、自由之权和作为国民的民权等。以"实效"言之，由于女子与男子有相同的天赋，因而在各种社会活动中都不会比男子逊色。因此，康有为认定男女应当平等"为天理之至公，人道之至平"，任何人都无法质疑和辩驳。③

据此，康有为大声疾呼要对女子加以解救。他所设计的拯救女子的计划

---

① 康有为：《大同书》，古籍出版社1956年版，第284—285页。
② 康有为：《大同书》，古籍出版社1956年版，第126页。
③ 参见康有为《大同书》，古籍出版社1956年版，第126—127页。

是:"治分三世,次第救援:因奴者,刑禁者,先行解放,此为据乱;禁交接、宴会、出入、游观者,解同欧美之风,是谓升平;禁仕宦、选举、议员、公民者,许依男子之例,是谓太平。"①但对这些解救女子的计划怎样落实,怎样由美好的愿望变为社会的现实,《大同书》中却并未提出可行的办法。书中只是强调不能"骤改","盖今旧俗尚多,骤改必多不便",女子欲求得独立之权,首先必须求得学问以备足公民之人格。康有为特别声明,妇女独立不是任何时候都可以宣扬的,"夏葛冬裘,各有时宜,未至其时,不得谬援比例。作者不愿败乱风俗,不欲自任其咎也"。②由此可见,康有为所力倡的男女平等,主要还只是理想中的未来的平等,而不是中国社会现实可以而且亟待付诸实施的平等。

(三)"兴爱去恶"与"去苦求乐"

"兴爱去恶"是康有为在"实理公法"论中提出的人类生活所追求的根本目的,它作为一项公法原则,具体体现于人的衣食住行等各项活动之中。

此后,康有为"兴爱去恶"的思想进一步发展,逐渐形成了梁启超所说的"主乐派哲学"。③在《大同书》中,康有为以"去苦求乐""求乐免苦"为核心命题,对自己的思想主张做了更为广泛的发挥。

第一,"去苦求乐"是建立在人的本性(气质之性)的需求之上。凡为生物,都以适者为乐,不适者为苦,人类尤其如此,"适宜者受之,不适宜者拒之,故夫人道只有宜不宜,不宜者苦也,宜之又宜者乐也。故夫人道者依人以为道。依人之道,苦乐而已,为人谋者,去苦以求乐而已,无他道矣"。④

第二,从人类生活的各个领域来看,人们的一切所作所为无非都是为了求乐去苦。在基本生存条件方面,人们最初求食、求衣、求居、求偶,都是为了求乐去苦,随后还将此食、衣、居、欲之乐由粗简而变得日渐精致。在人伦方面,人之所乐者有父子、夫妇、兄弟之相亲相爱、相收相恤,所苦者则为孤

---

① 康有为:《大同书》,古籍出版社1956年版,第162页。
② 康有为:《大同书》,古籍出版社1956年版,第167页。
③ 参见梁启超《康有为传》,载楼宇烈整理《康南海自编年谱(外二种)》,中华书局1992年版,第252页。
④ 康有为:《大同书》,古籍出版社1956年版,第5页。

寡鳏独。在国政方面，人们为了保全"家室财产"之乐，因而有部落、国土之分，有君臣、政治之法，否则就会遭破家失财之苦。此外，在人生终极愿望、德行操守、圣人制器立教等方面，无一不以求乐去苦为目的。①康有为总结道："故普天之下，有生之徒，皆以求乐免苦而已，无他道矣。……虽人之性有不同乎，而可断断言之曰：人道无求苦去乐者也。"②

第三，在前述思想的基础上，康有为进一步将去苦求乐作为观察和评价人类社会状况的基本尺度，作为欲以大同之道拯救人类的基本出发点。在他看来，整个人类社会（特别是中国及印度等落后国家）还深陷于"苦道"之中，"人道之苦无量数不可思议"。康有为将这些"不可穷纪"之苦粗略概括为六大类，计有人生之苦、天灾之苦、人道之苦、人治之苦、人情之苦、人所尊尚之苦，细分则有38种之多。康有为指出，要把人类从所有这些苦难中拯救出来，"求其大乐"，只有实行大同之道，因为大同之道"至平也，至公也，至仁也，治之至也，虽有善道，无以加也"，可谓是登峰造极的去苦求乐之道。③为了解救人道之苦，康有为探究了"诸苦之根源"，认为皆因"九界"即国界、级界、种界、行界、家界、业界、乱界、类界、苦界而起，因此救苦之道，也就在"破除九界"而已④，而整部《大同书》亦正是以去"九界"作为大纲。按照康有为的设计，"九界既去则人类之苦尽除矣，只有乐而已"。他对人类将会达到的"极乐"状态从居处之乐、舟车之乐、饮食之乐、衣服之乐、器用之乐、净香之乐、沐浴之乐、医视疾病之乐、炼形神仙之乐、灵魂之乐十个方面做了生动的描绘⑤，为人类去苦求乐的根本追求展示了一个极为完满同时颇具空想性的远景。

二、深入批判专制主义

到康有为撰写《实理公法全书》之时，对传统专制主义的批判开始系统

---

① 参见康有为《大同书》，古籍出版社1956年版，第293、5—6页。
② 康有为：《大同书》，古籍出版社1956年版，第6—7页。
③ 参见康有为《大同书》，古籍出版社1956年版，第8—9页。
④ 参见康有为《大同书》，古籍出版社1956年版，第52页。
⑤ 参见康有为《大同书》，古籍出版社1956年版，第294—301页。

化。在该书中，康有为在确立代表启蒙精神新原则的"实理公法"的同时，将那些属于传统专制主义的旧制度及其观念列入"比例之法"而加以否定，其涉及面颇为广泛。这些"比例之法"加在一起，堪称集传统专制主义之大成，共同构成了中国传统社会的精神支柱。康有为用"实理公法"的标准对其进行衡量，判断它们全部悖理违道，失去了存在的合理性。这样一种结论尽管还非常简单，但在中国近代思想文化史上的意义是十分重大的。

在《大同书》中，康有为对传统专制主义的批判大为深化。书中以列举、陈述、剖析"人道之苦"的形式，集中对君权制、夫权制、等级制等旧制度及为之服务的旧观念直接进行了比较系统的分析和批判。

（一）对君主专制及君臣之纲的批判

康有为指出，君臣之纲被乱世人道所号为"大经"，托为"义理"，其实"非天之所立"，而是"人之所为也"。这种人为的制度极为残暴，君主"专制其国，鱼肉其臣民，视若虫沙"。在这种制度下，各种暴行不胜枚举，如残杀生民，淫刑灭族，党祸株连，迫害忠贤，以文字生狱，强选民女，苛派征役等，"大抵压制之国，政权不许参预，赋税日益繁苛，摧抑民生，凌锄士气。务令其身体拘屈，廉耻凋丧，志气扫荡，神明幽郁……蠢愚若豕、卑屈若奴而后已焉"，在此残暴的压制下，"其民枯槁屈束、绝无生气"。[①]君主专制本来是中国传统政治制度的核心和基石，君臣之纲本来被历代统治者宣扬为神圣不可动摇的观念，而在康有为的笔下，这一制度及其观念残暴黑暗的一面就被无情揭示出来，专制君主完全变成了臣民的对立面。既然如此，这一制度也就必须彻底加以改变。

（二）对夫权制及夫妇之纲和各种压迫妇女的旧礼教的批判

这一批判在《大同书》中所占分量很重，这与康有为尤为关注个人的解放直接相关。在他看来，天下无非是由男人和女人所组成的世界，因此占人口半数的妇女能否获得独立平等，对于实现大同就显得十分重要。而事实是，无论在中国还是在世界，妇女的受压迫都还极为严重，这就使得康有为用了很大的

---

① 康有为：《大同书》，古籍出版社1956年版，第43—44页。

篇幅来展开对夫权制和旧礼教的批判。

首先,指出夫权使天下女子处于蒙冤受屈的悲惨境地。在专制夫权之下,只要有夫者之名分,就可"授以生杀、卖鬻、鞭笞、骂詈其妻之权,予以役使、管束之尊",这样势必导致无数弱女子的怨惨无告,"夫以普天下人皆为男女,即皆为夫妇,是使普天之下人惨状稽天、冤气遍地也"。①

其次,抨击夫权制下严女子之禁而纵男子之欲的极不合理。一方面,为了所谓"防淫"而对女子交接异性定出种种非常严格的禁条,名为"谨夫妇",实则不制强力之男子,而专制微弱之女子。除男女之别极严外,对于女子再嫁、妇女"犯奸"或"偶涉不检而见疑者",皆给予各种严厉的惩罚。另一方面,男子纵欲则几乎不受任何限制,"君主则宫女万千,富人亦侍妾数十",乃至穷民亦兼备数妾,皆以为礼义宜然。若"狎娼挟妓",则从古至今,男子皆习以为常。康有为谴责道:"夫均是人也,均是淫也,以非常严酷之刑待女子,而以非常纵肆之欲待男子……其不公可谓至矣"。查其"立法之意",全在于维护以男子为主的宗族制和男子对女子的私属私有。据此,康有为认为,依据所谓防止淫乱争杀的理由而制定的"国法"和"礼义"其实是专门站在男子一边来压制女子的,皆为旧俗遗风,"非公理也"。②

再次,特别强烈地谴责强迫妇女守寡及守贞的礼教风俗对人道的危害。康有为指出,这一礼教风俗是历来对妇女的种种压制进一步发展的结果,"既上承千万年之旧俗,中经数千年之礼教,下获偏酷之国法,外得无量数有强力之男党共守此私有独得至乐之良法,惟有协力维持,日筑之使高,凿之使深,加之使酷而已"。因此,有所谓"从一而终"之义,"烈女不事二夫"之义,"饿死事小、失节事大"之义,"于是孀守之寡妇遍地矣"。康有为以其所在粤省乡族为例,记叙了众多寡妇的生活惨状,直斥宋儒"好为高义,求加于圣人之上,致使亿万京垓寡妇,穷巷惨凄,寒饿交迫,幽怨弥天,而以为美俗",而比已嫁女子守寡更为无理有害者是"未嫁之女守贞之事",此事以"义"为名,实则为"天下古今所罕闻",是一种违背人情的旧风俗。③

---

① 康有为:《大同书》,古籍出版社1956年版,第156页。
② 康有为:《大同书》,古籍出版社1956年版,第156—157页。
③ 康有为:《大同书》,古籍出版社1956年版,第158—160页。

（三）对等级制及尊卑贵贱观念的批判

这一批判着重以世界各国的历史及现状为对象。他列举了埃及、印度、波斯、欧洲、缅甸等国的等级制状况，得出了"大抵愈野蛮则阶级（指等级——引者注）愈多，愈文明则阶级愈少"的结论。对比世界各国，康有为认为等级少是中国的一大优点：中国太古春秋时仅有贵族与平民两种等级，其后孔子首扫等级之制，经秦汉到唐代以科举取士，人人皆可登科入仕，"遂至于全中国绝无阶级，以视印度、欧洲辨族分级之苦，其平等自由之乐有若天堂之视地狱焉"[①]。

康有为对等级制极为憎恶，抨击这一制度以"投胎"而定人一生，贱族一生卑贱，贵族一生尊贵，是极不合乎人道的制度，"今既有阶级，又有无数之阶级焉，不平谓何！有一不平即有一不乐者，故阶级之制，与平世之义至相碍者也。万义之戾，无有阶级为害之甚者，阶级之制不尽涤荡而泛除之，是下级人之苦恼无穷而人道终无由至极乐也"[②]。

三、对大同制度的设计

大同制度的设计是《大同书》的核心内容。这一设计可划分为个人、社会和世界三个层面。

（一）个人的设计

基本内容是废除家庭，使每个人成为没有家庭而直接依赖于社会、服务于社会的独人（又称为"天民"）。

康有为考察了家庭制、家族制的起源，对其利弊做了历史的评价。他认为在父母子女之间，存在着天性自然之爱，这是"父子之道"之所以能够成立的根源。太古初民因男女杂交而只知有母不知有父，后来男女之间"有情好尤笃者两不愿离"，又有武力尤大之男子以强勇独据女子，"交久则弥深，据独则

---

① 康有为：《大同书》，古籍出版社1956年版，第44—46页。
② 康有为：《大同书》，古籍出版社1956年版，第46页。

弥专",于是产生了夫妇之道,而圣人为了避免"因争女而相杀"的祸患,又制成夫妇之义。由于夫妇定,于是有父子,有同父之兄弟,有族属,形成了家制族制。①

关于族制的利弊,康有为指出,其利在于能扩充爱力,合群繁种,"人因爱家族而推爱及国种,故愈强愈大,禽兽并父母兄弟而不识,故愈独愈弱,人禽之强弱在此也。其推爱力愈广,其团结愈远"②,中国因族制最盛而人群最繁就是一个最好的例子。族制的弊端在于,因族制而生"分疏之害","有所偏亲者即有所不亲,有所偏爱者即有所不爱。中国人以族性之固结,故同姓则亲之,异姓则疏之;同姓则相收,异姓则不恤。于是两姓相斗,两姓相仇,习于一统之旧,则不知有国而惟知有姓,乃至群徙数万里之外若美国者,而分姓不相恤而相殴杀者比比也。盖于一国之中分万姓则如万国"③。

关于家制的利弊,康有为指出其利在于"有家为人类相保之良法",由于有家,人的身体赖以生育抚养,赖以长成,患难赖以保护,贫乏赖以求救,死丧赖以扶持,魂魄赖以安妥,"故自养生送死,舍夫妇、父子无依也","故夫妇父子之道,人类所以传种之至道也,父子之爱,人类所由繁挚之极理也,父子之私,人体所以长成之妙义也",如果没有父母,则人生极苦。他认为父母养育子女极为辛劳,"父母之恩与昊天而罔极",因此,"立孝报德实为人道之本基也"。④另外,家制存在的弊端又是极为严重的。他这样描述道:"故凡中国之人,上自簪缨诗礼之世家,下至里巷蚩氓之众庶,视其门外,太和蒸蒸,叩其门内,怨气盈溢,盖凡有家焉无能免者。……其孝友之名愈著,则其闺阃之怨愈甚。盖国有太平之时而家无太平之日,其口舌甚于兵戈,其怨毒过于水火,名为兄弟娣姒而过于敌国,名为妇姑叔嫂而怨于路人。……都中国四万万之人,万里之地,家人之事,惨状遍地,怨气冲天。"⑤

通过利弊分析所得出的结论是:家者仅为"据乱世人道相扶必需之具"(或者说"据乱世、升平世之要"),而为"太平世最阻碍相隔之大害也",

---

① 康有为:《大同书》,古籍出版社1956年版,第168—170页。
② 康有为:《大同书》,古籍出版社1956年版,第171页。
③ 康有为:《大同书》,古籍出版社1956年版,第172页。
④ 康有为:《大同书》,古籍出版社1956年版,第173、174页。
⑤ 康有为:《大同书》,古籍出版社1956年版,第183—184页。

欲至太平大同之世，就必须去家。他辨析去家与佛教的出家是不同的，出家将绝人类之种并导致一切文明的毁灭，不但不可行，而且无此理，而去家则"不忍绝父母夫妻以存人道"，同时又有"天下为公之良法"。①

去家而"天下为公"的理论依据是："人非人能为，人皆天所生也，故人人皆直隶于天。"其现实依据是：当今法国、美国、澳大利亚、日本私生子很多，将来"男女自由"后，私生子将更多，这证明子女只是父母情欲的产物，而合天下计之，贫贱者多不能教养子女，富贵者亦少能教养子女，多数人必愿将子女交付"公养"。②

去家之后，实行人人皆由公立政府公养、公教、公恤的制度。康有为的具体设计是：

公养制。设人本院、公立育婴院和公立怀幼院。

人本院（即胎教之院）："凡妇女怀妊之后皆入焉，以端生人之本……不必其夫赡养。"③关于人本院的设想共42项，主要包括人本院的设立、孕妇入院后的生活、孕妇的教育、孕妇生育前后的护理、新生子的登记和护理、对孕妇的尊崇奖励、院有关人员的设置等。

育婴院："凡妇女生育之后，婴儿即拨入育婴院以育之，不必其母抚育。"④关于育婴院的设想共17项，主要包括育婴院的设立、院管理人员和看护人员的设置、婴儿的护理、为婴儿行定名礼等。

怀幼院："凡婴儿三岁之后，移入此院以鞠之，不必其父母怀抱。"⑤关于怀幼院的设想与育婴院相同。

第二，公教制。设蒙学院、小学院、中学院和大学院。

蒙学院："凡儿童六岁之后，入此院以教之。"⑥（后分章叙述无此院）

小学院："凡儿童十岁至十四岁，入此院以教之。"（后文分章叙述中作

---

① 参见康有为《大同书》，古籍出版社1956年版，第181、192页。
② 康有为：《大同书》，古籍出版社1956年版，第192、193页。
③ 康有为：《大同书》，古籍出版社1956年版，第192页。
④ 康有为：《大同书》，古籍出版社1956年版，第192页。
⑤ 康有为：《大同书》，古籍出版社1956年版，第192页。
⑥ 康有为：《大同书》，古籍出版社1956年版，第192页。

"凡人自六岁即离育婴院而入于此，至十岁而止"。）①关于小学院的设想共10项，主要包括管理和教导人员的设置、院址的选择、小学教育的设施和内容等。

中学院："凡人十五岁至十七岁，入此院以教之。"（后文分章叙述中年龄作十一岁至十五岁。②）关于中学院的设想共13项，主要包括教育的内容、学校的纪律、管理人员和教师的设置、院址的选择和各种设施用具的配备等。

大学院："凡人十八岁至二十岁，入此院以教之。"（后分章叙述年龄作十六至二十岁。）③设大学院的指导思想是："凡大学皆专门之学、实验之学。盖自十五岁前，于普通之学皆以通晓……此时之学，于育德强体之后，专以开智为主，人人各从其志，各认专门之学以就专科之师。其学政治、法律则为君、为长，学教育、哲理则为傅、为师，学贸易、种植则为农、为商，学一技、一能则为工、为匠，虽贵贱攸殊，高下迥异，而各禀天赋，各极人官，各听自由，各从所好，分业成能，通力合作，其于利物前民以供公众之用则一也。"④围绕这些指导思想，康有为提出了关于大学院的10项设想，主要包括学科设置、实验的重要性、重智、院舍设置、大学设施和管理人员及制度、学生毕业和就业等。

第三，公恤制。设医疾院、养老院、恤贫院、养病院、化人院。⑤

恤贫院："凡人之贫而无依者入焉。"⑥康有为指出，设恤贫院的目的是惩罚懒惰之人："盖大同之世，既有公产，人不患无所养，则有恃无恐，然则人之大恶至于懒惰，乃入恤贫院，故必须重罚以惩之，以劝勤也。'民生在勤，勤则不匮'，此大同之公理。"⑦关于恤贫院的设想共17项，主要包括入院者的工作、生活条件、奖惩、管理人员的设置和对入院者的教育等。

医疾院："凡人之有疾者入焉。"⑧关于医疾院的设想共19项，主要内容包

---

① 康有为：《大同书》，古籍出版社1956年版，第192、212页。
② 康有为：《大同书》，古籍出版社1956年版，第192、215页。
③ 康有为：《大同书》，古籍出版社1956年版，第192、217页。
④ 康有为：《大同书》，古籍出版社1956年版，第217页。
⑤ 参见康有为《大同书》，古籍出版社1956年版，第192页。后分章叙述首列"恤贫院"，无"养病院"，"化人院"改作"考终院"。
⑥ 康有为：《大同书》，古籍出版社1956年版，第193页。
⑦ 康有为：《大同书》，古籍出版社1956年版，第221页。
⑧ 康有为：《大同书》，古籍出版社1956年版，第192页。

括病人、医院、医生及看护人、患有特殊疾病者的治疗等。

养老院："凡人六十以后不能自养者入焉。"①关于养老院的设想共23项，主要包括立院宗旨、护侍人、院址的选择、院中的差等待遇、院的管理和养老者的护理、养老者讲道养魂积德等。

考终院（即化人院）："凡人之死者入焉。"②关于考终院的设想共10项，主要包括丧仪、哀悼和服丧、各类死者的安葬、为有功德之人立金石之像以供人瞻仰、死者事迹记载和遗产处理等。

以上从人本院到考终院共计十院，涵盖了每个人的一生。十院制构成了大同之世个人方面的完整制度。

（二）社会的设计

大同之世的社会制度由公有的经济制度、民主自治的政治制度、男女自主的婚姻制度、学校为本的教育制度、竞美奖智奖仁的激励制度和教戒为主的惩罚制度构成。

第一，公有的经济制度。包括公农制、公工制、公商制、公通制、公辟（各类工程）制和公金行制。

公农制与独农制相对，其主要规定有：（1）公有属性——"举天下之田地皆为公有，人无得私有而私买卖之"。（2）管理机构及管理人员——全地公政府立农部，各度分政府立农曹，数十里立农局，数里立农分局，皆置吏以司之。（3）劳动者——农夫为学校之学农者，学之考验有成，则农局授田以耕，其他从事林、牧、渔业者皆依此类推。（4）计划生产——由农部核定全地农林牧渔的生产额，下之各农曹、农局、农分局完成，其计划"极其琐细"。（5）计划分配——凡农林牧渔的收成，先由商曹按需要截留其若干，其余归商部合收全球之农产而均输于各地，"以所有易所无，以有余补不足"。（6）工时、工价和升迁——农场每日作工皆有时限，"世愈平乐，机器愈精，则作工时刻愈少"；农夫和渔、牧、矿工工价视其材之高下、阅历之浅深而略分十级；农夫等人其"才明智巧者"可逐级选拔升迁。（7）各类设施——农场皆有公室、

---

① 康有为：《大同书》，古籍出版社1956年版，第193页。
② 康有为：《大同书》，古籍出版社1956年版，第193页。

公园囿和公共图书馆、戏院、音乐院、饭厅、商店等供农夫等人使用，还有公共讲堂由讲师于安息日讲古今道德品行、贤豪之事及农业之事，以养其德性学识。（8）劳动纪律——"作工之时，坐作进退几如军令矣"，农夫等人告假按日扣其工价，太惰不作工及告假太多者逐之。①

公工制与独工制相对，其主要规定有：（1）公有属性——"大同世之工业，使天下之工必尽归于公，凡百工大小之制造厂、铁道、轮船皆归焉，不许有独人之私业矣"。（2）管理机构和工作人员——全地公政府立工部，各度分政府立工曹，根据地形之宜而立工厂；各工曹、工厂人员皆以学校毕业者为之，其有成业证书者授为学士、公师等称号，可逐级升迁，"皆专门为之，终身不移官，不贰事"。（3）计划生产——先由商部定出各地各物品什器制造之数额，然后由工部核定，下之各工曹、工厂如额而制之。（4）设讲习会——工曹有各工讲习会，各工学士、技师入而讲习，其有所发明，皆于报布告之，各厂亦然。（5）关于工厂劳动时间、工价、工人升迁及劳动纪律，其规定略如公农制。（7）奖励创新——"凡能创新器者，给以宝星之荣名，如今之科第焉；赏以千万之重金，如今之商利焉"。②

除上述设计外，康有为还特别论及工人的社会地位，认为野蛮之世尚质故重农，太平之世尚文故重工，"太平之世无所尚，所最尚者工而已；太平之世无所尊高，所尊高者工之创新器而已"，"太平之世，工最贵，人之为工者亦最多，待工亦最厚"。③

公商制与独商制相对，其主要规定有：（1）公有性质——"大同世之商业，不得有私产之商，举全地之商业皆归公政府商部统之"。（2）管理机构及管理人员——全地公政府设商部，各度分政府设商曹，"其数十里间水陆要区立商局、各种商店，其数里间立商店"④，其曹、局、店皆有各级人员专管。

---

① 参见康有为《大同书》，古籍出版社1956年版，第240—245页。
② 参见康有为《大同书》，古籍出版社1956年版，第246—248页。
③ 康有为：《大同书》，古籍出版社1956年版，第247、248页。"工"不仅指工厂的工人，"自出学校后，举国凡士、农、商、邮政、电线、铁路，无非工而已，惟医可与工对待耳"。（同上书，第248页）
④ 康有为：《大同书》，古籍出版社1956年版，第249页。此处关于商店的规定与下文"一市仅一商店，大市大店，小市小店。其商店之大，如今一都会百数十里，大者乃数百里"（同上书，第249页）的设想似明显不同。

（3）计划分配——"商部核全地人口之数，贫富之差，岁月用品几何，既令所宜之地农场、工厂如额为之，乃分配于天下"。（4）设考究会——各曹、局有商务考究会，"各商学士入而考求，而以报发明布告之"。（5）关于商店规模、货物品种、购物方式、物价、用人之数等的规定。（6）关于从商人员的食宿等，略同公农、公工制。（7）关于从商人员出身和升迁的规定。①

公通制。规定大同之世的五种交通要政（铁路、电线、汽船、邮政、飞船）皆归于一，皆属于公；公政府各设专部以经营之，每度设总局，数里、数十里设分局，皆有各级专人管理；其用人皆出自学校，其才者可不断升迁，终身不贰事、不移官；从五政之人工时与百工等，其在铁道、汽船者风尘波浪或太劳苦，岁许休息其半，照支工金。②

公辟制。指出大同之世公政府日以开山、通路、改造沙漠、开辟海道为"第一大事"，用以满足人口日益增多而产生的各种需要。规定凡铁道等交通要政的收入，尽以从事工程；全地立辟部以督之，每一工程皆立一局，皆有各级专人以任其事；其人皆出身于学校，一切法政皆与工部之工曹、工局、工厂同。③

公金行制。其主要设计有：（1）公有属性——"凡全地之金行皆归于公，无有私产"。（2）管理机构和工作人员——全地公政府设金行部（即度支部），各度分政府设总金行，各工厂、作厂、农场皆有小金行，各金行人员皆自学校计学出身，部分高层人员选商业富人或各业大富人充之。（3）计划分配——全地商店和铁道等交通要政之所入皆归入总金行，分配于各分金行和小金行，以应农、工、商和各交通要政之需及人本院等十院之用；金行收受人民储金和管理地方自治的收费用费。（4）货币使用——规定金币用二品，上币金，下币银，或只用金一品，皆有纸币代之。④

第二，民主自治的政治制度，包括公议制、公举制和地方自治制。

公议制是关于人民行使政治权力及议院和政府决策方式的制度。其主要规

---

① 参见康有为《大同书》，古籍出版社1956年版，第249页。
② 参见康有为《大同书》，古籍出版社1956年版，第263—264页。
③ 参见康有为《大同书》，古籍出版社1956年版，第264、266页。
④ 参见康有为《大同书》，古籍出版社1956年版，第269—270页。

定有：（1）人民公议——公议是人民的基本权力，"人民皆为世界公民，以公议为权"；一切大政皆由人民公议，"电话四达，处处交通，人人直达"，"公政府名虽总统，其实无权……而事权实在公众，公政府诸长虽有责任而实极小，不过以高誉盛德坐领职司，为名誉之事而已"。①（2）议员和议院——议员"为世界人民之代表"，通过在议院进行公议而行使立法权等权力；全地公政府设上议院和下议院，上议院"议全地法律职规大政，并掌大裁判、政教、文艺、评论之事"，下议院"但有书记，无议员，传电话于各度，合全地各度之人公议之，一切法律、规则、财政，以此为极"；各度分政府亦设上议院和下议院，其规定与全地上、下议院略同。②（3）行政公议——行政决策亦以公议的方式为之，全地公政府不设总统，而设会议院，"凡有官联之事及公共大政，二十部公议之，从其多数，随时随事举议长，不为定位"，各度分政府亦设会议院，议事规定略同。（4）公议规则——凡大小政府议员公议时，"虽许慷慨陈词，抑扬透辟，而辞辑辞怿，皆有脊伦，言笑晏晏，皆有程度，而择善从之"，无如今政党议员互攻激刺、大笑喧哗、失礼无节等野蛮举动。③

公举制是关于各种公职人员产生方式的制度。其主要规定有：（1）议员的公举——"议员皆由人民公举，悉为人民"；全地公政府上议员"全地各度各举一人"，各度分政府上议员"公举度内之元老、文学、仁智之人为之，其人数视度内人数多少，随时议定，略以数百为度"。④（2）行政管理人员的公举——全地公政府各部之长不能由一人选派，皆需"由各度本曹之主数千人公举之，从其多数"；各度分政府各曹各司之职皆由地方自治局和本曹公举，终身不贰事，不移官。⑤（3）谦让规则——各部各度被举之人必须让三让四，及再三为大众所推乃得受之，以弘让德而镇嚣争，其有不让者则为丑德，为清议所不容。⑥

地方自治是关于人民自己管理自己和决定政务的制度。其主要规定有：

---

① 康有为：《大同书》，古籍出版社1956年版，第91、256、260页。
② 康有为：《大同书》，古籍出版社1956年版，第94—96、262—263、259页。
③ 康有为：《大同书》，古籍出版社1956年版，第259—261页。
④ 康有为：《大同书》，古籍出版社1956年版，第95、259、262页。
⑤ 康有为：《大同书》，古籍出版社1956年版，第263页。
⑥ 参见康有为《大同书》，古籍出版社1956年版，第259页。

（1）范围和层次——"大同之世，全地皆为自治"①，可分为三个不同的层次：农场之地和工厂之地的自治，地方自治局的自治，各度分政府的自治。（2）农场之地的自治——农场之地以农场为中心，即今之村落，其自治"农场主主之，而商店长，邮、电、飞船局长，铁路站长佐之……其有事则开议，人人皆有发言之权，从其多数而行之"。（3）工厂之地的自治——工厂之地以工厂为中心，即今之市镇，其自治"工厂主主之……各局长佐之。其有事开议，人人皆有发言权……从其多数行之"。（4）地方自治局的自治——地方自治局各级任职人员皆由议院举之，其高层人员皆取其地有智人、仁人之徽章多者举之；议院岁以数月开之，公议本局之立法诸事，"院局之长咸入一堂，听人人提议，而以电话询于各场厂局，院司之众，人人皆有发言之权而从其多数"。②（5）各度分政府的自治——"一度之地"是设立自治政府的最佳选择，"每度约为英里之一百，其时铁道极多而极捷，数刻而度内可通，电话汽船如蛛网交织，其短缩视度界之地如今中国一大城耳，有事公议，电话一通，数刻咸集，此公议便一也"③。

第三，男女自主的婚姻制度。

大同之世的婚姻制度以男女平等、自主、独立为基础，实行"合约"婚姻制。其主要规定有：（1）合约的属性——"男女婚姻，皆由本人自择，情志相合，乃立合约，名曰交好之约，不得有夫妇旧名"，合约如两国之和约，无轻重高下之殊，男女双方当如两友之交而已。（2）合约的期限——"男女合约当有期限，不得为终身之约"，其理由是凡人必性情不同，断难久合，且凡人之情皆见异思迁、舍旧谋新，若强合终身只会"苦难人性"。订约期限不许过长，亦不得过短，可续订更订，"一切自由，乃顺人性而合天理"，其具体规定是"久者不许过一年，短者必满一月，欢好者许其续约"。（3）合约的手续——"立媒氏之官"，"凡男女合婚者，随所在地至媒氏官领收印凭，订约写券，于限期之内誓相欢好"。④

---

① 康有为：《大同书》，古籍出版社1956年版，第256页。
② 康有为：《大同书》，古籍出版社1956年版，第267—268页。
③ 康有为：《大同书》，古籍出版社1956年版，第256页。
④ 康有为：《大同书》，古籍出版社1956年版，第164—167页。

第四，学校为本的教育制度。

大同之世的教育制度建立在从育婴院、慈幼院到小学院、中学院和大学院教育的基础之上。其主要规定有：（1）学校教育的重要地位——大同之世"以开人智为主，最重学校。……人人皆自幼而学，人人皆学至二十岁"。（2）教育内容——学校所教"时时公议改良"，就其"公理"言之，则"德教、智教、体教之外，以实用教为最重，故大学科专行之。至于古史，则略备博学者之温故而已，为用甚少……若名理之奥，灵魂之虚，则听学者自为之，或开学会而讲求之，非公学之所急，即不待公学之教之也"。（3）教育管理机构——"公政府有学部以统之，各度小政府亦立学曹以司学务"，"其学官皆自各学校教习出"；"若学部长欲议改良学制，则合各度学校而公议之，公议皆以电话从其多数而行之也"。①

第五，竞美奖智奖仁的激励制度。

竞美是为了保持"公众进化"，使各种公益事务和事业不断得到改良。其主要规定有：（1）主持者及内容——竞美由各度分政府主持，其内容包括各项公益事务和公益事业如何进一步发展，臻于尽善尽美。（2）竞美的费用——全地公政府允许各度分政府对多项实业酌加收费和专利自办，以此作为"兴起、改良、增进各事业之费"；凡收费、加费皆由各度本境人公议，从其多数而行之，如果收费、加费超出度界范围，则由全地人民公议而定。（3）竞美的奖励——全地公政府民部对于各度中的"尤为日新进上者"，赠徽章于其度，公奖其公民。②

奖智是为了保持"独人进化"，使人智在"人人皆作工而无高下，工钱虽少有差而相去不能极远"的大同之世仍能"日出新异"。其主要规定有：（1）奖励的科目及资助——分为四科，即新书科、新器科、新见科和新识科，"其制新器，著新书，发新见，若力不足，则公助之或公出资优养其人为之"。（2）奖励的办法——分为奖名和奖实两种方式，"名者荣衔也，实者金钱也"；名誉之奖分智人、多智人、大智人、上智人、哲人、圣人六等，以创新次数多少及其程度为标准；金钱之奖赏金分等甚多，"然虽至下等者，赏金亦

---

① 康有为：《大同书》，古籍出版社1956年版，第278页。
② 参见康有为《大同书》，古籍出版社1956年版，第271—272页。

必极多,俾其人富而更易创也"。(3)奖励的机构——全地公政府设奖智院,每州设奖智分院,各度分政府设奖智局。①

奖仁是为了鼓励人民博施济众、爱人利物的善行美俗。其主要规定有:(1)评奖的机构及对象——全地公政府设奖仁院,各州设奖仁分院,各度分政府设奖仁局,"司施舍慈惠之事而奖其位号"。(2)奖励的称号和等级——分为仁人、上仁人、大仁人、至仁人、至大仁人、大人天人六等,以行"仁惠之事"的大小多少或具有公德之程度为标准。(3)奖励范围及赏金——奖励范围包括凡人本院、育婴院、慈幼院、养老院、医疾院之看护人,领有完业无过执照者;产母;医院医生积岁无过者;人本院等十院执事人及诸学教习完课无过者;为官积岁有功者;施舍者;等等。其赏金可自百千至百万,"皆视其功以为差"。②

第六,教戒为主的惩罚制度。

康有为指出,乱世之所以有犯罪、诉讼、刑罚之事,是因为有君长、父子兄弟宗族、夫妇、爵位、私产等争乱之源,大同之世消除了所有这些根源,因而也就不再有一切犯罪、诉讼和刑罚。大同之世可能有的只是"过失",对此可进行"教戒"或"少加罚锾";对于人们之间发生的"争论",则"公请评事人定其曲直,不须设理官也"。因此,大同之世"百司皆有而无兵刑两官",只有"各职业之规则"。③大同之世还有"宪法"和"法律",但其具体内容康有为没有阐明。④

除各业规则之外,大同之世还立有四条禁律:一是禁懒惰,目的是防止因人太逸乐不作工而使"百事隳坏,机器生锈,文明尽失……举大同之世复还于乱世",凡有"惰工"者,应视其程度给予多种惩罚。二是禁独尊,目的是防

---

① 参见康有为《大同书》,古籍出版社1956年版,第272—273页。康有为强调指出,能否获得奖励,其差别是巨大的:"苟得名号,则佩戴圆章,荣尊于世,领获巨金,行乐于时,富贵迫人,迥非畴昔,有若今者之考试求科第者焉,其得则如今登第,有若升天,其失则如今下第,有若堕渊。"(同上书,第274页)这种差别与大同之世的人人平等是何种关系,书中没有予以说明。
② 参见康有为《大同书》,古籍出版社1956年版,第276页。
③ 参见康有为《大同书》,古籍出版社1956年版,第283页。此处所言无刑措与下文立"四禁"的内容有不符之处,"四禁"之中是 有刑罚规定的。
④ 参见康有为《大同书》,古籍出版社1956年版,第92、94页。

止因有人独尊而导致"渐不平等、渐成专制、渐生争杀,而复归于乱世",对各种独尊,包括尊崇过甚的"党魁"、欲为帝王君长者、以教主收众者、托医挟术以讲道收众者等,皆需严防严禁,"……凡有独尊之芽,宜众共锄之,不许长成"。三是禁竞争,规定大同之世除了可以"竞仁竞智"之外,其他一切竞争都在严禁之列。四是禁堕胎,目的是防止因男女平权、自由大行,妇女不愿生子,争相堕胎,从而导致人种灭绝的危险;规定禁堕胎为"第一大禁",比杀人之罪还要严重,"堕胎之禁应以为刑律第一重律"。①

(三)世界的设计

大同之世的世界注重全球的统一,对全球如何管理,康有为从多方面进行了设计。

第一,全球区域的划分。全球按经纬各分为百度,经纬交织划分成一万个"方度"(区域),其中全球陆地共计5238个方度。

第二,实现全地通同。规定全世界纪元皆以大同纪年,不得以教主及君主私自纪年,以归统一,其前时皆以大同前某年逆数之;全地度量衡皆同,不得有异制异名;全地数目皆以十进位,以取简便易通;全地语言文字皆同一,不得有异言异文;凡定历,皆以地为法。②

第三,全地设大同公政府。其政体分为24个部院进行管理。其中,设部20个,即民部、农部、牧部、渔部、矿部、工部、商部、金部、辟部、水部、铁路部、邮部、电线部、船部、飞空部、卫生部、文学部、奖智部、讲道部、极乐部;设院4个,即会议院、上议院、下议院、公报院。③

第四,各度分别设一自治政府。其政体分为18个曹、院、馆。其中,设曹14个,即民曹、农曹、矿曹、工曹、商曹、金曹、辟曹、水曹、通曹、医曹、文曹、道曹、智曹、乐曹;设院3个,即会议院、上议院、下议院;设馆1个,即公报馆。

以上个人的设计、社会的设计和世界的设计,基本上构成了康有为的大同理想制度。这些制度与前述以天赋人权、普遍平等、去苦求乐为核心的大同民

---

① 康有为:《大同书》,古籍出版社1956年版,第284—286、206页。
② 参见康有为《大同书》,古籍出版社1956年版,第254、81、255、90、87页。
③ 参见康有为《大同书》,古籍出版社1956年版,第258—259页。

主主义思想紧密相连，互相呼应，形成了不可分割的表里关系。

大同理想是康有为经过艰辛探索和精心酿制而获得的珍贵精神成果，也是促使他在维新变法中做出非凡贡献的内在思想动力。它以空想的形式，为人们提供了一个民主主义的思想体系。作为一种民主思想体系，它的出现在中国是最早的。在这个体系中，他立足中国，放眼世界，从历史、现实和未来相结合的高度上，对人类命运做了有重大意义的思考。他热情阐发了民主主义的理论、思想和观念，勇猛批判了专制主义对人的专制压迫，精心描绘了一幅独立、平等、民主、幸福的理想社会蓝图。正因如此，大同理想具有重要的历史价值，是当时中国民主主义启蒙思想杰出的代表作。

与此同时，作为一种空想民主主义，大同理想也不可避免地存在着种种严重的缺陷和弱点。第一，它非常庞杂，是形形色色思想资料的混合体。它关于人的平等、博爱等近代人权观念与佛教和基督教的宗教平等观混在一起；关于民主共和的政治理想与孔子之太平世、佛之莲花世界、列子之甑瓶山、达尔文之乌托邦等混在一起；关于人的个性解放与灵魂解脱、神仙境界等混杂一起。第二，它相当缺乏科学性和深刻性。它的种种表述，还谈不上理论的严谨、逻辑的周密和论断的完整，反而到处表现了与科学精神绝不相容的主观随意性。在它对未来的展望中，虽不乏天才的空想，亦有不少缥缈无据的幻想。第三，在大同理想与现实政治实践之间，存在着很大的矛盾。康有为在思想上对欧美式的民主制度热烈向往，尽情讴歌，在实践上却坚持已成僵化模式的"三世进化"论，绝不允许逾越、飞跃和革命，实际上就将民主共和制的建立、大同理想的实现，推到了遥遥无期的地步。①

---

① 关于《大同书》的评述，可参见刘圣宜、宋德华《岭南近代对外文化交流史》第五章第一大点第四小点"吸收了西方民主主义的《大同书》"（此章为笔者所撰），广东人民出版社1996年，第340—357页。

第八章

续撰"演孔"之著

"大同"理想属于康有为自身的创造，而"发明"孔学则是对孔子重新进行塑造。此项工作由辟伪经、证改制和阐发微言大义三大环节组成，戊戌政变前只完成了前两个环节，第三个环节仅开其端。在撰写《大同书》的同一时期，康有为陆续撰成了《中庸注》《孟子微》《春秋笔削大义微言考》《大学注》《论语注》等多部著作，为这一环节也画上了完整的句号。这些著述内容浩繁，从思想演变角度看，此时康有为的"演孔"在原有基础上，既一脉相承，又有显著变化。其对孔子的神圣化和对孔学的神秘化，皆被推至极端；其"大同三世"说装载的思想内容更加丰富复杂，而其经学的语言形式与其实际内涵反差增大乃至完全脱节的现象，也愈益明显。

一、孔子的神圣化

将孔子神圣化是经学的传统，尤其是今文经学的传统。康有为需要这一传统，因为它可以形成巨大的权威性和具有非凡的工具性，从而转化为超强的思想文化力量，达到震慑人心、任人所用的目的。在宣扬伪经说和改制说之时，康有为就已经开始采用今文经学的种种说法，将孔子神圣化，但基本上还只是照引旧说，未做进一步的发挥。此时则在原有的基础上，将种种说法大肆渲染铺张，或推向极端，或编成体例，使孔子的神圣几乎达到登峰造极的地步，并以此作为阐发微言大义的前提。

康有为将孔子神圣化的言辞在各部演孔之著中随处可见（以《中庸注》中的论述最为集中突出），将其主要论点概括起来，人们所见到的便是这样一位神圣无比的孔子。

其一，孔子将天下中外古今、过去未来一切"道术"集于一身，孔子之教可以作为所有人和一切世代遵循的准则。

天下道术虽多，必以孔子之道作为准则（"折衷于孔子"），而孔子之道之大，"荡荡如天"。若概言其"盛德至道之全体"，则可以说是"原于天命，发为人道，本于至诚之性，发为大教之化。穷鬼神万物之微，著三世三统之变。其粗，则在人伦言行，政治之迹；其精，出于上天无声无臭之表。而所以行之后世，为人不可离者，则以其不高不卑，不偏不蔽，务因其宜，而得人道之中；不怪不空，不滞不固，务令可行，而为人道之用。尚恐法久生弊，又预为三重之道，因时举措，通变宜民。惟其错行代明，故可并行不悖，既曲成万物而不遗，又久历百世而寡过。因使孔子之教，广大配天地，光明并日月，仁育覆后世，充全球"①。这段话融汇了很多前人赞颂孔子的话语，同时也添加了一些康有为的点睛之笔，如"人道""三世三统之变""三重之道""充全球"等，这显示出孔子之教并非原封不动地照搬，而是经过了康有为的精心"推阐"。照此描绘，孔子之教就涵盖了所有领域的一切道理，而且绝无任何缺失和绝对不受任何时空条件的限制，后人和后世只要将其作为永远的圭臬加以奉行便可。

其二，孔子不仅为天生的圣人，而且是超出圣人之上的"神人"。

孔子之所以为圣人，是因为其有上天赋予的"圣人之性"："夫圣人之性，会道教之原，为群生所托命焉，故为天下之大本也。孔子涵养其性于寂然不动，通渊合漠之时，以戒慎恐惧，时时顾諟天命，日监在兹，洗心藏密，净彻灵明，故能上合乾元，与天同体，正其性命，保合太和。大化浩浩而平流，天倪光炯而常耀，此本性深远自得之体，在七情未发之先。其用力之始，在戒慎恐惧；其成性之后，为正纯粹精。以德言之，则大明终始；以体言之，则浑然中平。"②进一步说，只有孔子才能具备这样的"圣人之性"，由此也才能成为神圣的"孔子之道"的创立者："惟孔子之性情能得中和之极，故孔子之道教亦得中和之极，而可配天地，本神明，育万物也。"③

在《中庸》原文中，论述"中和"之义本来是这样几句话："喜怒哀乐

---

① 康有为：《中庸注·叙》，载楼宇烈整理《孟子微　礼运注　中庸注》，中华书局1987年版，第187—188页。
② 康有为：《中庸注》，载楼宇烈整理《孟子微　礼运注　中庸注》，中华书局1987年版，第190—191页。
③ 康有为：《中庸注》，载楼宇烈整理《孟子微　礼运注　中庸注》，中华书局1987年版，第191页。

之未发，谓之中；发而皆中节，谓之和。中也者，天下之大本也。和也者，天下之大道也。致中和，天地位焉，万物育焉。"经过康有为作"注"，就演绎成了上述对"圣人之性"的极度夸赞。因具圣人之性，孔子一人就成了道教会聚、群生托命的"天下之大本"，而其"涵养"圣人之性的过程颇为神秘，带有浓厚的宗教式静心修炼的意味（"净彻灵明"等语令人想起康有为寻道之初的困惑和静坐养心的经历），其结果则是"与天同体"，成为天人合一的圣者，圣道与天道被融为一体。

由此，孔子就不是一般的圣人，而是超越圣人之上的"神人"。一般的圣人是"学道而成圣者也"，而孔子则天生而成，具有神性，"圣之品位，孟子以为在神之下。盖神人惟孔子"。圣人能在学问上达到极致（"学之至"），但对于孔子之道中一些极为深奥的东西，如"以元统天，以阴阳化万物，生化之理，三世之变，前知之微"等，则只有"制作之神人知之能之，而圣人亦有不知不能焉"。①这样，孔子就成了独一无二的至尊。

关于孔子之神，康有为结合对《中庸》文本的解读，从很多方面进行了描述，最典型者莫过于以"诚"为题、将孔子比作太阳的一段话：

> 阳日热力充实，则能大发其光热之性，至无穷尽；光热射于诸地，地上人物赖以发生阴阳，遂其性命。……自气名之，为阳为热；自理言之，为诚为明。《易》谓，乾阳之德，"刚健中正，纯粹精"，故"万物资始，各正性命"；"时乘六龙，以御天"；"首出庶物，万国咸宁"也。圣人含元吐精，本无量实热之诚，而大发其光力，以运持世宙，照临下土，无所收缩，尽其性也。明德既明，民皆维新，自进化于文明，尽人性也。山川、昆虫、草木，莫不得所栽培，倾覆栽成，辅相天地之宜，尽物性也。故圣王教主配天地、本神明矣。……人物之性，尽之甚难。人群之学，物理之故，博考今古，俾揣情状，繁迹夥颐，难尽色相。诚如皎日一照，吐写万象，轩豁呈露，幽隐无障，此至诚之大德，一日归仁，不假次第，神圣之能事也。②

---

① 康有为：《中庸注》，载楼宇烈整理《孟子微 礼运注 中庸注》，中华书局1987年版，第196页。
② 康有为：《中庸注》，载楼宇烈整理《孟子微 礼运注 中庸注》，中华书局1987年版，第214页。

太阳之"光热",被等同于"至诚"之德性,也就被等同于独具此大德的孔子;"地上人物"因太阳而获得性命,同时又因孔子之"诚"德而得以尽其性命,自然的太阳与精神的太阳可以说交相辉映。这当然只是一种比喻,并非说孔子就真是天上的太阳。天上的太阳属于"气",而孔子之道属于"理",这道底线康有为还能区分清楚。但将此理与此气贴合得如此之紧,以至于将孔子与太阳的对宇宙万物功用几乎混为一谈,这确实神化到了极致。

二、孔学的神秘化

所谓神秘性,是秉承今文经学的传统,对如何把握孔学,做了不同于一般学理的规定,带有相当神秘的性质。

今文经学是经学中最早出现的一大流派,在汉代曾盛行一时。今文经学在传承过程中,有一些颇为独特的叙说方式,与后来古文经学及其他流派治经的方式迥然有别。康有为对今文经学这些独特的方式进行了全面的梳理,并加上自己的解说,形成了一套系统的探究孔子之道的规则。

这套规则,集中见于他为《春秋笔削大义微言考》一书所写的"自序"和"发凡"。此套规则看起来似乎只是为《春秋》一经所设,实际上是被作为通晓整个孔子之道的锁钥。因为康有为引庄子、子思和孟子的说法证明,孔子之道绝不限于一般"邹鲁之士、搢绅先生"都能讲述的"《诗》以道志,《书》以道事,《礼》以道行,《乐》以道和,《易》以道阴阳,《春秋》以道名分",而是有着更为广博、深奥、繁密乃至无法言说的内容。欲寻求这些内容,"六经"中唯有《春秋》最值得重视,因此"求孔子之道者,莫如《春秋》"。[①]这一定位,也就成了整套规则中首要的也可以说最重要的一条规则。

围绕如何学习《春秋》,康有为列出了七条"凡例",其要义可归纳为三点,从中不难见到其种种神秘之处。

第一,孔子之道不能从《春秋》文本中去寻找,而应以《春秋》口说为依据。

根据孟子等人所提供的大量证据,孔子所作《春秋》,原本为《春秋之

---

① 康有为:《春秋笔削大义微言考·自序》,载《康有为全集》第六集,中国人民大学出版社2007年版,第3页。

义》，而不是今人所传习的《春秋》，今《春秋》只是一部"古鲁史"，而并非孔子之"遗经"。真正的《春秋》之义，是"传以口说，而不传在文字"。之所以如此，是因为孔子以《春秋》贬损当时的权势者，又在《春秋》中寄托改制之义，"升平、太平并陈，有非常异义可怪之论"，故而不能写出来，只能说出来。因此，今《春秋》中的文与事，其实"与孔子作经制义渺不相关矣"。① 以《春秋》为经，却要完全脱离《春秋》，从《春秋》之外求义，这已显现出孔子之道的神秘。

第二，《春秋》"大义"的口说，传在《公羊》和《穀梁》二传。

此二传曾"遍于汉世之学官，诵于弟子，被于天下。今《公羊》《穀梁》二传犹在，则孔子《春秋》之口授大义在《公》《穀》二传，至可信据矣"②。《公》《穀》相传为孔子弟子的学生所口授的对《春秋》经的解说，历经数代，记录成文时已到了西汉年间，相距孔子亲授"口说"之时已长达数百年。这种师徒之间"口口相传"、仅凭记忆而保存的大义，最后的表述与最初的原意之间究竟吻合到何种程度，是一个不能不考虑的重要问题。如果一概认定《公》《穀》所传毫无疑义地就是孔子当初"口说"的大义，又因孔子的神圣性而赋予《公》《穀》二传以神圣性，这也是一种充满神秘性的推断。

事实上，康有为也承认，"口传"的方式并不那么可靠，"惟口传者辗转久之，渐有误乱"，但他辩解说这种"误乱"只表现在《春秋》经文与"大义"的对应方面，对"口说"大义本身的一致性却毫无影响。为此，他发明出一种"电报密码"说，将《春秋》经文比为"密码"，而将"大义"比为电报"要言"："要言"是相同不变的，"密码"却可以任由选择、各人不同，即使密码会"偶有破损"，导致出现"不知要言系在何字码矣"的"误乱"，也"无关宏旨"，毫不影响"口说"大义的前后"无殊"。③

将《春秋》经文变为"密码"符号，而将《公》《穀》二传变为各不相

---

① 康有为：《春秋笔削大义微言考·发凡》，载《康有为全集》第六集，中国人民大学出版社2007年版，第5页。
② 康有为：《春秋笔削大义微言考·发凡》，载《康有为全集》第六集，中国人民大学出版社2007年版，第5页。
③ 康有为：《春秋笔削大义微言考·发凡》，载《康有为全集》第六集，中国人民大学出版社2007年版，第6页。

同的解码手册和完全相同的"电文"稿本,并以此作为"今学《春秋》者,第一最要"之规则;既承认"密码"与"解码"在"口传"中会产生误乱,又坚称"电文"在"口传"中必能保持一致——这些说法,只有用神秘性才能加以解释。

第三,《春秋》"微言"的口说,传在公羊家董仲舒、何休。

康有为将《春秋》口说分为"大义"和"微言"两个部分,认为:

> 史迁称《春秋》文成数万,其指数千;孟子称《春秋》为天子之事。今《公》《穀》二传所传大义,仅二百余条,则其指数千安在?且亦未见为天子之事也。董子醇儒,为公羊学,而所称《春秋》非常异义,多出公羊外,与胡毋生之传于何休全合,与穀梁家之刘向亦合,与孟子合。董子岂独撰者哉?何君亦岂及此哉?盖皆七十子后学口传于孔子,故自然相合尔。其传《春秋》改制当新王继周之义,乃见孔子为教主之证。尤要者,据乱、升平、太平三世之义,幸赖董、何传之,口说之未绝,今得一线之仅明者此乎?今治大地升平、太平之世,孔子之道犹能范围之。若无董、何口说之传,则布于诸经,率多据乱之义,孔子之道不能通于新世矣。……后人皆不知教主改制、据乱、升平、太平之义。中国轻视董、何之说,不知为孔子微言,甚且怪之,无人传习。于是中国之治教遂以据乱终。绝流断港,无由入于升平、太平之域,则不明董、何为孔子口说之故也。学《春秋》者,尤当知董子《繁露》、何休注多为孔子口说,七十子后学辗转传之,虽有微误,而宗庙百官之美富,可见大端。当一一理会尊重发明之。否则,虽抱《公》《穀》传文,其于《春秋》,犹欲入而闭之门耳。①

在此大段论述中,康有为为了论证董仲舒、何休为孔子口说"微言"最后幸存的传人,对口说的流传做了很多神秘化的推衍,由此,董、何二人在孔子之学传承史上的地位,就高于其他任何孔门先辈。通过这一论证,孔子之学就

---

① 康有为:《春秋笔削大义微言考·发凡》,载《康有为全集》第六集,中国人民大学出版社2007年版,第6—7页。

在很大程度上变成了董、何之学，而只有这样，康有为关于"太平三世"等的一整套新思想才能更方便地放入到孔学之中去。

三、"大同三世"说的变化

戊戌政变后，"大同三世"说继续发展变化，其中装载的思想内容更加丰富也更加复杂，而其经学的语言形式与其实际内涵的反差增大乃至完全脱节的现象也愈益明显。

之所以如此，与时局变化和康有为政治实践及政治思想的变化，有着密切联系。首先，康有为与慈禧后党政权之间，仍存在十分尖锐的矛盾，虽然"君权变法"与勤王自立起义相继失败，但其并未动摇改变专制政体的决心。其次，此时资产阶级革命运动正在兴起，革命派以推翻清朝、建立民主共和为目标，这是主张必经保皇而实现君主立宪的康有为所坚决反对的。再次，走出国门之后，康有为通过游历考察，对世界各国的国情（特别是政治制度）有了更多的了解，极大地开阔了视野，丰富了知识，有利于大同构想的进一步完善。最后，从大同构想本身来说，此时亦是其成熟阶段，"大同三世"说因而也变得更加完备。

在上述因素的共同作用下，"大同三世"说发生了以下四点变化。

其一，重新确定"三世"的内涵，将"升平"与"小康"分开另做解释，这是最主要的变化。

戊戌政变前，康有为糅合《春秋》的"三世"与《礼运》的"大同""小康"，确定"三世"的内涵分别是：乱世（或称据乱世、拨乱世）——文教未明；升平世——即小康之世，渐有文教，实行君主制；太平世——即大同之世，文教全备，实行民主制。这些含义与孔子的两种治世之道又是交叉在一起的：一种是治乱世使之升平的小康之道，另一种是治太平之世的大同之道（所谓"两种治法""两种学问"，见前文所引）。康有为认为，孔子生于文教未明的乱世，而孔子之后的2000年，中国已经是渐有文教、实行君主制的升平小康之世，按三世进化之义，接下来就应朝文教全备、实行民主制的太平大同之世发展。

在这些阐释中，存在两个互相紧密联系的问题：一是有专治乱世的小康之道和专治太平世的大同之道，却没有专治升平世的"孔子之道"；或者说，小康之道是用来治乱世的，怎么又能用来治升平世呢？二是正如乱世不可能马上变为升平小康世一样，升平小康世也不可能马上变为太平大同世，那么，在实现太平大同之前，用什么治道（显然不应是民主制）来代替君主制的小康之道呢？可见，康有为此时所确定的三世内涵还是不够完善的。

戊戌政变后，康有为对原来不完善的三世内涵做了许多修补漏洞的工作，主要的办法就是将"升平"从"小康"中完全分离出来。为此，他提出孔子的治世之道不是只有大同和小康两种，而是有三种分别与三世对应，"时当乱世，则出其拨乱之法；时当升平，则出其升平之法；时当太平，则出其太平之法"①，"时当乱世，则为乱世学；时当升平太平，则为升平太平之学"②，并对孔子三种学问（据乱之学、升平之学和太平之学）传承的情况进行梳理，认为"子贡传太平之学……有子传升平之学……曾子传据乱世之学"③。按此三分法，"小康"被明确地归属于乱世，如说"后世不述孔子本仁之旨，以据乱之法、小康之治为至，泥而守之，自隘其道"，"孔子发明据乱小康之制多，而太平大同之制少，盖委曲随时，出于拨乱也。……据乱之制，孔子之不得已也"④，"荀卿传《礼》……故仅有小康据乱世之制"，甚至更明白地说"《礼运》记孔子发大同小康之义，大同即平世也，小康即乱世也"⑤。小康既然属于乱世，它与升平就不再是等同的概念。

对于"升平"的内涵，康有为做了很多论述。其中，"升平"与"小康"最核心、最关键的一个差别就在于，"小康"是实行君主制，而"升平"是实行君主立宪（亦称君民共主等）制，如说"当升平世，而仍守据乱，亦生大害也。譬之今当升平之时，应发自主自立之义，公议立宪之事，若不改法则大乱生"；⑥"此孟子特明升平授民权、开议院之制，盖今之立宪体，君民

---

① 康有为：《中庸注》，载楼宇烈整理《孟子微　礼运注　中庸注》，中华书局1987年版，第229页。
② 康有为：《论语注》，中华书局1984年版，第1页。
③ 康有为：《孟子微》，载楼宇烈整理《孟子微　礼运注　中庸注》，中华书局1987年版，第168页。
④ 康有为：《中庸注》，载楼宇烈整理《孟子微　礼运注　中庸注》，中华书局1987年版，第208、225页。
⑤ 康有为：《孟子微》，载楼宇烈整理《孟子微　礼运注　中庸注》，中华书局1987年版，第1、22页。
⑥ 康有为：《中庸注》，载楼宇烈整理《孟子微　礼运注　中庸注》，中华书局1987年版，第223页。

共主法也，今英、德、奥、意、日、葡、比、荷、日本皆行之……升平之善制也"，"此明君民共主之义。……今大地中，三法并存，大约据乱世尚君主，升平世尚君民共主，太平世尚民主矣"；①"升平世则行立宪之政，太平世则行共和之政"，"政在大夫，盖君主立宪。有道，谓升平也。君主不负责任，故大夫任其政"；②"其为《春秋》，分据乱、升平、太平三世。据乱则内其国，君主专制世也；升平则立宪法，定君民之权之世也；太平则民主，平等大同之世也"③等。

这样，"三世"的内涵就被重新确定为：乱世——实行小康之道，君主制；升平世——实行君主立宪制；太平世——实行大同之道，民主制。新旧对比，新三世的据乱将原来的乱世和升平世合并到了一起，新三世的太平世与原先基本一样，而新三世的升平世则完全是重新规定的。通过这种改变，康有为就填补了"大同三世"说原来存在的一个重要漏洞，更重要的是，他把升平规定为君主立宪，这就实现了"大同三世"说与戊戌政变后维新派新的政治纲领相结合，从而使前者为后者服务的目的。

其二，康有为一方面针对中国处于"乱世"的现实，强调必须向前发展，朝"升平世"进化；另一方面又针对民主革命思想的冲击，强调进化必须循序渐进，不可超越"升平"直达"太平"。

既要向前发展又应循序渐进，本是康有为"大同三世"说题中应有之义。但在戊戌政变前，康有为面对的主要问题是中国极为落后的现实和守旧思想对于维新变法的巨大阻碍，因此，"大同三世"说着重主张的是必变，而对渐变较少论及。而戊戌政变后，原有的问题并未得到解决，又出现了民主革命思想兴起的新问题，于是，"大同三世"说就十分明显地变成了"双刃剑"，一面用来对付守旧，另一面用来对付革命。在这两方面康有为都有不少的言论。

对付守旧方面，如说"我国从前尚守孔子据乱之法，为据乱之世，然守

---

① 康有为：《孟子微》，载楼宇烈整理《孟子微　礼运注　中庸注》，中华书局1987年版，第20、104页。
② 康有为：《论语注》，中华书局1984年版，第17、250页。
③ 康有为：《答南北美洲诸华商论中国只可行立宪不可行革命书》，载《康有为政论集》上册，中华书局1981年版，第476页。

旧太久，积久生弊，积压既甚，民困极矣。今当进至升平……若守旧法，泥古昔，以为孔子之道尽据乱而止，是逆天虐民，而实悖乎孔子者也。……孔子之志，实在大同太平，其据乱、小康之制不得已耳"①；"一孔之士，溺于所习，蔽于一隅，滞于一方，笃守刘歆伪经之旧学，近世拨乱之旧法，以为孔子之道止于如此，则是断削孔子之道而小之，甘于割鬻大道而害群生，其罪甚于洪水猛兽矣"②；"孔子道主进化，不主泥古，道主维新，不主守旧，时时进化，故时时维新。《大学》第一义在新民，皆孔子之要义也。……孟子言新子之国，盖孔门非常大义，可行于万世者也"③等。

对付革命方面，有比较间接的，如说："人道进化皆有定位，自族制而为部落，而成国家，由国家而成大统。由独人而渐立酋长，由酋长而渐正君臣，由君主而渐为立宪，由立宪而渐为共和。由独人而渐为夫妇，由夫妇而渐定父子，由父子而兼锡尔类，由锡类而渐为大同，于是复为独人。盖自据乱进为升平，升平进为太平，进化有渐，因革有由，验之万国，莫不同风。"④有比较直接的，如说："若夫民主大国，惟美与法……若我中国万里地方之大，四万万人民之众，五千年国俗之旧，不独与美迥绝不同，即较于法亦过之绝远。以中国之政俗人心，一旦乃欲超跃而直入民主之世界，如台高三丈，不假梯级而欲登之；河广十寻，不假舟筏而欲跳渡之，其必不成而堕溺，乃必然也。……盖今日由小康而大同，由君主而至民主，正当过渡之世，孔子所谓升平之世也，万无一跃超飞之理。凡君主专制、立宪、民主三法，必当一一循序行之，若紊其序，则必大乱，法国其已然者矣。"⑤

比较而言，在康有为此时所撰写的考注孔子经义的著作中，主张向前发展、反对守旧不变，仍是"大同三世"说主要的一面，而反对民主革命的言论多见于其政论性的文章之中。

---

① 康有为：《春秋笔削大义微言考》，载《康有为全集》第六集，中国人民大学出版社2007年版，第17—18页。
② 康有为：《中庸注》，载楼宇烈整理《孟子微 礼运注 中庸注》，中华书局1987年版，第228页。
③ 康有为：《孟子微》，载楼宇烈整理《孟子微 礼运注 中庸注》，中华书局1987年版，第86—87页。
④ 康有为：《论语注》，中华书局1984年版，第28页。
⑤ 康有为：《答南北美洲诸华商论中国只可行立宪不可行革命书》，载《康有为政论集》上册，中华书局1981年版，第475—476页。

其三，极力扩大"大同三世"说的涵盖面，以"大同三世"概论整个人类和各个国家的演变发展，使之成为一种既有固定的模式，又有无所不包的丰富内容的进化观。

戊戌政变前，康有为的"大同三世"说主要为维新变法运动服务，因此，其立说以中国的历史和现实为基点，很少言及世界。戊戌政变后，在继续关注中国的同时，康有为很大一部分注意力转移到了对世界各国的观察和比较，加上此时其酝酿、发育多年，以人类理想社会为思考对象的大同构想已完全成熟，于是"大同三世"说的基点就被移到世界的历史和现实之上，增添了许多前所未有的新内容。

表明这一变化的最有代表性的著述是《大同书》。该著最重要的内容是对未来大同之世、太平之世的理想状况进行描述，而为了显示理想与历史、现实之间的巨大反差，衬托大同社会的无限美好，书中又处处以"乱世"景观作为"大同"的对照物，并以"升平"作为从乱世向大同的过渡。尽管"三世"的名称和进化的次序未变，它所包含的内容却极大地超出了原有的范围，其立说完全以人类和世界作为出发点。例如，作为全书的主干，康有为将人类苦难的根源归为国界、级界、种界、形界、家界、业界、乱界、类界、苦界"九界"。① 此九界所列，都是整个人类和世界的共同问题，即国家存废问题、民族平等问题、种族平等问题、男女平等问题，等等。九界存在之苦，康有为皆视之为"乱世"之苦，九界破除之乐，康有为皆称之为"大同""太平"之乐，而破除九界的过程，也就是一个不断从"乱世"经过"升平世"而走向"太平世"的三世进化的过程。这方面的论述，书中随处可见，但较为集中的说明，则可见于书中所列出的"人类进化表"。② 该表在视野的广阔性和内容的丰富性方面，比原来的"大同三世"说有了很大的发展。

由于这些变化，"三世"等概念就离今文经学的原意越来越远，而完全成为康有为任意表达或整合自己思想主张的一种特殊用语。

其四，提出"三世三重"说，表现了对人类和世界进化差异性、不平衡性及无限多样性的新认识，但对"三世"等概念的任意套用和无限推演，又使

---

① 康有为：《大同书》，古籍出版社1956年版，第52—53页。
② 参见康有为《大同书》，古籍出版社1956年版，第122—125页。

"大同三世"说从理论上走向烦琐主义和神秘主义。

戊戌政变前,"大同三世"说主要立足于解决中国的问题,还是一种比较简单的进化模式。戊戌政变后,康有为欲用此模式装载人类和世界进化的极为丰富复杂的内容,便不得不对模式本身做一定的修整。为此,他提出了"三世三重"说。

此说最先见于《中庸注》,该著在注解经文"王天下有三重焉,其寡过矣乎"时,以"三世三重"说做了这样的解释:"孔子世,为天下所归往者,有三重之道焉。重,复也。……三重者,三世之统也;有拨乱世,有升平世,有太平世。……每世之中,又有三世焉。则据乱亦有乱世之升平、太平焉,太平世之始亦有其据乱、升平之别。每小三世中,又有三世焉,于大三世中,又有三世焉。故三世而三重之,为九世,九世而三重之,为八十一世。展转三重,可至无量数,以待世运之变,而为进化之法。此孔子制作所以大也。"[①]类似的说法,在《春秋笔削大义微言考》《孟子微》《论语注》及《大同书》等多种著作中都有不少论述。

从这些论述看,"三重三世"说是针对人类和世界更为复杂的进化历程而提出来的。该说的基本精神仍然是强调必须循序进化、不断变革,反对守旧不变,而又增加了对人类和世界进化的差异性、不平衡性及无限多样性的新认识。但是,康有为企图用"三世"等古老的术语概论人类和世界古往今来乃至将来进化的极为复杂的进程和极为丰富的内容,以此证明孔子之道(在很大程度上是康子之道)无所不容、无所不能的真理普世性,这本身就是很不科学的。因此,"三世三重"说在表现出一定合理性的同时,其无限分解三世(分三世为九世、八十一世乃至无量世)的推演之法却使"大同三世"说变得支离破碎、扑朔迷离,在理论上走进了烦琐主义和神秘主义的死胡同。

---

① 参见康有为《中庸注》,载楼宇烈整理《孟子微 礼运注 中庸注》,中华书局1987年版,第222页。

第九章

重新认识西方

无论是写定大同理想，还是继续发明孔学，都与康有为对西方的认识息息相关。这一认识以戊戌政变为界，可分为前后两个时期。前一时期，康有为从未走出过国门，只能间接了解西方；后一时期，他在海外生活了近16年（1898—1913），多次周游世界，得以直接考察西方。①通过亲身体验，他看到欧美同样存在着多种社会弊端；通过整体比较，对中西文化的优劣得失有了新的结论；通过系统考察，对议院制何以源于西方做出了自己的解答。在总体上，他仍然坚持应学习西方，但对于西方民主革命精神，却已开始表现得非常厌恶和害怕。这些变化，反映了康有为走向世界后认识的深化，但也可看出受其政治态度制约而存在的偏差。

一、揭示西方社会之弊

未出国门之前，康有为对欧美只有间接的了解，并在不少方面停留在理想化的状态。通过与欧美国家广泛接触，他看到欧美远非原来想象中的理想之国，而是同样存在很多问题。

这种认识，直接来自康有为"遍游各国"的观察体验。他用相当夸张的语言，对出游前的想象与出游后的实情做了这样的描绘："未游欧洲者，以为其地皆玉堂琼楼、阆苑瑶池，以为其人皆神仙豪杰、贤圣明哲，以为其政皆公明正直、平等自由。及今游之，则其乞丐之夫，穷困之子，贪诈、淫盗、杀掠

---

① 他曾写道："吾两年居美、墨、加，七游法，五居瑞士，一游葡，八游英，频游意、比、丹、那，久居瑞典"（康有为：《共和平议》，载《康有为全集》第十一集，中国人民大学出版社2007年版，第2页），游德国"九至柏林，四极其联邦，频贯穿其数十都邑"。（康有为：《补德国游记·序》，载《康有为全集》第八集，第336页）

之风，苦恼之情，饥寒、污秽之状，压制、等别之事，及宫室之古陋卑小，道路之狭隘不洁，政治之机巧变诈，专制压抑隔绝、不完不备，一切人情风俗事势，乃皆与中国全同合化而无有少异。"①

在游意大利时，他的这种感受尤为强烈："吾之游火山也，乞儿数十，追随里许，此与印度无异，此皆吾所亲见闻者。若其褴褛之情，颠连之状，此各国所同有，又不止奈波里也。未游欧洲者，想其地若皆琼楼玉宇，视其人若皆神仙才贤，岂知其垢秽不治、诈盗遍野若此哉！故谓百闻不如一见也。吾昔尝游欧美至英伦，已觉所见远不若平日读书时之梦想神游，为之失望。今来意甫登岸，而更爽然。"②

这种"失望"之情，康有为还曾多处谈及。例如对巴黎的印象："往闻巴黎繁丽冠天下，顷亲履之，乃无所睹，宫室未见瑰诡，道路未见奇丽，河水未见清洁，比伦敦之湫隘则略过之。游遍全城，亦不过与奥大利之湾相类耳。欧洲城市，莫不如此……"③东欧诸国的情况可说离康有为原来的想象更远："吾游塞尔维亚京，人家数千，鸡犬满道，寥寥数万口耳。道途泥淖深没，室屋卑污，若吾僻县山城。布加利亚京，宫室、道路崭新整齐，筑筑登登，昼夜率作；然京邑亦十许万人，立国三十年，甫脱蛮野耳。"④

即使未游欧洲，也未必有人以为那里地皆"琼楼玉宇"，人皆"神仙才贤"；游过之后，人们也不会将"垢秽不治、诈盗遍野"当成普遍现象。康有为所做的前后对比，有其特定的角度，也有其特殊的意义，这就是通过实地游历，从读书时"梦想神游"的理想化欧美中走出来，全方位地面对一个真实的欧美社会，而不是只知向往其美好，却不知其原来也与各种缺失相伴。只有这样去了解，才是一个更接近其本来面貌的欧美社会，中国人对其也才有可能正确加以借鉴。

根据亲身见闻，康有为对欧美社会存在的问题多有批评，其中主要是对意大利和法国的批评。

---

① 康有为：《物质救国论》，载《康有为全集》第八集，中国人民大学出版社2007年版，第66页。
② 康有为：《意大利游记》，载《康有为全集》第七集，中国人民大学出版社2007年版，第351页。
③ 康有为：《法兰西游记》，载《康有为全集》第八集，中国人民大学出版社2007年版，第143页。
④ 康有为：《塞尔维亚、布加利亚游记序》，载《康有为全集》第十集，中国人民大学出版社2007年版，第29页。

他指出，意大利在欧洲大国中为最贫之国，本国所产粮食肉类皆不足以供养人民，以致"意人之死，百分之四者为滋养不足，血枯而死"。由于国贫，人民多迁徙于国外，达二百余万人，而"在纽约之意人，穷苦污秽之状，甚于我国"。由于贫穷，意人的教化程度亦逊于北欧各国，"气质粗鄙，动辄殴詈；或酒后相争，一言不合，动至拔刀相向。故德、奥、法人多以野蛮目之，且亦畏避之也。其劫盗尤夥"。因此，"不知大势者，视欧人皆豪富逸乐若神仙，则大误矣"。①

对法国的批评，则在《法兰西游记》中随处可见。关于法国政治、民风乃至法人性格的缺失，他做过一段总的评价：法国"今议院党派之繁多，世爵宫吏（似为'官吏'之误——引者注）之贪横，治化污下……士人挟其哲学空论，清谈高蹈，而不肯屈身以考工艺。人民乐其葡萄酒之富，丝织之美，拥女之乐，而不愿远游，穷夜歌舞，惰窳侈佚，非兴国者也。法人虽立民主，而极不平等，与美国异。其世家名士，诩诩自喜，持一国之论，而执一国之政，超然不与平民齐，挟其夙昔之雄风，故多发狂之论，行事不贴贴，而又党多相持不下，无能实行久远者，故多背绳越轨，不适时势人性之宜。……闻法人质性轻喜易怒，语不合意，从君万曲梁尘飞。夫轻喜易怒者，野人之性也，法人犹未离之耶？德、英皆沉鸷，不轻喜怒，故强能久。二族之性，可以观其治矣"②。他还对法国人及欧美人的醉酒恶习予以抨击："法人之好酒极矣。吾游巴黎，入店不饮，酒家请曰：吾巴黎无不饮酒者。乃为饮之，则法人之沉湎可见矣。……吾观欧美人醉酒之风，夜卧于道而哗于市，归殴其妻而争杀开枪致死者，比比也，阅报者日见之不鲜。所经小市大衢，卖酒店相望。竟日作工，所入尽付酒家；而导淫演杀，与酒为邻。若此败风，惟吾国无之。欧美皆然，但法人为尤甚耳。"③

---

① 康有为：《意大利游记》，载《康有为全集》第七集，中国人民大学出版社2007年版，第393、394、396、394页。康有为对意大利亦未一概而论，认为南北颇有差别，"北意富而南意贫，北意文学而南意愚塞，北意新整而南意敝旧，北意华丽而南意朴鄙，北意人绢秀而南意人粗黄，北意有日耳曼风俗，而南意全罗马旧俗，此其大别也"。（同上，第391页）
② 康有为：《法兰西游记》，载《康有为全集》第八集，中国人民大学出版社2007年版，第144—145页。
③ 康有为：《法兰西游记》，载《康有为全集》第八集，中国人民大学出版社2007年版，第164页。

就这些批评本身而言，大体上符合实情，它们对中国人更多地了解欧美的真实状况，破除以为欧美一切皆可师法的心理，是有帮助的。但需要指出的是，康有为在剖析欧洲社会问题时，其所持政见的影响也表现得十分明显。这在批评法国时，显得特别突出。

他由于反对革命自由之说，因而对以大革命著称于世的法国似多一层感情上的隔膜；其列举法国弊病也好，指出法国落后于英、德也好，最后总要说成是法国革命遗留的恶果。他清楚地写道："是故比英言之，则法革命之祸，与英安乐之福，宜其绝殊；比德言之，则法人自由散漫之失，与德国以主权国权督率之得，又可作证。夫英为立宪国，而非民主，德更兼君权而主服从，然较之于法，其效之得失若此。今吾国人多好述法国革命自由之说，不以为谬，行陷淖而艳称，而欲师之。吾今特列法与英、德政治之比较，以见得失之实，吾国人亦可以知所择矣。"①以这种态度观察法国及欧美，难免不产生偏颇。后来，康有为将中华民国建立后出现的种种弊病，一概归罪于辛亥革命和民主共和，由此已可见出端倪。

二、整体比较中西文化

在真实观察西方社会的基础上，康有为对中西文化的优劣得失，也有了不一样的认识。这种认识，主要是通过整体比较中西文化而得出的，其比较的角度有两个，一是中西的物质与道德，二是中西的古代文明。

（一）物质与道德的比较

中国物质不如西方，康有为是完全承认的。（见本书第十章第二点"宣扬物质救国"）

在道德方面，他认为总的来说互有短长。在不少方面，中国优于西方，如"当中世千年黑暗时，固远不及我国"，又如在道德的历史悠久和深厚精美方面，西方亦不如中国，"……中国人数千年以来，受圣经之训，承宋学之俗，

---

① 康有为：《法兰西游记》，载《康有为全集》第八集，中国人民大学出版社2007年版，第167—168页。

以仁让为贵，以孝弟为尚，以忠敬为美，以气节名义相砥，而不以奢靡淫佚争竞为尚，则谓中国胜于欧美人可也。……中国自古礼乐、文章、政治、学术之美，过于欧洲古昔，见于大地万国比较说，既无待言矣"。①有些道德欠缺，则中西都共同存在。从这些论述看，康有为虽说中西道德互有短长，"吾未知其孰优也"②，实际上还是认为中国道德胜于西方。

中国物质远不如西方，道德何以能优胜于西方，康有为给出了一个因果关联的解释："强大之国，冲繁之地，其所挟避求争之势最甚，则其相迫而为贪伪盗杀、机巧变诈、压制苦恼之风亦最甚；弱小之国，地方僻简，求争不繁，无所于迫，故其贪伪盗杀、机巧变诈、压制苦恼之风亦不甚。"③也就是说，物质越繁盛，道德势必越低下；物质越简陋，道德势必越高尚。

前者，他举出美国的例子："美国者，今大地号为最富盛、好自由之国也。吾闻芝加高一埠，而一岁之狱，凡二十万事。繁盛则繁盛矣，而犯罪者若是其众也，则其治化何如也？"并由美国进一步推断日处竞争之中的欧洲各国，"然则所谓富强者，则诚富强矣，若所谓道德教化乎，则吾未之知也。是其所谓文明者，人观其外之物质而文明之耳；若以道德风俗言之，则忠信已浇，德性已漓，何文明之云"。④

后者，他举出印度的例子："吾深入其穷僻乡，皆寂然坐道，无闹者，无哗者，客来则让道，油涂身而道拜日，诵经于途，食充则止。……夫以印度之民，爱及虫蚁，终日讽经拜祷，不尚武争，故二千年来，累灭于外族，则道德之鞭辟太深，仁厚逊让之俗太甚所至也。今印度既灭，降为奴虏，为万国所轻贱久矣。如以道德论文明也，则吾断谓印度之文明，为万国第一也。"⑤

基于这些认识，康有为批评那种因为西方富强便"一切震而惊之，尊而奉之，自甘以为野蛮，而举中国数千年道德教化之文明一切弃之"的想法为"大

---

① 康有为：《物质救国论》，载《康有为全集》第八集，中国人民大学出版社2007年版，第66、67页。
② 康有为：《物质救国论》，载《康有为全集》第八集，中国人民大学出版社2007年版，第66页。
③ 康有为：《物质救国论》，载《康有为全集》第八集，中国人民大学出版社2007年版，第66页。
④ 康有为：《物质救国论》，载《康有为全集》第八集，中国人民大学出版社2007年版，第66、67页。
⑤ 康有为：《物质救国论》，载《康有为全集》第八集，中国人民大学出版社2007年版，第66页。

愚妄"①，主张在道德方面不必师法欧美而要自保国粹。

在上述比较中，包含着一些具有积极意义的见解，体现了康有为思考深刻的一面。例如，他指出西方文化在道德风俗上的极不完善，资本主义物质文明越发达，它在道德方面的弊病也越突出；对西方文明不能一概盲目崇拜，对中国传统文化也不能一概否定等。问题在于，康有为在进行中西文化比较时，采取的是一种十分保守的态度。他对所谓道德一概不辨其新旧，对欧美近代以来的新道德甚少正面加以肯定，而对中国的传统道德则笼统地不加批判地予以赞美；表面上似乎是进行抽象的道德比较，实际上则是以中国传统道德作为衡量的标准。戊戌时期康有为主张尊孔时，他对于中国传统文化是有批判的，但这种批判精神在他重新比较中西文化时没有再度显示出来。

（二）古代文明的比较

作为比较对象的西方古代文明，康有为重点选择的是罗马文明。这是欧洲文明的源头，对欧洲近代文化的发展影响很大，也是欧洲人极为珍惜的文化遗产。他撰写的《意大利游记》，其大部分篇幅所谈论的都是罗马，而对罗马文明与中国文明的比较，是其中思想性较强的一大内容。

康有为进行两种文明的比较，是针对盲目尊奉罗马文明而遗忘中国自身文明的倾向而发的："……我国人耳食而未尝亲游者，徒惊今日欧美之盛美，而误信其所出之罗马，乃亦同而尊仰之，则大谬矣！甚矣！吾国人今日之不自立，乃忘己而媚外也。故国人不可不读中国书，不可不游外国地。以互证而两较之，当不至为人所恐吓，而自退处于野蛮也。日本著书，多震惊欧美者。此在日本之小岛国则然，岂吾五六千年地球第一文明古国而若此乎？"②近代欧美领先于中国，并不等于古代罗马也超乎于中国之上，有着悠久文明历史的中国人应以充分的信心，根据典籍记载和实地考察对中西文明"互证而两校"，这种态度应说是正确的。

他具体比较了罗马与中国汉代（汉代略与罗马共和国后期和罗马帝国前期同时），认为罗马"有远不逮者"，表现在五个方面。

---

① 康有为：《物质救国论》，载《康有为全集》第八集，中国人民大学出版社2007年版，第66页。
② 康有为：《意大利游记》，载《康有为全集》第七集，中国人民大学出版社2007年版，第370页。

其一，罗马治化狭小而中国治化广大。罗马统治的区域看起来极为广阔，实际上代表其文明发达程度的诸种事迹如"将相吏士之所自出，文人学士之所发生，政事礼俗之所盛行，图书戏乐之所开发，繁华盛大之会集"，皆限于罗马一城之内，其国家政权的有效治理则限于意大利境内。高卢、西班牙、不列颠等皆为藩属地，并未开发；埃及、亚西里亚、亚美尼亚诸国则仅"以虚名职贡"。而汉代中国本土大大超过罗马本土，"以禹城百郡皆为内国"，"过于罗马之意大利内国十倍"，因而"其文明之化，亦过于罗马十倍"。例如，汉代"其京师太学，弟子三万，品覈公卿，裁量执政，公卿倒屣，党派盛大，则以今欧美之盛，尚有逊之，何有于罗马乎？学风之盛如此，其与罗马区区数十人言哲学、诗歌、文史，辄号为文明，岂不极远而可笑哉"！①

其二，罗马平等自由少，而中国平等自由多。罗马贵族平民之争存在数百年，意大利人为奴亦数百年，并且"终罗马之朝，意大利半岛之奴隶百余万，仍受主人凌制"，其他藩属地人民则更无权利可言。真正能够享受权利的，限于罗马城内数十万人。而汉代在"百郡万里五千万人"的范围内，"人人平等，人人自由。既无世爵，人人得徒步而至卿相，执政权"。②

其三，罗马乱杀多而中国乱杀少。罗马立国之始因豪族与平民争而世有内乱，不可胜纪；随后有苏拉马黎约之争、三头政治之争、三执政之争，"号为百年之内乱"；在被称为罗马盛世的时代，有武人政治之乱；继之为"三十暴君之代"，内乱频仍，"日在大乱之中"，因乱而杀人无数。而汉代"只吕后小乱、王莽大乱、质帝被毒外，数十代并皆平安"；就此后中国历史看，"唐自武后一乱、中宗被毒外，数十世亦晏然。宋除南渡，明除建文外，皆数十世无争乱"，仅五代多有"惨杀酷戮"，"此乃中国数千年绝无仅有之世代"。③

其四，罗马伦理多乱而中国伦理多治。罗马像中国一样实行家长制，族长有权，父子相继，女不嗣位。但是多淫乱之俗，叔侄可为夫妇，"其他废后、杀子、弑母不可殚数"。而中国汉唐虽亦有废后弑子之事，但数量很少，且

---

① 康有为：《意大利游记》，载《康有为全集》第七集，中国人民大学出版社2007年版，第401—402页。
② 康有为：《意大利游记》，载《康有为全集》第七集，中国人民大学出版社2007年版，第402页。
③ 康有为：《意大利游记》，载《康有为全集》第七集，中国人民大学出版社2007年版，第402—403页。

"父子相继,乱崩能戢。若叔侄为夫妇,则亘古未闻"。①

其五,罗马文明全凭借贷而中国文明全为自产。罗马起于小蛮夷,本为武功之国而非文学之国,平定希腊之后才以希腊之文学技艺行之国中,"与北魏、辽、金、元之入中国相同",而汉代"上承夏、商、周之盛,儒墨诸子皆本国所发生",不用假借于人。②

从这五个方面的比较中,可得出这样两点认识。

第一,不论康有为对比中国与罗马的具体结论是否恰当,他对罗马的分析,如罗马城居民的特权、罗马社会奴隶的大量存在、罗马统治集团内部斗争的剧烈、罗马的淫乱之俗、罗马与希腊文明的承继关系等,的确抓住了罗马文明的主要特征,这也是与中国文明的区别所在。

第二,康有为的比较又显然不是完全客观的。为了证明自己既定的观点(即罗马文明不如中国文明),他对罗马之短和中国之长都有不适当的夸大。如谈罗马治化之狭时对其"哲学诗歌文史"的成就缺乏足够的估计,将罗马总判为"北魏辽金元"之类亦有失公允,而谈中国没有贵族等级制便誉为"人人平等,人人自由",并不符合实际。在比较"乱杀之多寡"时,对中国历史上以另一种形式表现出来的社会动乱即农民阶级与地主阶级之间常有的激烈斗争(这正是中国的特点),完全没有提及。

值得注意的是,康有为虽然认为罗马文明在宏大深厚上远比不上中国文明,但也指出它具有中国所不如的一个重大优点:"罗马以其本出于土番小部,故为团体民政。是故虽限于贵族,自私一城,而其图书馆、博物馆、戏场、浴场、公园、女学、恤贫院,皆与其城中之一族人共之。而今者欧人师之,乃推而遍与人民。而我国虽号文明,所有宏丽之观,皆帝王自私之,否则士夫一家自私之,而与民同者乃反少焉。此则反不如罗马之治,俗私狭而能诞育耶?"③指出这一点是很有意义的。这等于说,正是"团体民政"的罗马文明——不论它多么"私狭"——成了欧洲近代民主精神的源泉,而中国文明由于帝王私之、士夫私之,一句话,由于受封建社会性质的影响,反而不能从中

---

① 康有为:《意大利游记》,载《康有为全集》第七集,中国人民大学出版社2007年版,第403页。
② 康有为:《意大利游记》,载《康有为全集》第七集,中国人民大学出版社2007年版,第403页。
③ 康有为:《意大利游记》,载《康有为全集》第七集,中国人民大学出版社2007年版,第403页。

诞育出近代文化精神。这一见解无疑是相当深刻的。它表明尽管康有为从历史的角度欲极力肯定中国传统文化的地位，但站在维新的立场上，仍然不能不指出中国传统文化与近代文化精神的不可漠视的差距。

对于罗马文明，康有为还有一个很深的感受："今欧洲以罗马为正统，学者必学罗马语言文字，熟读罗马史。而遗宫颓殿，丹青器物，至今犹存，犹足动人之观感。至今其声灵之赫奕于世界，则竟过于我秦皇、汉武矣。……而今中国既弱，文明政学，皆僻于一隅，无关于天下。罗马之后继者，能发扬其光辉于天下，此则我中国后人之大耻也乎。"①

以中国文明不能像罗马文明那样光大于世界而深以为耻，这是一种可贵的文化反省、文化进取精神。这一精神，康有为早在戊戌时期就开始提倡，而戊戌后更为强烈。当然，如何雪洗中国文明不能走向世界的耻辱不是一个简单的问题，不是仅有主观愿望就能够做到的。像康有为当时和后来大力提倡保教尊孔，就显然难以起到真正使中国文化重新振兴的作用。

三、系统考察议院制度

对中西文明的宏观比较，是康有为对西方认识走向深入的重要表现之一。此外，还有一个重要表现，就是他将西方议院制作为重大专题，也从中西比较的角度，非常用心地做了系统考察。

议院制何以产生于西方，这是康有为考察的重点。他认为其根本原因，是由地理环境（"地形"）所决定。依循欧洲历史发展的线索，他逐一具体分析了"可谓为今大地议院之太祖"的希腊议院、"可谓为今大地议院之太宗"的罗马元老院、日耳曼人的部落集议制和"为大地之师"的英国国会的情形。②

希腊——由于"欧洲在地中海、波罗的海之中，港岛槎桠，山岭错杂，其险易守。故易于分国，而难于统一"这种特殊的地理形势，希腊虽为蕞尔之地，不足当中国之一省，亦分为十二国，千年未能统一。这些希腊小国与四周"文明久启"的

---

① 康有为：《意大利游记》，载《康有为全集》第七集，中国人民大学出版社2007年版，第366页。
② 参见康有为《意大利游记》，载《康有为全集》第七集，中国人民大学出版社2007年版，第380、382页。

国家如埃及、腓尼西亚、巴比伦、叙利亚等通商互市，人民变得既富且智。康有为联系亲身游历写道："吾尝经希腊矣，群岛延回，峰峦秀耸，日有海波相激。生其间者，民必秀出，而又集各国之长，有富族智士之多。故梭伦以富人四级立会议之法，行之二百年。此民立议院之必开于希腊者，地形为之也。"①

罗马——于开国之始亦不过是"人口不过数千"、回旋不过百数十里的小国，"旁无大国，日与近邻意大利中诸蛮竞争"，其王仅相当于酋长，其国权相当于部落，因此不得不采取"诸族分权而治"的方式，结果导致王权的废弃，而由元老院掌握政权。②

日耳曼种族——开创之始仅为部落，"未成国土，未有君王"，因而有事皆采取开会集议的方式（指明此方式不能称之为后世的国会）。康有为特别指出这种集议制亦可见于中国土司部落及世界其他地区的部落之中，"凡此等政体，皆由山海崎岖，川岭错落，部落分据，统一甚难。故各占险要，地方数十里、十余里不等，人民自千数百至数万，人多相识，亦甚平等。日以争战为业，故武士直接而预议兵事"，而一旦由众多部落合并成君主制的国家后，便"无复有此等会议之事"。③

英国国会——康有为一方面指出它在欧洲议院制中是最为独特的，因为其他国家的议院制（包括法国的国会）都在近代之前中断了，而唯独英国"以条顿种与挪曼人同漂泊于不列颠，传其旧俗而世行之。至西一千二百六十五年约翰王时，遂定大宪章，日益光大，以至今日，而推行于天下。英固世有王而国会不废，久之且全夺王权，而成为立宪最坚之政体，而大地立宪政体皆法之。此为大地最奇特之事，亦绝无而仅有之事"。也就是说，英国国会直接开近代议院制的先河。但另外，他又认为之所以如此，也还是由于地理等原因："盖民数甚少，则君不尊大。地僻海隅之一岛，则罗马及东方之制度亦不广播，故能传其旧俗而不至灭绝。及文明大启，则国会已坚，而又有希腊、罗马议会旧事以会合之，则国会益坚。故日耳曼之分国虽多，而独能传其旧俗者，不属他

---

① 康有为：《意大利游记》，载《康有为全集》第七集，中国人民大学出版社2007年版，第380页。
② 参见康有为《意大利游记》，载《康有为全集》第七集，中国人民大学出版社2007年版，第380页。
③ 康有为：《意大利游记》，载《康有为全集》第七集，中国人民大学出版社2007年版，第381页。

国而属英伦,则以边海之小岛寡民故也。"①

根据这些分析,康有为总结道:"然欧洲数千年时之有国会者,则以地中海形势使然,以其海港汊冱纷岐,易于据险而分立国土故也。分立故多小国寡民,而王权不尊,而后民会乃能发生焉。"②特殊地形(多岛港)——小国分立——王权不尊——议院制,这就是他对议院制出现于西方之原因的基本推论。

与此相对照,他概括中国之所以不能产生议院制,其根本原因也是地形所定:"中国之一统,已当黄帝、尧、舜之时。盖古号九州为中国者,在大江以北、太行以南,旷野数千里,地皆平陆,无险可守。故为一统帝国之早之远,在万国之先,不止成国体、立君权而已。既为数千里之大国众民,则君权必尊,无可易者。……故中国之势,无从生产希腊、罗马之议院者,实地形为之也。"不仅中国如此,凡古旧文明之国如印度、波斯、埃及、巴比伦、亚西里亚等,皆因地形而很早就成为广土众民的文明之国,"既有广土众民,则必君权甚尊,而民权国会皆无从孕育矣"。③这样,康有为就形成了另一个基本推论,即特殊地形(平陆)——大国统一——君权甚尊——无议院制,以此作为中国未能出现议院制的原因。

通过这种比较,康有为强调议院制源于西方而不产于中国,完全是"地形使然也。非中国人智之不及,而地势实限之也,不能为中国先民责也"④。

从康有为不将中西有无议院制归结为属于主观范畴的人的智慧程度的差异,而是归结为客观条件(哪怕是地理条件)的不同这一点来说,他的见解还是有其可取之处的。中西政治制度乃至中西文化之所以形成不同的特质,遵循着不同的发展道路,地理环境的确是一个不可忽视的重要因素(特别是在古代交通极不发达,世界历史还在很大程度上局限于各个民族、各个地区的分别发展而未整体相连的时候)。还应看到的是,康有为虽将"地形"作为终极原因,实际上谈论较多的还是社会发展程度、国家外部条件及文化传统的影响等因素,对于人们理解中西政治制度的差异,这无疑都提供了有益的帮助。

---

① 康有为:《意大利游记》,载《康有为全集》第七集,中国人民大学出版社2007年版,第381—382页。
② 康有为:《意大利游记》,载《康有为全集》第七集,中国人民大学出版社2007年版,第382页。
③ 康有为:《意大利游记》,载《康有为全集》第七集,中国人民大学出版社2007年版,第382页。
④ 康有为:《意大利游记》,载《康有为全集》第七集,中国人民大学出版社2007年版,第383页。

但正如康有为在《康子内外篇》中用地势（地气）的差别说明各国政教文物的差别有着很大局限性一样，他用地形的不同作为根本原因来解释中西议院制的有无也是片面和肤浅的。事实上，对议院制这一政体的产生及兴衰起决定作用的并不是地理环境，而是基于生产力发展水平的社会阶级状况、阶级力量的对比及它们相互之间的斗争。如果看不到这一点，就难免将丰富而复杂的历史过程简单化，仅仅停留于历史的表面现象而不能深入于历史的本质之中。例如，康有为评论英国近代国会制的确立时，从地理决定论出发，就强调英国当时的人口之少、"小国寡民"，而对英国资产阶级革命（"克林威尔之革命"）反而不予重视，说它"亦不过如春秋时列国之废逐其君，晋厉、宋殇之弑，鲁昭、卫辄之出，若是者不可胜数"。①这当然也就不能对英国国会何以能"全夺王权"，并作为一种政治制度的楷模"推行于天下"做出正确的解释了。

此外，康有为的论述仍受到其现实政见的一定影响。20世纪初，中国反清民主革命思潮正在迅速高涨，革命派（乃至保皇派中的梁启超等人）对君主专制的祸害从现实到历史进行清算的文字大量见于报刊。对此，康有为是颇为不满的。所以他在论述中谈中国有君主制而无议院制时，把着眼点放在"中国万里数千年，已享一统之乐利"，而谈欧洲先有议院制时，则强调"欧洲列国分立，经黑暗中世，千年战争，惨祸酷矣，乃得产此议院以先强"。②虽然在理论上可说是一种辩证分析的态度，但置于现实政治中，仍可看出其既欲中国改行议院制而又不想以革命改之的保守心态。

四、反思如何学习西方

游历西方之前，康有为对理想化的西方充满仰慕之情，学习西方几乎不带任何前提条件。游历之后，他看到了一个真实的、很不完美的西方，进而深入探究了中西文化各自的优劣所在，因此对究竟应如何学习西方，认识也发生了很大的变化。

总体来说，他仍然主张要学习西方。这是因为通过在欧洲各主要国家多次游历，他对西方近代文明繁荣发达的程度有了更为真切的了解，深知若全面客

---

① 康有为：《意大利游记》，载《康有为全集》第七集，中国人民大学出版社2007年版，第381页。
② 康有为：《意大利游记》，载《康有为全集》第七集，中国人民大学出版社2007年版，第383页。

观衡量，中西之间仍存在着巨大的差距。

在《法兰西游记》中，他对欧洲各国近数十年来的"大进化"，做了一个相当简要而精彩的概括：

> 彼大进化，乃在数十年来耳。以言工艺，则自华式（即瓦特——引者注）之后，机器日新，汽船、铁路之交通，电、光、化、重之日出。机器一日一人之力，可代三十余人，或者能代百许人。于是器物宫室之精奇，礼乐歌舞之文妙，盖突出大地万国数千年之所无，而驾而上之。以言政治，则经道光十年、道光二十八年法国两革命之变，欧土各国，咸生民变，贵族尽倒。道、咸之后，各国皆开议院而与民权。于是……欧土战争少戢，文学大兴。小学行强迫之教，遍于国民；才俊与政议之选，不限贵族；立法出自议院公众之论，民讼皆有陪审辩护之人。人民皆预闻国政，有选举议员之特权；国王皆隶于宪法，无以国土人民为私有。医院、公园、聋盲哑校、博物院、藏书馆，都邑相望。公馆壮丽，狱舍精洁，道路广净；为民之仁政，备举周悉。法律明备，政治修饬。彬彬矞矞，光明妙严。工艺之精美，政律之修明，此新世之文明乎，诚我国所未逮矣！今且当舍己从人，折节而师之矣。①

需"折节而师之"的有两大方面，一为物质，二为民权，中国"但于物质、民权二者少缺耳；但知所缺在物质、民权，则急急补此二者可也"，"但行宪法，讲物质，一转移间，而国有霸业之基，民有富乐之实。兵船旌旗，既横于海外；宫室什器，自美于国中"。②

不难看出，在康有为对西方的赞美之词中，仍带有某种理想化的色彩，但大致说来，已描述得相当准确，尤其是将西方近代文明的长处归结为物质的昌盛和民权的发达，将中国近代的落伍归结为物质的贫乏和民权的不兴，应该说很有见地，找到了中西真正的差距所在。他希望中国急补物质与民权，实际上等于要将西方文明的全部（或大部分）精华都吸收过来，使中国成为与欧美并

---

① 康有为：《法兰西游记》，载《康有为全集》第八集，中国人民大学出版社2007年版，第201页。
② 康有为：《法兰西游记》，载《康有为全集》第八集，中国人民大学出版社2007年版，第201页。

驾齐驱的强国，这在当时仍不失为一种积极对待西方文化的态度。

然而，在学习西方问题上，康有为存在很大的矛盾。一方面，他乐于接受西方近代文明的成果；而另一方面，他对导致这一成果产生的历史过程及其斗争，表现得极其厌恶和害怕。这后一方面，突出反映在他对法国大革命的论述上。

在《法兰西游记》一书的附录《法国大革命记》中，他极力渲染革命的残酷、恐怖、杀人如麻、流血成河，将革命党人描绘成一伙只知杀人、互杀乃至最终难免被杀的暴徒，并将法国落后于英、德等国之后及现存的种种弊端，都归于革命破坏的结果。他在此游记中共加了三个附录（分别为《法国形势》《法国创兴沿革》《法国大革命记》），其篇幅超出游记本身内容一倍，其目的也是想通过对法国现状、历史及革命过程的系统考察，说明法国式大革命的万不可行。

康有为之所以极力贬抑法国革命，其实并不是为了否定法国革命。他尽管将法国革命描绘得极其恐怖残忍，但还是承认之所以出现这场革命，是因为法国封建统治者压迫太甚，革命的发生有其不可避免性和历史合理性。贬抑法国革命最主要的原因，是要否定在中国开展民主革命的必要性。其主要理由，是中国与法国国情完全不同，"我中国乎，凡法压制之苛害，盖皆无之。我之大革命，盖在秦世；我之享自由，盖自汉时。凡法政之苛暴，大约在我中国三四千年前各土司之世，或间有之。而有书传以来，侯国已大灭，神权不甚迷，已无有如法之十万淫暴侯者矣"，"……我旧俗本平等自由，盖无新旧教之争之攻，无封建贵族之逐之去。一片白地光明锦，受和受采，在加绘画"，中国的平等自由甚至今日"惟美国有一二少能比我，但异于一民主耳"，"我中国平等自由已甚，与法全反。立宪之后，恐更有加重征税、密增法律之事。吾恐革夙昔自由之命，而国人一切举动，益不自由耳"。①

在他看来，中国经三代之政、孔子之教，已是"文明美备，万法精深，升平久期，自由已极"，如要再学法国革命的自由平等精神，那就是"安平无忧，而服鸩自毒；强健无病，而引刀自割，在己（原文为'而己'，酌改——引者注）则为丧心狂病，从人是庸医杀人"。他甚至十分夸张地写道："若法人所矜夸以无量血购之平等、自由，则我国久得之而忘之，骑牛觅牛，不知何

---

① 康有为：《法兰西游记》，载《康有为全集》第八集，中国人民大学出版社2007年版，第199、201、200、202页。

求也。……我国人以孔子经义之故，经秦汉大革之后，平等自由已极，今知之，应大呼孔子万岁，应大呼中国在地球万国先获平等自由二千岁而已。"[1]

这里所说的中国无新旧宗教之争，无封建等级贵族的存在，赋税刑杀不像法国诸侯统治者那样苛暴等，并非不是事实，但由此事实中，只能得出中国不能照搬法国式革命的结论，而并不能一概否定中国革命的必要性。如果说，中国由于与法国有上述不同便是获得了"平等自由"，那么这也只是一种具有特定内涵、相对于法国"封建僧寺之贪横，税敛刑法之苛重"才有意义的平等自由。康有为既然承认中国所缺之一为"民权"，那么缺乏民权的"平等自由"，其实就不是真正的平等自由。

法国革命只是康有为举出的一个极端的例子。实际上，在他所说的法国革命之后，"欧土各国，咸生民变，贵族尽倒"[2]过程中，欧洲各国都在不同程度上经受了资产阶级革命的洗礼，付出了战争和流血、死亡的代价，才获得了"物质"和"民权"的成果（最先爆发资产阶级革命的英国同样如此）。而他对这个无法回避的斗争过程，一概都是从其消极意义去看待的。说到底，康有为对西方革命的贬抑和对中国革命的抵制，是由他坚持改良的根本政治态度所决定的。出于此种态度，他就只愿撷摘西方近代文明的精美成果，而不愿接受西方资产阶级创此成果的革命精神；只主张中国和平地移植西方的物质和民权，而不准备为达此目的与封建统治者进行殊死的斗争。这相当典型地反映出中国改良派领袖人物软弱的性格。

在这种心态下，康有为对欧美国家的实地考察及与中国所做的对比，也就不可能是完全客观的，甚至在一些重要的思想观点上，还从戊戌变法前所达到的进步程度后退。这点除前述关于中国"平等自由"说法外，还典型地表现在他不允许人们攻击孔子之道而信奉"欧洲新理"。他写道：

今欧洲新理，多皆国争之具，其去孔子大道远矣。一二妄人，好持新说，以炫其博。迷于一时之权利，而妄攻道德。乃辄敢攻及孔子，以为

---

[1] 康有为：《法兰西游记》，载《康有为全集》第八集，中国人民大学出版社2007年版，第202、201、203页。

[2] 康有为：《法兰西游记》，载《康有为全集》第八集，中国人民大学出版社2007年版，第201页。

媚外之倡。必欲使己国数千年文明尽倒，国教俱无，而后快其猖狂纵欲之私，以助其成名之具……窃观今者欧美风俗人心，与中国正相若，其去性善自由，皆甚远也。国争若是，险诈横生，此正大行春秋之时，且一切据乱之义，尚合于今时，而万不能求之高远。吾昔者视欧美过高，以为可渐至大同，由今按之，则升平尚未至也。孔子于今日，犹为大医王，无有能易之者。……夫故妄人者，自以为能知新，实则尚未能审时也。而谬发非圣之论，以毒后生、害风俗，此其罪不在洪水猛兽下。今若有人焉，言伪而辨，学非而博，日以非圣为事，必当正两观之诛，万无可赦者也。①

这种尊孔卫道态度，与当年康有为撰写《新学伪经考》《孔子改制考》时的锐意进取精神，已相差很远。

与反对学习法国进行革命形成鲜明对照的是，康有为明确主张将德国及意大利作为中国变法的榜样。

他赞美德国在大地古今万国中，治国第一，各国皆不及，"美、法则自由太甚也，英则自尊不进也，余则小国寡民无力也，否则守旧也"。德国治国第一表现在"武备第一，政治第一，文学第一，医术第一，电学第一，工艺第一，商务第一，宫室第一，道路第一，邑野第一，乃至音乐第一。飙举骤进，绝尘而奔，天下万国进化之骤且神，未有若德者也"。他认为德国之所以能够由三四十年前"小国杂乱，百政不修"的状况一跃而变为万国之冠，关键在于有一个良好的政体，即"以宪法之民权为体，而以英绝之君权为用"，"至近二十余年，威廉以英辟专制治德，爹士以英辟专制治墨，两国遂大治"。为了强调这一点，他对比了法、英、美三个国家，"法为自由之太祖，败绩不振；乃至英为宪法之先师，亦瞠乎其后。或者自由太甚，则萎而难举耶？甚者美至平等，而近者麦坚尼、罗斯福二总统，亦曰收权"，因而结论就是要采鉴德国的治体以进行中国的变法，而不要误入歧途，"……徒以已过之治体为泥"。②德国在世界各国中能否占有那样多的第一，当然还有商讨的余地，而真正的问题在于，康有为对德国的推

---

① 康有为：《意大利游记》，载《康有为全集》第七集，中国人民大学出版社2007年版，第374页。
② 康有为：《补德国游记·序》，载《康有为全集》第八集，中国人民大学出版社2007年版，第336页。

崇，是以对君主立宪，尤其是对威廉皇帝似的"英绝之君权"和"英辟专制"的热烈向往为立足之点，同时也是为了对已"过时"的自由平等政体进行抵制。

主张借鉴意大利，是因为意与中国有着相似的国情："意之地荒人多，与中国同；贫乏少用机器，与中国同；古国多旧俗，与中国同；迁徙殖民，亦与中国同；工商未盛，亦与中国同。"其借鉴包括两方面：一是采择意大利的变法。康有为特别指出意大利近20年来采用机器的大进步，"同治十年时，其蒸汽力一百三十二万吨。至光绪二十年，已增五倍余，为五百五十二万吨"，认为"此则过于我国者矣，吾国所宜最急务也"。二是以意大利存在的问题为戒，如"增扩海军，重增赋税，银行困乏，人民愁苦，则我不可不鉴也"。①

如果说，康有为主张学德国受其政见的影响太大，那么，他对意大利的借鉴应该说是颇为讲求实际的。在《意大利游记》中，他对意大利的农业、林业、渔业、矿业、工业、税则、兵备、政府收支等做了较为详细的介绍，并一一与中国加以比较，表现出十分认真而务实的态度，这与康有为在戊戌时期所具有的学习西方的精神又是一脉相承的。

---

① 康有为：《意大利游记》，载《康有为全集》第七集，中国人民大学出版社2007年版，第394页。

第十章

物质救国与君主立宪

辛亥革命爆发前约十年间，康有为所持的现实政治主张，也在不断调整和变化。这一时期，中国社会正在发生重大而迅速的变动。清朝自"回銮"后，迫于各方压力，先是开始举办变法新政，继而宣布实行预备立宪。与此相伴，反清民主革命运动日益高涨，渐成社会进步的前锋和主导，而由立宪派主持的宪政运动，亦对政治变革起着重要推动作用。面对复杂多变的形势，渐趋保守的康有为仍力图维持自己的影响力。他一方面坚守保皇宗旨，坚决反对革命，甚至宣扬物质救国为首要之务；另一方面则积极呼应和导引朝廷的变革，先是请求归政变法，继而大力推进君主立宪。不再立于历史潮流的前沿，但大体仍在顺应这一潮流，成为康有为政治主张演变的显著特点。

一、反对革命自立

当保皇自立活动还在进行之时，反清民主革命也正在兴起。自立军起义失败后，新党的自立斗争实际上已告终止，而革命运动却快速发展起来。如何对待革命，成为康有为急需直接作答的政治课题。

虽然康有为从不赞成革命，但在各个时期的态度并不相同。戊戌时期，维新派在社会变革中居于主导地位，革命派势力还非常弱小，两者各行其是，彼此甚少交集。保皇自立时期，后党政府成为两派的共同之敌，勤王起义与反清起义亦采取了相同的武力反抗方式。基于这种同一性，早在康有为流亡海外之初，孙中山等革命党人曾主动与其联络，希望彼此合作，却遭断然拒绝，原因是反清势必不认保皇，而这是康绝不愿意突破的底线。不过，此时两派亦未为敌，其分别斗争事实上起着相互配合的作用。

康有为真正感受到革命的威胁，决定与之明确划清界限，是在清廷签订《辛丑条约》、反清民主革命思潮迅速高涨之后。直接的导火线是保皇党内部出现了严重的思想分裂，一部分党人（甚至包括像梁启超这样的核心骨干）因对清朝继续丧权辱国、迟迟不肯改革、依旧迫害保皇党人极为不满，也开始大力宣扬只有革命自立才能保国救国，这使康有为深感"惶骇"，视之为"亡国绝种之念"。为了守住阵地，他接连发表《答南北美洲诸华商论中国只可行立宪不能行革命书》和《与同学诸子梁启超等论印度亡国由于各省自立书》，从各方面论证革命自立不仅完全没有必要，而且极为有害。①

一是引述欧美历史，证明欲得民权、强国家，并不必走革命之路。

他概括道："今欧美各国所以致强，人民所以得自主，穷其治法，不过行立宪法、定君民之权而止，为治法之极则矣。"②如英国、奥地利、普鲁士、意大利、西班牙、葡萄牙、荷兰、瑞典等，虽常生民变，屡逐君主，"流血无数"，但最后还是"君主之世守如故，未尝革命"，而民权立宪也得以实现。只有美、法两个国家例外，法国"倡革命，大乱八十年，流血数百万，而所言革命、民权之人，旋即借以自为君主而行其压制……今各国之宪法，以法国为最不善，国既民主亦不能强……其官之贪酷压民甚至，民之乐利反不能如欧洲各国。此则近百年来，欧洲言革命不革命之明效大验矣"，美国"为新造之邦，当时人民仅四百万，与欧洲隔绝，风气皆新，无一切旧制旧俗之拘牵。其后渡海赴之者，皆厌故国，乐自由，故大更大变，事皆极易；故法革命而无效，美自立而见功"，而中国与美、法皆绝不相同，"以中国之政俗人心，一旦乃欲超跃而直入民主之世界……其必不成而堕溺，乃必然也"。③

这里所说的"未尝革命"，是指各国仍然保留了君主制，与前述驳斥张之洞时，将武力反抗专制亦归于"革命"，盛赞不已，已显然不同。其变更的落脚点是要将君主立宪与民主共和截然分开，强调无论怎样争民权，君主都必不可少，民主在中国则断不可行。

---

① 参见康有为《答南北美洲诸华商论中国只可行立宪不能行革命书》《与同学诸子梁启超等论印度亡国由于各省自立书》，载《康有为全集》第六集，中国人民大学出版社2007年版，第312、334页。
② 康有为：《答南北美洲诸华商论中国只可行立宪不能行革命书》，载《康有为全集》第六集，中国人民大学出版社2007年版，第312页。
③ 康有为：《答南北美洲诸华商论中国只可行立宪不能行革命书》，载《康有为全集》第六集，中国人民大学出版社2007年版，第312—313页。

二是以"大同三世"说为据，判定世界尚处于由乱世向升平世过渡的时期，绝不应当也绝不可能由革命进至太平民主之世。

按其说法，所谓据乱、升平、太平为三种截然不同世代，"据乱则内其国，君主专制世也；升平则立宪法，定君民之权之世也；太平则民主，平等大同之世也"，今日还只是据乱世，只能过渡到升平世，而万不能"一跃超飞"到太平世，"凡君主专制、立宪、民主三法，必当一一循序行之；若紊其序，则必大乱"。欧洲各国深知此理，"故百余年来欧洲十余强国，亿兆才人志士，但求立宪法，定君民之权耳。虽别称君主之国，其为立宪民权无异，但得自由自主之乐，斯已矣。君主民主皆虚位耳，民之实权不可失，故必求之；君主民主之虚位，无关要事，则可听之"。因此，"美国独立之盛"和"法国革命之风"，中国皆不可"慕之行之"，"妄言轻举，徒致败乱"。①

将君主立宪与民主共和视为两个历史阶段、两种性质不同的制度，这是康有为自戊戌前就已存在的误判，此时仍未纠正（直到宣扬"虚君共和"论时，才明确做了修改，详见后文）。但既说君主立宪与民主共和各为一世，又说君主民主同为无关紧要的"虚位"，已显现概念与内涵的矛盾。

三是列举戊戌变法史迹，坚称中国幸有维新之帝，只要其复辟，民权自由必然可得，何苦谋求必不可行的革命。

他称赞像光绪帝这样"赫然变法"的君主"欧洲各国所未有，中国数千年所未闻也"，其因"救民变法"而被幽废，吾人只应勤王讨贼，除西后、荣禄，以报皇上"大德"，而不应一概"革命扑满""以怨报德、以仇报恩"，将皇上也一并革除。只有在一种情况下才能动革命之念，这就是"假皇上既不幸遇变，吾民绝望于自强自由，则不能不思所以自救，则不能不思所以自立，则援汤、武诛暴之义，用欧美求权之争，由之可也"，否则，"与其忍公理，肆自屠，求革命而必不能成，甚者且以资敌，何如仍誓保皇，发愤敌忾，以冀皇上之复辟，而民权自由为必可得耶"。②

---

① 康有为：《答南北美洲诸华商论中国只可行立宪不能行革命书》，载《康有为全集》第六集，中国人民大学出版社2007年版，第313—314页。
② 康有为：《答南北美洲诸华商论中国只可行立宪不能行革命书》，载《康有为全集》第六集，中国人民大学出版社2007年版，第314—316页。引者对引文标点有改动。

只要光绪帝还在世，就只能期盼和等待其复辟，只有当其遭遇不幸，才可另谋出路。这无异于将中国的前途命运，变成了一场对无权君主生死之况的赌博，在此赌局中，"吾民"完全失去了自主的能力。

四是分析各种条件，断言若要发动革命，必遭失败。

这些条件有五项：第一是枪械，官军有新式枪械而民军无；第二是训练，官军久经训练而民军为乌合之众；第三是调兵，官军调兵速且多而民军难集；第四是势力，官军可合全国之力而民军势单力薄；第五是统属，官军名分权势素来统一而民军不相统摄。因此，"今日而言革命者，不起京师而起自边地，不问其事理，但可一言决之以必败灭、必无成而已"①。

这些条件看似有理有据，其实主要还是基于保皇复辟立场，蓄意夸大官民之间的优劣对比，以为革命必败论张目。然而，此后革命运动的迅速高涨，尤其是辛亥革命的爆发及其胜利，很快就证明这些条件都不能成立。

五是假定革命万一有成，其结果必然是引起中国大乱，带来巨大祸患。

大祸首为杀戮，革命将使豪强并起，相争相杀，"使四万万之同胞死其半也"；次为亡国，"内乱相残，必至令外人得利也"，其结果将是"自鬻国民，以速其割亡而已"；三为专制，民权自立只是革命者的谎言，"假令革命果成，则其魁长且自为君主，而改行压制之术"，重建"秦政、刘邦、曹操、朱元璋之帝业"。②对于这些祸患，康有为举出古今中外无数事例加以论证，危言骇人听闻，而事实是后来一条也没有兑现。

六是认为若以割据自立行革命之事，也同样只会使中国乱亡。

他指出与革命相比，割据自立"义较可行"，即道理稍多一些，但真要实行，也势必像革命一样，面临"起事之难，党争之情，军械之乏，兵队之散"等无法克服的困难，即使事成，外人也"必不肯认，当必仍借定乱以取之"。③从另一方面看，各国尽管有自立成功的例子，但"其地势情事，皆与吾国绝不相

---

① 康有为：《答南北美洲诸华商论中国只可行立宪不能行革命书》，载《康有为全集》第六集，中国人民大学出版社2007年版，第316页。
② 康有为：《答南北美洲诸华商论中国只可行立宪不能行革命书》，载《康有为全集》第六集，中国人民大学出版社2007年版，第317—319页。
③ 康有为：《答南北美洲诸华商论中国只可行立宪不能行革命书》，载《康有为全集》第六集，中国人民大学出版社2007年版，第321、323页。

同，无丝毫之类也"，因而绝不可能仿效；最值得中国借鉴的国家只有一个，这就是与中国有"十相若"（十种国情相似），却因各省自立而亡国的印度。①

在详论印度历史及中印同异之后，他得出这样的结论："革命自立者乎？苟欲吾万里之土地悉与人，苟欲吾黄帝神明之子孙、四万万之同胞永为奴隶，永不齿于人类，永不得与欧人女仆通语，则速谋各省革命自立可也。……不然而稍有爱国之心者也，当闻之而汗流浃背，目瞪不闭，亟谋合全国大群之不暇，岂尚敢言革命自立乎？岂尚敢妄援欧美乎？……言革命自立者，若能有说以难印度致亡之事，吾犹将从之，吾急愿闻之；若无说以难印度致亡之事，则吾愿革命自立者降心易意，相与保全国而合大群，求民权而立宪法，以祈天永命也。"②

康有为考察印度史的确下了很大功夫，但印度因各省自立而亡，并不等于中国也不应谋求革命自立，正如此前谋划保皇自立，并不因"印度致亡之事"就失去正当性一样。至于成败，无论保皇自立还是革命自立，皆取决于自身各种条件的具备与否，显然不能将印度败亡当成中国自立也必然败亡的原因。

二、宣扬物质救国

既然革命自立万不可行，那么，要改变中国贫弱交困的现状，何者才是可行之策？康有为根据自己重新所做的中西比较，认为根本之计是要解决最为要紧的物质缺乏的问题。1904年，他撰写了《物质救国论》，后又撰写《金主币救国议》（1908年）和《理财救国论》（1912年）作为补充，形成了自成一体的新救国论。

对何为"物质"，康有为在《物质救国论》中并未直接定义，后来才做了

---

① 参见康有为《与同学诸子梁启超等论印度亡国由于各省自立书》，载《康有为全集》第六集，中国人民大学出版社2007年版，第334页。十相若，即"同处亚洲相若，同为大陆数千里相若，同为襟海之半相若，人民繁众相若，教化甚深相若，文明甚古相若，乃至律例、风俗相若，人性和柔相若，甚且由北地入主中国相若，一统其国相若，专制政治相若"。（引同前）从引文看，似有11项"相若"。

② 康有为：《与同学诸子梁启超等论印度亡国由于各省自立书》，载《康有为全集》第六集，中国人民大学出版社2007年版，第348页。

比较确定的解释："以其实物言，则电化、机器、工程、土木也；以其贯通言之，则物理及数学也；以文美言之，则画学、着色学、乐学也；以器用言之，水压力、天然煤气、电线、海底电线、无线电、留声电、光线、电气灯、蒸汽锤、蒸汽唧筒、显微镜、千里镜之类是也；以兵事言之，则速发枪炮、钢制大炮、炸药、汽船、汽球、飞船、兵舰、炮台之类是也；以农机器言之，凡夫芟草、刈稻、播种、起草、耕耘、纺织、裁缝、制胶、造玻璃、陶磁、诸金、塞门德土之类是也，凡此悉数不能终。"①

从学理和逻辑上看，这段对"物质"含义的表述是非常混乱的，其分类既有"实物"，又有"兵事"，还有自然科学门类及"文美"（艺术门类），一概都属于物质。不过，其要旨还是很明确，即物质主要是器物及关于器物的学说（大致上相当于自然科学，包括理论、应用和实用几方面）。基于这种定义，康有为在论"物质"之时，也在几乎同样的意义上使用"物质学"一词。

为了说明"物质"的特别重要，康有为做了一系列阐述，提出了一些颇具新意的观点。

首先，讲求物质和物质学，为欧美富强之本。

他辨析说，百年以来，欧人之所以强大，并非其哲学为之，亦非其民权自由致之，而是"以物质之力为之也"；"凡新世界国家人身万事之用，得以日出精新者"，皆依赖"物质学""组织而成"，"新世界之所以新者，缘此也。有此者为新世界，则日升强；无此者为旧世界，则日澌灭"。②对此，他提供了两大方面的证明。

一是证之以世界发展史，物质和物质学对全球新旧变迁起着极为神奇的作用：

> 凡军国民之大用，乃至物体、知识、道德、风俗、国政，悉因以剖晰变动，则以至粗易其至精者矣。以旧世界之物当之，何异大风之震落叶，怒潮之卷昆虫，莫不摧破毁灭矣。……凡此至粗至浅之物，而全球之地理

---

① 康有为：《中国颠危误在全法欧美而尽弃国粹说》，载《康有为全集》第十集，中国人民大学出版社2007年版，第142页。这一解释，是对《物质救国论》中关于"物质学"界定（见《康有为全集》第八集，第79—80页）的修改和补充。

② 康有为：《物质救国论》，载《康有为全集》第八集，中国人民大学出版社2007年版，第71、80页。

人类，实赖此而发明变化。其古今摇动变迁之大，无如三者（指电线、铁路、汽船——引者注）之力。……是三者，实开通新地球之怪物。使新世界突现于人间，则非他学之功，而物质之功也。盖物质之学，以日积而日进，日集其大成，而因以日增其速率者也。其始以指南针船舰，搜讨之于全球之中，渐乃以蒸汽、煤汽、电力、千里镜、显微镜穷测之于精微之物，于是新器与新理互出，新地与新法交明……物质科学之发明日多。于是……倍植人口，开辟地利，增产滋富，移风易化，治国强兵。盖无不由物质而来，而于他学无预也。①

二是证之以欧美各国，凡富强者无不由物质和物质学之精所决定：

方今新世，军国民百业之待用，无一不资于物质之学。……故物质学尤精、机器改良尤妙者，其国之强，民之富，士之智，亦因以进，军国之力与物质之学，相比较为升降之率焉，万国皆然。若新造之美国者，未尝有一哲学者出，而物质甚精，故其国力尤宏大。若意大利、西班牙，崇奉天主教，其神学、哲学虽深，而物质不精，国力亦微。法国亦有然。比利时以蕞尔小国，精机器制铁之业，遂以立国。荷兰首创海船业……则遂先霸南洋。此皆物质之功之成效大验，不止英先创物质学而先霸大地也。德国之昔者哲学尤众矣，然久弱于法。自胜法后，专讲物质、工艺、机器、电化之学……不过二十年，今遂胜于强英。……故德、美两国，将来雄飞大地，为英代霸，可决决也。所以能代霸者，在精物质工商之业，以治军国民之用也。②

其次，缺少物质和不讲物质之学，是中国贫弱的根本原因。

他指出中国数千年以来，虽文明冠于大地，却"偏重于道德哲学，而于

---

① 康有为：《物质救国论》，载《康有为全集》第八集，中国人民大学出版社2007年版，第80页。引者对引文标点有改动。

② 康有为：《物质救国论》，载《康有为全集》第八集，中国人民大学出版社2007年版，第80—81页。引者对引文标点有改动。

物质最缺"。这一缺陷以往不显其害，但当欧洲于近一二百年诞生"新物质学"，并"突起横飞"、席卷全球之后，中国就顿时出现重大危机："……畴昔全大之国力自天而坠地，苟完之生计自富而忽穷。夫四海困穷，则天禄永终；肢体茧缚，痿痹不起，则有宰割之者矣。"不但中国，其他国家亦莫不如此："故方今竞新之世，有物质学者生，无物质学者死。小国若缅甸、安南、高丽，无物质学者立死；文明大国若突厥、波斯、西班牙，无物质学者，少辽缓其死，然削弱危殆而终归于亡。"因此，中国之所以"病弱"，不在其他原因，只在"不知讲物质之学而已"。①

为了说明对于中国来说，物质最缺也最重要，他对"人道学""国民学""物质学"三者进行了比较：

> 夫国民为精神之本，而物质乃形式之末。以常理言之，末固不如本之要也。而以今日中国之所最乏者，则在物质也。无物质之实用，而徒张国民之虚气以当大敌，亦犹制梃以挞秦楚也，必不能也。盖精神之本，又在人道学之道德礼义，而不能以国民虚矫之气当之也。……国民之说，固吾所最鼓舞提倡……而以两者较之，则物质之重要尤急也。以中国之人道学固备矣，且有过于欧人矣。……其所绝无而最缺，而不能以立国者，则在物质之一事也，故吾之于物质学，最为深切而谆谆也。②

再次，中国过去变法失误，皆由于不以物质为本。

对中国近数十年来学西方变法的历史，他做了这样的总结：同光之初，曾国藩等人以为欧美之强在"军兵炮舰"，而"未知彼军兵炮舰之有其本也"；甲午战败后，以为欧美之强在"开民智"和"盛学校"，于是"举国争事于开学矣"；戊戌后，震惊于欧美"政俗学说"，又"求之太深"，遂"以为欧美致强之本，在其哲学精深，在其革命自由，乃不审中国病本之何如，乃尽弃数千年之教学而从之"，尤其是辛丑以来，"自由、革命之潮，弥漫卷拍，几及

---

① 康有为：《物质救国论》，载《康有为全集》第八集，中国人民大学出版社2007年版，第63页。
② 康有为：《物质救国论》，载《康有为全集》第八集，中国人民大学出版社2007年版，第72—73页。

于负床之孙、三尺之童,以为口头禅矣"。言"军兵炮舰",失之"太浅",而"言学之参术,既迟不及救;言自由、革命之天雄大黄,则益以促其死('死'原文作'生',酌改——引者注)"。所有这些失误,都误在没有将"讲物质之学"当作中国"救急之方药"。①

在以上失误中,他抨击最多的是"误于自由革命之说"。他特地引用英人之言:"不知中国者,以为专制之国。乃入其境,则其民最自由。卖买自由,营业自由,筑室自由,婚嫁自由,学业自由,言论自由,信教自由,一切皆官不干涉,无律限禁,绝无压制之事。"赞其"真知言哉",断定中国"比之欧人之限禁繁多,过之远矣。……自由已极,无可再加",若无病而"妄用"自由之药,则"必将因药受毒而生大病"。②"……必中风狂走,势必士背学,吏犯法,工不职,弟逆师,子叛父,尽弃规矩、法度、教化而举国大乱,不待大敌之来而不能一朝居也。……以此化民,此真如洪水滔天,生大祸以自溺也。……所谓病渴而饮鸩也,其不至死不得矣"。不仅自由如此,革命、民主、自立之说也"皆毒溺中国之药者也,其万不可从,不待言也"。③

最后,唯有兴物质,才是中国当务之急。

对于这一点,他说得非常肯定:"以吾遍游欧美十余国,深观细察,校量中西之得失,以为救国至急之方者,则惟在物质一事而已",而急中之急,又在于"无穷"之物质中的三项,即"工艺、汽电、炮舰与兵"。何以如此?他解释说:"夫为国之道,万绪千条,缺一不可……但理有先后缓急,而救火追亡,更不可雅步鸣琚以从事也,此吾今者救国开方之意耳。夫今中国之缺处固多矣,而吾暂缓一切,独汲汲焉特以工艺、汽电、炮舰与兵数事至粗者相望,何也?诚以百凡要政之缺,可以一朝而举,而工艺、汽电、炮舰与兵数者,不可曰吾欲为之而即为也。"④

那么,怎样兴物质呢?他具体提出了两方面的办法:一是求之于外,"大派游学"和"广延名匠",采取"官民合办"方式,"中国县凡二千,每县筹

---

① 康有为:《物质救国论》,载《康有为全集》第八集,中国人民大学出版社2007年版,第63页。
② 康有为:《物质救国论》,载《康有为全集》第八集,中国人民大学出版社2007年版,第68页。
③ 康有为:《物质救国论》,载《康有为全集》第八集,中国人民大学出版社2007年版,第70—71页。
④ 康有为:《物质救国论》,载《康有为全集》第八集,中国人民大学出版社2007年版,第71页。

游学生五人之费，其大县多筹者听之……统而计之，必当立派学生万人，往欧美、日本，学物质、工艺、兵炮垒、机器、电化之学……必使凡百工业莫不备具，无使有太偏多而致缺乏者。……专以学工艺、兵事为主"；二是兴之于内，有七种方法：一曰实业学校，二曰小学增机器、制木二科，三曰博物院，四曰型图馆，五曰制造厂，六曰分业职工学校，七曰赛会，"七者交举而并行，互摩而致精，乃可为也"。①

综观康有为的物质论，单就物质对世界发展所起的根本性作用，物质落后对中国进步的严重制约，中国急需在物质领域急起直追等论点看，并无什么不妥，反而还说得相当精彩；比起他此前的相关论述来，视野更显广阔，议论更觉深刻，增加了不少真知灼见。但是，他为了突出物质，就将物质说得重于一切，高于一切，先于一切，将物质的作用孤立化和绝对化，否认物质与非物质两大方面的相互作用和相互促进，这就存在很大的片面性。

按照康有为前面的论述，既然"物质"如此重要，那么，只要物质当先，全力办好物质这一"救国至急"之事（尤其是"工艺、汽电、炮舰与兵"三事），其他问题必可迎刃而解。可是，他又说不然，讲出了另外一番道理："然凡举一事也，皆相牵连，不易其乙也，欲举其甲而不可得也。夫成物质学者在理财，理财之本又在官制，官制之本在人民自治，先立乡官，开省、府、州、县、乡之议院。……不能行公民自治，开省、府、县、乡之议院，而欲理财，犹欲入而闭之门也。不能理财，则不能治物质学而经营海陆军，则不能立于竞争虎视之世，而中国将不可救。"②

为说明此理，《物质救国论》特添加一个附录，题为《论省、府、县、乡议院宜亟开为百事之本》，指出若要救国，开地方议院其实比物质还更急、更要优先考虑："夫今救中国之法，何为最急乎？若民权公议者，亦今日之至急者矣。……今日救中国之第一政，莫先于是矣。"如不开省、府、县、乡议院，"即使国家开议院焉，亦无其本也"，若开此议院，则除了"可使会党消弭而革命止息"外，还可直接收获两项"大效"：一是容易筹款，"今日赔款

---

① 康有为：《物质救国论》，载《康有为全集》第八集，中国人民大学出版社2007年版，第89、94—95页。
② 康有为：《物质救国论》，载《康有为全集》第八集，中国人民大学出版社2007年版，第97页。

十万万以来，举国民膏尽输于外……财政之困敝极矣，征税之苛敛极矣。民穷财尽，而追呼强迫，民虽好义，然无担荷国务之责，而徒以压制行之，铤而走险，急何能择，趋革命之风潮，只有揭竿思乱而已。……孰若以此付之于民，使其担荷之而自议之。民既不怨，而款可易筹，官得藉此卸责，而又可于民求多，岂不一举而三善备焉"；二是好办外交，"今日之外交，非交也，受命而已。……既无强力，何以拒外，则惟有……隐缩退让为事，一切听命于人……各省议院既立，请令各省议院公举外部大臣，二十三行省各举一人……举定则请命于朝……凡有一切外交之事……皆付之。……夫以合二十三省之绅民而商外交，其财力足以举大事，其怒气足以拒强凌。假令不济，至于用兵，彼各省议院亦必能竭力以筹饷。上下既通……虽强敌亦岂敢肆欺凌乎！……可保后必无割地赔款、失地失利失权之事也"。①

讲物质先要理财，理财先要改官制，改官制先要开地方议院，特别是开议院，必须摆在"第一"的位置，这些道理不仅与"物质救国"论的许多说法相矛盾，甚至相当于对其做了直接的否定。

事实上，所谓以物质救国，不过是康有为蓄意而为的偏颇之论。他极力强调物质的作用，并非没有道理，旧世界变为新世界，物质的确居功至伟。但是，物质从来都不是孤立地起作用，而总是需要物质之外的其他条件提供保障。对于救国而言，物质更无法作为唯一、首要或最急之事，这无论在欧美史还是在中国鸦片战争以来的历史中，都已得到确切无疑的证明。康有为其实并非不懂这一点，只是为了阻止人们争相谈论革命，便有意大谈特谈物质的重要性，以极端之论来混淆不同道理之间的界限。至于他自己，对于物质的限度还是非常清楚的，不但在大格局上将"民权"与"物质"并列为中国的缺失，而且在论完物质的重要之后，得出的结论是首先必须开设议院。也就是说，无论物质如何重要，若要救国，解决政治问题仍需摆在首位。

---

① 康有为：《物质救国论》，载《康有为全集》第八集，中国人民大学出版社2007年版，第98—101页。

三、归政变法论

中国所要解决的政治问题，康有为总体上归结为民权的缺失。那么，如何填补这一缺失呢？在保皇自立斗争期间，他努力的重心是自立，即通过武力推翻后党政府，实行民权新政。但失败之后，他已断绝自立之想，保皇自立于是变为保皇归政。两者保皇相同，怎样保，却差别甚大。前者是依靠自身，将主动权掌握在自己手里，若成功新党将实际执掌政权；后者则是请求他人（朝廷），主动完全变成被动，最好的结果也只可能是皇上重获部分权力。因有此差别，两者的许多主张便随之发生显著变化。

作为立论的前提性依据，保皇自立宣扬的还只是君主圣明（见前述），保皇归政则除此之外，更多地渲染君主享有"天命"。其种种表述，见于康有为的多封信函："今皇上虽尚无权，然数年以来，经历万劫，履险如夷，至今无恙；溥儁立而复见废，旧党乱而几尽亡，不可谓非天命矣。始则因于瀛台，郊庙、朝觐皆不得预；今则复能郊庙、朝觐，比之向者，已有进矣。凡此弑而未成，幽而复出者，皆天命也，吾保皇会诸公心力之为之也，内地四万万人莫不同戴。而或者谓天命不存，人心尽去，足证其谬矣"①；"皇上舍身救民，至今无恙，天命攸在。吾会全以保皇为宗旨，累电救主，既著成效，岂有半途而废者乎！望告同会中人，勿为异说所惑，自生变乱。……皇上乃曾欲开议院，以予民权者。……皇上历险犹存，此有天命，不过不能急耳。自乱则民权必不得，徒为外国所定；少待则上复辟，民权必可得也"②；"……圣上历劫无恙、天命尚在……我改易则吾叛上，吾为背义之人；皇上若生，吾誓不言他"③；"惟圣主尚在……复辟有望。……今天之言革命者，其极亦不过欲得成立宪政治，民有议政权耳。……若皇上复辟，则自然而得之……若圣主犹存，天命尚

---

① 康有为：《答南北美洲诸华商论中国只可行立宪不能行革命书》，载《康有为全集》第六集，中国人民大学出版社2007年版，第315页。引者对引文标点有改动。
② 康有为：《致李福基等书》，载《康有为全集》第六集，中国人民大学出版社2007年版，第350页。引者对引文标点有改动。
③ 康有为：《致欧榘甲等书》，载《康有为全集》第六集，中国人民大学出版社2007年版，第352页。

在，岂可言革"①。光绪帝被幽禁后，历经己亥建储、义和团运动、八国联军入侵等事变，仍生而未亡、帝号未废，这本来完全取决于"人事"，与"天命"并无什么关系。将皇上在就等同于天命在，无非是欲借助传统的天命说之力，继续维持对"圣主"的忠诚和对"复辟"的幻想，以防人心转向推翻君主制的革命。这一方面更决绝地表现了敌视革命的态度，另一方面更充分地证明了对自身力量的不自信。

可是，皇上尽管有"天命"庇护，却无法自动获得权力。在新党业已放弃自立武装斗争、列强与清廷已达成"和解"的情况下，要想"归政"，只有一条路可走，即向掌权者讨求。因此，一个更大的改变就是，保皇自立时与后党政府的势不两立、拼死厮杀，变成了保皇归政时对后党政府的俯首陈情，悲痛劝诫。

1902年，康有为代人起草奏折，在讲了很多成败得失、利害安危的道理之后，请求慈禧太后做四件事：一是归政皇上："……立下明诏，归政皇上，退处深宫，勿预政事。听皇上乾纲独揽，巡狩国境，则母子终始身安，而国家可保矣。此虽为中国计，实专为皇太后计也"；二是立诛贼臣荣禄、李莲英："……将李莲英、荣禄立正典刑，明下诏书，暴其罪状，以谢天下。然后复子明辟，则人心大悦，变乱不生，皇太后乃可高枕无忧，安养暮年矣"；三是尽罢内监："……大愤武断，扫除旧制，不用宦寺。凡一切内监，并罢归乡里。……上可力扫千年之弊政，下可永弭肘腋之隐忧"；四是与民权而立宪法："……下诏立定宪法，以垂后世，立与民权，以保国祚。立宪则采万国之宪法，以正定君民之权限，则无得有民贼横暴于上者；与民权则听亿兆之举贤，以议全国之政制，又得行其地方自治于下者。一涣汗之间，而人心大悦，中国可以立自强之基，而皇太后补过垂休，将追英女后维多利亚之美烈矣"。②他总结说："凡此四者：诛贼臣，罢奄寺，所以除百病之原；归政皇上，大与民权，所以立自强之本。苟能毅然行此四者，则中国必保，皇太后必安；苟疑

---

① 康有为：《致罗璪云书》，载《康有为全集》第六集，中国人民大学出版社2007年版，第353页。
② 康有为：《请立诛贼臣尽除宦寺归政皇上立定宪法大予民权以救危亡折》，载《康有为全集》第六集，中国人民大学出版社2007年版，第361、362、363、366页。引者对引文标点有改动。

虑而不能行此四者，则中国必亡，大清必灭。"①

这些请求和定位，集中表达了康有为此时的政治主张。但有一点他没有讲清楚，即"归政皇上"乃是四事之中心：诛贼臣、罢奄寺是要为归政扫清障碍，不如此，皇上就仍然深陷守旧势力之重围，不可能行使自己的权力；"大与民权"是要为归政提供保障，既使君权长存，又使民权发挥作用。在四事中，归政才最为重要，是其他三事服务的对象。

就康有为所求之事本身而言，并没有什么不好。归政于支持维新的光绪帝，当然有利于推动中国停滞已久的政治改革；清除荣禄、李莲英，不失为瓦解后党势力的一个重大举措，而终结太监制，早就是近代变革应该完成的任务；定宪法与民权，更是合于时代潮流，先进的中国人也期盼已久。问题在于，这些看起来不错的好事，究竟怎样才能办成。自开展保救斗争以来，康有为其实一直都在为办成这些大事而努力。区别在于，此前他依靠的是自己和新党的奋斗，起到了多种实际作用，现今却变为向死对头进行乞求，注定只能成为空话。这一点，康有为未必不懂，之所以还作此姿态，并非他真的对慈禧抱有希望，而是要以此表明宁可与虎谋皮，也不能转向革命的立场；同时，借奏折之名，向正处于分化状态中的保皇会员们，再次阐释自己仍在坚守的政治主张，以收凝聚和统一人心之效。

要特别指出的是，康有为尽管重回上奏请愿的老路，但并未放弃对后党的批判和对民权的倡导。

前一方面，他痛言：

> 乃回銮经年，未闻归政，累说变法，依然守旧。所谓新政者，外但有剥民脂膏、加税重征之事，内惟有荣禄、李莲英结党鬻官之举。……皇太后以禁城为国土，以宦寺为人民，聋无所闻，安无所惊。寝于薪火之上，而自谓为暖；游于漏舟之中，而自以为乐；立于岩墙之下，而自以为安；行于薄冰之上，而自以为固。一旦火燃舟沉，冰裂墙压，身既不保，国与俱亡。……夫皇太后三次垂帘以来，失属国多矣，失土地多矣。国家之权

---

① 康有为：《请立诛贼臣尽除宦寺归政皇上立定宪法大予民权以救危亡折》，载《康有为全集》第六集，中国人民大学出版社2007年版，第366页。引者对引文标点有改动。

利失于皇太后之手者无数，国体之屈辱沦于皇太后之手者无数，全国之民财赔于皇太后之手者无数，全国之人民败死鬻卖于皇太后之手者无数；今且几全国万里之地而卖之，几全国四万万之民而鬻之矣。①

言辞之尖锐，谴责之强烈，清算之彻底，与此前对后党做过的抨击相比，并无二致。

后一方面，他用很大篇幅赞颂民权，力陈：

> 中国者，四万万人民公共之产也；国政者，四万万人民公共之事也。故孔子经义，以为天视自我民视，天听自我民听。各国开议院以立宪法，与民权而听自治，此万国公共之法，而四万万人民应有之权也。……今欧美法至美密，而势至富强者，何哉？盖以民权为国，乃其根本精神之所在也。……各国君相，不与民权而压制之者，皆内乱而奔走死亡；能与民权立宪法，则安富尊荣，国祚盛昌。大地各国皆然，可按各国史而考之也。……是故有民权者昌，无民权者亡；有民权者盛，无民权者丧。此方今大地之势矣。民权之效验如此，民权之大势如彼，故万国从风，披于大地，如海潮之卷，如大风之扫，无所不入，无所不到。智者顺之则强，愚者逆之则丧，仁者自与之则王，虐者专制之则亡。愈压之而愈举，愈抑之而愈扬。本乎公理，适乎时宜，顺乎人心，协乎国势。若转石于高山之上，若烈火于枯草之旁，无有能当之者矣。……然则处方今之大地之间，万无可以一人而行其专制者。行其专制者，必若怙权不悛，是迫民变，求身弑国亡而已。②

从公理到经义，从成效到大势，从欧美史鉴到中国现实，民权之理可谓抒发得淋漓尽致。这说明，康有为在趋于保守的同时，还在继续跟随变革专制、

---

① 康有为：《请立诛贼臣尽除宦寺归政皇上立定宪法大予民权以救危亡折》，载《康有为全集》第六集，中国人民大学出版社2007年版，第357、358—359页。引者对引文标点有改动。

② 康有为：《请立诛贼臣尽除宦寺归政皇上立定宪法大予民权以救危亡折》，载《康有为全集》第六集，中国人民大学出版社2007年版，第360、363、364、365、366页。引者对引文标点有改动。

争取民主的潮流，而没有完全站到其对立面。只是这种跟随，由于以请求归政和反对革命为立足点，因而与时势演变的真实大有隔膜，以讲空话、论虚理、想当然为多，很难对民主运动起到实际推进作用。

归政并不是康有为政治主张的归宿，其归宿还是要实行宪政。不过，他此时尚未直接提出君主立宪的构想，而是同样回到戊戌时期的原点，将君权变法延伸为归政变法。在此框架下，他主张先改革官制，以作为正式建立君主立宪制的准备。从1902年起，他在《新民丛报》陆续发表论官制改革的文章，两年后出版了以《官制议》为书名的专著。这部著作内容繁博，对古今官制的沿革与利弊、中西官制的异同与得失、官制改革的要旨与方案等，均做了极为详尽的论述，是康有为戊戌前与后一直潜心钻研官制问题的集大成之作。此著以评议官制史和设计新官制见长，这里着重从贯串其中的政治思想的角度进行考察，值得注意的有这样几点。

第一，归政才能变法。

对如何变法，康有为的总体设想是"有必宜更新者，有必宜沿旧者，骤遥躐等，非惟颠蹶，亦不能成。美成在渐转，进化在次级，故有可变一年数月而旋弃者，有累数年试效而加进者。大成之功期二十载，规模之立期以十年"，而要实行这样的变法，必须有一个前提条件，就是先要归政于皇上，因为"政非人不举……为政有本末，必连合并举而后能成。今执政者之不能全变也，必矣"，真要变法，必得其人，而此人就是皇上，"非大有为之君，爱民之主，不足与言变法。今上未复辟，而为之言，是借寇兵而赍盗粮也。不得其本而用其末，且将以变法而为民患"。①

由此可见，清廷当时正在进行的新政改革，并不是康有为理想中的变法，而作为其"改制之议"重点内容的官制议，也并非对现政府的建言，而是为皇上一旦复位预作制度改革的谋划，这显然是将变法建立在一个相当虚幻的基础之上。此外，若将其变法思路与戊戌时相比，还可清楚看出此时明显主张新旧调和、缓慢渐变，已丢掉了当年大变速变的锐气，当然更失去了新党自立的勇气。

第二，民为变法之本。

变法必须以民众为出发点和立足点，这是康有为一贯的思想。经过保皇

---

① 康有为：《官制议》，载《康有为全集》第七集，中国人民大学出版社2007年版，第232页。

自立斗争和游历世界各国之后，他将这一思想表述得更加明确："凡变法必有本，如筑室之有基，树木之有根。苟无根基，则华堂广厦之壮丽，美木嘉花之茂繁，少遭风雨即飘摇矣。夫民亦国之基本也。当竞争之世，变法不从民起，而欲富强之有成功，君国之得尊荣，未之有也。夫中国无论举何善政，或法古经，或行西法，然不见利而反见害者，何也？曰，不从民始也。次曰，官不下逮于民也。……为治者，官之为民治，不如民之自为治之周也。故先使民自治，而后增官以治之。故人之变法言治民，吾之变法先言民自治……必如此而后变法有基础，而君国收其成效也。"①

民为国本，变法为民，先言民自治再言官治民，这些主张都仍有积极意义。不过，此时再要变法，仅言民本已不够，还必须加上民权，而且后者更为关键。康有为所谈的民本，与民权缺乏内在的融合，在很大程度上仍脱离于民权之外，因而难显更多的新意。

第三，中央立法议政先行。

对如何改革官制，康有为将设议院摆在首位，称之为"官制第一本原"，其依据是"三权鼎立之说"中的议院论："……以议院为立法之地。议院者，合一国之民心，举一国之贤才而议定一国之政……为公民议政之地……孔子所谓'谋及卿士，谋及庶人'也。以国者合民而为之，议院者合民心舆论以立法收税，至公者也，无论君主、民主之国，皆行之。有议院者公而安，无议院者私而危，此大地万国已然之效。"②不过，中国虽迫切需要立宪法、开议院，但因"民智未开"，还是"不能骤立议院"。在此情况下，要进行变法，就应采取变通之法，另设统筹全局的立法议政机构法制局，以取代仅由"老大官数人"所组成的主持新政的"政务处"。

法制局一方面聚民意，宜"合举国之人才、各地之贤智，聚之一院，提议辨难"；另一方面行君权，应"有大臣总裁以定之，人君称制以临之"。其具体方案是：由各地公举、大臣荐举人才为议员，设法制局于宫中，简派群臣数十人为议定，大臣为总裁；议员全部入局，设分类纂修官（称"分案主

---

① 康有为：《官制议》，载《康有为全集》第七集，中国人民大学出版社2007年版，第233页。
② 康有为：《官制议》，载《康有为全集》第七集，中国人民大学出版社2007年版，第265页。引者对引文标点有改动。

稿")；主稿者以《会典则例》《大清律例》为底本，参以古经、今史、"九通"及日本法规和各国政律章程，编成新法初稿，然后设讨论官"辨其得失而增损之"，设磨勘官"专究其谬误得失而攻难之"，形成定稿；定稿后，听取各议员意见，再由议定官议定，大臣总裁，最后"请上亲裁决而施行之"。除立法外，议员还兼备顾问，"皇上亲与讲求天下之事，访问地方之宜，民生之疾苦，要塞之形势，生产之出耗，风俗之得失，人才之盛衰，既可广见闻，亦可知其才识"，"惟上所擢用"。①直到宪法立，议院开，法制局才完成使命，其议员归并于政府。

将设法制局与戊戌时设议郎和制度局的主张相比，可清楚地看出它们之间一脉相承、大同小异的关系，其基调还是君权变法。然而，当历史翻篇之后，还来重拾旧议，已无多少现实价值，只能成为一种心有不甘的回忆。

第四，地方开设议会自治。

全国不可骤开议院，而地方应速立议会，这也是康有为戊戌以来的一贯主张。在《官制议》中，他为实行此主张提出了一个相当新颖的依据，即"公民"之论：

> 夫今欧美各国，法至美密而势至富强者，何哉？皆以民为国故也。人人有议政之权，人人有忧国之责，故命之曰公民。人人皆视其国为己之家，其得失肥瘠皆有关焉。夫家人虽有长幼贵贱，而有事则必聚而谋之，以同其利而共其患。……故上之有国会之议院，下之有州、县、市、乡之议会，故其爱国之心独切，亲上之心甚至。……故有公民者强，无公民者弱；有公民虽败而能存，无公民者经败而即亡。各国皆有公民，而吾国无公民，则吾国孤子寡独而弱败。……故今之变法，第一当立公民矣。今中国民智未开，虽未能遽立国会，而各省、府、州、县、乡、村之议会，则不可不立矣。……今变法第一，当令省、府、州、县、乡、村（"村"原文误为"市"，酌改——引者注）遍举公民，选举议员而公议之。②

---

① 康有为：《官制议》，载《康有为全集》第七集，中国人民大学出版社2007年版，第265—266页。引者对引文标点有改动。

② 康有为：《官制议》，载《康有为全集》第七集，中国人民大学出版社2007年版，第267—269页。

中国"举公民之制"的设计是：

> 凡住居经年，年二十以上，家世清白，身无犯罪，能施贫民，能纳十元之公民税者，可许为公民矣。凡为公民者，一切得署衔曰公民，一切得与齐民异，如秦、汉之爵级然矣。既为公民，得举其乡、县之议员，得充其乡、县、府、省之议员，得举为其乡、市、县、府（似应为"乡、县、府、省"——引者注）之官。不为公民者，不得举其乡之议员，不得充乡、县、府、省之议员，不得举充乡、市、县、府（似应为"乡、县、府、省"）之官。一切权利，不得与公民等。如此则荣辱殊绝矣，民将皆发愤为公民……①

在公民之理和公民之制的基础上，分级开设乡议会、县议会、道或府议会、省议会，以实行地方自治，"必若此而后富强之基可立。故行地方自治之制，而民不富乐，士不智勇，而中国尚弱者，未之有也"②。

将立公民与地方开议会自治紧密结合起来，是康有为政治思想变化的一大亮点，说明他对民众的认识增强了现代性。但从"许为公民""署衔曰公民""与齐民异""荣辱殊绝""发愤为公民"等理解来看，他所说的公民又被注入了诸多中国旧传统的要素，与现代公民仍有显著的差别。

第五，官制改革的取向。

对于官制如何改革，康有为做了很多具体设计，而作为指导思想，他认为要确定四大取向：一是设官为君还是为民，应选择为民，"据乱专制之世，君权过尊，则官制多为奉君而设；平世则民能自治，君长皆以民而立，不设多官以事君，故为民事之官制优于为君事之官制"；二是官职多设还是少设，应选择多设，"野蛮之世，国治简略，故分职可少；文明之世，政治繁剧，故分职宜多，故多职优于少职"；三是中央集权还是外藩分权，应选择中央集权，"据乱之世，道路难通，故不得不听外藩之分权；文明之世，道路通，机尤捷，故行中央之合权，故合权胜于分权"；四是治理放任自由还是干涉为主，

---

① 康有为：《官制议》，载《康有为全集》第七集，中国人民大学出版社2007年版，第269页。
② 康有为：《官制议》，载《康有为全集》第七集，中国人民大学出版社2007年版，第278页。

应选择干涉为主,"夫一统之世,不忧虞外患,不与人竞争,但统大纲,以清静治之,一切听民之自由而无扰之,虽不期治而期于不乱,此中国秦汉二千年来之政术也。……施于诸国并立之时,穷精角力,各视其团体之凝散与提挈之宽严以为强弱之对取,如以一统之漫无提挈、团体散涣而与诸国之团体结凝、提挈精严比较,犹驱市人乌合之众而当百炼节制之师也,鲜不败矣"。①

这些取向立足于历史变迁,主张从专制走向自治,从野蛮走向文明,从一统走向诸国并立,总体上符合时代发展的潮流,虽具体论点还多有可议之处,其对于官制改革大趋势的把握,还是显示了可贵的远见。

要实行归政变法,前提是归政,而要实现归政,必须得慈禧愿意将大权交给光绪帝。然而,这在戊戌年都不可能发生的事,到清廷度过了庚子、辛丑难关,政局重新稳定之后,当然更只会是一个空想。对此,康有为未尝不心知肚明,但他既然反对革命,不再自立,而又仍然期待自上而下的变革,那么,除了继续以空想示人之外,也别无他路可走。由于是空想,就难免存在很大的随意性和矛盾性,究竟是先讲物质之学,还是先补民权之失,改官制究竟是先设法制局,还是先行地方自治等,在前文论述中已可显见其乱。

这一剪不断、理还乱的思绪,在其1905年的一封信函中有非常集中的表现,信中写道:"今日中国所欠缺者固多,而最要者乃物质之学。各国之强,实在汽电、工艺、兵舰、枪炮,不在乎自由、立宪等空论也。……今当亟亟派生数千人学物质……今之计,宜先开各省府县乡议院,举行地方自治,令国民人人得出其力。以之理财举事,乃始有基。……英先开汽机而强于大地……甚矣!物质、汽机之要也,国之存亡视之!……《官制考》一书,自谓心得之言,字字实行,非同空论。若今日欲改官制而不从此下手,必不能成。……若夫理财之方,仆亦有良法,但苟非其人,仆未敢言;且不行地方自治,仆之策亦未能行。"②可谓事事不同,又都头等重要,却皆可想而不可即。

归政虽为空想,却是康有为不愿打破的精神支柱。当时,曾传出皇上再度"被囚"的谣言,他两次电查,得到北京知情人详复,告知"绝无是事",且云:"顷那与上(即慈禧与皇上,下同——引者注)极和。第一,是那畏外

---

① 康有为:《官制议》,载《康有为全集》第七集,中国人民大学出版社2007年版,第231页。
② 康有为:《致某君书》,载《康有为全集》第八集,中国人民大学出版社2007年版,第137页。

国干预，近年无此心，不敢复提废立事；第二，上极谨慎，那绝不忌之；第三，近来，那一切问上，故上能参预。今至变法，皆行戊戌之旧，及决停科举、决立宪，一切皆上持之，那拉听焉，故有此。……那近多病忧心，甚至神气甚短……故太监皆谓恐其不久。皇上精神无恙，左右有几个好太监甚忠心，有拳力，出入保护皇上甚紧。……计从此上渐有权，新政渐行，中国或可补救也。"①康有为将此"布告"各埠保皇党人，用以辟谣，看来是愿意相信其言的。但是，只要联系当时的政治格局，联系慈禧一贯以来的为人和对待光绪帝的态度，就可以看出复信中所言"绝不忌之""一切皆上持之""出入保护皇上甚紧""从此上渐有权"等语，实在不可能有多少真实性。

就在康有为还一心耽于归政空想之时，中国政情正发生着不以人的意志为转移的改变。1906年9月，迫于各方压力，戊戌政变以来一直以守旧著称的清廷发布上谕，宣布将实行预备立宪，这是一个令康有为始料不及的重大变化。他原本认为立宪的时机尚未成熟，"……今中国实未至立宪、开议院之时，尚须十余年之后也"②，没想到朝廷在政治改革的路上，比他走得还快。康有为喜出望外地表示：

> 顷七月十三日明谕，有预备行宪政之大号，以扫除中国四千年之秕政焉。薄海闻之，欢腾喜蹈，民权既得，兆众一心，君民同治，中国从兹不亡矣。
>
> 顷自北京近要来书，皆言临朝甚悔戊戌之举，近与皇上相得甚欢，凡行政一切皆听上议行，故近者令若流水，焕然维新，虽未归政，而皇上日渐有权，圣躬必可无恙，从此不复劳吾同志之忧矣。……天从人愿，大喜欲狂……诚不意中国有立宪自存之日，君民有保全安庆之时，不知手之舞之足之蹈之也。虽皇上未尽复权，而圣躬必无复后患；虽中国未能强立，而国民皆望得政权。吾保皇会之期望既伸，吾同志之目的亦既达矣。皇上不危，无待于保，归政虽要，尚属更端。就本会之义务言之，此后当无所事事……昔际艰难，当以保危为事，今逢安晏，当以图强为功，时异事

---

① 康有为：《致谭张孝书》，载《康有为全集》第八集，中国人民大学出版社2007年版，第141页。
② 康有为：《致某君书》，载《康有为全集》第八集，中国人民大学出版社2007年版，第137页。

移,境迁义易。然则从今切近之急务,莫如讲宪政矣。①

宣布预备立宪不等于归政,康有为在这点上还能保持清醒的认识,但其他反应,如扫除秕政、得到民权、君民同治、"甚悔"政变、"决立宪而渐安"等,又加入了很多不切实际的空想。

事实上,清廷对上谕预备立宪的认识,还停留在"大权统归朝廷、庶政公诸舆论"的水平,离真正的行宪政、兴民权,还相距甚远;发布上谕,也还只是一纸空文,不能等同于已有宪政的保障。但无论如何,将预备立宪写入上谕,公布于天下,总是一个重要的政治让步。受此推动,康有为迅速调整方略,结束保皇而改讲宪政,将归政变法整合为君主立宪,虽多有幻想,仍不失为因时而动、与时俱进的明智之举。

四、君主立宪论

康有为对君主立宪的认识,最早可追溯到其新思想体系形成之时。在"人类公理"中,他将君主、君民共主、民主列为政治制度演化的三个梯次,其中君民共主就代表着当时对君主立宪的理解,着眼于共主而不是立宪,立足于理性认识而并非现实诉求。开始上书变法后,其承载君民共主思想的议院观,经历了从通下情到兴民权、立宪法的变化,宪政理想逐渐清晰可见,但并不主张立即实行,而是以先变法、后立宪为总体方略。戊戌政变后,他一方面对君主立宪有更多的关注和更深的了解,另一方面仍只言保皇自立或归政变法,未将实行宪政列为当下任务。直到清廷做出让步,他才急忙迎合,宣布已完成保皇的历史使命,而进入实行宪政的新阶段。

应该说,对于实行宪政,康有为本来还未做好准备,因为他所倚靠的皇上还并未复位,政权依然还掌握在他并不信任的后党手中,君权变法尚未成功,君主立宪自然难以躐等先行。但是,既然朝廷已变,自己不能不变,不论前景如何,他都宁可将其视为一个再显政治身手、重新发挥主导作用、实现君

---

① 康有为:《布告百七十余埠会众丁未新年元旦举大庆典告藏保皇会改为国民宪政会文》,载《康有为政论集》上册,中华书局1981年版,第599—600页。引者对引文标点有改动。

主立宪夙愿的绝好机会。为此，他积极促成宪政的实现，从多个方面做出很大努力。在此过程中，他受到过内外变故的强烈冲击，但终究还是没有改变尽力向朝廷施压，以求宪政成真的基本态度。梳理这一时期康有为的思想变化，既可看出其内容相当丰富，仍具显著的进取精神，又可发现其言说有颇多不实之处。

（一）将实行立宪说成是一贯坚持的宗旨和主张

他这样回顾已经过去的维新史：

> 自马江役后，累诣阙上书，请大变法；及丁酉胶变，数上疏陈，首言立宪。当此之时，举国固未知立宪二字为何解……故欲速变法以救危局，非先得圣主当阳不为功；欲定良法以保长久，非改为立宪民权不为治。此仆救中国之宗旨，而考定于廿年以前，坚持于十年以来者也。……皇上于戊戌时欲大与民权，共参政事……内阁学士阔普通武首请开议院，皇上大喜……立欲下诏，决行宪政而开议院。……而宫廷咸阻，卒难遽行。于是旧党忌甚，吾身险甚，多劝吾行遁者。吾闻皇上愿与民权以救国民，宁失君权而不顾……故甘为之死。……吾党专以倡宪政为义，力障横流，虽数年来屡为革党大攻极诬，然救国何事，大义所在，虽举国皆变，亦当独立以镇之……幸吾会众同德同心，既坚既好……卒能挽狂澜于既倒，作底柱于中流。今者举国同心，咸言宪法，遂至使臣周咨于外，朝廷决行于上。……中国所欠，但民未有权耳，苟行立宪，民可有权，国即能强，即驾于万国之上。夫革命之所望，亦不过至立宪而止极矣。夫世袭总统与选举总统，相去一间耳，事至微小矣，无关国民之安危大局也，何事革命乎？……今圣躬历万险而无恙，中国决立宪而渐安，吾党宗旨所定，志愿所期，虽不敢贪天之功，亦庶几从心所欲。①

这段以"立宪"为中心的政治思想演变史，实际上有真有假。真者是就

---

① 康有为：《布告百七十余埠会众丁未新年元旦举大庆典告藏保皇会改为国民宪政会文》，载《康有为政论集》上册，中华书局1981年版，第597—600页。引者对引文标点有改动。

政治理想的大格局而言，康有为的确一直在追求君主立宪。他很早就关注和谈论君民共主、议院、宪法等新制度，逐渐将其与变法相结合，确信宪政应该和终将取代专制，并为此做了不少宣讲，这些粗略来看，都可纳入君主立宪的范畴，可笼统算作以立宪为宗旨。但是，具体考察他对君主立宪的理解和认识，先后却有很大的不同，各时段皆有特定的思想内涵。尤其就政治纲领或方略而言，无论戊戌政变之前还是之后，他都不主张立行宪政，而是应以君权变法或保皇作为必要的准备。因此，他宣称20年前就考定了以"改为立宪民权"救国的宗旨，自丁酉即1897年"数上疏陈，首言立宪"，十年来坚守不变；特别是光绪帝戊戌时"欲大与民权……决行宪政而开议院"，使他深受感动，于是"专以倡宪政为义"，终于等到朝廷转变，立宪宗旨得以实行等，都不是信史，而是添加了许多编造的东西。（参见前述各有关章节）

为了使这种编造显得更加真实，大概就从此时起，康有为直接修改自己数篇重要的戊戌奏稿，将原本"开制度局"等建议，改为开国会、立宪法、设责任内阁，以证明立行君主立宪的主张早已提出，绝非始自今日。这一改动，在较长时间里给后人研究带来种种误导，如今当然已经真相大白。康有为的作假，既有大体的真实在内，也是出于当时推行宪政的策略需要，不必过多指斥其"篡改""伪造"之责，但剔除人为造成的历史虚假，将康有为立宪思想演变的脉络梳理清楚，显然还是很有必要的。

（二）将保皇会改名为国民宪政会（后又改为帝国宪政会）

对于改名的理由、庆典的筹划、宗旨和责任的变化等，康有为做了这样的说明：

> 本会以救中国为旨。昔以皇上变法，舍身救民，蒙险难，会众咸戴，以为非保圣主，不能保中国，故立会以保皇为义。今上不危，无待于保，会务告蒇。适当明诏举行宪政，国民宜预备讲求，故今改保皇会名为国民宪政会，亦称国民宪政党，以讲求宪法，要求进步。……五洲各埠，保皇会所，行大庆典，告蒇旧保皇会而开国民宪政新会，以祝中国之盛强，国民之荣乐。……旧会以保危为义，故战兢惕励，有冒险之行。今会以图强为旨，但蹈厉发扬，为进取之事，今尤易矣。……各宪政国，不论君主民

主，其通行之例，一国大政俱归政党执权……今中国尚无政党，吾党实为之先。若筹款有厚力，各省府县中能开办报馆支会，则吾党众愈大，将来所得之权利，不可思议。……真地球之所无，而为欧、美人所艳羡而不可得者也。……保皇会事告蒇，宜行大赉。各埠同志……皆酌其劳肄分别报酬……公议核实，列等开名单……将来皇上亲政后，留为禀奖之次第。……中国今日大变新法，渐望强立，皆皇上舍身所致，盛德大功，国民永戴。今以无复灾难，不须言保，然会名虽改，感戴仍同，其圣像之供奉，庆典之称祝，及奉诏书，称同志，一依旧会之例，不须再议。①

这些说明，看似简单明了，顺理成章，其实存在几个突出的问题。

第一，保皇会并未完成任务。保皇的目的，本来是要通过复位归政，以实现自立变法，但都没有成功，结果仅为光绪帝尚存而已。将这一结果就等同于大功告成（"会务告蒇"，"……今皇上无虞，宪政将行，保皇会事喜慰告蒇"②），一味强调皇上"舍身"的"盛德大功"，将关注的焦点投射在皇上"不危"和实为未知数的"亲政"之上，实际是对失败的掩饰和对保皇之义的曲解，强化了君主的重要性，而弱化了民众的自主精神。

第二，对清廷立宪寄望过高。既然预备立宪并不是保皇斗争获胜的成果，那么，宪政自然也不可能按保皇党的意愿来施行。如果客观分析，可看出清廷预备立宪在很大程度上是被逼无奈，在专制守旧势力依然强大的情况下，宪政真要实行，还存在很大的阻碍。抓住时机，因势利导，固然并无不妥，但切不可抱有不切实际的幻想，只沉浸于"欢乐"，视宪政为"尤易"，而不做好继续艰苦斗争的准备。恰恰在此方面，康有为轻言乐享其成太多，对真实政情几乎只字不提。③

---

① 康有为：《布告百七十余埠会众丁未新年元旦举大庆典告蒇保皇会改为国民宪政会文》，载《康有为政论集》上册，中华书局1981年版，第602—606页。引者对引文标点有改动。
② 康有为：《布告百七十余埠会众丁未新年元旦举大庆典告蒇保皇会改为国民宪政会文》，载《康有为政论集》上册，中华书局1981年版，第602页。
③ 为渲染清廷宣布预备立宪是如己所愿而取得的胜利，他还以"至欢极慰"的心情写道："吾……欲行立宪而排革命，则上为专制之朝所恶，下为革命之党所攻，两皆不容，险难倍甚，而今则二千年专制之政倒矣，立宪行矣。仆敢预言之，革论之误谬，亦不旋踵而必自悔矣。（转下页）

第三，所谓政党掌权只是一句空话。清廷所宣布的预备立宪，并未开放政党合法存在的空间，而保皇会自成立以来，无论思想还是组织，一直非常涣散，本来就不是一个合格的政党。在此情况下，他不先解决怎样改造保皇会，使之有可能成为合格政党的问题，而是大谈宪政如何能使政党"执权"，权力将会如何之大，宣称只要筹款多、报馆支会多、会员多，就能获得"不可思议"的权力，将会让欧美人艳羡不已。这种描绘，毫无事实根据，只能视之为画饼而已。

（三）向朝廷请愿要求立开国会

清廷宣布预备立宪，不但没有实际举措，反而背道而行，这令康有为很是不满，批评"今屡言立宪，期诸必行，庶政公诸舆论，而政府行政压制，殆有甚焉。以举国拒借外款，而朝廷必抑舆论而行之，岂不与立宪之政大反哉？此天下所以不信朝廷也"①。为促使朝廷改变态度，他以宪政会侨民的名义上请愿书，提出了十一项变革之事，即立开国会以行立宪、裁阉宦、除满汉之名而称中华、迁都江南、裁督抚而复州郡、经营辽蒙回藏、速成海军、举国民为兵、制铁铸械牧马、罢税而令地方自治、以民力办外交。②

这些事中的后十项，皆为旧议，惟有立开国会，才是与预备立宪直接相匹配的新建议。对于立宪必开国会，康有为做了几个方面的论述。

（接上页）……宪政既定，民权大伸，国势大强，君主高拱而已，何所为而革命乎？鄙人不才，然于举国四万万人中，一切为老马之导，立旨必在天下未言之先，告成仅在艰关数年之后。虽阻我攻我，逐我杀我，如麻并起，而其后无不俯首帖耳，折而从我；虽以至强之力无限，至尊之威无穷者，不能少背焉。……今者庆旧会之告藏，合国（原文衍一'国'字，酌删——引者注）民以新宪，向日之诚，戴君如昔，开天之幕，政党我先。先天下之忧而忧，亦先天下之乐而乐。……仰首伸眉，以观吾党之盛而中国之霸焉。"（康有为：《布告百七十余埠会众丁未新年元旦举大庆典告藏保皇会改为国民宪政会文》，载《康有为政论集》上册，中华书局1981年版，第601、602页。引者对引文标点有改动）他不但高估了清廷的转变，而且神化了自己的能力。

① 康有为：《海外亚美欧非澳五洲二百埠中华宪政会侨民公上请愿书》，载《康有为全集》第八集，中国人民大学出版社2007年版，第410页。引者对引文标点有改动。
② 此十一件事，见于请愿书首段文字，并接着直接写明"商民等所请愿者，凡十一事"，但后文仅列九事，未列地方自治和民办外交二事。（见《海外亚美欧非澳五洲二百埠中华宪政会侨民公上请愿书》，载《康有为全集》第八集，中国人民大学出版社2007年版，第410、411、420页）可知此文于1913年刊出时，多有删改。

首先，对比中外，阐明有无国会，决定国家的强弱存亡。他用自己特有的话语写道："中国政教之原，皆出孔子之经义。孔子作《春秋》以定名分，君不曰全权，而民不为无权，但称其名而限其分，人人皆以名分所应得者而行之保之；君不夺民分，民不失身家之分，则自上而下，身安而国家治矣。宪法之义，即《春秋》名分之义也。中国数千年之能长治久安，实赖奉行经义，早有宪法之存。惜经义之名分，以教宗话言奉之，而未尝立国会以誓盟守之，渝盟则殛之。故汉、唐、宋、明二千年来，宪法若有而若无，以是政治逊于泰西，而大势沦于危弱。今大地各国，皆已改行立宪，苟不改者，则身弑国亡。如俄及波斯，今事汲汲，而法大革命之已事可证矣。"①将宪法解作《春秋》名分，明显是对古今理念的混淆；既言奉经义为宪法，中国得以长治久安，又言此宪法若有若无，中国因而沦于危弱，两说多有矛盾。撇开这些牵强附会的托孔之语，康有为实际上是要说明中国要想图存变强，不能空言宪法，还必须像各国一样设立国会，将立宪落到实处。就这一点而言，他还是抓住了立宪的关键之点。

其次，驳斥"民智未开、资格未至"说，肯定若开国会绝不缺乏人才。他指出真正缺人才的，不是民间而是政府。民间"以中国之大，四万万人之众，学校之盛，当讲求新学之殷，通于中外之彦，殆不可数计"，人才如此之多，却说要选出区区数百议员也不够资格，这"不独厚诬中国，自贬人才，亦无此理矣"，即使"有严苛之论，谓通才仍乏"，合公举人才的见闻知识，也仍比"政府数人"高明；反观政府诸臣，其"多未游历各国，未遍阅行省郡县边徼，以亲贵清流之故，多不解民俗农工商矿之百业"，虽为"上圣大贤"或能"清忠公正"，实则"即聋从昧"，将中国救危之事交此"寥寥数聋昧者之手"，就好比"以巨舰驾洪涛，乘逆风潮，而以瞽人为舵师"，其事"可谓至奇"。两相比较，不说政府因人才不足不能开设，而独责全国人才不足以开国会，"此商民等隐笑大奇而不可解者也"。②康有为原来不主张立开国会，"民智未开"也是重要理由之一。此时为了推动宪政进程，他改变了原来的看法，

---

① 康有为：《海外亚美欧非澳五洲二百埠中华宪政会侨民公上请愿书》，载《康有为全集》第八集，中国人民大学出版社2007年版，第411页。引者对引文标点有改动。
② 康有为：《海外亚美欧非澳五洲二百埠中华宪政会侨民公上请愿书》，载《康有为全集》第八集，中国人民大学出版社2007年版，第411页。

应该说是一个进步。

再次，断言若无国会，立宪绝不能成。对此，他说得非常明确："夫立宪不过空文耳，苟无国会守之，则亦如教宗之经义耳。故商民等以为真欲救国，先必立宪；真欲立宪，必先开国会。欲定宪法之宜否，与其派一二不通语文之大臣游历考查，不如合国会之民献千数百英彦之才而公定之。"①这就开始涉及宪政的实质性问题，既仅由政府操办立宪，还是联合国民一道立宪；是先开国会以真立宪，还是不开国会搞假立宪。其政治尖锐性，已初步显现。

最后，强调若开国会，可解决财政困窘这一最大的难题。他分析说："今朝论纷呶，忧贫蹙蹙，凡责任内阁，内外官制，皆不能定。若夫经营海军，及辽、蒙、回、藏诸边，皆切要之图，而巨大之费，亦无从筹。若一开国会，则人民有选举之权，即有担任税务之责。司农无事仰屋而忧，而经武营边，及举行新政，自强至易。夫不开国会之害如彼，立开国会之利如此，然则何事迟疑徘徊而不立行耶？"②清廷政治改革及各项新政不能顺利推行，根本原因当然不是由于患贫，而开国会的主要作用，也不应是为了解决政府经费问题。以"担任税务"来换取"选举之权"，显然只是一种无奈且无力的请求。

（四）"讨贼复仇"与"遁世弃家"

就在康有为首度发出立开国会请求后不久，两项重大变故的发生，导致其政治思想出现很大的波动，国会之议一度中断。

变故之一来自朝廷，这就是1908年11月14日，年仅38岁的光绪帝，竟比慈禧太后先一日病逝。康有为曾预言老迈的慈禧必然先死，然后年轻的光绪帝自可掌权，不料事竟相反。光绪帝对康有为有知遇之恩，为维新变法做出了特殊贡献和自我牺牲。戊戌政变以来，他一直以光绪帝为斗争旗帜和精神支柱，幻想其终有复位之日，而保皇宪政党也因此终有出头之时。突然生此变故，不能不使他悲痛无比，"倾银河而为泪兮，号九天而泣血"③。

---

① 康有为：《海外亚美欧非澳五洲二百埠中华宪政会侨民公上请愿书》，载《康有为全集》第八集，中国人民大学出版社2007年版，第411页。
② 康有为：《海外亚美欧非澳五洲二百埠中华宪政会侨民公上请愿书》，载《康有为全集》第八集，中国人民大学出版社2007年版，第411页。引者对引文标点有改动。
③ 康有为：《祭清光绪帝文》，载《康有为全集》第九集，中国人民大学出版社2007年版，第14页。

为了发泄悲愤绝望之情，同时也作为一种政治策略，他将攻击的矛头直指袁世凯，鼓动各方"讨贼复仇"。他断定袁氏就是"毒弑"皇上的凶手，责问各位"亲受主知"的大臣，若不"倡义讨贼"，"上何对圣主，下何以对天下"；①致电各省总督，直书"两宫祸变，袁为罪魁。乞诛贼臣，以伸公愤"；②布告宪政会各同志，要求"各埠签名上书监国公请杀贼，以报先帝之仇而谢天下"；③直接给摄政王载沣发电上书，"请讨贼臣以安社稷"，特别指明"逆臣袁世凯为先帝之罪人……苟有弑逆之事，其恶固擢发难容，即无弑逆之迹，其罪亦难从末减"。④

袁世凯被革职后，康有为对朝廷不认"毒弑"之事甚为不满，写信给梁启超，主张继续收集袁氏罪证，并商量由于并无"铁证"，是"借他题杀贼""再鼓各埠迫请杀之"，还是"隐忍了事""……听其作何办理"（他猜测朝廷对袁将"下狱或严办"）。⑤

康有为之所以对袁恨之入骨，必欲杀之而后快，是因为戊戌政变前夕，袁不仅未支持维新派，反而向后党"告密"，致使"谋围颐和园"的绝密之策曝光，加重了慈禧对变法之人（包括光绪帝）的惩处。所谓"毒弑"，当然只是一个借口，其真实目的是要乘变故之机，除掉一个已怀恨十年的政敌。然而，诛袁谈何容易，仅凭捏造或重翻旧账，就想坐实袁氏之罪，使各方特别是朝廷听信于己，显然极不现实。

变故之二来自保皇宪政党本身。这一变故由来已久，不过此时表现最为突出。原因是保皇会自成立以来，内部一直存在多种矛盾，既有人事纠纷、权力争斗，又有思想冲突、政治分化、经济纠葛，甚至还有道德人品的攻讦诋毁；越到后来，各种矛盾越是严重，以致发展到分崩离析的地步。这些矛盾的产生与激化，大多与康有为直接或间接相关，他既无力加以解决，又常常成为众矢

---

① 康有为：《揭袁世凯弑君公启》，载《康有为全集》第九集，中国人民大学出版社2007年版，第11页。
② 康有为：《致本国各省总督电》，载《康有为全集》第九集，中国人民大学出版社2007年版，第13页。
③ 康有为：《清光绪帝上宾请讨贼哀启》，载《康有为全集》第九集，中国人民大学出版社2007年版，第15页。
④ 康有为：《上摄政王书》，载《康有为全集》第九集，中国人民大学出版社2007年版，第16页。
⑤ 康有为：《与梁启超书》，载《康有为全集》第九集，中国人民大学出版社2007年版，第84页。

之的，因而备受煎熬，身心交瘁，到1910年2月，竟出现意志崩溃之状。

他出人意料地写下了一份类似退隐声明的文字，宣称："吾十余年来，以为救国故危临吾自家，以为国故而为党，以为党故而办商。而今国卒不能救，而吾身濒万死，仇怨咸集，至于近者门人宗族皆纷纷生变，盖人道皆绝矣！吾身久病，不堪复任国事，既决不办国事，亦不办党事，不办商事，乃至庐墓亦不必顾恋，家族亦不必顾恋。……吾从此医吾病，匿吾迹，其犹在世间耶，则为地球之公人，而非复中国人，或为诸天人矣。"①随即又致信梁启超，再言"人生实难，吾等妄有名字，更难（以为国故）万事畏人。今决遁世弃家园矣……两年来事变谤攻，如风雨大集，令人不能转。……吾心决大遁，如大死人，亦复不动。……今乃知佛大慧力，尚以出家然后能全，有旨哉！吾向得华严，好入火坑，好入地狱……然因此斫丧灵明多矣。今乃知佛亦不敢入此坑狱，试此不易。……吾亦岂能过诸大慧而专以入坑入狱为事？……今不得不出此地狱矣"②。

如果不是众叛亲离，自信从来超强的康有为，断不至于发出如此绝望的心声。但他不去检讨何以走到这般田地，尤其不去反省自己方面的原因，只是大吐苦水，大书退意，甚至大谈佛理，虽颇显独特个性与学养底蕴，以政治领袖的标准衡量，却也可看出其胸襟狭窄、思想空泛的弱点。

这些波动好在时间不太长，讨袁注定无果，而退隐并不全是真话。面对急剧变化的时局，康有为很快自我平息偏激之情，重回力推宪政实行的常轨，以期继续完成未竟的政治使命。

（五）催促朝廷必须速开国会

康有为再度致力于宪政的推进，与时局演变的两大因素密切相关。

一是革命党异常活跃。他在信中倾诉道："此间行者、阿象并集，革报日必诬攻，其荆、聂之传闻，尚日入于耳。吾曾登报绝一切事，而彼等不已也。

---

① 康有为：《辞世书》，载《康有为全集》第九集，中国人民大学出版社2007年版，第122、123页。"辞世书"标题为全集编者所拟，似视为遗嘱之类，通观全文，用"遁世书"可能更确切。在随后写的《与梁启超书》中，康有为所言即为"遁世"。
② 康有为：《与梁启超书》，载《康有为全集》第九集，中国人民大学出版社2007年版，第124页。

嗟乎！吾身竟欲罢不能，大有迫令登场之象，不自由乃尔。"①"彼等不已"只是一种表面局部的感受，事实上，孙中山所领导的反清革命运动，此时正在从各方面迅速推进，对清末政局的走向起着举足轻重的作用。这迫使将革命当成头号敌人的康有为不甘退隐，"欲罢"之后还要重新"登场"。

二是瓜分之祸极为严重。他对比今昔，对救亡形势做了这样的估计："昔者……吾只忧革命之内乱，仍不忧外国之瓜分也。故十五年以来，人人所忧国亡者，吾皆不忧。惟今者吾真忧矣！以今者之危非一日所积，乃数十年之弊，对于万国之尽变而一旦发之，此所以危在旦夕也。以内乱之心，外交之迫，而加财政之困竭，迎闯免粮之祸，其会流四发，孰能御之？……吾凤昔以为中国不亡，吾可脱然身世；今则坐睹危祸，中心恻恻，不复能忍。"②事实上，康有为过去每次言救亡，言辞都非常沉重，难以看出"真忧"还是"假忧"。不过无论如何，爱国救亡一直是其政治思想的主旋律之一，此时他感到"危祸"真将到来，确实是其不敢懈怠的重要原因之一。

要推进宪政以阻止革命和救亡图存，康有为仍然相信只有一个最好的办法，就是迅速召开国会。他明确表示："内事真无可望，只望国会，虽国会后之可忧仍甚，而不如今朝政之绝望也"③，"若国会，为今救国第一事，天下皆知，无待鄙言"④。所谓内事无望，表达了对朝廷虽有新政和立宪之名，却无切实举措的严重不满，而所谓"天下皆知"，是指国内数次发起的国会请愿运动，已成为立宪党人最重要的政治诉求。

尽管"绝望"于朝政，但既然不愿决裂，就仍只有向朝廷进言一途。此时，国会请愿运动正声势浩大、方兴未艾，与此相一致，康有为请开国会之举也格外活跃。他代拟奏折，上书摄政王和致函督抚，多方发出自己的声音。与两年前首次请愿开国会相比，此番呼吁开国会除了续接前论之外，还在强度、

---

① 康有为：《与梁启超书》，载《康有为全集》第九集，中国人民大学出版社2007年版，第152页。引者对引文标点有改动。"行者"指孙中山。
② 康有为：《与梁启超书》，载《康有为全集》第九集，中国人民大学出版社2007年版，第153页。又见康有为《与梁启超书》，载《康有为全集》第九集，中国人民大学出版社2007年版，第160页。
③ 康有为：《与梁启超书》，载《康有为全集》第九集，中国人民大学出版社2007年版，第160页。
④ 康有为：《致毓朗书》，载《康有为全集》第九集，中国人民大学出版社2007年版，第168页。

深度和紧迫程度上，有了很大的提升。

其一，划清立宪与专制、宪政与国政的界限，指明国会立法为行宪之本。

一方面，从政体上考察，立宪与专制截然对立，"夫欧美之为宪法义也，曰立大法而上下同受治焉；非惟同受治也，曰立法、司法与行政各别事权，而立法则与国民有权以议政焉。一言蔽之，立宪、专制，政体相反。专制主之君，立宪公之民；专制家天下，立宪公天下，此其大别也。……所以筹备者，必在宪政立法之本，而立法必公于庶民，则非开国会乎，宪政将何属也"。另一方面，宪政也不等于"国政"，今朝廷以宪政为名，所办不过地方自治、警察、审判监狱、调查户口、开学堂教识字等事，"皆万国通行之国政，虽专制国亦当有之"，这些"是国政也，非宪政也，即谓之新政可也，谓之宪政不可也"，原因就在于"自国会立法外，实无他政可冒充宪政也"。①

他进而痛责朝廷预备立宪，"何名实之反也。甚且以国政而冒宪政，又何名实之颠倒乱淆也。夫名实之反，已足误国，何况于颠倒淆乱，惑众疑民。甚且执政者借宪政之伪名，以拒真宪者之请。……粉饰天下，拒塞众望，指鹿为马，蒙羊以虎……以挠阻宪政之实力，而托于筹备宪政之名词，侨民等诚不意煌煌大政，肃肃明诏，而有是大误谬也"。②

应该说，这两种区别确实抓住了立宪的关键，触及了立宪势必以民权反专制这一实质，也在某种程度上切中了朝廷不愿向国民交权这一要害。

其二，疾呼必须速开国会，否则难救亡国之祸。

之所以"国会若不立开，则中国必不能救"，是因为不开国会，就无法解决巨大的财政问题，除各项新政难以举办之外，尤其不能加强军备以"折冲御侮，保守国疆"，只有"坐听分灭""坐以待毙"。因此，开国会一定要快，"……今者救急而谋军备，筹饷而修庶政，必（'必'原文为'会'，酌改——引者注）开国会。……不开国会，则必难救危亡。……及今早开国会，

---

① 康有为：《请立开国会以救亡局折 代美国宪政会作》，载《康有为全集》第九集，中国人民大学出版社2007年版，第171页。

② 康有为：《请立开国会以救亡局折 代美国宪政会作》，载《康有为全集》第九集，中国人民大学出版社2007年版，第171、172页。另见《为国势贫弱恐酿分乱请定宣统二年九月一日开国会折 代某某作》，载《康有为全集》第九集，第173页；《上摄政王书》，载《康有为全集》第九集，第178页。

令民献筹，财政尚有救也。迟是乎，日俄夹至，他国并兴，虽开国会，压于强兵之下，亦无济也。……速开则能存，迟开则不救"。他请求应根据严峻的救亡形势，改变原来的"九年之议"，而"定以宣统三年（即1911年——引者注）开国会"，以期"人心去而复留，天命绝而复续"。①

随后，康有为又再请提前一年，"即以宣统二年九月初一日为开国会之期"，并建议"令各府州县选举议员，以多为贵。仿英、法例，约七百人。……令每直州一人，旧府二人，繁府三人，首府四人"。②

将速开国会的好处聚焦于可筹巨款，看起来颇具"诱惑"力，实际上只能是一句空话。财政再困窘，也难逼朝廷改变对开国会的态度，何况在"民穷财尽"的情形下，即使真开国会，筹款亦仍将举步维艰。但不论举出何种理由，呼吁速开国会，总是表达了一种积极进取的态度。

其三，直接抨击阻挠开国会者，对其错谬危害做了更深入的揭示。

他指出，阻挠者们只顾眼下"专权纵欲"，而不管子孙后代"亿万岁之败国亡家"，表现为"其内心盖曰苟开国会，则政权旁落，其外论则曰速（'速'原文为'连'，酌改——引者注）开国会，则预备未至，且人民程度亦未及也"。③

他又驳斥说：

> 今之诸大臣之任职常官，岂皆才能称职耶？如其才能称职，中国何危。今中国阽危，则诸大臣之程度未至，可断言矣。又未闻尽废诸大官而不置员也。……且夫以四万万人之众，选拔数百议员之才……其过于政府大臣，有必然矣。……下顺舆情，上收人望，外动万国之观听，内合全国之人心。……若开国会，……四万万人愿出其财以为用，则富不可言；四万万人愿舍其身而为兵，则强难思议。其与今日上下忧危，如寝薪火，如履薄冰，

---

① 康有为：《请立开国会以救亡局折 代美国宪政会作》，载《康有为全集》第九集，中国人民大学出版社2007年版，第172页。引者对引文标点有改动。
② 康有为：《为国势贫弱恐酿分乱请定宣统二年九月一日开国会折 代某某等作》，载《康有为全集》第九集，中国人民大学出版社2007年版，第175页。
③ 康有为：《为国势贫弱恐酿分乱请定宣统二年九月一日开国会折 代某某作》，载《康有为全集》第九集，中国人民大学出版社2007年版，第174页。引者对引文标点有改动。

忧心忡忡，不知所届，神州有陆沉之痛，人民有绝种之忧，孰为得失乎？①

康有为已不是单作官才与民才的比较，还着重把对国会的阻挠与惧怕"政权旁落"这一要害联系起来，把选拔议员与代表全体国民意愿和救亡保种这一重大意义联系起来，这对阻挠者的驳斥就显得更为有力。

其四，策动督抚兵谏，逼迫朝廷立即召开国会。

康有为"冒死"写信给山东巡抚孙宝琦，痛言欲救中国危亡，唯有"即开国会而已"，而要达此目的，以兵谏相争是一个最有效的办法。他鼓动道："与其坐视边破国分而殉之，何若仍力联群帅，请立开国会以救之，痛哭流涕，动以至诚，指陈利害，明其不救。若犹不听，则群帅联袂以去就争之。以监国之贤，当此危局，未有不改听者也，且可促之于旬日焉。"②

为了证明此举行之有效，他举出土耳其大将军以兵力迫使君主开国会，数月即获得成功的例子，并进一步申说："若公纠合群帅以去就争之不得，则公与群帅率全国军队次第电请之。执政者虽顽甚，不畏民岩，未有不畏兵变者。方当敌国外患之殷，又有群帅兵谏之迫，以此柔脆昏愚之政府，何以当之？然而不开国会者，未之有也。……彼昏虑国会一开，政权全失，故与今政府而言，开国会犹与狐谋其皮也，必不可得也。苟非用突厥阿士文党之策，未有能（'有能'似应为'能有'）效也。"③

信中还以民意相激励，力称："国危矣！五万万国民之多，安有肯尽俯心抑首以听鬻卖乎！侧闻南中侨旅腐心切齿于政府亲贵，各埠皆开敢死团，捐有巨金，联通内地，遍派侠烈，光明措办。人人以为公义，皆以必即开国会为目的，否则致死。此次义愤至激，非一人之游戏。闻某贝子之道南投书者千数，皆言请其父速避位，开国会，否则必戮，民怒亦可。"④

这里所说的兵谏之法，是戊戌时策反袁世凯的改进版。但既然是"与狐谋其皮"，即使以兵相迫，朝廷亦未必定肯让步，何况孙抚军是否能号令群雄，

---

① 康有为：《为国势贫弱恐酿分乱请定宣统二年九月一日开国会折 代某某作》，载《康有为全集》第九集，中国人民大学出版社2007年版，第174—175页。引者对引文标点有改动。
② 康有为：《与慕帅书》，载《康有为全集》第九集，中国人民大学出版社2007年版，第180页。
③ 康有为：《与慕帅书》，载《康有为全集》第九集，中国人民大学出版社2007年版，第181页。
④ 康有为：《与慕帅书》，载《康有为全集》第九集，中国人民大学出版社2007年版，第181页。

众帅是否一致，都是很大的问题，而道听途说得来的"各埠皆开敢死团"一类的消息，也很不靠谱。更不用说，孙宝琦虽属开明之人，若要他应承如此危险而又如此渺茫之事，断乎只是空想。

（六）以政党之力促宪政之成

在争取立开国会之时，康有为也在谋求朝廷开放党禁，以取得国内活动的合法地位，但未能成功。不过，朝廷虽不肯对保皇会解禁，并查封了以梁启超为领袖的政闻社，对国内其他立宪团体却能网开一面，以表示对宪政改革还是具有诚意的，因此就有了帝国统一党得以在民政部注册之事。抓住这一时机，康有为首次撰写专文，阐发了自己对政党的认识。

他认为中国数千年来从未有过政党，甲午战败后所成立的京师强学会，乃为政党倡建之始。此后，历经保国会及各省学会，到戊戌政变后的保皇会，诏定预备立宪后的帝国宪政会和政闻社，屡屡被禁。直到国会请愿同志会，再到帝国统一党，终于得到政府承认，"政党乃始光明照耀，得大无畏出现于中国"，感叹"盖伏流潜力，辛苦经营，百折累败，经十七年而后有今政党之光明出现也，岂不难哉"。①这是一条相当简明的政党史线索，虽缺而不全（没有从兴中会到同盟会的内容），仍能反映出政党随着时代发展，不论受何阻挠，终将"无畏出现"的必然趋势。

他着重论析的是政党与宪政的关系，略可分为数层。

其一，政党是立宪和国会的产物。一方面，由于立宪属于国民政治，需要政党"合一国之人才志士，纬婳（'婳'似应为'划'——引者注）国事而分任之，其在国会则充议员而议决之，其得多数则任政府而主行之"，所以，凡是立宪之国，无一不由政党执政。另一方面，立宪必有国会，而国会议论各事要做出决定，必以"多数取决"为原则，这就使得"发言而欲胜决，非合多数不为功，于是政党不能不产出矣"。因此，立宪为"政党之父"，国会为"政党之母"，而多数取决为"政党之胎"，"立宪、国会合，欲不生政党而不能矣"。反观中国，由于属专制政治，君主"深恶"有党，故"汉之党锢，唐之

---

① 康有为：《民政部准帝国统一党注册论》，载《康有为全集》第九集，中国人民大学出版社2007年版，第192页。

清流，宋之党人碑，明之东林、复社，皆罪之。本朝学宫皆立卧碑，以立党为大戒，谨愿者皆避之"，说明"政党与专制之政体实不相容也"。今"渐脱专制政体"已成为时代发展的大趋势，故"虽欲恶政党而禁之，而终不能矣"。他欢呼民政部允许帝国统一党立册为"中国官认立党之雷震第一声"，从此"数千年专制禁党之旧俗，遂为埃及之僵尸、印度之灰塔，皆为古旧之前尘影事矣"。①将政党的有无作为区分立宪与专制两大政体的标志，从政党立册看到专制政体"禁党"之规的终结，无疑很有见地。

其二，议员有政党才能在国会中凝聚强大的力量。各国国会因有政党，其所做决定按"通例"无不依议而行，而中国资政院何以"公决上奏"之事"多留中不行"，就是因为"资政院各议员皆散人独立，无政党以主持之"。若有政党，则能事先形成统一的党议，不至于相互纷争，也不至于半途而废，"故有党者，如兵法之有部勒，局阵严明，步伐齐整，其进如山立，其行如水涌；无党者，如团沙之易散，不待大风也。故有党无党之得失，即今已为覆车之鉴矣。诸议员有戒于此，故亟亟为政党之谋，而统一党之结立，由兹故也"。②这里通过对比国会有政党与资政院无政党的差别，指明了政党对于宪政的重要作用。

其三，政党对立宪和国会起"主人"作用。若无国会做保障，宪法只是一纸空义，而若无政党为主持，国会决议也会无效。因此，政党是立宪和国会的主心骨，"尝譬言之，立宪者，犹世爵之封号门第也；国会者，犹府第之堂室园庭也；主持无人，则封号革而门第微，堂室虚而园庭芜矣。政党者，世爵之守门第、处堂室之主人也"，而政党内外之人，又可再分为"总理大臣者，其长嫡之袭爵者也；凡为党员者，皆居此第处此堂之仲叔季弟、幼子童孙、群从庶姓也，助主人以指挥家事而同享其乐利者也。不入党者，则此第此堂中之器物花木禽虫也，借主人之养植位置，而不得享主人之乐利者也"。③康有为的比喻并不恰当，尤其是用宗族来形容党内关系和用器物等来形容非党之人，更显

---

① 康有为：《民政部准帝国统一党注册论》，载《康有为全集》第九集，中国人民大学出版社2007年版，第192—193页。

② 康有为：《民政部准帝国统一党注册论》，载《康有为全集》第九集，中国人民大学出版社2007年版，第193页。

③ 康有为：《民政部准帝国统一党注册论》，载《康有为全集》第九集，中国人民大学出版社2007年版，第193页。

得不伦不类，局限性很大。不过，他认为如果没有政党运作，立宪和国会就只会徒有其名，变成一个空壳，还是讲出了不错的道理。

基于这些认识，他积极为中国正在兴起的政党热推波助澜，劝人"早入树功者，早收其权利；迟入无劳者，大失其权利。若夫怀疑逡巡、不入党者，则所谓杂器花鸟者乎，虽庇于主人而权利则不与焉。……识时务者为俊杰。孔子圣之时者。时乎，时乎！寒暑相反而不同，识时者先天而天不违，审时者后天而奉天时。政党乎！今始萌芽于中国，惟识时之俊杰为知所从违乎"①。以"权利"相诱，以"杂器花鸟"相恫，虽非正理，但其中所包含的要顺时而动、勿逆势而为的思想，应该加以肯定。

总括康有为的君主立宪主张，集中到一点，就是请求清廷速开国会，以分权于民，这也是当时海内外立宪派共同的政治诉求。对此诉求，清廷一方面感受到很大压力，被迫再次让步，宣布将预备立宪时间缩短三年，定于光绪五年（1913）召开国会，并按期成立了立宪派希望组建的责任内阁；另一方面打定主意，绝不放弃统治大权，使皇族成员在责任内阁中占据了大多数，根本不符合立宪原则。立宪派认为只缩短三年还是不够，打算继续举行国会请愿，对"皇族内阁"尤为失望，强烈要求另选大员取代皇族以重组内阁。面对立宪派的不满，清廷采取了强硬态度，以武力禁止请愿，并断然拒绝改组内阁。至此，延续多年的立宪运动终于走到了尽头。鉴于清廷的冥顽不灵，不少立宪派人士开始或明或暗地倒向革命阵营，重新寻找政治出路。

对于立宪受阻，速开国会不能如愿，康有为也同样非常失望。但他的应对不可能是转向革命，也不是谋划向朝廷施加更大压力，而是将打击目标锁定于"皇族内阁"总理大臣奕劻，撰文声讨其"卖国罪状"。

他历数奕劻数十年的种种劣迹，怒斥："今举中国之败坏危亡，非他人，皆奕劻一人为之而已；阻挠立宪，阻挠国会，非他人，皆奕劻一人为之而已；日日卖地赔款，日日鬻权失利，非他人，皆奕劻一人为之而已。……故奕劻者，吾五万万同胞之瘟神也，吾五千年中国断卖契之卖手也，列强之向导也，可萨克队之先锋也"。既然如此，要解决中国所有的问题，就要首先排除奕劻的阻力，"若

---

① 康有为：《民政部准帝国统一党注册论》，载《康有为全集》第九集，中国人民大学出版社2007年版，第193页。

能无奕劻之阻,则国会立开,国民有权,练兵筹饷,防边御侮,乃有可言,中国乃有可保也"。①这些说法,显然并不符合事实。奕劻再有罪错,也不可能独自承担国家危亡、立宪未成的重责。阻力来自整个朝廷,而不取决于"一人"去留。

那么,怎样才能去此之阻呢?他给出的办法是全体国民"合力"而予以"正告",因为奕劻虽"一生以卖中国为业,而未尝作一好事",但也有一个弱点,就是"甚巧黠而知轻重","若五万万合力对待之,神不旁散,力无中止,彼以身命与权位较,则身命重而权位轻矣;以相权与国会较,则宁与民以国会,而不让人以相权矣",所以,要做的事情就是"五万万国民同正告奕劻曰:若能立请诏书,九月即开国会,可赦彼。或如欧人上下商价例,且许彼保相位。若不即开国会,则为举国公敌,为卖国大贼。吾五万万人,虽无目无心,亦必不听彼安坐长生,以卖吾五万万同胞也"。②换句话说,这种办法就是拿"身命"与"权位"、"相位"与"国会"做交易。且不说事实上并不可能出现这样的交易,就算有可能,怎样才能做到五万五人"合力""正告"呢?这也是完全不着边际的空想。

从满怀喜悦庆幸预备立宪拉开帷幕,到最后将宪政难成的愤怒发泄于奕劻一人,说明康有为对如何才能实现君主立宪已经一筹莫展,无计可施。他所期待的政治改革之路已走入了一个死局。然而,清廷的拖延尽管可以破灭立宪派的君宪之梦,但无法阻止中国社会的变革潮流。就在立宪运动实际上宣告终结之时,反清民主革命运动却正风起云涌,并终于爆发了震惊全国的武昌起义。清朝所面对的已不是要不要立宪,而是能不能生存的问题。时局的突变,彻底打破了康有为的种种空幻之想,迫使他正视现实,迅速做出改变。正是在此新的历史条件下,其号称打造了20余年的君主立宪思想发生了一个转折性的变化,这就是别出心裁地提出了"虚君共和"论。

---

① 康有为:《宣布奕劻卖国罪状书》,载《康有为全集》第九集,中国人民大学出版社2007年版,第195、196页。引者对引文标点有改动。
② 康有为:《宣布奕劻卖国罪状书》,载《康有为全集》第九集,中国人民大学出版社2007年版,第196页。

第十一章

虚君共和论

在康有为设想的君主立宪制中，君主本为"实"君，但不能专制，必须受宪法制约，分权于民，而共和实行民主，与君主决不能相容。所谓虚君共和，则将君主由"实"变"虚"，并与共和融为一体，俨然生出一种新的政体。这一重要变化的发生，源于康有为既不得不接受革命胜局已成的事实，又处心积虑要将革命扭转到立宪的轨道。为此，他大肆渲染革命已经和将会带来的灾祸，以"国为公有"论抹平革命与立宪的差别，进而提出了一整套虚君共和的理论依据，设计了多种如何实行虚君共和的具体方案。从这些变化中，可以清楚看出在革命大潮的推动下，他已开始向民主共和妥协靠拢，同时又仍在顽强坚守着君主立宪的底线。

一、痛陈革命之祸

虚君共和论的出台，以辛亥革命的爆发和胜利为最重要的历史背景。在辛亥革命前十年间，康有为一直站在革命的对立面，坚持只能由朝廷实行君主立宪，并为此做了很大的努力。然而，革命发展之迅速，大大超出其预料。当他还在设法改变统治者对立宪敷衍拖延的态度之时，武昌起义的枪声便骤然响起，全国各地纷纷自立，革命一举推翻清朝，很快成为不可改变的事实。康有为曾预言革命必然无成，盼望立宪可以化解革命，至此也不得不承认"自顷发愤举兵，声震六合，天下响应，郡县瓦解，前徒倒戈。太白之旄披靡天下，大风之起四面楚歌，自古以来，未有摧枯拉朽若斯之神速也"[①]。

[①] 康有为：《与黎元洪、黄兴、汤化龙书》，载《康有为全集》第九集，中国人民大学出版社2007年版，第202页。对于革命的"神速"成功，康有为一直没有足够的估计。他于两周前写信给徐勤，一方面表示"忧心如焚……日传消息皆沦陷响应，若是则可不期月而国亡"，（转下页）

面对新的时局，康有为自知无力扭转清朝覆灭的大势，但力图阻止革命的继续推进。为此，他在旧朝的丧钟业已敲响，但新的国家政权尚未成立的关键时刻，两次致书当时革命阵营的头面人物黎元洪、黄兴、汤化龙，又撰写专文《救亡论》，预测革命将会面临巨大困境和带来重大灾祸，以此劝告革命各方就此止步，切勿将革命进行到底。

按照康有为的分析，革命已成之后，将面临五大难处。一是"外认难"。中国地位弱小，列强出于各自野心，绝不可能帮助革命军，"冀望外人之公认自立，必无之理也"，菲律宾想自立而被美国占领，就是前车之鉴。二是"拒外难"。因全国变乱，政府与革命军双方势必请兵于外国，结果定会"鹬蚌相持，终为外人收渔人之利而已"。三是"割据难"。假如革命中有一省或数省偶然形成割据之势，也势必不能长久，"一则必乱争于内，一则必吞服于外"，二者的结局都是使中国覆亡。四是"立主难"。假定革命既能割据自立，又能推倒政府，也解决不了立君主还是立民主（总统）的难题。选前者固然已经过时，而选后者从万国史来看，则除了瑞士和美国因国情特殊可行外，无一国不引起大乱，二者皆不可，"故旧政府全倒，则争立新主致乱，中国终因此致亡而已矣"。五是"内讧难"。只要是革命，就无法避免其首领之间的相互争杀，中外古今的历史都证明了这一点，即使今革命者能很快平定中国，也逃不脱相争的后祸，全国动乱不已，列强必然干预，"然则中国无论如何，终必分亡而已耳"。[①] 种种难处归结到一点，就是革命只会导致大乱不断，最后因乱而亡国。

与亡国之祸并行者，还有革命已经和将会引致的"兵燹之祸"。对此祸"令人心折骨惊"的惨状，康有为做了三方面的描述。首先是"生计之败也"，如广东只因"人心一惊"，便工商业立败，金融业困顿，"孤老寡妇，稚儿弱女，随之失养者，不知若干万"，而"若武汉之乱，全国震动，争起存

（接上页）另一方面仍未绝望，以为"所幸武汉之事，出自将军黎元洪……而汤化龙参之，皆士夫也……或可改为政治革命。又适有机会，北中兵事有熟人，亦有亲贵，欲胁以改政府，即以资政院改国会，并合十八省谘议局为议员，且罢征讨军，令往抚之。……亡国恒于斯，得国恒于斯"（康有为：《与徐勤书》，载《康有为全集》第九集，第200页），持胜败未定之论。过了一周，他在另一封信中，态度依然乐观："革必不成，汉口已破，武昌不能守矣。常人无识，见少变而动。今兹之变，徒藉为完全宪法耳（果如所料）。"（康有为：《与慧、衮书》，载《康有为全集》第九集，第201页）批评"常人"缺乏远见，而自诩料事如神。

① 康有为：《救亡论》，载《康有为全集》第九集，中国人民大学出版社2007年版，第223—225页。

款，于是银行大者紧绝，小者倒闭，则举国几可绝生。今不过武汉耳，若再陷落多省，或全国变乱，经累数年，则工商皆绝，人民生路并尽矣。憔悴萧条，虽十年不能恢复之，而外债十五万万，不能不偿也。但此生计之害，已可亡国"；其次是"盗贼之多也"，如"广东经一震，尚未成乱，而各乡成风，盗贼劫掳，以革命为名，联合千百，有同行军，乡绅畏避，警察不敢办。加银行倒闭，饥民日多，无可安养，率为流寇"，而随着革命的发展，"若各省或陷，则盗贼遍野。汉之黄巾，唐之黄巢，明之流贼，杀戮之惨，已足亡国。外人不能不自保，则代平而取之。其卒也惨杀既毕，归于外人之手而已矣"；再次是"杀戮流离之惨也"，明末张献忠之乱、咸丰时洪秀全之乱的结果已惨不忍睹，此尚为小乱，"若举国革命，则祸酷十倍。印度一起革命，死者二千万；德国一起教争，死者一千八百万。若吾国人多，若全国革命，死当无量数，未知几何年生聚教训，乃能复原。即能复原，恐为外国所有而生聚之，非复中国之民矣"。①两大灾祸视角不同，结论一样，都是认定革命如果继续推进，必使中国灭亡。

革命之所以只会带来灾祸，在康有为看来，是因为革命本身就是一种完全错误的选择，不论国人革命的动机为何，遵行何道，有成与否，皆改变不了革命最终的结局，"其归皆以亡中国而已矣"。那么，为何会形成"今人汹汹多从革命者"的局面呢？康有为给出了两种解释，即"由于无通识"和"由于鼓感情"。所谓无通识，就是没有世界眼光，不知各国早已从革命"妄行乱走……而至于覆亡"的教训中，发明出一种可以避开革命之祸的"验方"（即君主立宪），而仍将革命"视作鸿宝之金科玉律"，这是不通外国掌故、不能通考世变的结果，学士大夫如此，农工士商更是如此；所谓鼓感情，就是心理因素起作用，按心理之学，人的感情会相互"传染"，而革命这种狂热之情的传染性更大，就像"人有饮狂药而乐者，执刀而乱舞，又分狂药以与人；得狂药饮之而乐者，又执刀而舞，分狂药而与人。如是展转分药执刀，必至人人皆饮药而狂，人人皆执刀而舞，其终必至人人执刀相杀，杀至人尽而后止"，革命正是如此。②

---

① 康有为：《救亡论》，载《康有为全集》第九集，中国人民大学出版社2007年版，第225—226页。
② 康有为：《救亡论》，载《康有为全集》第九集，中国人民大学出版社2007年版，第226—227页。

很容易就可看出，康有为将革命视为一场巨大的灾祸，从根本上说，并不是基于客观的事实，而是出于主观的态度。既然先就认定革命在任何情况下都不可取、不可行，都必须坚决反对，那么，不论革命实际上如何进行，都只会得出有百害而无一利的结论。审视康有为所言灾祸，并非毫无依据和毫无道理，辛亥革命作为推翻清朝和终结中国数千年君主专制的社会大变动，在列强环视和国势贫弱的历史条件下，其引发的问题和受到的挑战，无疑都非常严重。关键在于，对于这些问题和挑战，康有为一概以否定革命为前提作答，因此，在他口中，灾祸就成了革命的代名词，而对灾祸的描绘也多半变成了极为夸张不实的渲染。

最能体现这一点的就是，康有为为了形容革命的恐怖可怕，总是声称革命已使或将使人民死亡无数（至少成百上千万），亡国灭种之祸时时迫在眉睫，而事实是，在整个辛亥革命时期，革命阵营与敌对阵营双方的拼杀并不十分剧烈，因革命而致死的人数也相当有限，革命呈现出相对"平和"的色彩。这与康有为笔下悲惨无比的描写，显然是对不上号的。康有为极力夸大革命的灾祸，并不是因为他真的担忧死人太多、亡国太快，而是因为他绝不愿意改变反对革命的立场，定要牢牢守护君主立宪的底线，以示在任何时候都忠于自己的政治理想，都要彰显本派政治势力的存在。

二、"国为公有"论

从充满主观臆断的革命灾祸论出发，康有为宣扬能够避免灾祸的唯一办法，就是赶快终止革命的进程，将革命的结局锁定在君主立宪。

他对革命阵营一方明确表示："公等举兵一月，所求皆得，所欲皆应，亦又何求？此后求中国之完全，求民生之治安，乃方今之急务。若尚不止，进而过求，则召乱矣，召干涉矣。"① 又说："各国之完全立宪，无不自大流血

---

① 康有为：《与黎元洪、黄兴、汤化龙书》，载《康有为全集》第九集，中国人民大学出版社2007年版，第212—213页。此函原未署年月，编者据函中内容，定为11月，似不妥。因函内还有"今十月十六日摄政王已废位"之语，而此日已为12月6日。因此，此函写作时间，似应订正为12月。

而来。今争政治革命乎，则已成功矣；及今改止，中国可保，则革命者实有大功也。若以一时得意，不肯休止，则外人干涉，中国可亡。则岂革命者之始愿哉？"[1]康有为所说的"皆得""皆应"，是指在革命军的猛烈冲击下，清朝已被迫颁发具有宪法性质的"十九信条"，宣布实行君主立宪，而清廷的军政实权，也已由摄政王载沣那里，转移到了内阁总理大臣袁世凯手中。所谓"过求"和"不肯休止"，是指革命阵营一方还要求清帝退位，实行民主共和，彻底扫除君主制。在康有为看来，君主立宪已经是革命所取得的最好成果，若不止步于此，还要进至民主共和，就只会招致外国干涉，引起灭亡中国的大乱。

革命招亡论和革命致祸论，都是康有为早就发表过的看法。在革命爆发之前，他一直以此作为反对革命最重要的依据，如今革命的勃兴已变成不可改变的现实，他对这些显然已经很不可靠的依据，仍然不愿丢弃。不过，既然时势已变，仅仅老调重弹，还是难以打动人心，尤其缺乏现实针对性。为了弥补这一不足，更有说服力地证明推进革命其实毫无必要，只有君主立宪才仍然是拯救中国的不二法门，康有为还别开生面地提出了一个新的论点，这就是革命只求"国为公有"论。

这一论点的核心含义，是认为争民族独立和争民主政治已为过时的"旧义"，而新义是只争"国为公有"，一切其他之争皆无关紧要。[2]康有为将此新义称为近百年来世界变迁的"第一大义"，对其要旨做了这样的阐释："始发于美、法，波于大地，举万国之民，暴骨如莽，糜无量之膏血而力争者，非他，国为公有而已矣。虽百国之争，事势不同，名义各异，或建独立之义，或发民族之说，或别君主、民主之名，或缘新教、异教之争，而总其流归，万派不同，归宗于国为公有而已矣。国为公有之大义，既为天下之公理，万国所公行，苟不得者，则国民咸出死力而求必得之。若既得国为公有，则无论为君主、民主，为独立、半立，为同族、异族，为同教、异教，皆不深计。此则自欧美至各国百战历史之成迹也。"[3]这就将各国千差万别的斗争史的不同取向，简化成了一项极为抽象、似乎具有普遍意义的"公理"，即"国为公有"。用

---

[1] 康有为：《救亡论》，载《康有为全集》第九集，中国人民大学出版社2007年版，第228页。
[2] 参见康有为《救亡论》，载《康有为全集》第九集，中国人民大学出版社2007年版，第228页。
[3] 康有为：《救亡论》，载《康有为全集》第九集，中国人民大学出版社2007年版，第228页。

这项公理，康有为就消解了各国具体国情差别的重要性，而以内涵很不确定的公有还是非公有，作为衡量某类斗争是否必要的唯一标准。

但仅说"国为公有"，还是显得太空洞，于是他进一步以"专制"与"立宪"为分野，具体划出了国为公有还是私有的界限："质而言之，立宪国者，国为公有，君民共之；专制国者，国为君有，一人私之。专制国为君所私有，旧世之义也；立宪国为全国人所公有，新世之义也。从旧嬗新，百年来万国之民所暴骨力争，即在革私有而为公有之一事而已矣。"对于"立宪"，他特别强调，主要是指君主立宪，而并非民主立宪："故立宪第一大义，曰君主不负责任，君主不能为恶。……立宪之国，不论君主民主，要皆以国为国民之公有物……为国民者，但力争国为公有，而合一国君民共任之。如国不能为公有，则或流血而争之；若国既为公有，则为君主民主，皆听其时宜而不深计焉。故百年来欧人号称革命者，实非专革命也，专求国为公有云尔，立宪者，国为公有之名词云尔。"①他举出欧洲各国的例子，更明确地断定所谓国为公有，只能以君主立宪作为依归："盖立宪之大义，曰君民同受于法之下，则国为公有也。君主不负责任，君主不能为恶云者，君主不独揽大权至明矣。盖立宪君主，但保存君统而不保全君权，各国宪法所定之君权，皆有限制。夫限制之权，犹一官云尔，仍谓之君者，最高之世袭爵云尔，其与古昔相传之君有无限之权，盖大相反矣。百年来万国之所争，在此也。"②

立宪本来包含君主立宪与民主立宪这两种基本类型。康有为提出，只要是"国为公有"，则不论君主还是民主，"皆听其时宜而不深计焉"。也就是说，依照时宜，既可君主立宪，亦可民主立宪。然而，在两者之中，康有为一味只是首肯前者而绝不选择后者，说明他还是作了"深计"，认定只有君主立宪才符合时宜，这就使"国为公有"实际上变成了君主立宪的代名词。

根据这项偏向性非常明显的公理，康有为就顺理成章，对清朝在革命猛烈冲击下迫不得已而做出的宣布立宪的无奈之举，做了与实情相差甚远的美化：

今者朝廷审天下为公之理，为中国泰山磐石之安，既明且决，毅然

---

① 康有为：《救亡论》，载《康有为全集》第九集，中国人民大学出版社2007年版，第228—229页。
② 康有为：《救亡论》，载《康有为全集》第九集，中国人民大学出版社2007年版，第230页。

下诏，行不负责任之义，而一切付之资政院，立开国会，公之国民，定宪法而议立法，听民望之所归，组织内阁，俾代负责任。是朝廷既下完全共和立宪之诏矣。此一诏也，即将数千年来国为君有之私产，一旦尽舍而捐出，公于国之臣民共有也。此一诏也，即将数千年无限之君权，一旦尽舍之，而捐立法权与国会，捐行政权于内阁，改而就最高世爵，仍虚名曰君位云尔。国民曰，国者吾之公产也，昔代理者以吾之幼少而代管之，今代理者已愿将公产交出，吾等可享此公产而无事矣。又曰代理者昔总吾公产之全权也，今已将公产权让出公议公办，代理者不过预闻而签一名云尔。故昔之愤然争者，今宜欢然喜矣。①

清朝因崩溃在即而被迫交权，被说成出于大公之心的权力捐献；清皇族仍然不肯放弃君主之位、从此退出历史舞台，被说成不过是谋求毫无意义的虚名。这种不符事实的夸饰，带有浓重的个人情感色彩，实际上表达的只是康有为自己的一厢情愿。

按照君主立宪就等于"国为公有"，而国为公有则万事已足的逻辑，康有为进而对革命的内涵究竟应怎样界定、革命之后君主的存废究竟轻重如何这两大问题，做了重新解读。

关于前者，康有为辩称中国的"革命"在古代专指"汤武革命"之类"移朝易代之事"，在当今则"缘民族义，专用为排满兴汉之名词"，若以欧美的标准衡量，两者都不能算作革命。欧美所看重的，只是"力争国为公有"，可称为"大革命"，只要君主接受立宪，革命就大功告成，而"族教之同异，君民主之不同，覆朝自立之各殊，则不足计也"。因此，当清朝宣布立宪之后，中国的"大革命"就已经成功（康辩称即使按照革命派的标准，革命目的也已达到②），只需按照朝廷的方案行事，便可"晏然无事"。但革命者非要倡建民国，非要去君主而另选总统，非要"力持民族革命"，这不仅毫无必要，而且

---

① 康有为：《救亡论》，载《康有为全集》第九集，中国人民大学出版社2007年版，第230页。
② 康有为写道："夫十九条（指清廷颁布的《宪法重大信条十九条》——引者注）颁后，一切国权，皆在国会。……故名虽有君主，真可谓无君主矣。……故九月十三日后之中国，可谓之虚君之共和国。……可谓共和之新制矣。公等所求者革命，今则专制之君主与立宪之君主皆革矣，是数千年之大革命，不止一朝之革命，则革命亦告成功矣。公等所欲者共和也，（转下页）

皆为"旧论",完全违背了只争国为公有的"立宪之义",好比欲治病却"误据旧方"而服下了一剂毒药。他告诫说,"今药已误服,毒已大发,幸毒未深而毒可解",解毒的办法就是赶快中止革命,返回君主立宪的正轨,"考之全欧各国革命之案,稽之大地万国民族之争,百年来未有不归于定宪法立国会者也,否则败亡矣。……主民族者,若能原本古今,考察中外,验视五十年欧美之新法,必不远复也。若以一时得意于附和之多,藉响应之众,因感情之误,固执至旧之论,拼掷万里之山河、四万万之人民、五千年之文明,听渔人之得利,以争此与总理大臣无异之一总统,其为智愚得失何如也?不亦可以已乎"。①

定要根除君主专制的革命派其实是不懂革命真义的守旧者,而被逼宣布立宪的清廷倒成了欧美"大革命"精神的正宗继承人,这真是只有康有为才想得出来和敢于发表的离奇之论。对于康有为来说,这也许一点都不奇怪,因为他做出政治判断,只遵照一项绝对不可退让的标准,即君主在任何情况下都不能退位下台。如果与此不符,一切以偏概全、强词夺理、危言耸听的道理,都可以编造出来。

关于后者,革命派主张既然建立民国,就必须废除君主,而康有为以君主立宪为金科玉律,坚决反对这一点。为此,他提出了君与国不相关、君主的存废对国家的兴亡无足轻重的辩解。其理由是,中国过去所说的"亡国",无论是权臣篡位、女谒易朝,还是侯邦革命、草泽革命、内国相并,实际上都只是"异姓移朝","可谓之亡君统,不得以为亡国也";即使是"外人入主中国",由于"五千年文明之中国,礼乐、文章、政俗、教化一切保存",也不能说是亡国。真正的亡国,必须是文明被外国所灭,人民被外人所奴役,至于是由本国人当君主还是"以外人为王",与亡国并不相干。由此得出的结论,就是"若中国四万万人,能有国会内阁以自执其政,但奉一虚衔帝位,给以岁

(接上页)今虚君之衔,实同无君,共和又已告成功矣。公等所力持者民族,今满人将改姓,实同归化,大臣皆易汉人……然则君等之民族主义,又已成功矣。"(康有为:《与黎元洪、黄兴、汤化龙书》,载《康有为全集》第九集,中国人民大学出版社2007年版,第212—213页)"十九条"是清廷对革命派的重大让步,以君主立宪为归属,完全符合康有为的心愿,但革命派早就志在"建立民国",显然不会将所谓"虚君之共和国"算作革命的成功。

① 康有为:《救亡论》,载《康有为全集》第九集,中国人民大学出版社2007年版,第230—232页。

俸，既无责任，不能为恶，无论何种人为之，要与国之存亡得失不相关也"。①

康有为绕了一个大圈子，最后还是回到清朝君主不可废除这个主题。既然君与国不相关，那么由此推论，君主就应既可存，也可废，不能说绝不可废，但这显然不符其本意。他真正想说的意思是，君与国只是在驳斥革命派废君论的意义上不相关，如果清朝君主真的被废，任由革命派搞民主共和，那么亡国之祸必将接踵而至，君与国就不是不相关，而简直就是命脉所系、生死攸关（从后文论述中可更清楚地看出这一点）。康有为立论的偏执，于此可见一斑。

总结康有为所论，集中到一点，无非就是要坚守君主立宪的底线。如果说，他在辛亥革命爆发之前力争君主立宪，除了希望遏止革命发展之外，还带有与清朝君主专制斗争的意义，那么当革命爆发之后，他所宣扬的君主立宪实际上就变成了与苟延残喘的清王朝站在一起，只起着为残存的清皇室最后争取一席之地的作用。这是一个很大的差别，君主立宪的名义看起来依旧，但其实质的含义已经蜕变。康有为原来与革命派和清朝廷的两面作战，现在变成了与清皇室心照不宣地联盟，而坚持民主共和的革命派则成了其最大的对头。

三、辨虚君共和之理

在革命大局已定、专制王朝已倒的新时势下，康有为仍一心想要保存君主，推行君主立宪，就必须讲出君主何以必存、君主立宪何以必行的理由。这其实是很有难度的。一方面，至少在清朝宣布立宪之前，中国君主都一直是专制的总代表，保存君主就需要讲清君主与专制究竟是什么关系；另一方面，民主共和不仅在世界上有非常成功的典范，而且是革命派从不放弃的政治追求，推行君主立宪就需要讲清君主立宪与民主共和究竟是什么关系。为解此难，康有为做了很大的努力，在前述"国为公有"论的基础上，又发明了一项更有创意的理论，这就是"虚君共和"论。

虚君共和的基本含义，是说在君主立宪体制中，君主原有的专制权力已全部化为乌有，完全变成了一位仅存虚名、毫无权责之人，而君主立宪与民主共

---

① 康有为：《救亡论》，载《康有为全集》第九集，中国人民大学出版社2007年版，第232—233页。

和两种政体的运作，除了存在责任内阁制与总统制的形式上的差别外，并无本质的不同，其实都属于共和制。因此，实行君主立宪，也就等于实行了共和，而不必非要废除君主、实行总统制的民主共和不可。这对于君主立宪的可行性，可说是做了一种别出心裁、相当有力的辩护。

对于此论，康有为极为重视，在连篇累牍的宣扬中，对虚君共和做过很多具体的阐释①，将其作为坚守君主立宪最核心的理论支柱。仅从概念上看，将君主立宪解释为虚君共和，只是转换了一种说法，并没有改变君主立宪的内涵，也没有为君主立宪增添新的意义。但在对虚君共和的具体阐释中，包含了康有为对君主立宪的许多新的理解和认识，内容广泛，议论繁复，从不同侧面清晰显示了其此一时期政治思想的状态和特色，值得较为详细地加以分析。

归纳起来，康有为的虚君共和论主要提出了以下观点，对君主立宪做了颇具系统性的刻意辩解。

其一，君主因立宪而完全失去了权力，徒具虚名，形同土木之偶。

为证明此点，康有为先举出外国君主立宪的例子：

> 夫立宪君主之制，创于英国，而遍于大地，自德国外，大体略同矣。名虽为君，而英君主用一婢，须请命于总理大臣；其出会他国之君，礼际严重，谓之两君相见，而实则奉总理大臣之命，就邻君而商大事耳。……瑞典王之赴议院欲步行，礼臣请备法驾。瑞王曰，我大世爵耳，何用此王者旧式为。比利时王有康果为私产，国会索之归于国有。……日本……天皇亦拥虚器耳，不能用一私人也。……故宪法之大纲曰：君主不负责任，而大臣代负之。曰：君主不能为恶。夫责任者，职权之谓也。惟其绝无职权，故能绝无责任，而不能为恶也。……夫立宪君主，为一极无权之人，极无事之人，极无所用之人，昔人所称土木偶者，几无以异。不独其贤否

---

① 早在1911年的《与黎元洪、黄兴、汤化龙书》中，康有为就开始提出虚君共和主张。此后，又继续撰文，反复宣扬。其中，尤为突出者有同年的《救亡论》和《共和政体论》、1913年的《拟中华民国宪法草案》、1916年的《中国善后议》、1917年的《共和平议》等。这些文章内容多有雷同，有些前后完全照搬，但随着时间的推移，亦有详略、深浅、精粗等大同小异的变化，可以相互参照。

无关于国民也,并与政事不相关焉,实则与国民不相关焉。①

然后,又以清朝宣布立宪为例,对君主的无权无事无用做了更多的渲染:

> 倾者中朝允开国会,并许资政院定宪法矣。……众大臣为总理大臣所用,而总理大臣由国会所举,甚至上议院员皆不能选,是君主虽欲用一微员而不可得也,不已等于平民乎?军队虽统于君主,而须听国会之命,不已等于将官乎?若夫国会提议案,国会改正法,君主皆不能参预,不能否决,惟有受命画诺而已,不类于一留声机乎?……虽有君主,不过虚位虚名而已……虚君者无可为比,只能比于冷庙之土偶而已;名之曰皇帝,不过尊土木偶为神而已。为神而不为人,故与人世无预,故不负责任不为恶也。今虚立帝号乎,则主祭守府,拱手画诺而已,所谓无为而治也。……依此观之,满洲乎,仅存一神,以存虚尊;宫廷乎,如存一庙,以保香火;其亲贵故僚乎,则其祝宗扫除之隶也;满人乎,改姓改服,则为中国多一归化之民,又何损焉。②

就立宪真正实现之后,君主的确失去了一切往昔的专制权力,只不过虚享尊荣而言,康有为说得一点也不错,而且很传神到位。这是民权战胜君权的必然结果,也是君主立宪政体的本质属性所在。问题在于,君主的无权只是君主可能留存的前提,而并非君主得以留存的理由。无论在欧洲还是在日本,虚君最终变为现实,皆受各种复杂因素的深刻影响,经历过多种政治势力的长期博弈。清朝君主在做出交权允诺之后,要想像英国女王或日本天皇一样被供奉,康有为还必须做出别的解释。只有当这种解释具有足够的说服力时,虚君的留存才有实际意义。如果不明了这一点,以为将虚君的无权无事无用讲得越夸张就越动人,事实上只能是不得要领、言过其实,对说明虚君留存的必要性反而

---

① 康有为:《救亡论》,载《康有为全集》第九集,中国人民大学出版社2007年版,第235—236页。另见《共和政体论》,载《康有为全集》第九集,第245—246页;《中国善后议》,载《康有为全集》第十集,第274—275页。
② 康有为:《救亡论》,载《康有为全集》第九集,中国人民大学出版社2007年版,第238页。

起某种自相矛盾的作用。

其二,之所以仍需保留君位并照旧尊崇,是因其有治国治民之大用。

康有为一方面将虚君无权的处境形容得十分可怜,另一方面却又强调虚君的尊荣仍然至高无上:

> 立宪国之待君主也,其礼与名至尊且敬也,其禄食至优且渥也。帝王之位号、仪式、銮卫,与其后妃子女之位号、礼仪,皆如专制之旧,敬礼未有少改也。夫英之君权,实在其总理大臣,至于英王临轩,则总理大臣旁侍而为捧仗,臣民一窃致敬,宴会必祝,有语言文字不敬君主者则罪之,岁禄千数百万,虽公侯小国犹然。君主与其后妃子女有庆典丧礼,则举国止业,行大礼而哀荣之,人家遍立其像而记念之,国会縻百千亿之巨万而助大典焉。……虽专制之君主何加焉?①

虚君除了没有实权,其他一切尊荣"皆如专制之旧",可见虚君仍享受极大的特权,并不如前所说"等于平民""等于将官",或好比"冷庙之土偶";养虚君要花费国家巨款,要民众"施非常之敬礼",也并非如前所说与国政和国民毫不相关。②虽无专制之权,而仍有专制之尊,这才是康有为最希望在中国也看到的情景。

那么,既然剥夺了君主的实权,欧、亚各立宪国何不干脆实行共和,而是仍要保留虚君,甚至"旧本无君",还要千方百计"迎异族外国人而尊之为君"呢?康有为提出了这一无可回避亦非常关键的问题,并给出了两点构成因果联系的明确答案。

第一是用于平息政争:"……立宪之君主至无所用也……盖立一无权无用之君主,人不争之,于是国人只以心力财力运动政党,只以笔墨口舌争总理大臣,而一国可长治久安矣,无复岁易总统以生争乱之患。则君主者,无用之用至大矣。故欧土各国宁备极敬礼,岁縻巨俸,鞠躬以事之,甚至迎于外国异族

---

① 康有为:《救亡论》,载《康有为全集》第九集,中国人民大学出版社2007年版,第236页。
② 参见康有为《救亡论》,载《康有为全集》第九集,中国人民大学出版社2007年版,第236页。

而立之，盖有大用者在也。"①虚君无权无用，所以人不相争，而总理大臣有权有用，于是国人相争。同理，国人争总统，也应该是因其有权有用。但为何争总理大臣就能限于"笔墨口舌"，而争总统就一定"生争乱之患"呢？康有为的结论显然是说，之所以不乱，就因为有了虚君，以"无用"而起了"至大"之用。但无用何以能具此大用，仅从结果中还完全看不出来。

于是，就有了第二点回答，这就是用虚君便可管住"陋民"和"奸人"：

> 尝譬论之，立宪之君主者如神乎，故宪法曰君主神圣不可犯，尊之为神至矣。夫神者，在若有若无之间，而不可无者也。不明鬼神则陋民不悟，故先圣以神道设教，美饰其庙宇，厚费其牲醴香火，率百官万民拳跪以事之，而不肯少惜其费、稍吝其恭焉。佛、耶、回诸教主，皆托于上帝以临民，而民德以修，岂无故哉？盖明则有政治，幽则有鬼神；鬼神者，以无用为大用者也。一知半解者，妄欲废神道，去迷信，则奸人益横肆而无所忌惮，复何所不至哉。夫神者既以无用为大用，而天下未能废神，且必立而尊之。他日大同文明既极，或不尊天而废神，今则未能也，然则不能废君主犹是也。孔子之作《春秋》，推王于天，盖天者在有无之间，以无为为治也。明于是义，可以通欧人立宪君主之制矣。②

在这里，立虚君就等于古代的"神道设教"，就等于旧宗教的"托于上帝以临民"。君主尽管政治上无权，在教化和精神上却依然是"百官万民"的统治者，可像至尊的"鬼神"一样，用"迷信"之力将"陋民"和"奸人"管制得服服帖帖，这样国家当然就能"长治久安矣"。君主之所以决不可废，这就是根本原因。至于将来可能会有"废神"的那天，但还极为遥远，"今则未能也"。

从以上回答中，可看出康有为虚君论的许多问题。一是针对民主共和制。

---

① 康有为：《救亡论》，载《康有为全集》第九集，中国人民大学出版社2007年版，第237页。
② 康有为：《救亡论》，载《康有为全集》第九集，中国人民大学出版社2007年版，第237页。另见《共和政体论》（1911年12月），载《康有为全集》第九集，第246—247页；《中国善后议》，载《康有为全集》第十集，第275页。

保留虚君就是为了不设总统,因为假如设总统,就一定是搞民主共和,而这只会引起争乱,有虚君则必然安然无事,可以避免和防范民主共和的一切弊端。二是维护君主在教化和精神领域的专制。虚君所失去的只是政治权力,但原来一直都有的教化和精神统治权依然存在。换言之,也就是虚君虽然丢掉了一部分重要的专制权力,但必须留下另一部分也许更重要的专制权力。三是以虚君对付陋民和奸人。这里的陋民是指受"神道"和"迷信"统治之人,而奸人则是敢于违抗这一统治之人。保留虚君,也就是要民众继续盲从神道和迷信,不许有任何非分之想。四是其解答远离欧亚各国的实际。虚君本来是欧亚各国的产物,其原因应紧密结合根据这些国家的实情去探究,而所谓神道设教、官民拳跪、《春秋》之义、大同文明等,不仅多为中国之事、中学之理,而且作为主线贯串的更是康有为本人的政治文化思想,以此"通欧人立宪君主之制",其实并不能真通。

其三,由于君主无权,因而君主立宪亦属共和政体,可称之为虚君共和。

在辛亥革命爆发之前,君主立宪与民主共和本来是两大壁垒分明、截然对立的阵营。康有为一直坚持君主立宪,坚决反对民主共和,并为此与革命派展开了激烈的论争。然而时过境迁,君权已倒,"今海内志士,咸欲用共和之政体"①,再原封不动地固守君主立宪旧论,显然极不现实。康有为仍然仇视民主,但并不忌讳共和。在反复陈说君主业已无权的基础上,他抓住政体问题大做文章,将英国为代表的君主立宪命名为虚君共和,归入共和政体的体系,企图以此泯灭君主立宪与民主共和的界限,消除"吾国人之言共和者,几若以美国之政体尽之"②的"误弊",使人将君主立宪同样当作共和政体来看待。

为了证明君主立宪确属共和政体,康有为提出了评判是否共和的三条标准。

一是君主有权还是无权。康有为依据"共和之义"③,列出古今各种"共

---

① 康有为:《共和政体论》,载《康有为全集》第九集,中国人民大学出版社2007年版,第241页。
② 康有为:《共和政体论》,载《康有为全集》第九集,中国人民大学出版社2007年版,第241页。
③ "共和"究竟为何义,康有为其实一直未能做出确切解说。他的说法是:"《礼》曰:天下为公,选贤与能。《易》曰:见群龙无首,吉。乾元用九,天下治也。此义理之公也,孔子之志也,吾生平之愿也。昔著《大同书》,专发此义,以时尚未至,故先主立宪。今其时矣!"(康有为:《共和政体论》,载《康有为全集》第九集,第241页)这些"义理"古训,从来含义很不确定,常被各类论者所借用。正是由于其意义模糊,所以康有为能将古今诸多差别甚大的政体,统统放入"共和"之中。

和政体",先是分为10种,继而增为12种。其中,古代有6种,即:中国周召共和;远古人皇氏九头纪;希腊、雅典贤人会议;斯巴达二王并立;罗马三头之治;罗马世袭总统。近代以来亦有6种,即:瑞士所创议长之共和;美洲国民公举总统之共和;法国上下国会合选代表王之总统共和国;葡萄牙上下国会合选之总统不代表王之共和国;加拿大所创,而澳大利亚、波兰与匈牙利行之的虚属之共和国;英国所创,由比利时、罗马尼亚、布加利牙、挪威行之的君主共和国。①这些分类,实际上还可归为两类:一类是无君主的共和政体,共10种;另一类是有君主的共和政体,共两种,即"虚属之共和国"和"君主共和国",其后一种也最为康有为所看重。为何有君主也能划入共和政体之列,康有为的解释是:英国等国"其权全在国会,虽有君主,虽无成文限制其权,然实无权,故英称大不列颠共和王国"②,"君主一切无权,如同土木偶神,如同留声机器,实同无君,岂能谓为立宪君主哉?故只得谓共和之虚君也"③。既然君主无权,有君主也就等于无君主,因此君主立宪也应像其他无君主者一样,归入共和政体。

二是政体属于专制还是属于民权。康有为对君主立宪的属性,从形式与实质、主体与从体两方面做了这样的分析:"夫但以君主论之,则专制与立宪皆有之,岂不相近哉?以民权论之,则立宪与共和实至近,虽有君主,然与专制

---

① 参见康有为《与黎元洪、黄兴、汤化龙书》,载《康有为全集》第九集,中国人民大学出版社2007年版,第202页;《共和政体论》,载《康有为全集》第九集,第241页。10种之分法为古六今四,12种之分法系将今四重分为六,即将原与瑞士合为一种的葡萄牙和原与美国合为一种的法国,另立种类。
② 康有为:《共和政体论》,载《康有为全集》第九集,中国人民大学出版社2007年版,第241页。
③ 康有为:《共和政体论》,载《康有为全集》第九集,中国人民大学出版社2007年版,第247页。后来,他还联系"民权",将"虚君"的无权讲得更加清楚:"盖国为共和与否,视乎民权之多寡,不在君主之有无。夫使若爹亚士(今译迪亚斯,1876—1911年间任墨西哥总统,专制独裁者——引者注)、袁世凯之为总统,诚位非君主也,国犹民国也,然试问吾民有分毫之权否?有代议之权否?乃以无君主之位号则安之,曰吾民国也,岂不大谬哉!若英与意、比、荷……等国,一切百政皆出国民议会之权,故英人谓其国会除不能化女为男外,皆可为之;若君主则垂拱恭默若土木偶神,若留声机器,于国何轻重有无焉?然则不谓之共和而何?"(康有为:《中国善后议》,载《康有为全集》第十集,第276页)以"民权之多寡"作为衡量共和与否的尺度,这点很有见地,可惜康有为未能以此作为其政见的核心,沿着扩充民权的思路寻找解决中国问题的办法。

之政体实冰炭之相反也。若共和之君主，其虚名为君主虽同，而实体则全为共和。夫凡物各有主体，专制君主，以君主为主体，而专制为从体；立宪君主，以立宪为主体，而君主为从体；虚君共和，以共和为主体，而虚君为从体。故立宪犹可无君主（无君主的立宪即民主立宪，亦即民主共和——引者注），而共和不妨有君主。既有此新制，则欧人立宪、共和二政体，不能名定之，只得为定新名曰虚君共和也。此真共和之一新体也。"①也就是说，立宪与共和本质上是同一类民权政体，与专制政体已完全不同，此类政体有无君主，皆不改变其性质；在立宪政体中，有"虚君"与非虚君之别（"虚君"完全无权，而非虚君还有相当的权力），非虚君的立宪可叫君主立宪，而"虚君"的立宪则应重新命名为"虚君共和"。

三是国为公有还是私有。如前所述，"国为公有"是康有为用来阻止革命推进、坚守君主立宪的一项新论。为将君主立宪说成共和，他进一步用此论重新划分政体，将历来沿用的政体三分法变成两分法："今之言国体者，曰专制，曰立宪，曰共和，盖发自希腊阿里士多图，而孟德斯鸠大明之，吾则大不以为然。夫不明析公有、私有之大辨，而徒言专制、立宪、共和之等差，则于事理未明辨也。"②对于政体三分法应当从属于政体两分法，康有为举出西方近代史作为佐证："盖欧人所争者，天下为公，当与国民共之，不能私之于一人也。若其未得，则流血百万而力争之，所争者以国为国民所公有，而不得以国为一人所私有也。若既立宪法而有国会以守之矣，国既为国民所公有，而不为一人所私有矣，则君主之有无存废，不足轻重，不足计较有无也。故英立君主，美、法不立君主，而同为共和，无以异也。"③这是康有为论政体或国体④问题所说的一段（也许是唯一的一段）相当精彩的话。他不但对"流血百万"争国为公有表示理解，还将君主的存废看得无足轻重（尽管他的出发点是为了

---

① 康有为：《共和政体论》，载《康有为全集》第九集，中国人民大学出版社2007年版，第247页。
② 康有为：《拟中华民国宪法草案》，载《康有为全集》第十集，中国人民大学出版社2007年版，第39页。
③ 康有为：《拟中华民国宪法草案》，载《康有为全集》第十集，中国人民大学出版社2007年版，第39页。
④ 康有为多言"政体"，也讲"国体"，对两者未做明确区别。实际上，当他论国为私有、公有时，涉及的正是"国体"问题，即国家为何人所有。康有为所说的私有，指君主或类似君主者的一人所有；所说的公有，指"国民"所有。其论专制、立宪、共和，则为比较单纯的（转下页）

保存君主），把英和美、法一视同仁地肯定为国为公有的共和国。既然皆为公有，那么立宪与共和就是同一类政体，就可以称之为共和。①

三项标准含义很宽，主观随意性过大，对于准确界定政体，并无多大意义。有意义的是，从这些政体的辨析中，可看到康有为对西方政治制度认知上的进步。在撰写"人类公理"之后很长一段时间里，康有为都是将君主（专制）、君民共主（君宪制）、民主（共和制）理解为三个性质不同的历史阶段，坚持必先经过君主立宪，然后才能民主共和，否则就会天下大乱。游历世界的亲身体验，使他纠正了这一偏见，能抓住君权的有无或大小这一关键来认清君主立宪的实质，从而将英国与美国、法国的政治制度用"共和"等同起来，承认它们可以同时存在。在政治态度上，也由原来主张君主仍可拥有宪法规定的种种权力，变为愿意承认和接受君主的"无权"。不过，在心底里，他还是只喜欢英国式的共和，不喜欢美、法式的共和，因为只有前者才将君主（哪怕为"虚君"）保留了下来。他之所以不厌其烦地考察各种政体，目的就是要将君主立宪改头换面，当作共和政体，推荐到只选共和的国人之前。可以

（接上页）"政体"问题，即政权以何种方式行使权力。由于区分不清楚，康有为很多时候是将国体与政体搅和在一起，论述常有任意嫁接、混乱矛盾之处。例如他认为："夫固有私有之国体而兼专制、立宪、共和三义者，亦有公有之国体而（原文误为"面"，酌改——引者注）亦兼专制、立宪、共和之三大义者矣。"（康有为：《拟中华民国宪法草案》，载《康有为全集》第十集，第48页）又如，论及宪法规定的"主权"类型，他做了这样的划分："俄、德、日、突之宪法，君主有统治权，是谓主权在君。瑞士、法、美、墨宪法，特明主权在民，英、比同之。智利、葡萄牙宪法，特著主权在国。中国民权已极张，而邻于列强，当以国权为重，故宜主权在国。"（康有为：《拟中华民国宪法草案》，载《康有为全集》第十集，第51页）公与私、君与民、专制与共和、立宪与民主乃至古与今、中与西等，全被按其所需地搅成了一锅粥。尽管乱到无法按常理辨析，其论说的重点还是可以看得很清楚，这就是刻意为中国君主制和英国式虚君共和制进行辩护，力图证明无论国体或政体如何变化，君主可以也需要保存，不可废除。

① 康有为虽将英国的君主立宪划入共和，但并未完全取消君主立宪与共和的差别。他提出的新的划分标准是："夫可谓为立宪君主国者，必君主仍有统治权、立法权而后可，否则只能谓为共和民权，不能谓为君民共治也，不能以有虚衔君主，而遽谓为君主立宪也。"按此标准，他将俄国、普鲁士、日本划为公有之国中的君主立宪国，而将英国、比利时、意大利作为公有之国中的共和国，其他"一切各国君主立宪与共和立宪之别，可以是推定别白之。盖君主立宪国与共和王国之别，视有统治权、有立法权与否也。"（康有为：《拟中华民国宪法草案》，载《康有为全集》第十集，第48页）

说，其坚守君主立宪的根本立场，依旧没有改变。①

其四，其他共和政体皆不适合中国，唯有虚君共和最适合中国。

对于各种共和政体，中国应做何种选择，康有为的主张非常明确，这就是必选有君主的共和即虚君共和，而绝不能选无君主的共和。对作此选择的理由，他进行了相当详尽的说明。简要概括，可分为虚君何以适合和无君何以不适合两大方面。

对无君不适合的10种共和政体，康有为区别为四种情形。

一是古代的六种，皆不合时宜：它们属于"已过之迹"，"今时势推迁……决不能行"。②

二是瑞士的议长共和制，仅小国可行："此惟瑞士之至小国能行之，若中国广土众民，百倍于瑞士，万机之繁冗，亦百倍于瑞士，若一一皆待公议而后行，则无事不败。可行于小国，而不可行于大国也，况中国乎？"③

三是美国的总统共和制，只适合于美国："夫国民公举总统之制，美倡之，亦只有美能行之。其故有四：开国诸贤，皆清教之徒，无争权位之志，只有救民之心，一也；因于属地十三州，已有议院自立，本无君主，二也；本为英人，移植英已成之宪法于美，政党仅二，故少争，三也；美初立时，人民仅三百万，仍是小国，四也。……即如美国，治平已久，不可儿及，尤兵争总统之事。然其立总统也，举国欢选，费金钱、糜酒食以数千万，全国之民月日罢业，金融为之大困，商业牵及停滞，其害中于民亦已大矣！故美人亦多有改王之说。幸其国民富溢，又界于两海，形势敉平，若在他国，则必酿乱源矣。"④

---

① 在理论层面上，康有为依然信守所谓从据乱到升平、再到太平的"三世"说，并将其与自己的政体新论糅在一起："今空名之君主者，只能编入共和制，而不能编入立宪君主制也。天下古今之义必出于三，孔子之言三统三世是也。若以君主言之，既有专制之君主，有立宪之君主，自应有共和之虚君；以立宪言之，有立宪之民主，有立宪之君主，自应有立宪之虚君主；以共和言之，有议长之共和，有总统之共和，自应有虚君之共和。其义一也，未发其义则忘之耳。"（康有为：《共和政体论》，载《康有为全集》第九集，第247页）为凑成其"三"，他将"虚君"到处混搭，这已是在玩文字游戏，难以当真对待了。
② 康有为：《共和政体论》，载《康有为全集》第九集，中国人民大学出版社2007年版，第241—242页。
③ 康有为：《共和政体论》，载《康有为全集》第九集，中国人民大学出版社2007年版，第242页。
④ 康有为：《共和政体论》，载《康有为全集》第九集，中国人民大学出版社2007年版，第242—243页。

四是仿美国的其他国家的总统共和制，皆不得善果：法国，"妄师之，即已大乱八十三年而后定，其不亡者，以承路易十四之雄，为欧土第一强国故。然至今宪法未善，故法终弱而不能强，亦惟共和政体之故"①；美洲，"皆师法合众国政体……然除美国外，无一不大乱者，在中南美间，无岁不见告也。……每易一总统，则争乱弥年，杀人如麻，死国民过半。……若夫墨国……三百年矣，无岁不乱。……暴骨如莽，全境空虚，几成沙漠"②；葡萄牙，"合鉴美、法，取其长而去其弊矣。然总统三年一任，至举总统时仍陷于无政府之祸，使一国民失其常度，其弊一也；总统之行政，岂能尽得民心？不得民心，而对党攻之争之，非三年不能易总统之政府，则积恨深而争祸剧，二也；若有贤总统，成良政府，而至三年期则必改易，虽有善政，未必能终之，则足以大累国事，三也。……然则总统之制，即经多方鉴戒，如葡之最后，终不得其至善矣"③。

四种情形，真正与中国相关的是后面两种，而从中得出的结论只有一个，就是无论如何，都不能选择总统共和制，因为这种制度仅与美国相适（即使对美亦有大害，美人多希望"改王"，即也设立君主），在其他国家则只会成为致乱的根源。

与绝不选择总统共和制相反，康有为对虚君共和则赞不绝口，称为"政体之至善者"，认定此制必有"妙理"，"至深远奇妙"，"是法也，盖非圣哲心思所能得之，乃经万验之方而后得之也"。④既然如此奇妙完美，当然应选无疑。那么，此制究竟奇妙在何处？

---

① 康有为：《共和政体论》，载《康有为全集》第九集，中国人民大学出版社2007年版，第242页。
② 康有为：《共和政体论》，载《康有为全集》第九集，中国人民大学出版社2007年版，第242—243页。
③ 康有为：《共和政体论》，载《康有为全集》第九集，中国人民大学出版社2007年版，第245页。关于总统共和制绝不可选，康有为还做过一段相当简明的概括："今我国民大会将何决哉？若从美之国民举总统乎？则南北美争总统，而岁致大乱，死国民过半也。将从法举代表王之总统，而别设宰相执政乎？则总统出于公选，有才有党，必与宰相龃龉而不能行政也。……将从葡萄牙国会选总统而执政乎？则总统有任期，贤不能留，恶不能去，又将频召革命之争，而陷无政府之祸也。将从罗马之世袭总统、墨西哥之长期总统乎？恐复于专制，再起革命也。"（康有为：《拟新中国政府议章》，载《康有为全集》第九集，第415页）
④ 康有为：《共和政体论》，载《康有为全集》第九集，中国人民大学出版社2007年版，第245、246页。

按康有为的比较，虚君共和与总统共和其实差别很小："万国之制，除德国外，共和立宪，民权无异也，总统与总理大臣，事权无异也。所微异者，立宪之制，总理大臣之上，有一恭己正南面、无权无为、不言不语之土木偶之神云尔。"[1]这就意味着，两类共和制之所以一类可选而一类决不可选，一类能使国家长治久安而一类会令国家乱无宁日，并非因政治制度有何大的不同，而仅仅是由于前者多了一个"微异"的"土木偶之神"。一点"微异"，一个"土木偶之神"，就决定了一个国家的治乱兴衰，这的确不仅是一种"奇妙"的现象，而且是一种"奇妙"的解释。

具体而言，作为"土木偶之神"的虚君，到底能起何种作用，康有为主要归结为两点：一是可以平息政争，二是可以管住"陋民"和"奸人"。从这两点看，康有为心目中的虚君实际上既不是"土木偶之神"，其所代表的政体与总统共和政体的差别也并非"微异"。对此，前文已详加论述，此不赘述。

康有为不选无君的10种共和政体（其中最主要的是总统共和制），撇开其具体论断的得失不谈，其实颇有道理。这个道理，就体现在他自己所说的一小段话中："夫各国政体，各有其历史风俗，各不相师，强而合之，必有乖谬，则足以致败者矣。是故罗马不师希腊，美人不师瑞士，而欧人自法外不师美洲……"[2]按照此理，中国政体当然就学不了瑞士，也学不了美国、法国、葡萄牙，终究只能走与本国国情相适合的道路，否则，不是处处碰壁，就是陷入空想。可惜的是，康有为并未将此道理贯彻到底。他极力主张选择英国式虚君共和之时，显然就没有充分考虑"历史风俗"这一重大因素。若仔细对比，中英之间的差别，并不比中美或中法之间为小，中国学不了美国、法国，同样也学不了英国。

需要补充的是，所谓"不师"，更准确地说，应该是指不能照搬。采用何种政体，事关重大，因素复杂，中国不管照搬哪个国家，都不能取得成功。但"不师"不等于绝对不学，不论是美国、法国的总统共和制，还是英国的虚君共和制，作为近代先进政治制度的先驱，在制度、学理、精义等方面，都有很

---

[1] 康有为：《共和政体论》，载《康有为全集》第九集，中国人民大学出版社2007年版，第246页。引者对引文标点有改动。
[2] 康有为：《共和政体论》，载《康有为全集》第九集，中国人民大学出版社2007年版，第242页。

多东西值得正在走向共和的中国人研究和借鉴。康有为讲出了一定的道理，只是由于政治立场的偏颇，其道理还显得相当片面。

四、谋中国虚君共和之策

康有为赞美虚君共和，是为了将此政体在中国实施。随着时势的变化，他所提出的实施方策有所调整，而贯串其中的虚君共和之宗旨始终未改，信守如一。

实施虚君共和，康有为最先关注的问题是谁当"虚君"。在他心目中，合适者全中国只有两人：一是清宣统皇帝溥仪（民国成立后为废帝），二是孔子后裔衍圣公。他这样论述道："夫今欲立此木偶之虚君，举国四万万之人，谁其宜者？谁其服者？苟一不慎，必将争乱以召外国之干涉瓜分焉。投骨于地，众犬喑喑（'喑喑'似为'狺狺'之误——引者注）而争之；若有定分，争者即止。夫虚君无事无权，不须才也，惟须有超绝四万万人之资格地位，无一人可与比者，然后有定分而不争焉。则举国之中，只有二人。以仍旧贯言之，至顺而无事，一和而即安，则听旧朝旧君之仍拥虚位也。以超绝四万万人之地位而众族同服者言之，则只有先圣之后，孔氏之世袭衍圣公也。"[①]康有为所说的"定分"，其实就是中国历代君主制所规定和传承的政治等级。[②]以此"超绝"为衡，"虚君"这块骨头自然归属明确，"众犬"难以相争。"虚君"与"四万万人"的尊卑之界，由此也判划得非常清楚。

候选者两人，而"虚君"仅有一席，还必须做出选择。对此，康有为给出了两个不同的方案。

其一是选衍圣公："今若各省公推孔氏衍圣公尊为素帝，或曰文宣帝，迎主中国，旧朝若能立国，可受为联邦，如意大利王之视教皇无碍也。或迁都山

---

① 康有为：《与黎元洪、黄兴、汤化龙书》，载《康有为全集》第九集，中国人民大学出版社2007年版，第203页。又见康有为《共和政体论》，载《康有为全集》第九集，第248页。

② 皇帝不必论，而"衍圣公"亦同样如此："夫衍圣公乎，真所谓先王之后，存三恪者也。以为圣者之后，故其恪久存而不绝，其公爵世家历二千四百余年。……孔子尝有尊号，曰素王、文宣帝，衍圣公不过加二级，袭此素王、文宣帝之爵号耳，仍是大世爵也。"（康有为：《与黎元洪、黄兴、汤化龙书》，载《康有为全集》第九集，中国人民大学出版社2007年版，第211页。又见康有为《共和政体论》，载《康有为全集》第九集，第248—249页）

东、南京、苏州,移资政院从之,即改为国会,先召集各省谘议局议员与资政议员,并为国会议员,公议大政,公举大揆即总理大臣,公订外约,则秩序不紊,争乱可泯,中国犹可保存也。"①不过,此策也存在一个很大的弊端:"衍圣公之尊奉,合于汉族之人心矣,惟虑非所以合蒙、回、藏诸族之心也。则彼推旧朝而立国,且必托保护予('予'似为'于'之误——引者注)强邻,终则折而入焉。果若是,恐失三千四百万方里之地,且增北顾之忧矣。夫蒙、回、藏之地,几三倍于中华内地,且有千数百万之同胞焉。为争一冷庙木偶,而弃三倍内国之地与千数百万之同胞焉,物价太不值也,甚非策也。"②他特别强调说:"仆之素志,以为能保全中国者,无论何人何义,皆当倾身从之;苟不能保全中国者,无论何人何义,必不可从也。且夫中国者,兼满、汉、蒙、回、藏而言之,若舍满、蒙、回、藏乎,则非所以全中国也。此义尤吾国人所宜留意也。"③衍圣公当"虚君"虽好,但还是不利于"保全中国",那么,真正值得"倾身从之"的,自然只剩下一位,这就是旧朝之君。

其二是选旧君主:"姑存君主虚位,以为名誉总理,同于大世爵;姑给乾修,亦施敬礼,类于香火之敬土木偶。而可以靖乱,可以安中国,可以兼收辽、蒙、藏、准三千三百万方里之地,何损焉。"④他又说:

今惟改宣统年号与有清国号,即修清史至今年止,此后为新中国。即帝号尚存,如大世爵,并入中国籍,则满洲之迹,扫除已尽,徒圈出北京禁城十里地为三恪之封国,为偶神之冷庙耳。若夫龙旂者,商周相传,中国之旗。黄龙旂者,孙吴至今三千年矣。欧洲各国革命,未尝改旂,盖上承因国也。惟美无因国,故别立旂。今革党上承皇帝,岂无因国乎?故无待予改旂也。……今即改国号为中华或中国,而修清史以九月十三日(即

---

① 康有为:《与黎元洪、黄兴、汤化龙书》,载《康有为全集》第九集,中国人民大学出版社2007年版,第211页。
② 康有为:《与黎元洪、黄兴、汤化龙书》,载《康有为全集》第九集,中国人民大学出版社2007年版,第212页。
③ 康有为:《与黎元洪、黄兴、汤化龙书》,载《康有为全集》第九集,中国人民大学出版社2007年版,第212页。
④ 康有为:《与黎元洪、黄兴、汤化龙书》,载《康有为全集》第九集,中国人民大学出版社2007年版,第205页。

清廷《宪法重大信条十九条》颁布之日——引者注）以前为清朝，后此为新中国……纪元以黄帝或以孔子，其宣统年号从此不用……免跪拜之礼，相见以鞠躬坐论……或存帝号，而下不称臣……然则所谓虚君者，真是大世爵矣，真是三恪矣。昔拿破仑擒罗马教皇，见时尚行半跪吮手礼，口称父，何较此为。公等手握大权，其视虚君如意皇之视教皇，如驻藏大臣之视达赖、班禅，如山东巡抚之视衍圣公，少加礼意，因以抚其民众。凡各兴国于一族一国所常尊者，无不礼异之，何必废之以激满、蒙、回、西藏之裂而自立哉？①

康有为以"新中国"为名，而以尽量保存皇朝和君主之旧为实，从"三恪之封国"到"黄龙"之旗帜，从"存帝号"到似"教皇"，"虚君"无一不是专制主义传统的典型代表。他对"旧朝旧君"的恋恋不舍，由此可看得非常清楚。

两个方案中，康有为最中意的是选旧君。他总结说："窃为今中国大势计，莫善于行虚君共和策，因旧朝而共和之，以安全中国，上策也；尊奉衍圣公以收中国，中策也；不得已而行议长共和，下策。若行总统共和以召乱，是谓无策。"②虚君共和与议长共和都可考虑，而最理想者还是因袭旧朝，唯独不可行者，就是总统共和，这是康有为一直坚守的政治立场。

---

① 康有为：《与黎元洪、黄兴、汤化龙书》，载《康有为全集》第九集，中国人民大学出版社2007年版，第213、215页。对此方案所形成的政体，康有为除了称"虚君共和"之外，还别出心裁地想出了"君主共和国""候补袭帝之总统共和国"（康有为：《致某君书》，载《康有为全集》第九集，第251页）及"闲散候补虚君之民主共和国""虚君之总统共和国"（康有为：《汉族宜忧外分勿内争论》，载《康有为全集》第九集，第258、268页）等种种令人眼花缭乱的称谓。名堂虽多，要旨仍然只有一个，就是在政体中绝不可缺少君主的一席之地。

② 康有为：《与黎元洪、黄兴、汤化龙书》，载《康有为全集》第九集，中国人民大学出版社2007年版，第216页。在《共和政体论》中，康有为对"上策"与"中策"做了一个调和："今若各省公推孔氏衍圣公曰监国摄政王，直出上谕，则汉人为主矣。若欲行总统共和，则称监国总统可也。……若尊为监国则两无碍矣。存皇帝之大世爵，而一切不相关，以保全蒙、藏，岂非策之至哉！"（《康有为全集》第九集，第248—249页）皇帝当"虚君"，而衍圣公当"监国摄政王"或"监国总统"，对保存旧政治文化传统来说，这种君统与道统的联合，真算得上是两全其美。需要提及的是，在《救亡论》中，已见不到康有为所说的"上策"，具有当虚君"资格"者，由原来的两人变成了衍圣公"一人"。（《康有为全集》第九集，（转下页）

然而,"上策"真要付诸实施,康有为觉得也很不容易。他分析道:"将仍立旧朝乎?无论民军不肯戴也,摄政王已废,孺子委裘,不能见外使,不能临国会裁可阁奏,不能统海陆军也,即欲戴之而无从戴也。若再立长君之摄政王乎?乃有虚君,又必无此事也。然则虚君共和之难行如此。"①所谓"难行",难就难在要在"旧朝"已被颠覆的局势下,找到一个既能说服"民军",又能容纳"孺子"(小皇帝),而实质上仍为虚君共和的建国方案。这本来是一道无解也无实践价值的难题,但康有为还是煞费苦心地给出了一个答案。

他自谓根据"吾国今情","可兼采万国之长而去其弊焉"。其"兼采"有两大纲领:一是将皇帝设为世袭之大总统,"今请酌英王、罗马总统、法总统之三例,立一代表王之世袭大总统焉。用英虚王之例,不任政而称王,欲以弭乱,俾国会停时,政府更易,不致陷于无政府之祸也。用罗马不由公举而世袭之例,欲其无才无党,可不与政府龃龉也。用法总统之例,虽代表王,而亦称总统,以明共和民权之体也";二是在大总统之下,另设一行政之总统,"又请酌美、葡总统、英总理大臣之三例,立一行政之总统焉。用美、葡总统之权制,组织行政府,兼领陆海军大元帅,而去其国民公举、致酿争乱之害。用葡总统举由国会多数之权制,而去其限定任期,致贤不能留、恶不能去之害。用英总理大臣之权制,无任期而随政党去留,而位号亦为总统,以明共和民权之体也"。②康有为看起来权衡了五种共和制的利弊,其结果只是推出了英国虚君共和制的翻版,不过将虚君称为"大总统",将总理大臣称为"总统"

(接上页)第237—238页)这似乎表明虚君之策有了显著变化,其实不然。查考与《救亡论》撰于同一时期的文献,包括《与黎元洪、黄兴、汤化龙书》《致党内公启》《共和政体论》《汉族宜忧外分勿内争论》等,皆一致持皇帝为虚君论,《救亡论》不可能独与这些文献的主张截然不同。之所以发生变化,是因为该文刊登于《不忍》杂志第七册时,已到了1913年8月。康有为在"癸丑七月一日"(1913年8月2日)所写前言中说,《救亡论》"虽于今多不切,亦有深切者。失时之雁,或亦不责之耶"(《康有为全集》第九集,第222页),承认许多看法已不合时宜。在这些"不切"者中,以皇帝为虚君的"上策"尤显迂阔(1912年2月清帝即已宣布"退位"),因此被康删改。

① 康有为:《拟新中国政府议章》,载《康有为全集》第九集,中国人民大学出版社2007年版,第415页。
② 康有为:《拟新中国政府议章》,载《康有为全集》第九集,中国人民大学出版社2007年版,第415页。

而已。所谓"明共和民权之体",就是将"总统"的名号分成了两级使用,其实还是不折不扣的虚君共和制。

按此纲领,康有为拟出了更为具体的"新中国政府议章十条":(1)"国号改定为中华,或称中国";(2)"年号改用孔子纪年";(3)"皇帝为至高之爵,世袭罔替";(4)"皇帝不可侵犯";(5)"中国政府立行政大首领,名曰大总统";(6)"以世袭之皇帝,世领之体制,视日本古昔天皇,不任政事,不接公使,不临国会,不领海陆军大元帅,惟诏敕领名公布,其皇室私事不涉国政者,称曰皇帝。其行政结衔曰皇帝领大总统,其有大典礼见公使、百官,由总统带见";(7)"中国政府立行政首领之次曰总统,由国会多数举充之。政府行政兼领海陆军大元帅,诏敕同大总统领名公布,结衔曰总统领大元帅。其有公侯爵任总统者,结衔曰公爵领总统,兼领大元帅。其一切体制视美总统";(8)"皇帝誓于国会前,入中华籍,改汉姓,乃得充中华国大总统";(9)"皇帝典礼经费由国会议定,其未议及者,得仍用旧典礼";(10)"有清为朝号,截至今年摄政王退位止。即编清史亦截至今年止。此后国为新中国,皇帝为新入中国籍之新大总统,与清朝无预"。①

此十条,除(1)(2)(7)外,其余皆为皇帝的权益着想,康有为心目中的"新中国"和心仪已久的虚君共和制的最终样貌,由此可看得非常清楚。这的确已不是君主专制的清朝,从国号、年号、朝号等的改变到总统"体制"的设立,毫无疑问都映射了辛亥革命的成果。但与此同时,这种革命性的变化又显得极为有限,康有为念念不忘的,还是如何将皇帝及其特权保留下来,即使称之为"大总统",也愿委曲求全。说到底,万变不离其宗,虚君共和仍是其不愿突破的底线。

不论原版还是翻版,康有为的虚君共和都有着太多的想当然,不具任何实现的可能性。随着1912年2月清帝正式宣布退位,仅存手稿、并未发表的"议章十条",也就成了康氏虚君共和的终极方案。此后,在康有为的政治设想中,"旧朝旧君"暂时黯然退场,代之以另一套有别于虚君共和的新思路和新方案,这又是一个万般无奈而又相当显著的转变。

---

① 康有为:《拟新中国政府议章》,载《康有为全集》第九集,中国人民大学出版社2007年版,第416页。

第十二章

中国救危论

虚君共和论宣扬的时间不长，到清帝正式宣布退位，这一主张也就失去了存在的意义。当清朝统治终于彻底崩溃后，康有为一方面为之痛惜不已，另一方面一度表现出愿顺应时代潮流、谱写历史新篇章的积极态度，对如何搞好共和建设发表了不少有益的意见。可惜这一态度并不坚决，共和建设未能成为其政治思想的主流，很快就被中国救危论所取代。其救危论的产生，除了以不相信民主共和为思想基础之外，更多是以民国建立后所出现的乱象危情为现实基础。为了挽救所谓共争共乱、乱到极致的危局，他提出了一大套头绪繁多、内容庞杂、新旧交织的救危理论及方案，集中反映了这一时期其政治主张进退失据、颇为混乱的情状。

一、共和建设的期盼

影响康有为虚君共和思想走向的时势因素，从清朝一方来说，有三个重要的转折点。其一是颁布宪法重大信条十九条，其二是废除摄政王，其三是清帝退位。前两者标志着清朝统治的逐渐溃败，每次溃败，都可对应上康有为随之变化的虚君共和主张。与十九条相呼应的是虚君土木偶之说，以保全君主的神圣性为目的；应对废除摄政王的是虚君称大总统之说，以求皇帝与总统制并存。但第三个转折点与此前有一个很大的不同，即它不仅是清朝统治的溃败，而且是清朝统治的终结，"实君"固已不存，虚君亦虚无可虚。事变如此，康有为的虚君共和也失去了守护的意义，不得不痛加舍弃。

对于清帝退出历史舞台，康有为心中是极为悲痛的。清帝宣布退位次日，他写信给梁启超说：

> 一昨禅让诏下，旧朝遂亡。虽王者礼乐，尚作虞宾；故国版章，还归

民族。然三百年王业，运与劫移；十四载之亡人，事随波逝。典章服朔，有若易世；人物风俗，如适他是。躬逢大劫，能不哀乎！

伏惟先帝舍身救国，功德在民。惟吾与子亲对宣室，毗赞维新，躬受衣带，与闻密勿。而大业不就，政变同患；尧台莫救，鼎湖空慕。服丧肃毕，经途三年……掬躬尽瘁，无所补救；感念知遇，只惭付托。俯仰今昔，能不怆绝！……盖闻君子怀义，不以存亡易节；交友投分，不以死生异心。况夫君臣之义、患难之际乎？岁暮云尽，天运已非；新旧时移，君臣道尽。海水怒号，朔风凄厉；秋声动竹，落日在山。悲从中来，不可断绝；设坛告祭，聊写我哀。①

这是一篇哀苦而凝重的政治悼词，悼念了一段与康有为一生关系至为紧密的历史，其中有戊戌变法的奋斗，有保救光绪的奔走，有清朝"三百年王业"的崩塌。此段历史，本来交织着维新派的光荣与守旧者的凶残，社会变迁的迂回与时代前进的必然，文化"有若易世"的落差与世道"新旧时移"的进展，但康有为一切仅着眼于王朝存亡与君臣之义，因此感觉到的只是无尽的悲哀。此种一味视"旧朝"之亡为"大劫"的心境，对照其维新时期作为先驱者的锐意变革精神，已变化甚大，相隔甚远。

不过，这种内心深处的悲哀康有为并未广泛传播。面对海外一直跟随自己参与政治运动的众多党徒，他表现了另一种颇为积极进取的态度。这种态度，在此时所写的一封《致各埠书》中，显示得非常清楚。这封函件不长，其包含的内容却相当丰富，传递的理念也相当贴近现实，大有与时俱进之意。略加概括，此书大意有四。

一是承认共和翻开了历史新篇："顷闻旧朝禅让，和议已成，五族统一，举国维新，四海同春，与民更始，开国会以集民献，谋建设以巩邦基，民权是张，政党攸赖。……今既时运迁移，新旧代谢，合五族而大一统，存帝号而行共和，实吾旧旨，仍得我心。"②清帝退位，总统共和，这本来是康有为最不愿意见到的结局，所谓"实吾旧旨，仍得我心"，在很大程度上属于政治家的谎

---

① 康有为：《与梁启超书》，载《康有为全集》第九集，中国人民大学出版社2007年版，第281页。
② 康有为：《致各埠书》，载《康有为全集》第九集，中国人民大学出版社2007年版，第282页。

言（退位后的"存帝号"与虚君共和的存帝号，显然完全不是一回事）。尽管如此，康有为还是愿意将旧朝的覆亡视为一个新时代的开始，期待开国会、张民权、立政党，这已算是一种顺应潮流的正面表态。

二是充分肯定从戊戌变法到保皇立宪的斗争史："吾自戊戌立义，以满汉不分、君民共治为宗旨。吾党肇开，阅十四载，同志忧国，匍匐救之。初期望之舍身救民之君主，故己亥至乙巳七年，吾会以保皇为名者，以反对虐民之后党也。中期进行确为立宪之政体，故丙午年吾会改去'保皇'名义，而以'国民宪政'为名。丁未年众议行君主立宪，故复定名曰'帝国宪政'。以既为宪政，国为公有，与国民共之，皆有国会以立法议政，无分君主、民主，其义一也。自丙、丁至今辛亥，前后六年，书电纷纭，纠合国民，皆以力争立宪为事，于是得决定明年开国会矣。……我诸同志，艰苦辛勤，历十余载，遍五大洲，十年前始则尽保皇之诚款，七年来继则效立宪之忠告，捐资舍命，呼吁精勤，冰霜不移，风雨如晦。"①辛亥革命之所以能一举推翻清朝，是各种反君主专制力量共同发挥作用的结果，康有为所代表的政治派别是这些力量中的重要一支。肯定了从维新、保皇到立宪的斗争，实际上也就肯定了反专制、求民权的合理性，从大方向上把握住了君宪派与民主共和派的共同点（所谓"无分君主、民主，其义一也"），虽然这还并不足以消除两派之间的重大分歧。

三是谴责清朝统治者的愚顽不灵和凶狠残暴："若使摄政以来，当国者不全黩货茹奸，扫荡廉耻，摧灭纲维，嫌弃忠良，凌暴人民，粉饰伪宪，则吾党之志早可见行，而国会更可早开。君主让权，同于英国，人民议政，可保中华，不待今者流血之惨，日忧分裂之危矣。项日本报言八月以来，中国兵燹饥馑，大江流域死者二千六百万人，西人以为惨状过于法之革命，则三年来旧朝执政诸贼实致之。……充耳不闻，禁锢益固，以忠为贼，倒行逆施，负我同志之忠勤。呜呼！何其慎也！"②既然清朝统治者如此罪恶滔天、不可救药，那么其被推翻就理所当然，革命时期的"惨状"也应由其负全责，而"吾党"的"忠勤"则被证明不过只是幻想。这解释了革命何以终于爆发的原因，亦间接肯定了革命的正义性。

---

① 康有为：《致各埠书》，载《康有为全集》第九集，中国人民大学出版社2007年版，第282页。
② 康有为：《致各埠书》，载《康有为全集》第九集，中国人民大学出版社2007年版，第282页。

四是勉励各同志努力投入国家建设："今际破坏，虽吾党所不预，而他日建设，岂吾党所能辞？水火异用而相须，舟车异宜而各效，既经迅雷霆震之后，更望和风甘雨之来。人心厌乱而望治，则莫不思归；士夫夙好而同心，则相率偕作。然则吾党前途，负荷至大，开拓益宏。在鄙人等用是兢兢，望同志等益加黾勉。惟今国体已非君主立宪，今特复丙午前旧名，定吾党名为'国民党'，旗用五色，合五十族，亦吾党满汉不分之始志也。惟吾同志无愧国民，勿以功名不己出而灰心，勿以党众不得权而易志。中国图强，后事至大，努力奋勉，同奏新勋。"①康有为所说的"吾党所不预"，包含了两层意思：一层是没有参与"破坏"（因为反对暴力革命），另一层是因此也无法分享共和成果（所谓"功名不己出""党众不得权"）。但他相当理智地看到了"破坏"与"建设"相辅相成的一致性，希望"水火"并用，"舟车"同行，号召"吾党"在君主立宪过时之后，面对现实，将"无愧国民"和"中国图强"作为新的奋斗目标，大力开拓，建功立业。这无疑是一种良好的心态，与此前宣扬虚君共和时对革命的诋毁和对总统共和的抵制，有了很大的不同。

在此后为共和建设讨论会②所办杂志撰写的发刊词中，康有为还将其积极进取的态度做了进一步发挥。

首先，将共和定位为不可阻挡的时代潮流。他依据以往宣扬已够多的"大同三世"进化之理，强调"共和者，民治之至耶。但不能凌躐而为之，待其时而后行"，但又认定"势"自有其客观发展的趋势，"今则美势大流，法、葡披靡，百年之间，殆无不为共和者，亦天下大势使然耶也，而中国共和遂为亚洲先。……盖天下大同，日趋共和之运，而顺流以赴巨壑焉。于是专制破坏之事终，而共和建设之事始矣"。③康有为所说的"时"与"势"，是不同的概念。"时"指条件具备、时机成熟，而"势"指已经或将要形成的走向。以"时"而论，康有为并不认同中国已可实行共和，但以"势"而论，他还是清醒地看到了共和已在中国应运而生的事实。"时"未至而"势"已成，这是一

---

① 康有为：《致各埠书》，载《康有为全集》第九集，中国人民大学出版社2007年版，第282页。
② 该会为民国初年政党，1912年4月成立于上海，推汤化龙为主任干事，奉梁启超为精神领袖，会员以原立宪派和旧官僚为主。后与其他政党合组为民主党。
③ 康有为：《共和建设讨论会杂志发刊词》，载《康有为全集》第九集，中国人民大学出版社2007年版，第288页。

个很大的矛盾，对此康有为暂且顾不上细辨深究，而更多倾向于顺势而行。

其次，指出清朝灭亡完全是咎由自取。他情绪激昂地写道："昔者牝晨淫虐，亲贵专横，鬻国暴民，绵历岁纪。当列强之交迫，投中国于濒危，人怀丧日，天厌周德。武昌一呼，海内响应，涉历四月，旧朝遂亡。迹其成功之速，横览古今中外，殆未有其比也。此岂人能革之？旧朝之专制失道，自革之也。盖人心尽去，谁能挽之？天命所废，谁能兴之？虽有故家遗族，皆赋式微。咸识宗社之无人，群知一姓之不再，五族既合，共和遂成。"①康有为夸赞了革命的"成功之速"，并从"专制失道"这一根源上阐释了清朝崩溃的内在原因，这就将走向共和的"天下大势"与中国专制的气数已终有机地结合了起来，其见解相当客观而有深度。

再次，力陈共和建设的重要。他对"共和告成"已过了四个月，而"建设之业，一无所闻，但闻举国兵戈争乱之声，人民涂炭呼吁之苦而已"的现状深怀忧虑，告诫如果只有破坏，而无"建设之事业"和"建设之人才"，中国不可能"自致富强"，并诘问："夫畴昔所以革命者，岂非欲去恶政府而求良政府乎？岂非恐危中国而求安中国乎？今也所求皆得其反……试问共和告成之仁人志士，当革命之初，果欲争乱涂炭若斯乎？果欲中国危亡岌岌如是乎？抑真以革命告成，遂能无事而中国可安存乎？"②民国成立后，当然不是毫无建设的举措，"今也所求皆得其反"显然言过其实。但重视建设，将去"争乱"、救"危亡"作为革命的目的，这是很有道理的，与孙中山等"仁人志士"此时的主张有着共同之点。

复次，详论共和建设的不易。他从各个方面展开分析说：

若夫建设之业，则斟酌中外，证察古今，非有博极之识，专门之学，不能一开口焉。且今兹之革命，非止革一朝之命也，实革中国数千年专制之命也。……即其名义，甫发明于岁月之间，执人民而问之，必多罔然。

---

① 康有为：《共和建设讨论会杂志发刊词》，载《康有为全集》第九集，中国人民大学出版社2007年版，第288页。

② 康有为：《共和建设讨论会杂志发刊词》，载《康有为全集》第九集，中国人民大学出版社2007年版，第288—289页。另见康有为《中华救国论》，载《康有为全集》第九集，第309页。

或以为人人自由平等也，无复伦理纲纪也，或以为宜分立自治也，甚或以为不须纳租赋也。即士夫或旧学，殆多不知共和之为政何若。慕共和之名者，几以为一改共和，即可袭得美、法之富强，而不知南美因共和而岁大乱，墨且乱削三百年也。宿儒老生既墨守旧义，又亲睹今乱状而惩艾之，或恶其无君，乱伦坏纪；又疑国民程度之不足，多疑其必不可行。若夫酌美、法之得失，择瑞士之短长，鉴南美之弊害，撢智利之安善，考中国之历史礼俗，去其非而存其是，不违其性习而协其时宜，以救患除害，而致国利民福，则奇才通学犹难之。兹事体大，殆非一二人之所能任耶，又不能专责之于今政府也。

夫凡人于所未见习者，虽操刀制锦，筑室入厨，乃至弈棋、蹴踘之小技，无知妄作，犹复愚谬百端。若夫开一学校，营一商肆，治一工业，更难措手。况于治万里大国而前无可循习者哉？①

在这段论述中，康有为提出了不少颇有见地的论点，其对"专门之学"的注重，对"革中国数千年专制之命"的判断，对"建设共和"前无依凭的认识，对各类人特别是"宿儒老生"误解共和的批评，以及对美、法诸国择善而从的态度等，可谓皆彰显了学人智慧，且切中时弊，对搞好共和建设大有裨益。

最后，鼓动国人齐心为建设共和出力。他断然否定君主制可以死灰复燃，明确宣告："若夫舍共和政体乎，则今之中国，前朝君主已禅让矣，死者不可复生，断者不可复续。当列强环迫之会，为中国营救之方，虽有仁人贤圣，惠我国民，亦不能再涂炭生灵，以复君主之政。且今共和已成，人心已定，虽有义士世族，皆知天命人心所属，亦不能思路易拿破仑之例，图一姓之复兴矣。"既然如此，建设共和就理应成为全体国民义不容辞的责任："夫以共和政体之立定不能移易如彼，而共和政体未见未习之万难如此，则凡籍中国之民，有忧国之思、怀爱国之念者，能不考思建设之良方，纬画共和之政策？念兹在兹，昼夜思之，讲之习之，析之辨之，反覆其利害，究诘其得失，穷极其本末，次第其先后。一人论思，不如大众论思之详也，大众论思，不如合全国

---

① 康有为：《共和建设讨论会杂志发刊词》，载《康有为全集》第九集，中国人民大学出版社2007年版，第289页。

之才智人论之思之尤详深著明也。"①这种毅然告别君主制、倾心为建设共和谋万全之策的态度，完全适合当时中国社会前进的需求，其对爱国精神的张扬（"为中国营救之方""有忧国之思、怀爱国之念"），亦不失为引导人心的一个正确方向。

以上应对，展现了一个与宣扬虚君共和截然不同的康有为。他在幻梦已灭、变局已定的情况下，相当理智地正视现实，对一系列重要的政治问题做了恰如其分的解析，重现了久违的先见者的风采。如果坚持和继续拓展这种认知，这位当年的维新领袖或许还能在新时代大显身手，对共和建设做出不凡的贡献。不如人意的是，共和建设主张只是康有为政治思想一个非主流的侧面，其基本政治立场还是对民主共和怀抱根深蒂固的成见。当这一成见与民国初年极为混乱的政治现实交相为证的时候，康有为的政治主张就很快发生偏转。

二、国家危情的认识

共和建设主张刚提出不久，康有为就先后撰写了《中华救国论》《中国以何方救危论》《中国还魂论》等文，对共和进行根本性的质疑，共和建设论在整体上为中国救危论所取代。尽管在救危论中还包含着共和建设的成分，但其主体已经不是对共和的建设，而是对共和的纠偏、去弊，乃至重新评估。在这一过程中，君主制或虚君共和的思想，又得以续接前缘，潜滋暗长。

康有为提出救危论，有两个基础。一个是思想基础，即对历史所做出的废除君主制度、开启民主共和的选择，终究缺乏信心。前文对此论述甚多，此不赘述。一个是现实基础。这就是事实表明，民国建立后，并没有出现一个国治民安的局面，反而由于失去了一切旧有的约束，显得比原来更加动荡和混乱，尤其是推翻了一统天下的皇权之后，取而代之的却是遍地割据和混战不已的军阀统治。这在康有为看来，就是共和不得善果的铁证。对此乱象危情，他所做描述极多，可说构成了救危论的主要依据。

---

① 康有为：《共和建设讨论会杂志发刊词》，载《康有为全集》第九集，中国人民大学出版社2007年版，第289—290页。

对民国乱状较早的一段概述，就见于前已引用的《共和建设讨论会杂志发刊词》中。该文这样写道：

> 各省军府则扰攘争据，各军兵士则劫杀焚乱。自余争总统之往南，争建都之匆北，争阁员之位置，争送兵之拥护，争留守都督之事权，争部司群僚之位禄，争押铁路、轮船、铁厂之借债，甚且手枪炸弹爆发于社会，毒手尊拳交加于白日。号为共和，实则共争共乱；号为统一，实则割据分立；号为平等自由，实则专制横行。……巨富逃外，中富忧生，自下人民饿转沟壑。加以水旱疾疫，穷愁莫诉，死丧如麻。……辽、蒙岌岌，侵割三边之言日腾于报纸。杼轴空竭，监理财政之议公见于朝堂。近闻孔子丁祭亦几废，而先去拜跪矣。旧日之纪纲礼教尽已扫除，而更新之道揆法章无一循守，荡然夷然，如野番之无政府、无教化然。忧国之士惴惴履虎，咸虑亡在旦夕，国种永沦。①

这里所说的"共争共乱""无政府、无教化""亡在旦夕，国种永沦"等语，此后一再出现在康有为笔下，成为其勾画乱情的大纲。

随后，在《中华救国论》中，康有为对此乱状做了更充分的陈诉：

> 今共和数月矣，所闻于耳、触于目者，悍将骄兵之日变也，都督分府之日争也，士农工商之失业也，小民之流离饿殍也；纪纲尽废，法典皆无，长吏豪猾，土匪强盗，各自横行，相望成风；搜括则择肥搏噬，仇害则焚杀盈村，暗杀则伏血载途，明乱则连城陈战；抢掠于白昼，勒赎于大都，胁击于公会，骚扰于城市；以至私抽赋税，妄刑无辜，兵变相望，叛立日闻，莫之过问也。……政府隐忍而痴聋，大官畏缩而被胁，四万万人无所控诉，妇弱惟转沟壑，壮者只行窃盗。土田不耕，廛肆皆闭，杼轴既空，租税无人。于是各省拥兵，而仰食于政府，日腾呼号之函电；政府仰屋而乞食于外人，甘受监理之胁章也。友邦未认而库伦自立，西

---

① 康有为：《共和建设讨论会杂志发刊词》，载《康有为全集》第九集，中国人民大学出版社2007年版，第289页。

藏失败，片马南警，俄约又以黑龙江、伊犁见压矣，而可萨克之马踏吾客什噶尔矣。药线四伏，火发无日，不知所至也。若其甘为半主国，以渐为保护国，为瓜分国，则显然有渐且身矣。嗟乎！号为共和，而实共争共乱；号为自由，而实自死自亡；号为爱国，而实卖国灭国。吾国人而忍为之乎？①

言内乱之外，加重了言外患的分量，内外交织，可谓乱到了极致。

1912年底，康有为创办《不忍》杂志，写下了"十不忍"的序言："睹民生之多艰，吾不能忍也；哀国土之沦丧，吾不能忍也；痛人心之堕落，吾不能忍也；视政治之窳败，吾不能忍也；伤教化之陵夷，吾不能忍也；嗟纪纲之亡绝，吾不能忍也；见法律之蹂躏，吾不能忍也；睹政党之争乱，吾不能忍也；慨国粹之丧失，吾不能忍也；惧国命之分亡，吾不能忍也。"②从"民生"到"国命"，涵盖了社会各个领域，是前述乱情大纲的细化。在康有为看来，民国无一处不乱，亦无一事可忍。

进入1913年之后，康有为的叙乱之文有增无已。其愈显沉痛的哀怨、愤懑、绝望之情，可以《忧问一》作为突出的代表。

文中对民国之乱做了总结："共和经年，自花而果，今熟而摘矣。中国分亡，乃吾廿年来预忧过危之言，今朝真到眼前来矣。……呜呼！试问民国二年后，中国尚为中国乎？……盖无一有救者。……嗟乎！茫茫惨黯，天欲冥，地欲裂，日若暗，月若灭。仰俯环顾，大昏迷雾……自吾之有生，忧患多矣，而未之见也。中国自羲、轩、尧、舜、文王、孔子以来五千年，大变多矣，未有危厉颠荡若是其甚也。"③

分别言之，其大忧有三。

一忧"瓜分"："……自去年亡清，而后库、藏自立。顷英、俄联袂而动，吾国民不联不豫，事至则哗，一哄则散。今伏火之线已四，然而我国民寝

---

① 康有为：《中华救国论》，载《康有为全集》第九集，中国人民大学出版社2007年版，第311—312页。
② 康有为：《〈不忍〉杂志序》，载《康有为全集》第九集，中国人民大学出版社2007年版，第353页。
③ 康有为：《忧问一》，载《康有为全集》第十集，中国人民大学出版社2007年版，第20页。

熟寐深，晏然作梦，诸犬争骨，不顾其后。敢问吾政府之彦、共和之杰，有以拒之乎？若其无之，则一切寿命，同尽于民国二年也。……然则所谓民国二年者，乃中华五千年寿命之末日也，吾与四万万同胞共为殉葬之品也。"①

二忧"监治"："……吾政府得国经年，不日求统一，以租税理财，乃坐听各省之独立且日请饷于京师，政府则日借外债以羁縻革命诸豪……不知外人于经年中，已熟窥而押制之，至今则公共监理之策已明布矣。不知政府之彦、共和之英，有以应之乎？若无以应之，则所谓民国二年者，已在六国公共监治之下，吾国万里之河山，四万万之人民，皆其监押品也。"②

三忧"内争"："……昔者大总统之获公举也，以抚有北方八镇之兵，而南方无人能与之敌故耳。今诸镇岂轻易俯首以听总统之易人哉？……或且……南北又争，吾国必将分裂。或且割据而为多国，或且藉庇外人而为张邦昌、刘豫，不久亦同尽，而吾五千年之中国、四万万之同胞，即分裂亡散于所谓民国二年也。"③

三忧相合："巴尔干和议决定之日，即六国会议监理中国与瓜分中国之日；政府大借债之日，即四万万同胞卖身为奴之日；国会举正式总统之日，即内争分立之日。凡此即中国之末日也。"④

中国将亡，中国正亡，中国必亡，这就是康有为对民国现状和前景的总体结论。此后，康有为分析国情，皆未跳出这一由乱而亡的叙说模式。

不可否认，康有为对民国乱状的种种描绘，确实相当真切地反映了当时的现实。民国成立后，虽然有了共和政体的形式，实质上却是由君主专制进入了军阀统治的时期。这一统治引发的最大问题，就是军阀割据与军阀之间的混战，中国社会原有的内外之乱，也因此更为加剧。这种普遍的乱象，为康有为的立论提供了源源不断的素材。高度关注和大力抨击民国乱状，不论出自何种目的，应该说都有其价值。它一方面有助于人们清醒意识到社会的病症，寻找疗治的药方；另一方面表现了天下兴亡、匹夫有责的态度，总比袖手旁观、

---

① 康有为：《忧问一》，载《康有为全集》第十集，中国人民大学出版社2007年版，第20—21页。
② 康有为：《忧问一》，载《康有为全集》第十集，中国人民大学出版社2007年版，第21页。
③ 康有为：《忧问一》，载《康有为全集》第十集，中国人民大学出版社2007年版，第21页。
④ 康有为：《忧问一》，载《康有为全集》第十集，中国人民大学出版社2007年版，第21页。

漠不关心要好。从康有为所忧所虑来看，的确也有不少抓住了要害，讲到了点子上。

与此同时，康有为的乱危论也存在着三大明显的缺失。

其一，对民国之乱未做任何区分，一概视之为祸害。实际上，在民国乱象中，有好些不同的类型，不宜混为一谈。如各种体制重建导致的无序，政党涌现引起的纷争，纪纲风俗变革造成的失衡等，就与列强的伺机进逼、军阀的武力争抢、盗匪的肆意劫掠、百姓的流离失所等，有着性质上的不同。有些新旧之间的转换更替较量，反映了社会的进步，更不宜一律归之于乱。

其二，夸大了乱危的程度，对民国前景看得过于暗淡。几乎在每一个领域，康有为都将乱危渲染得骇人听闻、惊心动魄，认定民国已经无可救药，只能束手待毙，这并不符合当时的实情。民国之乱尽管严重且普遍，但还并未走到国亡在即、民族将灭的地步。中外之间的相互制约，各种政治势力的相互博弈，作为社会基础的广大民众的觉醒等，都决定着中国不可能走向灭亡。

其三，只描绘民国的黑暗面，不谈民国出现的任何新气象。事实上，民国不只有乱象，还有重大历史性变革所带来的发展。无论是孙中山主持的南京临时政府，还是随后的北京中央政府，虽出于各种原因，难有大的作为，但亦做出了各自的建树，革命所缔造的民国也不再是晚清，而是一个正缓慢沉重却坚决坚定走向新生的社会。如果看不到这一点，那么所得结论势必跑偏。

以这样一种现实真切而又偏颇极端的认知为前提，康有为进一步提出了如何救危的理论和方案。这些理论和方案是救危论的主体，集中体现了康有为告别虚君共和之后，重新设计的一套治国安民的政治思路。

三、救危的理论

康有为的救危论，有一套理论作为支撑。这些理论可略分为两类：一类是旧论重提，另一类是阐发新论。它们交织在一起，形成了一个颇为完整的系统，其头绪繁多，议论庞杂。大致梳理，有以下主要论点。

（一）以列国竞争之法求治论

此论最早可见于1888年康有为的《上清帝第一书》，其核心精神是宣扬励

精图治、变革求存,这一精神在整个戊戌维新时期,都贯串于康有为的变法主张之中。20多年后此论重提,其论述大致相同:

> 顷者瓜分之说复昌,秘谋日急……立国于当今之世也,何以能免?……吾以何自立,以免灭亡哉?……夫列国竞争之国,与天下一统之国,其为治法至反矣。夫一统之国者,譬一室独居,解衣高卧,但垂帐摇扇,以驱蚊虫,斯可鼾睡矣。若竞争之立国者,譬独将之守孤城,陷重围,必将卒同心,老弱并出,攻守之具,缮备无缺,振励精神,昼夜无息,犹虑不保。……今非复一统之时,而为列国竞争之国矣。前朝蒙旧俗而不改,因应失宜,当孤城在重围中,误垂帐摇扇而鼾睡,此所以败坏而召民怨,不崇朝而致亡也。今共和告成矣,然对于各国……但视其国治完整,生计富足,兵力精强,比较之程度如何耳。其比较相若,则可平等;比较相远,则为所弱;无所比较,加以分乱,则只有灭亡。……故今之立国,举国民精神所注,当视大地列强而一一比较之,而后国命生存乃可得而定,而共和之始,尤当常目在之也。①

"前朝"因不懂竞争之法而灭亡,今民国要避免瓜分,就要根除"一统之国"的旧习,做到与各国"比较相若"即同样富强,这说出了中国再也不能闭门孤行,而是必须与世界共进的道理。虽然这已属于常识,但作为对陷于"分乱"之中的国人的再度提醒,仍然很有意义。

(二)立国不可全法欧美论

要做到像各国一样富强,学西方为必由之路,这是鸦片战争以来先进中国人的共识。但究竟怎么学,每个历史时期都有不同的认识。戊戌维新时期,康有为是主张本末皆学,并着重学其"变政"的。到了此时,当变政真的成了现实,他却唱起反调,将学西方当成了民国乱危的根源:"尝推吾国人所以颠倒愚妄,养乱酿祸而不之顾者,由于浮慕法、美之富强,歆羡平等、自由之政治,以为一言共和,即可立得国利民福也。不知立国自有本末,行政自有次

---

① 康有为:《中华救国论》,载《康有为全集》第九集,中国人民大学出版社2007年版,第310页。

第,即同共和,亦各不同,苟妄师之,必生病害。"①

怎样才不算"妄师"呢?他提出一项原则,即各国有不同的国情,实行共和不能彼此照搬:"故瑞士不师罗马,美不师瑞,法不师美,葡不师法;各鉴其弊而损益之,但取其合于本国之情,而为至善之止耳。今吾国……采择欧美,岂能尽从?"②这本来是一种不错的态度,可是,当具体落实到民国时,康有为的看法却显得非常偏执。

他对民国学西方做了这样的总结:"今吾国人既得共和,而深疾专制也,于是凡旧制之典章服朔,不问其是非得失而皆除之;凡法、美之政教风俗,则不较其是非得失而皆从之。"③"……近岁以来,举国狂狂,抢攘发狂,举中国之政治、教化、风俗,不问是非得失,皆革而去之,凡欧美之政治、风化、祀俗,不问其是非得失,皆服而从之。彼猖狂而妄行者,睹欧美之富强,而不知其所由也,袭其皮毛,武其步趋,以为吾亦欧美矣。岂知其本原不类,精神皆非,凡欧美之长,皆我所不得焉;而于吾国数千年之政治、教化、风俗之美,竭吾圣哲无量之心肝精英,而皆丧弃之。所谓学步止于邯郸者,未得其国能,先失其故步也。呜呼!何其今之人,乃发狂妄行至于如斯。"④

姑不论国人学西方绝非"发狂",也不论民国初年学西方远未尽革中国之旧,皆从欧美之新,仅就其所说"是非得失"而言,民国学西方尽管很不成功,总不至于无丝毫的"是"与"得"。然而,按照康有为的评判,民国恰恰就是如此,无论在哪一面或哪一点,西方都学得不对、不好和不该。

他举了很多这样的例子,反复加以证明。

如"易服":"无端易之,二万万男子,各购冠履衣服数事,匀计人费二十元,即去四十万万矣。……今一易服,全国衣履冠带之肆,皆尽失业……试问于立国何关耶?然则只有大害于民、大害于国而已。"⑤

如"自由、平等":"吾中国自汉世已去封建,人人平等……凡人身

---

① 康有为:《中华救国论》,载《康有为全集》第九集,中国人民大学出版社2007年版,第313页。
② 康有为:《中华救国论》,载《康有为全集》第九集,中国人民大学出版社2007年版,第313页。
③ 康有为:《中华救国论》,载《康有为全集》第九集,中国人民大学出版社2007年版,第313页。
④ 康有为:《中国颠危误在全法欧美而尽弃国粹说》,载《康有为全集》第十集,中国人民大学出版社2007年版,第129页。
⑤ 康有为:《中华救国论》,载《康有为全集》第九集,中国人民大学出版社2007年版,第313页。

自由，营业自由，所有权自由，集会、言论、出版、信教自由，吾皆行之久矣。……法大革命后，所得自由、平等之权利，凡二千余条，何一非吾国人民所固有、且最先有乎？……今吾国欲再求平等，则将放肆乱行，绝无阶级。……纪纲尽破，礼教皆微，何以为治？"①

如"代议"制和"选举"制，"夫尊民意民权者，不能直达，而以代议名之……人与人面目既殊，心意必异，父子、兄弟亦难强同，而谓所举之人能达我意，必无是理矣。……故万数千人选一议员之国，号称代议，其说已大谬矣。……若以我国之八十万人而举一议员，真风马牛不相及也。而慕欧师美者，乃妄窃其法而行之，则良法美意皆为恶法恶意矣"。②

如"政党"："英为政党之祖，其党人……皆以高才硕望，领袖一时，故成功如是之远也。……若我中国今日乎，始用政党，而害大者矣。……既无分毫以为国利民福，但能为国害民祸而已。……盖欧美人少，道路既通，讲习既久，故或可行政党。然英之贤者，犹詈政党之为毒物也；……以我国而妄行之故，宜恶氛毒气熏天而涨地也。"③

如"法治"："吾国以礼为治，以道为国。……自三代以来，久已诋諆法治为粗下矣。……盖法出而奸生，令下而诈起……今吾国律师之新法行矣。……而著名作奸者，椓德已彰闻于天矣。……今吾国亦慕欧美之法律，几尽改旧律以从之矣。然欧美人民之风俗与我迥殊，但空慕文明而从轻律，则奖奸益诈而已。"④

其他如"长官察吏"，如"礼仪"，如"文字名词"，如"服丧"，如

---

① 康有为：《中华救国论》，载《康有为全集》第九集，中国人民大学出版社2007年版，第314页。另见康有为《中国颠危误在全法欧美而尽弃国粹说》，载《康有为全集》第十集，第134—137页。
② 康有为：《中国颠危误在全法欧美而尽弃国粹说》，载《康有为全集》第十集，中国人民大学出版社2007年版，第131—132页。
③ 康有为：《中国颠危误在全法欧美而尽弃国粹说》，载《康有为全集》第十集，中国人民大学出版社2007年版，第133—134页。
④ 康有为：《中国颠危误在全法欧美而尽弃国粹说》，载《康有为全集》第十集，中国人民大学出版社2007年版，第137—138页。

"名刺"（名片）等，莫不同样是谬学西方。①

这些痛责，并非没有合理之处，如对西方民主制弊端的认识，对民国学西方存在一哄而起、漏洞百出之缺失的揭示等，就都符合当时的实际。但是，从康有为的批评中，更多见到的还是传统的中式思维定式，对西方民主精神的隔膜，对民国缺失的夸大其词，以及深闭固拒的保守心理。按其演绎，"不可全法欧美"，实际上就变成了除"物质"之外，欧美全不可法。

对此，他表述得很清楚："举国之后生新学……举欧美人之自由、自治、平等、革命、共和、民主之说，日昌洋而光大之，展转贩售，弥漫全国。遂以有今日之大乱也，遂以全法欧美而尽弃国粹也，遂致父子、夫妇之不保也，遂致孔教之沦废也，遂致墨西哥之亡国魂而日寻干戈也。"②"质而言之，多行欧美一新法，则增中国一大害。（自物质外言之。）此其明效大验，虽有苏、张之舌，不能为之辩护矣。故两年来，举国蹙额而不安，人民惊魂而不定，皆惟兹妄师欧美之故。盖欧美之为美，在其物质之精奇，而非其政俗之尽良善也。吾政俗亦有善者过于欧美，但物质不兴，故贫弱日甚耳。且国情不同，安在其迁地而能良也。"③欧美除了物质，几乎全无可学之处，这就是康有为得出的绝对化结论。

（三）保守国粹论

既然西方政治、教化、礼俗等皆不可学，那么在这些领域要改变民国乱危之状，就只有一条路可走，这就是继续保留和固守国粹。为了证明这一点，康有为做了一个总体性的论证：

> 夫中国数千年之经义、典章、法度，乃积中国数千年无量数之圣哲为之……国之所以立者在此也。即有一二与时势未协，宜变通者，但当去太去甚，补其未备，而万无尽弃之理。……夫共和所革者前朝之命耳。……

---

① 参见康有为《中国颠危误在全法欧美而尽弃国粹说》，载《康有为全集》第十集，中国人民大学出版社2007年版，第138—141页。
② 康有为：《中国颠危误在全法欧美而尽弃国粹说》，载《康有为全集》第十集，中国人民大学出版社2007年版，第142页。
③ 康有为：《中国还魂论》，载《康有为全集》第十集，中国人民大学出版社2007年版，第159页。

何恶于中国之无量圣哲,何仇于中国数千年文明之经义、典章、法律,而必欲并革其命乎?……始为种族而革命,今乃自革命("命"字似为衍文——引者注)中国数千年文明之命,而一切取法欧美,甘为异族之奴,岂不异哉?夫立国各有本末,不能以欧美之良法,举而行之于我,遂为良法也。虽有佳肴,苟非习于其俗,不能适口也;虽有美寝,苟非习于其俗,不能安卧也;虽有美服,苟非习于其俗,不能适体也。……至于老人,则安其所习最甚,虽卧牛衣、食藜藿,不愿他易也。中国为数千年之老大国犹是也,变而宜民至难也。……今议院所议,政府所行,皆为不审国情,不察民俗,但浮慕欧美之粗迹以为美,而非为中国宜人民者也。多开一议,多行一政,即多扰害民一事而已。……今将欲救四万万之民,大拯中国,惟有举辛亥以来之新法令,尽火之而还其旧,或者其民有瘳而中国有豸乎。虽然,此必无之事也。为今计者,救民于水火之中,去其残而已。议院勿再日为变法之议,政府勿日下变法之令,于新令之已行者,去太去甚,与旧章之无碍者,照旧奉行。①

在此长篇论述中,康有为一是以数千年"圣哲"名义,给传统经义等罩上神圣的光环,定为中国立国之本,认为最多可以"变通"一二,最好全盘"上承",否则就是革"数千年文明之命";二是以"习于其俗"、安"老人"作为"变而宜民"的唯一标准,主张宁可照旧穷苦("卧牛衣、食藜藿"),也不接受不合旧习的改变(一概拒绝"佳肴""美寝""美服");三是全部否定民国以来的新法令,恨不能"尽火之而还其旧";四是在做不到彻底铲新复旧的情况下,要求议院和政府也应停止变法,尽量去新奉旧。一味守护中国旧传统、整体上不容许做任何变动的立场,表现得极为鲜明。

对构成国粹的风俗和政俗两大部分,康有为还分别立论,加以赞美。

他对比中西风俗说:"吾国风俗之美,三代之远勿论矣。若东汉者,让爵让产,相望史书,高行硕学,弥满于都邑。乃至盗('盗'似为'道'之误——引者注)不拾遗,至畏彦方之知;贼畏名贤,不扰康成之庐;卖病豕

---

① 康有为:《中国还魂论》,载《康有为全集》第十集,中国人民大学出版社2007年版,第159—160页。

者，不受高值。此岂欧美之所闻乎？降在近世，宋、明大儒接踵，且以高行博学为未闻道；……晚明讲学，士夫遍于闾巷……讲学之盛……以今视之，真天人哉！欧美岂闻此？彼时小人之争富贵利禄者，犹昏夜为之，岂若今为恶之光明哉？岂有今位为长官，行为劫盗，公然行于清天白日之下者哉？共和贵在道德，岂知共和之为盗贼也。然则俗化之凌夷也，不法吾汉、宋、明，而误法欧美致之也。"①这里所列举的中国古代事迹，当然都是美俗，但同样道理，欧美也自有其风俗之美，不可能皆为恶俗。非要一味褒中贬西，比为"天人"之别，斥共和为"盗贼"，这表明的仍是一种偏颇的文化立场，并非客观公正的态度。

对于专制政俗，他也是大加赞颂："夫中国之旧法，虽有专制之失，而立一统之制，其所得者亦甚多也。盖非前朝能为之，实中国数千年政俗所流传也，经累朝之因革损益，去弊除患，仅乃得之。今亦不暇枚举，但言今所最反之四事焉：其一则各省咸奉中央之命，故千年无悍将叛吏骄兵争变之事也。其二则行政宽大，禁网疏阔，民得自由，故士农工商咸安其业也。其三则纪纲虽不严整，而人自懔威，法律虽未完备，而人自畏法，故下之无遍地劫掠之事，上之无属吏劫上司、匹夫乱公议之事，人民生命财产，皆得保全也。其四则蒙、藏辑合，虽为强邻所窥，统犹一于声灵也……其所缺者，物质文明、民权平等耳。虽未能盛治，然能保人民之生命财产，则先得立国之本原，而为今暴民政治所不及矣。"②他因将民国定性为"暴民政治"，所以中国专制"旧法"也就变成了所得甚多、优于今制的"立国之本原"。这与他戊戌时期对"一统之制"的批评，对数千年政制弊坏已极的反省，形成了很大的反差。

（四）变法应新旧并行论

学西方还是不学西方，学哪些不学哪些，换一个角度看，就是要不要变法和怎样变法的问题。康有为是中国近代变法运动的先驱，戊戌维新时期以大

---

① 康有为：《中国颠危误在全法欧美而尽弃国粹说》，载《康有为全集》第十集，中国人民大学出版社2007年版，第141—142页。
② 康有为：《中华救国论》，载《康有为全集》第九集，中国人民大学出版社2007年版，第313—314页。

变、全变、速变及重在变政作为变法的指导思想。此时他对先前变法已颇为后悔，对应当如何变法有了很不一样的想法，这就是提出了变法应新旧并行论。

对此，他写下了很长一段文字，主要从三方面进行了论述。

一是阐释新旧并行之理：

> 夫法之不能无弊，穷之不可不变，自然之势也。然旧者有坚固之益，新者顺时变之宜，二者不可以偏废也，故孔子曰：温故而知新。双轮并驰，则车行至稳也。……夫变通者，趋时者也，岂可以已，况于今乎？但行之有序，不可太骤太甚，温故知新，保其已有之善，增其未备之美，则进取不失时，而稳固不失步矣。故有政治之变，有群俗之变；有一时事势之变，有数千年天下之变；变其一，守其一，可以不失。①

二是列举西方新旧并行之例：

> 英国之为治也，常新旧并行。……故常守旧而能保俗，而又日更新以争时。夫守旧而能保俗，则国民德性不改，风俗不变，持重不佻，而无颠仆之患；更新而能争时，则国民进趋不后，比较不失，竞争进化，而无败退之虞。法国之为俗也，知进而不知退，知得而不知丧，知更新而不知守旧，故轻佻浮动，一跃千里，而一败几于不可复振。……德尤迟（"迟"似为"持"之误——引者注，下"迟"字同）重，深思熟虑，度必得而后行，其迟重更过于英焉。美虽民国，而国民之性情风俗，犹皆英国之遗，虽好新锐变，听其民俗，而政府之行政，则持重犹夫英也。日本亦师英，新旧并驰，是故进取而又能坚固也。夫今大地之强国，未有如英、德、日、美者也。我能如英、德、日、美亦可矣，舍英、德、日、美而不师，与乱同道，未有不亡者也。②

---

① 康有为：《中华救国论》，载《康有为全集》第九集，中国人民大学出版社2007年版，第315—316页。
② 康有为：《中华救国论》，载《康有为全集》第九集，中国人民大学出版社2007年版，第315—316页。

三是痛斥民国变革过快过猛，必致亡国：

> 外人之论吾国，以保守名者也，然吾谓我国民之性，偏荡急激，绝不保旧，过于法国也。夫每经迁变，必尽扫弃其旧物，无少留存，亦不少爱惜……近者易古旧之官制，弃唐、虞五采五章之服色，乃至吉凶之礼，无所适从。甚乃废弃经传，停孔子之丁祭，即间存之，亦废去拜跪矣。甚至举国旧俗，不问美恶，皆破弃而无所存。民无所从，教无所依，上无所畏于天神，中无所尊夫教主，下无所敬夫长上，纪纲扫地，礼教土苴。……惟有暴戾肆睢，荡廉扫耻，穷凶极恶，夺攘矫虔，以肆其争欲而已。……昔奕劻、载泽，以一二人富贵之私而亡其国；今之危险变幻，百倍于晚清之世，而弄权逞私以争意气者，百千万奕劻、载泽而未有已也。①

康有为所说的"新旧并行"，并非全无道理。任何社会变革，的确在开新之时，对旧物必须区别对待，不能一概彻底扫荡。但是，社会要进步发展，必以开新而不是守旧为主导。康有为看到了民国破除旧物所存在的急于求成的问题，却反过来全盘肯定守旧，否定开新，显然走到了一个错误更大的极端。

（五）变重民权为重国权论

康有为此时理论上最大的一个变化，是将此前一直奉行的民权论，改成了国权论。

他辨析说，天下本来有"重于为民者"和"重于为国者"两大理论，但究竟应采用何种理论，要以"时势"的需求而定。法国是重民的代表，而德国是重国的代表，两者的存在，都各有道理，不能相互取代。他写道："如倡德重国义于法革命时乎，则人心方注民权，以裁夺君权，不暇及国也。故卢骚之流，应运而兴，倡个人之平等自由，而荡余风于各国也。若倡法个人平等于今德霸大效之时乎，则法自由过甚，纪纲不能严整，国势因之孱弱，各国皆以为覆辙之鉴矣。故俾士麦、罗士福之流，应运而兴，宁牺牲人民而偏重国，以荡

---

① 康有为：《中华救国论》，载《康有为全集》第九集，中国人民大学出版社2007年版，第316—318页。

余波于大地也。夫重民者仁，重国者义；重民者对内，重国者对外。……重民者无所待于外，天下一统策也；重国者无不对于外，列国竞争策也。"①

这一辨析，就把握理论与时势的关系而言，并无多大差错。关键在于，他认为重民的时势已经过去，重国才是当今的时势，因此中国只应重国而不应重民："今吾国已无君主，无君民之争，法国重民之义已为过去矣。今为列国，非复一统之制……然则以国为重，乃方今切时之义，则吾中国欲生存强立于大地间者，应知所择矣。"②只要无君主就无须重民，既然为列国并立就只需以国为重，这暴露出康有为对重民与重国的理解和选择，眼界仍然相当狭隘。

从这种既定的立场出发，他进一步对以往奉为金科玉律的民权论进行了驳斥。他一方面抽象地承认"民权固公理也"，另一方面却具体举出了多种民权万不可重的理由：

一是选举代议制导致暴民专制，民权"不能如瑞士之人人公决法律，而待于选举代议，则政治之权，落于少数暴民而已。名为共和，实则共争共乱，为暴民专制而已；名为多数取决，实则少数暴民取决而已。昔也恶暴君之专制，发愤而去之；今也召无量数之暴民，以为专制之小君，而涂毒吾民焉，以分裂吾国焉。……且多数取决之说，今欧洲学者多不谓然"③。

二是只有少数才民富民主政，才能避免多数暴民为乱："……今欧美诸国之政治，多赖中人以上之少数有道德、有学问、有知识、有财力以为维持。……盖以少数之才民、富民为治，能免于多数之暴民为乱也。夫天下富者少而贫者多，贤者少而不肖者多，智者少而愚者多；如必从多数以为治也，则必淘汰其贤者、智者、富者而选用其愚者、贫者、不肖者，则奈之何其不流为暴民之乱政也……即美之治，赖有三百万中人以上之家，信教而励行，入专门学而有才，多财而善物质，此美之所由治也。……瑞士者，民权至公之国也，其法律以全国人民公决之，而定于多数，然良法美律多遭否决，以此见多数之法未为

---

① 康有为：《中华救国论》，载《康有为全集》第九集，中国人民大学出版社2007年版，第311页。
② 康有为：《中华救国论》，载《康有为全集》第九集，中国人民大学出版社2007年版，第311页。
③ 康有为：《中国以何方救危论》，载《康有为全集》第十集，中国人民大学出版社2007年版，第35页。

善也。今欧洲学者多援瑞士之故，驳多数取决之例矣。"①

三是民权说早被欧美所唾弃，今尤为大谬："凡学说之盛衰，皆视其时世之宜否。倡国权说于法革命之时，则无当矣；倡民权说于德国既强之后，尤为大谬矣。……故重民而张民权之说，乃欧美百年前之旧论，于药则为渣滓，于制则为刍狗，于米则为秕糠，于花则为落瓣。乃吾国通明之士号称新学，而拾欧美人之残羹冷炙，以为佳馔新烹，于胃则不宜，于体则不协，小之致病，大之致死；盖失其时，悖其顺，非其宜故也。今者蒙、藏失而引瓜分矣，财债重而引监治矣，一统散而起割据矣，民权重而暴民大兴矣。……则误服欧美唾弃之民权之说致之也。"②

这些理由，归结到一点，就是由于实行了民权，结果导致了民国的"暴民专制"，由此引发了一切大乱。因此，要改变民国现状，就只有彻底放弃民权论。为此，康有为坚决否定"多数取决"这一原来他极力提倡的公理，而公然主张要以"贤者、智者、富者"来统治众民。当年，为了驳斥张之洞对民权的诋毁，他曾为民权大唱赞歌，而今为了发泄对民国的怨恨，竟不惜抛弃民权说，变得与张之洞的言论如出一辙。

（六）先弭乱后求治论

既然民权为乱，民国为乱，那么现今首要的任务就是弭乱。

他论证说："为国之道，先求不乱，而后求治。若夫为文明，为平等，为自由，又致治之后，再求进化，由升平以至太平者也。今以前清为失政，而后发愤革之。虽然，昔者虽专制失道，而不闻悍将骄兵之日争变也，不至人民身家产业不保也，不至全国士农工商失业也，不至蒙、回、藏不统一而图自立也。……长此变乱，各国借口永不承认，久之且召瓜分；即不尔而长此争乱，全国涂炭，将酿第二革命之祸。……盖共和为平民之政治，所最可虑者，暴民为政，贻国势险危，此乃欧、美之恒言，而今已暴发于吾国也。"③按此说法，

---

① 康有为：《中国以何方救危论》，载《康有为全集》第十集，中国人民大学出版社2007年版，第35页。
② 康有为：《中国以何方救危论》，载《康有为全集》第十集，中国人民大学出版社2007年版，第36页。
③ 康有为：《中华救国论》，载《康有为全集》第九集，中国人民大学出版社2007年版，第312页。

民国的变乱，比清朝的"专制失道"还坏，如果继续让"暴民为政"，中国就会发生更大的危险。

根据这一判断，弭乱的目标自然就是应清除"暴民之祸"："今政府、议院、方镇与党人志士，当共和之始基，应先去共和之大害，万众一心，聚精会神，图所以先靖暴民之祸，而后安定有基，统一有效。故欲外人早认，借债易信，免监理之辱，绝瓜分之危，舍先弭乱无由也！欲筹款行政，保边阜民，舍先弭乱无由也！即欲进而讲平等、自由、文明、幸福，亦必由弭乱之后，乃能进化也。天下未有举国日乱，而能得文明、幸福、平等、自由者。今不求弭乱以保内对外，乃先求文明、平等、自由、自立，则航断流绝港而无由至，何其颠倒哉！"①这里所说的"暴民"，虽未明言，实际所指的主要就是以孙中山为代表民主革命派；所谓弭乱，其实质也是要改变由革命派所主导制定的民主制度。

四、救危的方案

在阐释救危理论的过程中，对究竟应采取何种实际对策，以破解民国的危局，康有为亦陆续提出各种方案。像其救危理论一样，这些方案也新旧交织，内容庞杂。它们以救危理论为指导，从现实举措层面，更具体地反映了康有为这一时期的政治和文化态度。

最早的救危方案，见于康有为1912年初的《致袁世凯书》。此时，袁氏已如愿取代孙中山当上临时大总统。在书函中，康有为一方面恭维"今南北举公为大总统矣，保国济民，万方攸赖"；另一方面力言"安中国"之难，颇有见地指出治理民国没有现成的模式可以照搬。他说："上求之古者专制帝王之治，与乘宰相之治，则二十四朝之史皆无可依据也；旁求之欧美立宪君主之治，与共和民主之治，则八十万里之圆球皆无一可之例也；近求之瑞、美、法、葡之制，则土地、人民、政教、风俗之由，皆无一可师法也。"②

---

① 康有为：《中华救国论》，载《康有为全集》第九集，中国人民大学出版社2007年版，第312—313页。
② 康有为：《致袁世凯书》，载《康有为全集》第九集，中国人民大学出版社2007年版，第286页。

据此，康有为给出了一个自己的方案。先是要有完整的治理规划："夫今者百度维新，万几待举。增练百万民兵以修国防，大购新锐海舰以张国威，通全国之铁道、马路以便交通，查全国之版籍、土田以正经界，劝国民之商业、农田、矿山、渔牧以殖民产，奖国民之工艺、营造、汽机、电化以利民用，开大中小学、实业、专门各校以启民智，辟全国之博物、图画、音乐各院与动植物公囿以拓民识而乐民生；凡此皆今新世立国之具，有一不备，则为治具之未完，为文明之缺憾，不足立于大地，不能齿于万国。虽条理后先，其序不可少紊，而齐举并发，其实不能少缺。"①这一规划，完全是物质救国的思路，所以见不到一点政治改革和文化革新的内容。撇开物质是否可以独行这点不谈，此规划中的目标若真能"齐举并发"、全部实现，当然再好不过，但按康有为所说，民国正处在极端危乱的惨况之中，规划"虽欲择要以图……虽欲举之，从何举之"。②也就是说，规划中的任何一项，其实都还不具备马上实行的条件。

面对这一困境，康有为提出当务之急是解决"财政"问题：

> 故今为国为民，皆以理财政、厚资本为最先……夫欧美理财，皆有新法专学……其法先改金主币以定物价，继则广设银行以通泉流，然后行纸币、出公债以厚资本。以吾国之大，则银行非有数千不为功；以吾民之多，公债与纸币非有十万万不足用。而今开办之始，何所得金？非立设银行，于伦敦、巴黎、纽约大借外债十数万万，俾一举而银行、货币毕定，铁路、海陆军毕举，外债之重息者皆先清还，而后百政可一日而举之不难也。三年而规模立，七年而治具张，十年而大业成。民富国强，明公之勋业与华盛顿争光矣。③

物质救国之后紧接理财，这是康有为早已宣扬过的套路，而理财的第一步，就是即刻设立银行，大借十几亿外债。他认为有了这笔巨款，所有的救国之业就都变得不难，民富国强，指日可待。只要稍加思考，就可以看出康有为

---

① 康有为：《致袁世凯书》，载《康有为全集》第九集，中国人民大学出版社2007年版，第286页。
② 康有为：《致袁世凯书》，载《康有为全集》第九集，中国人民大学出版社2007年版，第287页。
③ 康有为：《致袁世凯书》，载《康有为全集》第九集，中国人民大学出版社2007年版，第287页。

的主张带有很大的空想性。借巨款本身就存在诸多难以逾越的障碍,即使借到,要想军阀政权将其用于救国救民,亦没有任何可靠的保证。更重要的是,民国之所以乱危,是因为还有很多根本性的问题没有解决,如果不先解决这些问题,钱借得再多,对平乱救危也起不了多大作用。①

在随后所写的《共和建设讨论会杂志发刊词》中,康有为以"共和建设若何而可安全中国"为题,列举了另一个方案的要点:核心是"必自统一之",而要做到统一,就"必自中央集权,得强有力之政府始矣;必自各省勿分立,军民分权始矣;必自合五族,保辽、蒙、回、藏始矣;必自废军政,除强暴,遣冗兵,复民业始矣;必自定金币,拓银行,善其公债纸币,奖实业始矣;必自奖教育,崇教化始矣;必自定良宪法,成大政党,得国会内阁之合一政党始矣;外之能适于万国之情形,内之能起国民之道德。盖新国共和建设之法万汇千条,悉数之,未能更仆哉。一事之本末次第,又复万理千条也。求其旁皇周浃完备而寡弊者,戛戛其难哉"。②与前一方案相比,此方案设定的目标更为全面,解决政治问题显然处于更重要的位置,尤其是定良宪法、成大政党、组国会内阁等与民主共和息息相关,也被列为纲领之一。③可见物质也好,财政也好,其实都不能脱离政治。

紧接着,康有为又撰写了长篇的《中华救国论》,以"整纪纲,行法令,复秩序,守边疆"作为"保救中国"的四大纲领,并将"弭暴乱以安生业"视为"万事之本",当成首先要实现的目标。在此目标之下,确定了四项任务,这就是"先去悍将骄兵,先锄暴民强盗,先复士农工商,先保辽、蒙、回、藏,以统安中国",强调"自此四者之外,勿他及,勿高谈,勿浮慕文明。至夫暴乱已弭,治安已保,生业已复,疆圉已一……至是乎,奖厉物质,润泽文

---

① 对此,康有为也不是全无考虑,于物质为本、理财为先之后,还补充了"得人"这一条:"今与公任大政之治才者为何人?当大政党之相助者为何人?愿公之留意也。得其人则政举国强,而功勋名烂然;不得其人则政乱国危,而公名位从之而颠。惟公图之。"(康有为:《致袁世凯书》,载《康有为全集》第九集,第287页)如此说来,得人似乎又成了救国的关键。
② 康有为:《共和建设讨论会杂志发刊词》,载《康有为全集》第九集,中国人民大学出版社2007年版,第290页。
③ 康有为专门撰写了《奥政党考》《国会选举案》《中华民国国会元老院选举法案》《拟中华民国宪法草案》等文,显示了对这些政治要件的高度重视。

明，高谈平等、自由未迟也"。①

对如何完成这四项任务，康有为还做了进一步分解：先是削自立，"今者为治之要，莫先于削各地之自立"；继而办三事，"若各省既削自立，更有三者相须焉：一曰肃兵威以定乱；二曰严警察以锄奸；三曰重司法以守律"，这样，就"人民之生命财产乃可得而保，士农工商乃可得而复业也"；再则继续推进其他要务，"俟理财既得，法制改定，民业粗复，国势粗安，然后重整海陆，经营辽、回、蒙、藏，中国庶几图存乎？然后摹法师美，增饰文明未迟也"。②

然而，要将以上纲领、目标及任务落到实处，还必须解决由谁来落实、怎样落实的大问题，否则，方案再好，也只是一堆空话。对此，康有为又以组成"强力之政府"为核心，给出了一大套环环相扣的论证。

他首先解释说，本来在共和制下，应"听人民自治"，"与国民共治之"，为何诸"大政"的举行不能交给国民，而必须寄望于"强力之政府"呢？这是因为"吾国民虽离幼稚矣……而未及成年也，尚须人代理其家政、保其身体也"，尤其是"今经大乱，凡百待治，若银行、铁路、兵船、工场，及其他补助诸费，皆非政府不能为力。若非强有力，则陷于无政府而不能为国……政府必当有大权而无掣肘，然后开阖操纵，震动昭苏，于以修废补败，乃有可为也。乃国事大定，然后议院议减政府之权，以免复于专制之患……今民权怒张，众议汹汹，遽汲汲虑专制之复行，而掣行政之肘，甚非所以救乱保国也"。③

接着，康有为从强力政府出发，展开了五个环节的推导，其要点是：第一，要组成强力政府，必先有"政党内阁"为之"主持"，否则"殆不可得"；第二，政党内阁虽"至良"，若不先培育"良政党"，也只"可望而不可即"；第三，要培育良政党，就要"输进通识"和"崇奖道德"，前者是使国民皆"知万国之情状""解共和之真义"，具备"天下万国之通识"，后者是让人人树立"恭敬爱法守法"之观念，"上畏天，中畏法，内畏良心"；第

---

① 康有为：《中华救国论》，载《康有为全集》第九集，中国人民大学出版社2007年版，第313页。
② 康有为：《中华救国论》，载《康有为全集》第九集，中国人民大学出版社2007年版，第318、320、321页。
③ 康有为：《中华救国论》，载《康有为全集》第九集，中国人民大学出版社2007年版，第321、322页。

四，要做到"重道德之俗，起畏敬之心"，就要"奖导教化"，其举措为奉孔子之道为国教，遍立孔教会；第五，要使人崇尚教化和道德，还需要前提条件，这就是"必先富而后教，必先厚生而后正德"，理财救国①，"急整银行公债币制，然后散之于民，以兴农工商矿"。②

做完头绪纷繁的推导之后，康有为对整个方案总结道："吾欲云云，而乱争未弭，国本未定，无一可行。今共和成立已数月矣，五族既合，民心已一，乱无可虑。所独忧者，万国耽耽，暴民攘攘，乱舞傞傞，颠倒衣裳，再失其道，自取分亡，则五千年之文明，万里之广土，四万万之华胄，将为奴隶，耗矣哀哉！若能为之有序，措之得宜，讲乎外势而先弭内乱，以国为重而民从之，有政党内阁以为强力政府，行保民之政，富而教之，保中国已有之粹而增其未备，则中国之强，可计日而待也。"③

以上这些方案，几乎将康有为从戊戌变法以来所思考的各种治国主张都包括在内，总体上非常芜杂散乱，没有多少可行性。不过，贯串其中的核心思想还是很明确，这就是要以强有力的政府为治国的中心，以平定暴民之乱为治国的重中之重，只有做到这两条，其他一切主张才有实行的可能，这一思想，与前面所述的救危理论，完全保持了一致性。

值得特别一提的是，康有为此时虽仇视"暴民"，摒弃民权，但对中国已成定局的民主共和政体，还是表现了愿意接受的态度。

在撰于1913年的《拟中华民国宪法草案》中，他虽对英国式的虚君共和仍赞不绝口，却非常明确地表示中国不宜采用，而只能姑且采用法国式的总统制：

> 今吾国已为民主共和矣。夫共和之法，只有英、美、法、瑞四派，而英有虚君，与我民主不类，必不能用，美派易生祸变，瑞派至公，而吾国

---

① 康有为撰有《理财救国论》专著，其主体实为银行论。书中认为"理财之道无他，善用银行而已"，"窃谓今国民若忧蒙、藏，虑瓜分，亟亟合输股本，成一万万之国家大银行，至少亦得五千万之银行，以山西帮为主，而各汇业钱庄助之。国家大银行成，而后吾国有自立之基，有拒瓜分之望，观法事可鉴也。否则终日哗嚣，只有待亡而已"。（《康有为全集》第九集，第386、412页）

② 康有为：《中华救国论》，载《康有为全集》第九集，中国人民大学出版社2007年版，第322—328页。

③ 康有为：《中华救国论》，载《康有为全集》第九集，中国人民大学出版社2007年版，第328页。

大民众难行。无已,则师法派立代表王之总统,而行责任内阁乎?虽总统有才,犹有内争,难致国强,然为民主共和而屈,不得已也,犹胜于美、墨与瑞士也。嗟乎!民主共和,无一良宪法也。法国九变,尚未能尽善,诚无如何也。今不得已采法之宪法,以犹少得英宪法之意故也,而加损益焉,稍增总统之权。("权"之后原文漏一句号——引者注)或有圣哲,别创新中国共和良宪法,以为万国师,固所望也!鄙人思之而未得也。今所起草,遍采各国,本于英,衷于法,亦姑以为宪法云尔,未云善也。①

这种"遍采各国",希望为中国民主共和制定一部"良宪法"的努力,不论其有何政治取向的局限,难以真正达到目的,毕竟还是一种有益的探索,值得加以肯定。

---

① 康有为:《拟中华民国宪法草案》,载《康有为全集》第十集,中国人民大学出版社2007年版,第50页。

第十三章

孔教至尊论

救危论是民国成立后,康有为针对混乱的政局和动荡的社会而提出的现实政治主张。与此同时,他还深感急剧高涨的民主思潮对传统尊孔观念的强烈冲击,于是奋起卫道,在以往发明孔学的基础上,以维护孔教至尊地位为中心,发表了一系列尊孔之论。他以重建孔教会开尊孔之端,根本观点则认为孔学为中国之魂,只可信守而不可改变,革命犯下了断绝国魂之罪,必须力阻以还魂。围绕这一观点,他大力宣扬定孔学为"国教",以强化其神圣性和独尊性;力倡将祭天与祀孔相结合,从典制上确保孔教的至高无上;坚决反对废除诵孔读经,以保证孔学的传承照旧不变。在这些论述中,不乏合理之见、深远之思,但其总体上是欲以旧拒新,构筑一道不许时人逾越的思想文化防线。

一、"国魂"论

民国建立前,康有为推崇孔学,先后曾以"阳教"①论、"改制"论、"保教"论等对孔学进行定位。到了民国初年,针对时势所发生的重大变化,

---

① 康有为以"天地之理,惟有阴阳之义"为出发点,将世界各教分为阳教与阴教两大类,认为凡阳教皆不出孔教范围,以"顺人之情"为根本特征,而阴教皆不出佛教范围,以"逆人之情"为根本特征。他对阴阳二教做了很多比较,不赞同分出是非胜负,而主张两者的相互依存,缺一不可,强调"智人观其通而择所从,或尊或辟,非愚则蒙者也",亦即不要将二教截然对立。他甚至断言孔佛二教"无有止绝"的"相乘相生"(此消彼长)不但地球如此,地球之外的"众星有知之类"乃至"诸天"亦莫不如此。(康有为:《康子内外篇·性学篇》,载《康子内外篇(外六种)》,第13—14页)将孔教奉为天地间仅有的两大教之中的一类代表,其尊崇之心可谓无以复加。这种极为抽象、宽广无边的孔佛比较和定位,反映了康有为早期试图整合中外所有文化遗产的追求,后来也一直留存于其文化信念之中。尽管阴阳二教论多有空泛、空虚之处,但在特定的历史时期却不乏创见和生气。(参见本书第二章第二大点"宏论天人政教"中的"新发展论")

他对孔学的至关重要性做了一个新的解读，这就是提出了"国魂"之论。此论最早也最为集中地见于1913年2月他为《中国学会报》所写的一篇"题词"，过后他又以《中国还魂论》为题撰写专文，对国人的"失魂"之状做了更详尽的描绘。此外，在这一时期康有为其他宣扬尊孔的文章中，亦始终可以见到守国魂、还国魂这一总体性、根本性的观点，在其尊孔主张居于起着提纲挈领的地位。

国有其魂，国魂是一个国家得以生存延续、充满活力、不可灭绝的根本依托所在，这是康有为提出尊孔新说的理论出发点。他所说的"魂"，在人则为"心知灵觉"，在国则为"教化"。按其解说，人无魂则不成其为人，纵有耳目手足、能行走运动，亦不过类似于蜡人般的"傀儡"；而国无魂则不成其为国，或亡或散或有名无实。①他特别强调国魂不死，则国终不可灭："庄子曰：哀莫大于心死，而身死次之。亡莫大于国魂亡，而国亡次之。义大利不亡于奥乎？而国魂不亡，则今复立国而再强。塞维种不已亡乎？而国魂不亡，则今塞维、布加利牙，再立国而再强。若墨西哥者，虽使复霸，亦不过为班人耳。"②这些对一国固有精神文明重要性的认识，作为某种角度的一般性理论概括，并无什么不妥。尽管将"国魂"等同于"教化"，在学理和事实上有诸多可议之处③，但毕竟国魂本身还不失为一种有助于深入探求精神文明价值和作用的新提法。

可是，当康有为进而论述中国的国魂之时，其立论的偏颇性就明显地流露出来。他提出，中国之所以"能为万里一统之大国"，"能为四万万人同居之大族"，"能保五千年之文明"，而埃及、希腊、波斯、印度等大地古国皆衰败不起，根本原因就在于中国一直国魂未丢。不仅如此，对比后起的西方国家，中国"虽政治、物质之末，逊于欧人，而自有国魂主之，乃能以永久而不

---

① 参见康有为《〈中国学会报〉题词》，载《康有为全集》第十集，中国人民大学出版社2007年版，第16页。
② 康有为：《〈中国学会报〉题词》，载《康有为全集》第十集，中国人民大学出版社2007年版，第17页。
③ 在中国传统文化中，"教化"本指自上而下的文化熏陶，重在官方主导的行为方式，但也可将教化的内容包括在内。"国魂"是一个新的概念，至少在字面意义上，表达的是内容而不是行为。作为一国之魂，是整个国家的精神文明，"教化"（包括其行为与内容）固然包含在内，并占有很重要的地位，但仍然只能算作"国魂"的一部分。在"教化"之外，还有一个广阔的非官方的知识界和民众层面的精神领域，欲言"国魂"，显然也必须将其整合在内。

敝矣"。①将中国疆土的开拓、族群的繁衍、文明的绵延,乃至未来的兴衰,皆归结为国魂即教化起决定作用,这不仅过于简单,而且相当牵强。支撑中国从古至今的生存发展,国魂只是其中的重要柱石之一,而不是也不可能是唯一的柱石。

康有为将中国国魂说得如此优异神奇,其实是要论证"孔子之教"的神圣无比。他首先以孔教的内涵立论,证明孔教具有无所不包的精义,自然堪当中国国魂之任:

> 夫所谓中国之国魂者何?曰孔子之教而已。孔子之教,自人伦、物理、国政、天道,本末精粗,无一而不举也。其为礼也,陈之以三统,忠、质、文之迭代也;其变易也,通之以三世,据乱、升平、太平之时出也。体之以忠信笃敬,而蛮貊可行;张之以礼义廉耻,而国维不败。推心于亲亲、仁民、爱物,则仁覆天下矣;立本于事天、养心、尽性,则天人一致矣。其直指本心,至诚无息,必自慎独发之,无使隐微之有馁也;其原本天命,上帝临汝,则必自照临有赫,无使旦明之贰心也。自其中庸言之,则以人为道,被服别声,饮食男女,不离人以为道,故曰道不可须臾离也;自其深微言之,则原始反终,而知死生之说,精气为物,游魂为变,而知鬼神之情状,故自鬼神、山川、昆虫、草木,皆在孔教之中,故曰范围天地而不过,曲成万物而不遗也。善夫庄生之尊孔子为神明圣王也,曰本天地,育万物,本末精粗,四通六辟,其运无乎不在。故据一端、执一说以论孔子者,若戴五色之镜,以论日月之青黄也;如测浑天之仪,以论恒星游星之形体也。其茫茫无睹,不待言矣。②

客观的说,这段论述中对孔教之义所做的概括,的确高度浓缩了孔学的精华,充分肯定了孔子的地位,表述相当精彩。问题在于,这种概括做得再

---

① 康有为:《〈中国学会报〉题词》,载《康有为全集》第十集,中国人民大学出版社2007年版,第16页。
② 康有为:《〈中国学会报〉题词》,载《康有为全集》第十集,中国人民大学出版社2007年版,第16页。引者对引文标点有改动。

好，也只是康有为的一家之言，也要容许他人有不同的评判。更重要的是，即使孔教之义真的像康有为所说的那样，对人伦、物理、国政、天道乃至鬼神、山川、昆虫、草木等，皆有精深之见，它也只可能是那个时代所得出的最好结论；孔教不仅前有继承（这就是康有为也承认的"羲、轩、尧、舜、禹、汤、文、武、周"之道），而且必然后有发展（康有为就曾反复表明自己正是孔教难得一遇的"发明"者①），孔教再完备，也只是过去的遗产，其所有的知识和观念，都需要亦势必随着历史的演变而不断更新。

康有为显然不承认孔教的历史性和可变性，在论证孔教之义无所不有的基础上，进一步将创教的孔子奉为人人皆应顶礼膜拜的至尊。他这样推论道：要保中国，就要先保中国之魂；既然国魂就是孔教，那么就要尊孔子为教主。不尊为教主就不是真正的尊孔，至于那些只将孔子定位于大政治家、大教育家、大哲学家的说法，更是"妄人之言"，对此"谤圣之蜚言，毁教之诡术"，"不可不疾呼而明辨也"。②

康有为的所谓"明辨"，就是将孔子神化到极端。他毫不含糊地写道：

> 孔子为中国改制之教主，为创教之神明圣王。孔子以前之道术，则孔子集其大成；孔子以后之教化，则吾中国人饮食男女、坐作行持、政治教化、矫首顿足，无一不在孔子范围中也。岂惟中国，东亚皆然。……若废弃孔子，则中国之教化尽矣。父不父，子不子，夫不夫，妇不妇，则无以为家；行不知所行，言不知所言，立不知所立，则无以为身；伥伥何之，茫茫何适，不知所师从，不知所效法，则无以为心。若夫纪纲荡扫，礼俗凌夷，国无以为国，则成效可睹矣。……是谓之丧心病狂，国为离魂。……且夫人之为道，必有信从，而后可安乐也。其信从者，必尊之

---

① 事实上，自从康有为早年决意"发明孔学"以来，他就曾多次做过这样的概括，内容与文字都非常相似，可以说形成了一个相当固定的解读模式。不同之处在于，当以往如此概述孔学时，康有为常常是以更新、改制、与时俱进的精神灌注其中。因此，与这些孔教之义并肩而行，而且分量更重的，还有那些以所谓微言大义甚至直接的时政议论形式出现的、充满时代新气息的思想主张。相比之下，为"国魂"充当注脚的孔教之义，就显得逊色得多。

② 康有为：《〈中国学会报〉题词》，载《康有为全集》第十集，中国人民大学出版社2007年版，第17页。

敬之至极，而后深入乎人心焉。……彼欧美人去其君父之跪拜，去其君父祠墓之祭，欲使其专一于上帝与教主也。若曰政治家、教育家、哲学家而已，则何足尊？且何能配上帝而信之尊之哉？①

将孔子的作用说得如此之大，甚至断言如果不尊孔子为教主，则中国将人不为人、家不为家、国不为国，这实在过于危言耸听。

别的姑且勿论，只需引康有为早年曾有过的两种看法，即可证其言辞的夸张不实。一是撰写《新学伪经考》之时，他曾明确指出在此之前，国人皆信奉"伪经"，而从来没有亦不知将改制的孔子尊为教主，事实也的确如此。然而在2000年中，中国不是照样人自为人，家自为家，国自为国吗？二是更早一些在所撰《人类公理》中，康有为十分确定地将浸透了西方科学与民主精神的"实理公法"列为人类生活的准则，而否认了中国以"三纲"为核心的一整套传统制度观念的天然合理和永久不变（其中就包括否定君权制、父权制、夫权制和定于一尊的圣贤观），可见将来更不可能奉孔子为教主。同一个思想家，对孔子所做的评判，前后竟有如此大的反差。

康有为理论上的变化，根源于现实的变化。他之所以要用"国魂"论来极度神化孔教，是因为他对当时的社会现实已极为不满。这种不满，用康有为的话来总结，就是"国魂死矣"，亟须"还魂"。

对此，他以严词厉语，做过很多具体的描述，如说"中国之扰攘惨黩，不绝如线者两年矣。自辛亥至今，大乱于国，小乱于乡，盗贼满野，民无所托命庇生……而国会之不恤，政府之不顾……惟议摹欧仿美，尽变旧章……其所施行者，非绝吾人民之生命财产，则夺乱吾人民之身形魂神安宁幸福而已。……呜呼！今中国四万万人丧失其身形魂神矣，死矣无可救矣"②；"今夫地方自治，至美之良法也，而中国行之，则惟资豪猾，武断乡曲，未见能于地方兴利也。设辨护士，岂非保护贫弱者之美意哉？而中国行之，则劫贼横行，及被捕获，则亦将延辨护士而解脱，于是盗劫日滋……若夫官制，弃资格而听长官自

---

① 康有为：《〈中国学会报〉题词》，载《康有为全集》第十集，中国人民大学出版社2007年版，第17—18页。
② 康有为：《中国还魂论》，载《康有为全集》第十集，中国人民大学出版社2007年版，第158页。

拔，则惟有引用亲私……若废科举而用学校……其愚闭乔傑，殆甚于八股之时。……今学校之士，则并圣经而不读，于是中国数千年之教化扫地。而士不悦学，惟知贪利纵欲，无所顾忌，若禽兽然。其他举议员，入政党，则惟有挟势鬻金，以把持纵肆，败风坏俗而已。行共和、言自由平等，则惟有破纪纲、坏伦纪，至上无道揆、下无法守而已"①；"且更有奇骇莫甚者焉，凡中国五千年之经义、典章、法律，皆自辛亥秋冬而扫弃之，必待议员一一重新更议乃奉行焉。故至天坛不祀，孔庙停祭……新法未立，而旧章先弃，人民旁皇，手足无措。于是黥慢之徒，藉口自由，以纵欲败度，陷于无教，为野蛮之国，岂不痛哉"②；等等。

总之，民国成立以来，无一事做对，无一事干好，四万万人"死矣无可救"，士"若禽兽然"，中国蜕变为"野蛮之国"，简直没有比这再坏的年代了。这些观感，包含了对民国初年确实存在的种种问题的揭露和批判，就此而言，具有正当性和必要性，但整个说来，其以偏概全、以点代面、以好恶定是非的绝对性也表现得非常明显。受此支配，康有为眼中就只有民国的乱象，而完全看不到民国的进步，其失魂、还魂之论也就自然难免过于主观，不合情理。

康有为将民国形容得如此不堪，有一个更大的目的，就是要进而声讨革命之罪。在他看来，民国的一切恶果，都是直接由革命所导致的，正是因为进行了"教化革命，纪纲革命，道揆革命，法守革命，礼俗革命，人心革命，国魂革命"，所以才出现了"自共各（'各'似应为'和'——引者注）以来，教化衰息，纪纲扫荡，道揆凌夷，法守隳敚，礼俗变易"的境况。③

他指责革命犯下了两项根本性的罪过：其一是不该将革命从种族和政治领域延伸到传统文化领域，"夫共和所革者前朝之命耳。……何恶于中国之无量圣哲，何仇于中国数千年文明之经义、典章、法律，而必欲并革其命乎？是真不可解也"；其二是学西方应止于学其物质，不该同时还学其"政俗"，"质

---

① 康有为：《中国还魂论》，载《康有为全集》第十集，中国人民大学出版社2007年版，第158—159页。
② 康有为：《中国还魂论》，载《康有为全集》第十集，中国人民大学出版社2007年版，第159页。
③ 康有为：《〈中国学会报〉题词》，载《康有为全集》第十集，中国人民大学出版社2007年版，第17页。

而言之，多行欧美一新法，则增中国一大害。……盖欧美之为美，在其物质之精奇，而非其政俗之尽良善也。吾政俗亦有善者过于欧美，但物质不兴，故贫弱甚耳。且国情不同，安在其迁地而能良也"，"……一切取法欧美，甘为异族之奴，岂不异哉"。①

为了赎回革命之罪，"……救四万万之民，大拯中国"，康有为认为别无他法，"惟有举辛亥以来之新法令，尽火之而还其旧"。但他又意识到这绝不可行，"此必无之事也"，于是退而求其次，主张"议院勿再日为变法之议，政府勿日下变法之令，于新令之已行者，去太去甚，于旧章之无碍者，照旧奉行。庶几还民之魂……此为方今第一大且远者、先且急者"，②而其关键仍在于要绝对尊崇中国"自产之教主"孔子，"吾四万万人，至诚至敬，尊之信之，服其言，行其行，通其变，身心有依，国魂有归，庶几不为丧心病狂之人。然后能人其人，道其道，国魂不亡，国形乃存。然后被以欧美之物质，择乎欧美之政治，或不亡耶，且由此而致强可也"。③

信守改良，反对革命，原本是康有为一贯的政治态度。从戊戌政变后拒绝与革命派合作到与革命派进行论战，再到欲以君主立宪或虚君共和抵制革命，在每个历史阶段，康有为都一直站在革命的对立面。在这个意义上说，他以国魂论再度对革命兴师问罪，一点也不奇怪。但令人惊叹的是，当他问罪革命之时，同时也在问罪一切文化之变，不容许动摇传统的"经义、典章、法律"，不容许学习西方的"新法"和"政俗"，不容许议论和推行"变法"，一切都要以教主孔子的言行道理为准则，甚至幻想一把火烧掉民国所有的"新法令"，以便彻底恢复前朝之旧。这不仅是在反对革命，而且是在反对康有为自己曾极力鼓动过的变法。在当年变法运动中，他曾满怀激情地一再宣扬必须变革传统文化和学习西方根本，如今这些竟都变成了断绝国魂的大罪。正因如此，康有为对戊戌年间的变法痛悔不已："鄙人愚妄，实变法之前驱，实为罪魁，宜讨者也。"④因为反对革命，一位变法先驱者可以倒退得如此之远，实在有点匪夷所

---

① 康有为：《中国还魂论》，载《康有为全集》第十集，中国人民大学出版社2007年版，第159页。
② 康有为：《中国还魂论》，载《康有为全集》第十集，中国人民大学出版社2007年版，第160页。
③ 康有为：《〈中国学会报〉题词》，载《康有为全集》第十集，中国人民大学出版社2007年版，第18页。
④ 康有为：《中国还魂论》，载《康有为全集》第十集，中国人民大学出版社2007年版，第160页。

思,"国魂"论力阻文化之变的思想实质,由此也可以看得更加清楚。

二、"国教"说

对于康有为的尊孔来说,"国魂"论偏重于奠定理论基础,与此相配套,它还有一种偏重于实际操作的主张,这就是同时并倡的"国教"说。如果说,以国魂相指称,是要人们充分认识孔教的极端重要性,那么,以国教做定位,则是为了将孔教的至尊真正落到实处。

康有为"国教"说的主干,是要论证孔教何以必须和理当立为国教。为此,他从三个层面展开论述,于每一层面之中,其绝对尊孔的立场和观点,皆清晰可见。

(一)对国教的界定

像"国魂"论一样,康有为的"国教"说也有一个理论的出发点,这就是提出凡为国家,"必有所谓国教也",有了国教,一国之人才能善者"知其为善",而恶者"知其为恶",否则,一国之民就是"绝去教化",连野蛮人都不如,而只能沦为"逸居无教之禽兽"。①国魂是教化,而国教也是教化,说明两者只是名称有别,实际所指则完全相同,"教化"的中心枢纽地位,由此显露无遗。

那么,何种教化才足以成为中国国教呢?他先下了这样一个定义:"国教者,久于其习,宜于其俗,行于其地,深入于其人心者是也。"接着按此标准,将孔教与佛教和基督教进行了比较,认为虽然三者皆以"劝善惩恶"为宗旨,"然宜不宜则有别焉。故佛教至高妙矣,而多出世之言,于人道之条理未详也。基督尊天爱人,养魂忏恶,于欧美为盛矣,然中国四万万人,能一旦舍祠墓之祭而从之乎?必不能也"。因此,只有孔教才是适合中国的"至德要道",为"数千年所所尊信"。②

---

① 康有为:《以孔教为国教配天议》,载《康有为全集》第十集,中国人民大学出版社2007年版,第91页。
② 康有为:《以孔教为国教配天议》,载《康有为全集》第十集,中国人民大学出版社2007年版,第91页。

在中国2000多年的历史中，尽管朝野尊孔，但孔子并未成为释迦牟尼、耶稣那样的"教主"，孔学也并未成为佛教或基督教那样的"国教"，这本来是非常清楚的事实。就是康有为自己，在以往痛斥"新学伪经"、宣扬"孔子改制"之时，亦从另外的角度，认定自东汉之后，"真孔学"就几乎在中国教化中湮灭无闻。既然如此，所谓"久于其习，宜于其俗，行于其地，深入于其人心者"，就不能不打很大的折扣。更主要的是，孔学的"教化"，本质属于人文精神的领域，而佛教、基督教的"教化"，本质却属宗教信仰的领域，虽然它们有"劝善惩恶"的共同之处，但不宜同样以宗教视之。孔学以直接介入现实社会生活的政治思想、伦理道德思想、哲学思想、教育思想、文化思想等为主体，与佛教、基督教立足于远离现实社会生活的信仰阐发教义，有着非常明显的差别。换言之，宗教信仰作为人类精神生活一个特殊的领域，可以有对"教主"和教义的万众"尊信"，而欲将整体性、普遍性的人文精神的"教化"也纳入宗教的模式，实在有悖学理。

（二）对攻孔者的辩驳

康有为一心想立孔教为国教，面对一个强有力的反对者，即当时众多的"新学之士"。他们反孔有一个核心的观点，就是认为孔教为旧道德而非新道德，其"古旧不切于今"，"迂而不可行"，特别是其经义"尊君过甚"，在"以共和立国，君臣道息"的今天，"专制压民"已行不通。对此，康有为作为重点，进行了长篇辩驳，主要论证了四点。

其一，道德并无新旧中外之别，"伦行"也只有"与时轻重之小异"，因而不能以新旧论孔教。其证据是：孔教所倡言的许多道德，如仁义礼智、忠信廉耻、聪明睿智、宽裕温柔、文理密查、斋庄中正、发强刚毅等，皆"根于天性，协于人为……岂有新旧者哉？岂有能去之者哉？欧美之贤豪，岂有离此德者哉"；许多伦行，如父慈子孝、兄友弟恭、君仁臣忠、夫义妇顺、朋友有信等，亦属"人人可行"之道，而无新旧之分，若背离此道，则"其家必不能一日和，其身必不能一日安，其心必不能一日乐，即其国必不能久存而垂垂以亡"。①

---

① 康有为：《以孔教为国教配天议》，载《康有为全集》第十集，中国人民大学出版社2007年版，第91—92页。

在孔教的道德伦理中，有许多值得传承的具有普世性的价值观念，这是康有为立论的合理之处。但就是这些观念，也有着鲜明的时代特征和具体的历史内涵，当其传承之时，需要根据后世的变化，做出不同程度的改变或更新（其中"伦行"最为明显，"道德"次之），虽概念照旧沿用，实际含义却可能甚多变化。至于哪些道德伦理在可以传承之列，也是一个需要讨论的问题。像"君仁臣忠""夫义妇顺"这样的伦行，在民国已建立、男女求平等的新时代里，显然已经过时。如果就整体而论，道德伦理有新旧之分，更是一个显而易见的事实。就像康有为自己论孔教一样，不断强调对孔子之道的"发明"，不断区别从据乱之义到升平之义，再到太平之义的进化，就都是新旧可分的证明。

其二，孔教中的"君臣之义"，别有精意，不存在过于尊君、赞成专制之弊。一方面，所谓"君臣"，原本就不是"专为帝者发也"，而是泛指人们之间一切上下属关系，如"《传》曰：王臣公，公臣卿，卿臣大夫，大夫臣士，士臣仆，仆臣隶，隶臣皂，皂臣舆，舆臣台"，子女称父母为"家君"，今人"尊人为君，自谦为仆"，商肆、工厂、农场的主事者与办事者等，都属于"君臣"关系；君待臣"当仁而有礼"，臣待君"当敬而尽忠"，此为"天然至浅之事义，万国同行之公理"，"岂惟欧美力行之，其万国前有千古，后有万年，岂能违之哉"。另一方面，即使单就君主与臣子这一关系而言，孔子也不像宋儒那样一味"尊君而抑臣"，而是主张因时而变，"于《礼》设三统，于《春秋》陈三世，于乱世贬大夫，于升平世斥诸侯，于太平世去天子"，最终实现"大道之行也，天下为公，选贤与能"的目的；"孔子何所不备，《礼记》又非僻书也，未读全经，仅执一说以疑孔子者，是坐瞽井者而谓天小无日月，不亦慎乎！不学之妄人，无责乎尔"。①

用泛化的君臣之义取代专指的君臣之义，用可变的君臣之义取代不变的君臣之义，这是康有为对孔教的改造和"发明"。此项工作很有历史价值（事实上在戊戌年前后业已完成），但不能因此就将重新解读的孔子与历史上传承的孔子混为一谈。具体到"君臣之义"，历代君主独尊专制的说教及做法比比

---

① 康有为：《以孔教为国教配天议》，载《康有为全集》第十集，中国人民大学出版社2007年版，第92页。

皆是，且皆以儒学经义作为依据，而作为"公理"的"君臣"说和指向未来的"三世"说，至多只有一隙之明。新学者以历来被当成专制统治工具的孔教为攻击对象，有着非常充分的根据。攻旧孔与立新孔，两者本来具有反专制的共同基础，可以互补。康有为一味以后者否定前者，这不是一种客观的态度，对孔教精华的传承和发展也并不见得是一件好事。

其三，今日所言种种道德之新，孔教其实早已有之，只不过今人不知而已。例如，人道之义和博爱平等自由之说，这些新学者得自法国、以为中国所无的新道德，早就写在《中庸》《孟子》《论语》《大学》等典籍之中："二千年来，吾国负床之孩，贯角之童，皆所共读而共知之。昔日八股之士，发挥其说，鞭辟其词，无孔不入，际极天人，是时欧人学说未出未发，但患国人不力行耳，不患不知也。"因此，孔教早就是新道德而不是旧道德，今"妄攻孔子为旧道德，妄攻中国无新道德"，皆为"妄人不学无知"的"謷说"和"醉狂"之言，只能使举国之人"误饮狂泉"。①

康有为想方设法欲将孔教与西方近代新道德连接起来，这种努力是值得肯定的，至少说明他并未直接站在新道德的对立面，在孔子为代表的儒家学说中，也的确包含有与新道德相类似或可以与之接轨的内容。但是，这些内容毕竟非常有限，与新道德也有显著的时代差异，需要仔细筛选和辨析。康有为仅以儒学经典的某些字面含义为据，就断言在2000年中，国人对新道德连三岁小孩也"共读而共知"，并且早在欧人著书立说之前，考科举的八股之士就已将此新道德阐发得淋漓尽致，这种说法与历史事实的距离，简直有霄壤之别。②假若真如康有为所说，那么，他对新学者就不该大加讨伐，因为他们与孔子、国人及康有为等同样拥护新道德，殊途而同归，至多有点小失误，绝不应背上"妄人"和"醉狂"一类的骂名。

其四，孔子之道无所不有，为所有人的必行之道。"以人为道"是孔子立道的根本，关于人类的一切，孔教无一不有相应之道作为准则："盖人有食

---

① 康有为：《以孔教为国教配天议》，载《康有为全集》第十集，中国人民大学出版社2007年版，第92—93页。
② 一个显著的事实就是，当年康有为在试图证明孔子改制、确有太平世新学说（相当于新道德）时，曾搜遍儒学经典，结果只找到《礼记·礼运》中关于"天下为公"一段话，其余连篇累牍者，几乎皆为"据乱"之言，这曾令他不胜感慨。

味、被服、别声、安处之身,而孔子设为五味、五色、五声、宫室之道以处之;人有生我我生、同我并生、并游、并事、偕老之身,而孔子设为父子、夫妇、兄弟、朋友、君臣之道以处之;内有身有家,外有国有天下,孔子设身、家、国、天下之道以处之;明有天地、山川、禽兽、草木,幽有鬼神,孔子设为天地、山川、禽兽、草木、鬼神之道以处之;人有灵气魂知、死生运命,孔子于明德、养气、穷理、尽性,以至于命,无不有道焉。"因此,不仅中国人,而且整个人类,行道都在孔教的范围之内:"凡五洲万国,教有异,国有异,而惟为僧出家者,不行孔子夫妇之道而已。此外乎,凡圆颅方趾,号为人者,不能出孔子之道外者也。而今之妄人,乃欲攻孔,是犹狂夫射天斫地,闭目无睹,含血自噀,多见其妄而已。"[1]

　　康有为此处对孔子之道的描述,与其论"国魂"时对孔教内涵的概括,角度有所不同,而要义完全一致。就其描述本身而言,尚不失为精要之见,但若由此推论只有孔道才能永久作为国人乃至整个人类的指导,不能更新、变革、嬗替,否则就是"妄人""狂夫",这未免就太过绝对化。虽然孔子论道范围宽广,见识精辟,在文化上有重大的开创泽被之功,但孔子论过的东西,后人可以再论,孔子说过的见解,后人也可以另说。随着时代的变化,人的智慧也在不断发展,不断超越前人,这是康有为也曾非常认同的观点。主张凡为人者就不能也不准出孔道之外,这只能封闭人道的前行之路,对孔道本身继续发挥文化遗产的作用也有害无益。

(三)对各国范例的引证

　　为了说明立国教的势在必行和广泛通行,康有为举出世界各国作为例证。他介绍了二十多个国家,将其对待宗教的态度分为三种模式:第一种为大多数,一方面立有国教,另一方面允许信教自由;第二种为意大利、瑞典、挪威、智利、阿根廷五国,只立有国教,无信教自由的规定;第三种为瑞士和美国,允许信教自由,未限定国教(瑞士有部分宗教之禁,而美国行

---

[1] 康有为:《以孔教为国教配天议》,载《康有为全集》第十集,中国人民大学出版社2007年版,第93页。引者对引文标点有改动。同样的论述,还可见于康有为《参政院提议立国之精神议书后》(1914年12月)一文。(《康有为全集》第十集,第205—206页)

宣誓礼时会采用基督教仪式）。①由此得出的结论，当然就是立国教具有最大的普遍性。

在上述三种模式中，康有为选择的是第一种。他解释其好处是："盖信教自由者，宽大以听人民之好尚，特立国教者，独尊以明民俗之相宜。义各有为，不相蒙，亦不相累也。"他回顾历史，以佛教、伊斯兰教、基督教的传入和流行为据，赞美"信教自由"在中国已"行之二千年矣"，"故信教自由，与特尊国教，两不相妨，而各自有益"，正与当今大多国家一样；指责今民国政府"震于信教自由四字，遂魂魄不敢动，若受束缚，几若必自弃孔教而后可者，非独奴性不自立，亦大愚而不考矣"；主张"吾国宪法，宜用丹、班之制，以一条为信教自由，以一条立孔教为国教，庶几人心有归，风俗有向，道德有定，教化有准，然后政治乃可次第而措施也"。②

选择信教自由而不选无信教自由，这表明康有为还是守住了文化宽容精神的底线。但他同时又将立国教解释为"独尊"，这就存在一个很大的矛盾。既然信教自由，就意味着对于各教（包括国教），都可信可不信，而不是非信不可。"独尊"，按康有为对孔教的说法，中国四万万人都应无条件地尊奉，这与信教自由不是显相抵牾吗？实际上，各国立国教，只是政府的一种宗教信仰导向，其目的并不是为了某教的"独尊"，而是为了体现和顺应民意（依传统上多数人的选择而定）；在"信教自由"的大原则下，信"国教"也只是一种选择，尽管这种选择得到政府的提倡，但并不具有"独尊"的性质。将立国教界定为"独尊"，这只是绝对尊孔的康有为想实现的心愿。此外，欲将孔教立为"独尊"的国教，还有一个前提性的难题，就是孔教本来并不属于宗教，本不在国教的范围，也从未被立为国教。儒学自汉武帝起具有"独尊"的地位，是被朝廷作为思想文化专制的工具，这并未改变儒学本身仍属世俗人文学说的

---

① 参见康有为《以孔教为国教配天议》，载《康有为全集》第十集，中国人民大学出版社2007年版，第94页。
② 康有为：《以孔教为国教配天议》，载《康有为全集》第十集，中国人民大学出版社2007年版，第94页。

性质①，儒学实际上也未因此而变为国人的宗教信仰。康有为想否认这一事实，列举了多种证据，其实都非常牵强，缺乏说服力。②

康有为宣扬立孔教为国教，由来已久。早在戊戌变法时期，他就提出了"保教"这一纲领性的口号，而"国教"说即作为前提贯串其中。同为国教说，当时与后来有一个显著的不同。前者主要是针对西方的侵略，欲通过提升孔教的地位来保卫本民族的文化，而后者主要是针对民初新学的流行，意在维护孔教的神圣不可改变。不过，即使是在具有积极意义的前一时期，国教说由于存在种种学理上的缺失，也多遭人诟病，而到了后一时期，国教说以守旧退步为取向，其偏执之弊因此表现得更为突出。

三、推广祭天祀孔

在以"国魂"和"国教"为孔教定性的同时，康有为特别强调要建立一套与孔教的神圣和独尊相配合的祭祀礼仪，以此作为一项全国性和全民性的重大政治文化活动，至少从典制上使孔教的至高无上得到保证。对祭祀之礼的分外

---

① 康有为对孔教与佛教、基督教、伊斯兰教的不同，做过这样的比较："且大佛、耶、回教，皆全地大教，而久行于中国者也；回教既非宜于今进化之世矣，佛、耶二教虽美，而尊天养魂，皆与个人修善忏罪之义，未有详人道政治也，则于国无预也。惟孔教本末精粗，四通六辟，广大无不备，于人道尤详悉，于政治尤深博。故于立国为尤宜。……假佛、耶详及政治人道，则可以比较从违；无如佛以空妙，耶以神道，实不详及政治人道。此又实事，不能以空言易也。"（康有为：《拟中华民国宪法草案》，载《康有为全集》第十集，第82页）佛教等专讲"个人修善忏罪""于国无预"，而孔教以"人道政治"为本，于国有预，这正是两者的根本区别所在。既然如此，它们就不能置于同一个"国教"的概念之下来相提并论。

② 他这样写道："或有愚妄之人，谓以孔子为国教为无据者，则征之《史记》，秦以吏为师，以法为治，而立博士，诸生皆诵法孔子，则秦已立孔教为国教矣。汉高祖入鲁，以太牢祀孔子。至汉武帝罢弃诸子百家，定孔子为一尊，立六经于学官，置博士子弟以甲乙科出身，天下郡县置文学，于是公卿士夫，皆孔教之徒，垂于今二千年。天子亲祀于国学；郡县设学，有司率诸生朔望上谒，岁特奉祀；科举吏选固皆试以六经之文，行其治法，著于官书。虽时尊佛老，而其祭不以著于会典通礼。故太史公曰：自天子王侯，中国言六艺者，折衷于孔子，可谓至圣矣。非为国教而何？又曰：孔子布衣传十余世，学者宗之。今凡中国声教所至之地，凡读书识字，孰不诵孔氏之书？其习于风俗，著于成文，事实明征，历史具在，尚可不谓为国教乎？"（康有为：《拟中华民国宪法草案》，载《康有为全集》第十集，第83页。引者对引文标点有改动）在康有为的证据中，可以见到孔学在学术、学问或文化、教化上的"独尊"，但并不能证明其被立为或已成为宗教性质的"国教"。

看重，成为康有为尊孔论中一项十分引人注目的内容。

康有为所宣扬的祭祀之礼，是对历代祭天祀孔之典的直接沿用。这种典礼在中国有很长的历史，承载着非常丰富的政治文化内涵。但作为国家大典，它本质上属于一种维护君主专制的礼仪工具，其核心功用在于证明和赞颂君权的神授、教化的一统，其各种严格的规定和繁缛的操作，都是为了达到慑服民众、使民众信从的目的。当民国建立之后，这种君国之礼已显然不合时宜，于是就有了"丁祭不祀，乃至天坛经年旷祭，而有司曰待议院议之"①，也就是祭天祀孔一概停止、存废等待议院决定之事。

对此"礼坏乐崩"，康有为极为不满。他声言"凡新国未制礼，必沿用前王之礼，乃天下之公理也"，并举出葡萄牙宪法规定的"凡旧行典例，如未经议院删除，及与共和政体不碍者，一概照行"作为依据。事实上，他并不认为"前王之礼"除了"一概照行"之外，还有什么可商量的余地，因为在他看来，民国成立以来祭天祀孔的中断，已经导致了"为神不歆，为教皆绝，道揆堕顿，礼俗陵夷，人心败坏，风俗变革，廉耻扫地"、国不成国的严重后果，"故今欲救人心，美风俗，惟有亟定国教而已。欲定国教，惟有尊孔而已"。②他在《拟中华民国宪法草案》中专门写上这样一项："崇体制。总统与行政官、地方长吏，春秋及诞日大祭，朔望祠谒，学校奉祀，皆行三跪九叩礼。"③希望借助于根本大法，保证祭祀旧典的延续。

在沿用的基础上，康有为对祭祀旧典也没有全盘照搬。民国成立后，毕竟已经没有了皇帝，过去只有天子才能领衔祭天祀孔，典礼直接为皇权的巩固服务，如今这些已不可能原样重演。为了应对时势的变化，康有为对祭祀旧典重新加以解说，做出了几项重要的变动。

第一，将专属皇帝的祭天之权，改为人人皆有之权，从而将一个人的祭天，变成所有人的祭天。

---

① 康有为：《以孔教为国教配天议》，载《康有为全集》第十集，中国人民大学出版社2007年版，第93页。
② 康有为：《以孔教为国教配天议》，载《康有为全集》第十集，中国人民大学出版社2007年版，第93页。
③ 康有为：《拟中华民国宪法草案》，载《康有为全集》第十集，中国人民大学出版社2007年版，第83页。

他论证说，过去只准天子祭天，完全是出于维护帝王统治的需要："古之王者专制，必托于天以布命于下，称天而治。……彼王者既矫诬上天以临其民，故多自行祭天之礼，而禁民之祭天焉。……彼专制之王者，定礼垂法，严别制度，谓予一人乃能祭天，而一切臣民不得祭也。……故为天子祭天者，帝王专制之世之礼也。"实行这种专制之礼，并非孔子之意；孔子尽管也说"惟天子祭天地而已"，这只是迫于专制重压而做的违心之论，其真意是"人人皆得祭天"。①

这一点，可从两方面加以证明：一是在《春秋》《穀梁传》等经典中，有"人非人能为人，为人者天也""人者天之子也""夫物非天不生，非阳不生，非阴不生"等孔学"微言大义"。由此推之，只要为天所生，就可称之为天子，就好像称父母之子一样；不仅皇帝和公卿、大夫、士如此，天下所有之人（包括乞丐和妓女），亦莫不如此。二是孟子说过："虽有恶人，斋戒沐浴，可以祀上帝。"这是孟子"拨弃古王专制、惟天子为能祭天之说，而发明孔子人人皆天生可祭天之礼"的"大声疾呼"，"可谓彰彻著明者矣"。可见"天生皆得祭天""许人人祭天"，确为"古圣贤之说"，而不是一种"附会"。②

康有为正确指出了历代的祭天，不过是帝王专制之礼，却并不主张废除，而是欲将其转换为全民之礼，这实在有点难度。帝王祭天，是因为存有巨大的统治利益，而一般人并无此内在需求。孔子认为人的出生与天（自然）有关，孟子主张"恶人"也可以"祀上帝"，固然有其道理，但仅以此为据，就认定人人必须行祭天大礼，并无多大的说服力（这本来只是康有为的"推论"），更没有理由因此就照旧传承帝王的祭天之礼。③进入民国，人们理应中断王朝时

---

① 康有为：《人民祭天及圣祔配以祖先说》，载《康有为全集》第十集，中国人民大学出版社2007年版，第200页。
② 康有为：《人民祭天及圣祔配以祖先说》，载《康有为全集》第十集，中国人民大学出版社2007年版，第200—201页。
③ 康有为申论说："今之圆颅方趾，无男无女，乃至马医夏畦之子，驵侩椎埋之夫，蹒跚跛躄之丐，皆天所生而为天之子也。……今者令人人无贵贱男女，皆得祭天，此真孔子意也。"（康有为：《人民祭天及圣祔配以祖先说》，载《康有为全集》第十集，第201页）在这段话中，康有为加进了人基于天赋而应平等的近代思想因素，但即便如此，为何人皆为"天生"（即人是大自然的产物），就必须沿袭帝王的祭天之礼，仍显不出多少道理；就算人人都应祭天确为孔子的"真意"，何以2000年前的一种主张，民国时代的所有人还必须奉行，并与本为帝王之礼的祭天相承继，也需要就主张本身进行充分的论证，仅以孔子之"真"为据，很难使人信服。

代对"天"的利用,而代之以对人天关系的理性认识。

第二,将原来分开的祭天、祀孔之礼,改为二者合一之礼,从而将孔子的地位,提升到与天同等的高度。

在中国历史上,祭天产生在前,祀孔出现在后。两者分别举行,虽同为帝王官府之礼,但内涵和功用有不同,从等次来说,当然祭天比祀孔更为隆重。康有为一心要改变这种区别,使祭天与祀孔并重,于是想出了以孔子配天、同享祭祀的办法,指出过去帝王祭天时,皆"以其祖先配享",而"今政改共和,国无君主",自然不可能再将帝王的祖先与天同祭。①那么,这个空缺的"配享"之位该由谁来填补呢?没有别人,只能是孔子。

康有为引述《公羊传》等多种历史文献,证明孔子就是"昔之所谓文王,即今之所谓教主也",进而对孔子绝对应与天同祭,做出了非常明确的结论:

> 中国数千年,皆归往孔子,而尊为教主,以文王配上帝,即以教主配上帝也。然则非以孔子配上帝而何也?昔之专制之君主,以其无德无功之祖宗配上帝,今共和之国民,以神明圣王之孔子配上帝,不犹愈乎?故宜复崇天坛,改祈年殿或太和殿为明堂,于冬至祭天坛,上辛祭明堂,以孔子配上帝,义之至也,礼之崇也,无易之者也。……其在天坛明堂,则总统率百官行礼;其在地方乡邑,则各立庙祀天,而以孔子配之。其学官因文庙之旧,加上帝于中,而以孔子配可也。听立奉祀生,宣讲遗经,民无男女,皆于来复日释菜而敬礼焉。凡入庙而礼天圣者,必行跪拜礼,以致其极恭尽敬。②

---

① 参见康有为《以孔教为国教配天议》(1913年4月),载《康有为全集》第十集,中国人民大学出版社2007年版,第94页。
② 康有为:《以孔教为国教配天议》,载《康有为全集》第十集,中国人民大学出版社2007年版,第94—95页。孔子不仅为"文王"和"教主",而且"实为制法之王,故又曰素王,即佛所谓法王空王也"。(康有为:《人民祭天及圣裔配以祖先说》,载《康有为全集》第十集,第201页)这些说法,最初出自康有为戊戌时期的孔子改制说。当时神化是手段,"改制"为目的,如今则神化本身就变成了目的。与神化相应,康有为坚决反对废除跪拜之礼,严厉指责"今之妄人,于祭谒孔圣时亦行鞠躬礼者,其意徒媚师欧美……中国人不敬天,亦不敬教主,不知其留此膝以傲慢何为也"。(康有为:《以孔教为国教配天议》,载《康有为全集》第十集,第95页)

祭天与祀孔，完全合为一体，并且从政府恭奉之礼，变成全民必行之礼。

康有为用孔子替换专制君主的"无功无德"之祖宗以"配享""上帝"，折射了君国已成民国的时代变化，不无积极意义。然而，祭天祀孔合二而一的基本精神，仍然没有摆脱君国时代教化定于一尊的取向。祀孔大典原本就是"罢黜百家，独尊儒术"的产物，历代帝王不过将孔子作为维护专制统治的工具。当铲除君主制之后，孔子本应告别独尊，回归思想文化伟人的原位，与历史上其他先贤先哲一道，成为国人传承和发展中华文明的宝贵资源，而康有为却反其道而行之，不仅不变独尊，反而要提高独尊的档次，使之与祭天相同。其立论的根据，无非还是引用和"发明"今文经学的某些"微言大义"（就像前述论证孔教为"国魂"和"国教"一样）；其目的，都是要极端神化孔子，使国民精神毫无例外地拜倒在和盲从于孔子这位神明之下。这比起历代帝王的尊孔来，似乎走得更远。

第三，将本为中国传统的祭天祀孔之礼与西方基督教仪典相掺和，从而将世俗人道的孔子，改换成宗教神道的孔子。

康有为对基督教独拜耶稣的礼仪，一直非常向往，认为"欧美之尊教也，备极专隆，至以基督配天，扫除百神，舍弃祠墓，而独奉一尊，甚至于君父之尊亲亦废跪拜，而但行跪拜之礼于基督大神，盖所以定一尊而致专一也"。①他很想孔子也获得这样的礼遇，但限于中国国情，只能止于将祀孔与祭天并列，而不敢走到"扫除百神，舍弃祠墓"的地步。不过，为了仿效西方，他以为还有一样东西可以学习，这就是将孔子出生纪念日——大成节，变成中国的圣诞节。他描述当西方圣诞之日，"仪典严重，人民盛饰其家宅门间，大陈火树银花，饮酒欢娱，盛陈百戏，击鼓鸣钟，遍于乡野，盖幸其教主之笃生也"，而对比中国，虽有"春秋丁祭礼圣"，却没有类似西方的"圣诞之典"，这是极为不妥的。②

为了证明举行孔子圣诞典礼有理有据，康有为论述了三点：一是此礼虽然过去没有，现在也可以因"义"而设。其义有三：一曰"时"，即如今基督、

---

① 康有为：《以孔教为国教配天议》，载《康有为全集》第十集，中国人民大学出版社2007年版，第94页。
② 参见康有为《曲阜大成节举行典礼序》，载《康有为全集》第十集，中国人民大学出版社2007年版，第198页。

佛、伊斯兰等教皆有教主诞辰庆典,独孔子没有,好似"忘其教主",因此非举行不可;二曰"顺",即中国四万万人早就"陶淑于孔子之教中",举行庆典可谓人心所归,事势所趋,吉祥无比;三曰"宜",即人情于父母师长生日,也会庆之以礼,而教主不仅堪比师长父母,还高居于"天""帝"之位,其生日当然更需举行庆典。二是中国古代虽无生日典礼,但还是有人敬拜孔子生日。此人为南齐的臧荣绪(历史学家,《旧晋书》作者——引者注),每逢庚子孔子生辰,都要"陈经而拜",这是中国最早的"圣诞典礼",今后必用此法,举行典礼时"皆跪陈经而读之"。三是常人如果于天下国家无益,其生死皆毫无意义,而孔子作为教主,其精神永生不死。在孔子之前,人道未备,至孔子发明大教,则人道齐备,而"人道者,盖凡为人必行之道也;人道自孔子始,以见孔子为圣之至也"。这是中国必须有圣诞纪念的第一位的意义,并不需要征引基督等宗教的做法才可实行。康有为还自称早在戊戌年间就开孔教会,设大同学校于日本横滨,与门人徐勤二人实为中国孔子圣诞纪念大典的创始之人。①

康有为欲设孔子圣诞纪念所讲的种种理由,归结到一点,就是孔子也是教主,所以理应向基督等宗教看齐,在其降生之日,像神一样受所有人的顶礼膜拜。然而,在理论上,康有为只有今文经学的某些微言大义作为依据,并且其解读多属一己之见,难以成为学界共识;在历史上,从来就没有以大典纪念孔子生日的先例,某些个案的存在,只是个人喜好,不具普遍意义;在中西对比上,西方纪念圣诞与宗教传统密不可分,而中国并无这样的传统,一定要将孔子比作耶稣式的教主,显然是生搬硬套;在现实上,建立民国后君主专制既倒,儒学的独尊相应也要改变,反以增设圣诞纪念使孔子走上神坛,与民主的时代潮流可谓格格不入。其实,康有为也一再强调孔子最大的贡献在于"人道",这是其立论的合理之处。既然如此,就完全不应将孔子与神道搅在一起。后人真要纪念孔子这位伟大的先贤,弘扬其人文精神,首先就要设置和守住去独尊、不神化这条底线。否则,与历代帝王们的尊孔划不清界限,也得不到西方欢庆圣诞的益处。

---

① 参见康有为《曲阜大成节举行典礼序》,载《康有为全集》第十集,中国人民大学出版社2007年版,第198—199页。

综观康有为关于祭天祀孔礼仪的主张，可看出他不仅对过时的帝王之礼充满了眷恋，而且极想使其更隆重地在孔子身上重现。为此，他做了许多新的解释和新的设计，其中最有新意也最易使人困惑者，莫过于将祭孔典礼说成人人"平等"之礼，从而区别于君主独家之礼。可是，祭天祀孔的实质，并不在于一人独拜还是万民同叩，而是在于政治统治和文化精神的专制性。康有为并未改变这种属性，反而通过将孔子变为神化的中心，强化了专制。因此，其新徒具其表，旧的精神还是一脉相承。

四、坚守诵孔读经

对于康有为的尊孔而言，祭天祀孔尚属外在形式，它所承载的实际内容，则体现在诵孔读经。康有为极为在意尊孔的形式，也非常注重尊孔的内容，对必须坚持诵孔读经不动摇，做过许多论述。

早在1913年为民国所草拟的宪法中，他就写明孔教作为国教，应"立学设学位。大中小各学皆诵经，大学设经科，授以学位，俾经学常入人心，其学校特助以经费"[①]。次年年底，他得知民国参政院通过了"导扬立国之精神，以忠孝节义为倡"的提议，撰文强调欲将此提议落到实处，只有"尊孔"这一个办法，而尊孔就必须读经。[②]过了不到两年，民国禁小学读经，康有为闻之，顿觉"头痛目眩，舌挢手颤，且惊且骇"，于是致书教育总长，力言不可，期望此令能改。[③]后来，他还到处发表演说，不遗余力地宣扬何以必须和应该怎样诵孔读经。在他所讲的诸多道理中，既有自己的立论，又有对他人的驳论，十分清楚地表明了他对诵孔读经重要性等问题的看法，其观点主张在中国思想文化界颇具代表性。

孔教经书已将中国传统文化精华和世间人道之理网罗殆尽，所有人都应按其指示教诲行事，这是康有为主张诵孔读经最根本的依据。

---

① 康有为：《拟中华民国宪法草案》，载《康有为全集》第十集，中国人民大学出版社2007年版，第83页。
② 参见康有为《参政院提议立国之精神议书后》，载《康有为全集》第十集，中国人民大学出版社2007年版，第203、204、206页。
③ 参见康有为《致教育总长范静生书》，载《康有为全集》第十集，中国人民大学出版社2007年版，第321—325页。

他概括说，中国数千年来关于道德风俗的学说皆根源于孔子，"故诸经垂教，范围曲成，未有能外之者也"，而经书所载的孔子之道，即为人道，是人人须臾不可脱离之道。具体而言：

> 人当饮食也，则孔子许人有八珍五味，而饮食之；人须声色也，则孔子许人五音五色，而礼乐之；人须宫室也，则孔子许人为堂室门庭，而居处之；人须男女也，则孔子不戒淫、不禁娶，而许人夫妇焉。人不可蠢愚也，则孔子教人以智；人不可懦怯也，则孔子教人以勇；人不可诈谩也，则孔子教人以信；人不可残暴也，则孔子教人以仁。凡夫九德六德，礼仪三百，威仪三千，凡百具备。……故孔子之道，无能攻之者也，无能外之者也。唯鬼神与禽兽或能外之。若犹为血气心智之人乎，则万无能外之也。①

为了使人确信孔子之道既"无能攻之"，亦"无能外之"，只能绝对遵行，康有为针对时人的诟病或质疑，大发宏议，极力从各种角度做出自认为颠扑不破的证明。

第一，孔子自身体系的证明。按康有为的列举，时人对孔子的批评有这样数条："不合时宜""误言忠君""误言三纲""立君臣也，导专制也，与共和不相容也""别男女，严夫妇，与自由为相反也"。对此，康有为从两方面进行了辩解：一方面，这些人所批评的，都只是孔子的据乱之道，而孔子还有升平和太平之道，三道合在一起，就"四通六辟，无所不有"，可应"万世之变通"；另一方面，对于民国之前的据乱世而言，孔子的据乱之道完全适用，而民国建立后，还不如从前，"论者皆以为不如吾中国之旧，而咸思反古复始矣"，因而孔子的据乱之道仍毫不过时，还是要照旧忠君、守三纲、行专制（只是不要"太甚"）、不许男女自由。②这一证明的最后落脚点，就是孔子之

---

① 康有为：《参政院提议立国之精神议书后》，载《康有为全集》第十集，中国人民大学出版社2007年版，第205—206页。
② 参见康有为《参政院提议立国之精神议书后》，载《康有为全集》第十集，中国人民大学出版社2007年版，第203—205页。

道无论何时何地都绝对完善,不能做任何批评。这种绝对化的思维方式,不论从学理上分析,还是从事实上考察,显然都是站不住脚的。

第二,史实的证明。康有为声称自己尊孔绝非人云亦云,而是确有其据:"吾非徇旧俗而空为尊孔之论也,盖实见乎孔子之博大高深也。"为此,他举出了两段正面、一段反面的历史作为例子。正面之一是"东汉之俗","让官、让爵、让产,史不绝书,贼拾遗绢而归之主人,夜为刘禾而不报名,卖猪有病则告于买者。孝弟之行,廉耻之俗,节义之风,文学之美,范蔚宗(范晔,南朝史学家,《后汉书》作者——引者注)所谓人诵先王言也,下畏逆顺势也。故人知君臣父子之纲,家知违邪归正之路。盖孔子据乱之效已如此矣";之二是晚明之事,"讲学尚义,砥砺气节,故于亡国拒敌之际,仗义不回,视死如归,乃至乞丐、补锅匠亦甘为国死。以视今之荡廉丧耻,贪利卖国,果如何哉"。反面的例子是晚清,"晚清之害,乃在不能尊行孔道,而非孔道之失也"。他总结道:"昔者风俗何以能美?盖以孔道为主,日经其经,日师其人,日模其行,日行其义……故不尊教主,无以善俗也;不尊教主而欲善俗,犹欲其入而闭之门也"。①在此证明中,康有为给出了一个固定的思维模式:什么时候尊孔,历史就美好;什么时候不尊孔,历史就丑陋。不过,他没有解释东汉风俗与"伪经"盛行的关系,没有解释明朝气节与"亡国"结局的关系,也没有解释晚清对待孔道的态度与历朝究竟有何不同。如果据实做出解释,孔子的"博大高深"恐怕要打很大的折扣。

第三,康有为个人经历的证明。青年时代的康有为,身处中国近代转型的剧变时期,受中西文化激烈碰撞与错综交融的影响,曾走过一段相当长的自我思想启蒙之路。所获硕果,就是撰成《实理公法全书》等一批重要著作,冲破以儒学为代表的传统文化的束缚,创立了以早期民主科学观为核心和导向的新思想体系。正因有此重大突破,其后来的"发明"孔学、聚徒康门、引领维新等,才有了最根本的支点。这本来是照亮其一生的光辉所在,但为了尊孔,康有为不惜反悔和曲解这段宝贵的经历:"吾少尝欲自立为教主矣,欲立乎孔子之外矣,日读孔氏之遗书,而吹毛求疵,力欲攻之,然而不能也。时或批郤

---

① 康有为:《参政院提议立国之精神议书后》,载《康有为全集》第十集,中国人民大学出版社2007年版,第206页。

导窍，间有可乘，无如孔子又有三统三世之说，圆通无外，溥博渊泉，而时出之。古之人有庄子者，秕糠万物……弹驳儒、墨，呵诋尧、舜，盖无乎不攻者矣；独于孔子则推为神明圣王……然则攻孔子者，扬尘而掩日月，垂睫而遮泰山，所谓蚍蜉撼大树，多见其不知量也。"①他用"不知量"抨击别人，同时也用以否定当年的自己，这种自我损毁，无疑非常可惜。它能证明的不是孔子的"神明"，而是康有为个人思想的退步。

　　事实上，康有为在当年思想启蒙的过程中，并未攻孔，而是采取继承和超越的态度，其"攻孔"是在决定转向"发明"孔学之后。从此时开始，他极为明确地将孔子分为古文经学的假孔子和今文经学的真孔子，对前者的攻击不遗余力，对后者的宣扬则热烈执着。其假孔子，实际上就是中国历代统治者所独尊的孔子，代表着历来占统治地位的思想文化；而真孔子，实质上是康有为将自己的新思想贯串其中、重新加以解释的孔子，充满了近代民主主义的气息。康有为的伪经说、改制说和微言大义说之所以在思想界掀起轩然大波，其根本原因就在这里。不过，按康有为的解释，这位真孔子又需要一分为三：一是据乱世的孔子，二是升平世的孔子，三是太平世的孔子，他们分别承载着据乱之道、升平之道和太平之道。在康有为的思想体系中，无论中国还是世界，社会发展都处于三世演变的某一阶段，而孔子都有相应之道作为指导。这样一来，对所处时代做出何种判断就显得至关重要，因为这关系到究竟该采用哪种孔子之道。从青年时代到戊戌维新时期，康有为都大声疾呼中国正在经历从据乱到升平及太平的转变，因此，要逐渐实现孔子的升平及太平之道。戊戌政变后的一段时间，他仍然坚持着这一态度。然而，随着革命逐步取代改良成为主流，民主共和迅速成为定局，康有为的说法就开始发生很大的改变。他一口咬定中国还是据乱之世，还必须采用孔子的据乱之道，并且已不怎么区分孔子的真假，笼统地肯定和赞美历代的尊孔，反对任何对孔子的批评和质疑。其实说到底，康有为所言的孔子之道，在很多时候和在很大程度上代表着他本人的政治文化思想。他以孔子之道的名义，始终在专制之世的据乱之义与民主之世的升平和太平之义之间徘徊。无论是宣告乱世已终、"平世"（包含升平和太平）

---

① 康有为：《参政院提议立国之精神议书后》，载《康有为全集》第十集，中国人民大学出版社2007年版，第206页。

将临，因此应逐渐以民主取代专制，还是反过来声称平世遥远、乱世尚长，专制仍然必不可少，都与孔子或孔子之道没有多大关系，不过是康有为自己发表此一时或彼一时的政见罢了。他一生（除了启蒙时期外）都不愿改变借孔子以自重的思维定式，这是可以理解的时代局限性，但时代在不断前行，他所认定的孔子却越来越保守落后，这不能不由康有为个人负起倒退的责任。

综观以上证明可见，康有为关于诵孔读经绝对必要的说法，实际上很难成立。本来，他提出孔子之道是中国道德风俗之源及其道皆为"人道"这两个命题，是准确而有意义的。由此，可以确证后世对孔子之道有继承性和孔道本身具人文性。可是，从中并不能得出孔子之道可以万世不变的结论。在后世继承的过程中，孔子之道其实一直在变形，有丰富和更新，也有利用和扭曲；孔道的人文性未变，但对于"人道"（包括衣食住行、礼乐、男女、道德，等等）的各种相同、相似或相反的主张，历代却层出不穷。民国的建立是新时代的开始，孔子之道需要继承，但更需因时而变；民国之人尽管仍是"血气心智之人"，但已为今人而非古人，他们对"人道"的认识，毫无疑义也不可能固守孔子2000年前的话语，而是势必说出自己的新意。

康有为主张诵孔读经的另一重要依据，是认为以孔教所代表的德治，远比欧美所奉行的法治重要，重法治只会百弊丛生，重德治才能万事大吉，因此必须尊孔守孔不变。

他对中国德治之善与欧美法治之害做了极为鲜明的对比。一方面是中国读经治国的卓有成效，"夫孔子之教，则全在于经……《论语》者，自汉、晋、六朝以来及于日本，皆以之教童子，熟习读之，令其深入脑间，习与性成者也。中国数千年，有律例而不行于民间，有长官而不与民接，无律师之保护维持，无警察之巡逻稽察，无牧师神父之七日教诲，然而礼让化行，廉耻相尚，忠信相结，孝弟相率，节行相靡，狱讼寡少，天下晏然。岂有他哉？盖所谓半部《论语》治之也"。另一方面则是欧美法治导致的遍地乱象，"今民国，以美国为盛，而芝加高一埠七日之间讼案四五千，纽约一埠状师万余人。薄物细故，皆非状师立案，则靡有不见欺者。以视吾国旧俗，买田屋而可以白契交易，僻县卧治，七日无一讼案。盖苟非野蛮之国，但观状师之多寡有无，则可知其治化之隆污高下矣"。"今南洋之人在英籍者，父子夫妇兄弟之间，开口而言，则曰沙拉无碍。沙拉者，法律之谓也。盖苟不犯法律，则一切皆可无忌惮，而听其奸诈盗伪、险诐倾覆而无不可为矣。沙拉沙拉之声盈耳，诚所谓法治国矣，其如风俗何"。①

在此对比的基础上，对德治何以比法治更为重要，康有为还从两种不同的角度进行了申辩。

一是人生受道德礼义制约与受法律制约的比例有霄壤之别，可见德治之重和法治之轻："夫人之一身，一日之中，一生以内，动作云为，饮食居处，其涉于法律之中者几何？盖甚少也。而一举一动，一话一言，一谈一笑，一起一居，一饮一食，一坐一卧，一游一眺，一男一女，无一刻不在道德礼义之中。盖在法律之中者一，而在道德之中者万也。则试问法律之治要乎，抑德礼之治要乎？以此比之，则法律之治与德礼之治，有万与一之比也。万与一之比者，若泰山之于丘垤，河海之于行潦也，其为轻重若此矣，其比较至明矣。虽有苏、张之舌，未能加一辩辞矣。"②

二是欧美之所以富强安乐，其原因也不在法治，而在德治："今之学者稍游外国，以为欧美之治，在其法律矣。夫谓欧美之法律完备则可，若谓其富强安乐由于其法律，则不可也。英人勃拉士谓美国民主之善，在其道德与物质，而不在于政治与法律也。彼之教与政治分离，美国之立国者，在其中人三百万家，其三百万家皆信教最笃，故能畏天爱人以成为风俗，而为国基者也。故其教会之盛，弥满全国，以助政治之所不逮，皆在其教为之。否则上攻迷信而不畏天敬神，下不读经而非圣无法，则惟有睢盱横恣，无所忌惮，纵恣败度，贪利忘耻而已。则人将为禽兽，何以立国？"③

德治与法治作为国家治理的两大基本方式，本来不是不可以就其各自的利弊进行比较。然而，康有为在上述比较中，却完全依照个人的好恶，得出了德治一切皆好而法治一切皆坏、德治绝对为重而法治绝对为轻的极端之论，不仅明显不符合事实，而且充满了难以自圆其说的矛盾。这里无须逐一分析，只需

---

① 康有为：《致教育总长范静生书》，载《康有为全集》第十集，中国人民大学出版社2007年版，第321页。
② 康有为：《致教育总长范静生书》，载《康有为全集》第十集，中国人民大学出版社2007年版，第321页。
③ 康有为：《致教育总长范静生书》，载《康有为全集》第十集，中国人民大学出版社2007年版，第322页。

略举数点，即可见一斑。比如，康有为说中国历代不讲法治，仅靠《论语》教导，便使人人德礼双馨，"天下晏然"，恐怕就没有多少人敢信。人治横行、法治缺失，原本是中国专制时代的一大病根，在康有为笔下，却被美化成了德治的功绩。又比如，欧美既然法治与宗教皆盛行，那么，何以"法律之治"与"德礼之治"会有一与万之比；既然教会之盛只是"助政治之所不逮"，那么，何以法治就不是富强安乐的重要原因，而只有信教才是"国基"？再比如，中国的德治真若如此之好，为何最后治不下去，而欧美的法治真若如此之坏，为何日益"完备"而不被人唾弃？对于康有为来说，这些大概都不取决于事实和学理，而是立场所决定的问题。

诵孔读经历来以儿童为灌输对象，对此，当时人颇多非议，以为无益多害，必须废止。针对这些批评，康有为逐一加以反驳，坚持旧法不可变。其驳者集中于三点。

第一，时人提出，"各国小学皆不读其教之经，则我何妨取法之"①。

康有为基于两项理由，认为"必不可法"。其一是欧美学校虽不读经，但通过每七日做礼拜、入教会特别学堂、牧师神父宣讲等方式，已做到"无论妇人孺子，有未入学校者，未有不读教经者"，而中国只有学校读经这一种办法，如果禁止，后果将是"驱全国之儿童、国民子弟终身不知有经。则二三十年后，经必绝于天下。此其为灭孔教之法……其如全国人心风俗将何归乎？……然则将从无教之禽兽乎"。其二是孔子之经与宗教之经不同，宗教之经中"佛经皆出世清净之谈，耶经只尊天养魂之说，其于人道举动云为，人伦日用，家国天下，多不涉及"，所以学校不读经"无损也"，而孔子之经恰恰以前者"多不涉及"的东西为重心，因此学校必须读经，"若不读经，则于人之一身举动云为，人伦日用，家国天下，皆不知所持循。孰是孰非，孰从孰违，怅怅乎何所知，茫茫乎何所归。无教之人，魂失凭依，举国之人而失魂也，何以立国为"。②

---

① 康有为：《致教育总长范静生书》，载《康有为全集》第十集，中国人民大学出版社2007年版，第322页。

② 康有为：《致教育总长范静生书》，载《康有为全集》第十集，中国人民大学出版社2007年版，第322—323页。

学校若不读经，孔教就会灭绝，国人就会变成"无教""失魂"的"禽兽"，这仍然是一种走极端的绝对化观点。孔经之外，可读者甚多，对"人之一身举动云为，人伦日用，家国天下"皆能起指导作用（与孔教既有相通又更多超越），不读经就会从文明走向野蛮，这实际上是不可能发生的事。按康有为的说法，欧美校外读经只关乎"尊天养魂"，一旦涉及"人道"等领域，校内也是不读经，而是另有所读所学。可见，除了读孔经，教育儿童完全还有别的办法。欧美如此，中国何尝不是如此。正如前文多处所论，孔学有其历史上的重大价值和许多可以继承之处，但并不代表就是永不可变、永不可替的绝对真理。

第二，时人提出，"今学校课本，已有修身之一课矣，其于道德礼义未尝无诲焉，则何必读《论语》《孟子》乃为有教乎"。①

康有为的回答是，孔孟之书为教主和圣人之言，而现今教科书无论编得如何，其编者与孔孟的"圣且智"相比，都"相远若天渊焉"，更何况今本教科书"错谬"百出，可见编者"至愚极陋"，"今于圣且智之孔孟之书，则必禁绝之，而于至愚极陋之编教科书者，则必奉行焉，诵读焉，以代教主、代圣人。颠之倒之，自公召之何其奇乎"。②

教科书编得不好，可以改进，编者资质不良，则可以换人，这些问题本来不难解决。可是，康有为偏偏认定如果不是教主和圣人，就没有编教科书、讲道德礼义的资格，就永远只能用孔孟之经作为学校的课本，这就人为制造了一个巨大的非理性的障碍，彻底堵死了教育更新、文化进步之路。

第三，时人提出，"儿童之脑力未足，知识未开，《论》《孟》字数太多，义理过深，学校日课无几，年力有限，故不如废弃读经，以便其学习他课，保全脑力；且勉强读经，儿童不解，是读犹不读耳，故旧时童塾有读尽五经而不能执笔写札者，足知读经之无用，而费日力也"。③

---

① 康有为：《致教育总长范静生书》，载《康有为全集》第十集，中国人民大学出版社2007年版，第323页。
② 康有为：《致教育总长范静生书》，载《康有为全集》第十集，中国人民大学出版社2007年版，第323页。
③ 康有为：《致教育总长范静生书》，载《康有为全集》第十集，中国人民大学出版社2007年版，第323页。

对此，康有为驳议甚多，其要点是：读经是教儿童"为人之道"，关系到他们将来"为人"还是"为禽兽"，而其他课程"不过艺能……学成亦无实用"，绝不能"因此习艺而弃为人之道"，倒置轻重缓急；若儿童"日力不足"，则应删除源自日本的修身课，而代之以读经，读经以中国教主的经文作为"儿童终身之本"，比修身课更为博大精深，而且"无论儿童学课日力足否，而修身课必当删除，读经课必当保重"；儿童读经固然存在"以至幼之年，读至深难解之书……诚多不能遍解"的问题，等长大之后，自然有办法解决，而如果少年不读经，"即能明一艺，而于持身涉世、修己治人之道必茫然不知，蠢如木偶"，将来必然成不了大事；只有读经，才能培育出"豪杰人才"，而修身课只能教出"中下之人物"，"若不读《孔》《孟》而读修身科书，散漫而无统纪，偏颇而不足模范……是非无从正定，从违不知所向，孟浪而行，有同酒狂，以此教民，何其反欤"。①

说到底，康有为还是绝对只认孔教经书的道理，其他修身之理一律不认，且只管向儿童强制灌输，各种弊端一概不管。事实上，读经严重祸害儿童，早已成为近代先进思想家的共识，之所以必须废除科举制，此为重要原因之一。康有为早年也是儿童读经的反对者，不承想到了晚年，为了守旧尊孔，却走到了自己的反面。

综上所述，在新的历史阶段中，康有为尽管尊孔的名义未变，但曾蕴含其中的进取心和创造性几乎荡然无存。他提出了看似颇有新意的"国魂"概念，却将其封闭在不可更新的孔学门户之中；他重倡立孔学为"国教"，在迷信之路上比以往走得更远；他将跪拜孔子的陈仪旧礼看得比时代新风更重，执意以旧形式固守旧内容；他对读经的鼓动已超出传承文化典籍的合理范围，变成了一种强制性的思想禁锢。凡此种种，不但显背于民国建立以来新文化发展的潮流，而且与康有为自己以往曾抒发的"发明孔学"的宏愿大相径庭。康有为以吸纳孔学精髓为起点，却以扼杀孔学生机为终点，留下了一个相当典型的思想标本和一个值得长久回味的文化话题。

---

① 康有为：《致教育总长范静生书》，载《康有为全集》第十集，中国人民大学出版社2007年版，第323—324页。

第十四章

反袁论

无论是主张中国救危，还是宣扬孔教至尊，康有为的论说无一不立足于对现有民国政权的厚望。然而，这些殚精竭虑、舌敝唇焦的谋划，并未得到当权者任何积极的反响。在治国理念上，担任大总统的袁世凯与康有为有很大的不同，他所采取的统治办法，对内则破坏民主以强化个人专制，对外则出让国权以换取列强支持，乃至越走越远，直到称帝。这就导致了康有为种种幻想的破灭，促使他逐渐改变态度，站到军阀政权的对立面，发出日渐强烈的反袁之声。起初是反对与日本签订"二十一条"，坚决维护国家权益；继而严厉声讨袁氏称帝，民主精神一度焕发；最后是发表"善后"之议，曾经放弃的虚君共和重新复活。

一、斥"二十一条"

康有为开始对袁世凯表示极大的不满，始于1915年中日"二十一条"（《民四条约》）的签订。①此项条约大量出卖国权，使康有为受到严重的刺激。他描述说："至和约之成，十五款之割让也，第五项之后商也，则适适然

---

① 1914年，第一次世界大战爆发。日本乘机侵入山东，取代了德国在山东的地位。接着，日本于1915年1月向袁世凯提出了企图独占中国的"二十一条"。其共分五号，主要内容是：第一号四条，要求中国政府承认日本享有德国在山东的一切权利，并加以扩大；第二号七条，要求将旅大租借期限及南满、安奉两铁路期限延长为99年，并承认日本南满及内蒙古东部的特殊权利；第三号两条，要求中日合办汉冶萍公司；第四号一条，要求中国不得将沿海港湾及岛屿租借或割让给他国；第五号七条，要求中国政府聘用日人担任政治、财政和军事顾问，中国警政及兵工厂由中日合办，将武昌至九江，南昌至杭州、潮州间的铁路建筑权交给日本，允许日本在福建省有投资修筑铁路及开采矿产的优先权。经过数月谈判，中日双方于1915年5月25日签订了包括两项条约和13个附件在内的《民四条约》。《民四条约》对"二十一条"做了较多删改，但仍然严重损害了中国的主权和利益。

大惊，罔罔然大忧，瞿瞿然大惧，惨惨然大咎，手若厥，足若折，目眴眴然眦裂，头涔涔然如累石，身炎炎然内大热，隐隐乎痛哉！我其发狂乎？"①

针对国人的苟且侥幸，他痛陈条约的危害性和救亡的紧迫性：

> 日约二十余款，既割让十五款矣。十五款之中，失东三省、福建、山东与蒙古之土地、人民、铁路、矿务、商务、铁厂，较之欧洲瑞典、挪威、丹麦、荷兰、比利时诸国不止数倍，塞维、罗马尼亚、希腊不止数十倍……呜呼哀哉！可惊可骇，可忧可痛。尚有"容后协商"之军警、兵工诸款。……然则五月九日之约，即可谓已分已亡之约。……吾国卿士大夫，尚有以为胜利而庆贺者，尚有请提灯以游行者，亦有苟幸无事相与道喜者。人之无良无耻，或不至此。意者其为亡者之导线耶！②

> 今吾大声疾呼，正告四万万之同胞曰：山东、福建、南满、东蒙、汉冶十五款交割后，不日不月，协商让财政、军政、兵工、警察之权，为保护国，为亡国奴之哀的美敦书至矣。今期月内，只有一次可救国，后此永沉末劫矣。奈之何不忧思，奈之何不发愤，奈之何不日夜专念此而无暇他及也？③

针对政府的软弱自欺，他对一味退让的危险性做了深度的揭示：

> 参政院建言，沿海土地不割让；政府乃布令，声明沿海土地不割让。嗟哉奇闻，伤哉痛心！天下各国土地之割让与否，岂待一声明耶？……凡今自立之国，即有自立之权。既未经兵败，断无声明割让之理。然而竟有所谓不割让之说，不过甲国欲取之，不欲其主国之割与乙国……今令沿海土地皆不割让，即不啻曰沿海土地皆割让于一国云耳。……政府果真不欲割让，非发愤筹守御之方，则不足以救中国。而欲坐卧闺帏，洁身守节，

---

① 康有为：《又不忍而复言》，载《康有为全集》第十集，中国人民大学出版社2007年版，第234页。
② 康有为：《论日约割让十五款之后果》，载《康有为全集》第十集，中国人民大学出版社2007年版，第229页。
③ 康有为：《和约第五项财政军政警察兵工厂容后协商则中国亡》，载《康有为全集》第十集，中国人民大学出版社2007年版，第228页。

吾恐强盗纷纷而来，必至强奸而后死也。"①

出于激愤，他甚至还有过纠合党人起事的念头："东事交涉，吾国坐失万里，国权亦几于即亡，皆由政府一人为之，举国愤怒，段冯诸将已联电，将有大变，书到已见之。吾党乘此时机，不可再失，望即筹款来办。事至要，中国存亡在此举，惟鼓舞善图之。"②当然，事实是这一"大变"并未出现，"吾党"云云也不过成了一句空话。

尽管不满，"二十一条"仍不足以令康有为改变依赖政府救危的基本思路，他提出的应急之策，大体也还是停留于物质救国、道德救国、孔教救国的层面。

例如"治械"："今吾举国四万万人，若欲祈天永命，不为奴国者，惟有竭全国之力，日夕讲求治械而已。大延德、美之名技师，以开厂自制，而妙选明锐敏慧之工程学生学焉。……恐自制之不及时也，可先广购美及智利之良枪炮、潜水艇以应急需。……吾国官民皆贫，易为敌诱，故忠信不立，廉耻不修，即欲治械，其道无由！吾国人更宜加意也"③，即治械为重，而又以忠信廉耻为本。

又如"备兵"："今必练预备之兵千万，十选其一，以为常备之精兵百万，更选敢死之士十万。……日夕训练，明耻知方，令人人为国而愤，为国而亡。……妙选忠勇之将，淘汰骄惰之卒，训之以民生不易、祸至无日，令人人皆以国为命，明救国家之诚心，副赏罚之公道，练之三年而大成。即教之以期年三月，而亦可以粗识兵事矣"④，即练成有高度爱国之心、勇于为国捐躯的精兵。

又如开办学校：用正在筹集的"救国储金"⑤，创设五种学校，"一曰飞天

---

① 康有为：《论日约割让十五款之后果》，载《康有为全集》第十集，中国人民大学出版社2007年版，第230页。
② 康有为：《与新蒚列位同志书》，载《康有为全集》第十集，中国人民大学出版社2007年版，第226页。新蒚埠，今圣路易斯市，位于美国密苏里州。
③ 康有为：《治械》，载《康有为全集》第十集，中国人民大学出版社2007年版，第239页。
④ 康有为：《备兵》，载《康有为全集》第十集，中国人民大学出版社2007年版，第247页。
⑤ 1915年4月，从上海开始，兴起了一场由"二十一条"交涉所引发的救国储金运动，旨在汇聚民间财力，支持政府抵御外侮。

校，二曰遁地校，三曰潜水校，四曰驰陆校，五曰百工博物院校。飞天校，教制飞行机、飞行船焉，以争于九天之上。遁地校，教筑地中壕堑，以备于九地之下。潜水校，教制潜水艇，以为海防。驰陆校，教制汽车以备陆战。百工博物院校，以广励物质之学识，以成一切工程之才。……凡此五者，国防民命所系，未有要且巨于是者。五者学而兵备有基，且富民亦在其中矣"①，但此办法存在费用不足和政府难以取信两大问题。②

又如"知耻"："自吾久去中国而新归也，信乎城郭犹是，而人民非故也。昔者人民蔽塞，而尚有耻心也；今者人号开通，而不知耻为何事也。……苟可以得富贵谋衣食，一切弃置而不顾。……今之人士侈谈国故，吾欲云云者，不必问其才慧辨知，而先问其知耻否也。今欲救中国，不必侈言张百度，行新法，必先厉以知耻。"③

又如"迁都"："乙未吾与三千公车上书，即请迁都陕西。其后戊戌上奏，亦请迁都于吴下。……今日中国议救国，当以迁都为第一事矣。……吾甲午所请迁之长安，其后庚子西狩之咸阳，皆为今日之最宜迁都者也。……若救

---

① 康有为：《救国储金宜用以设飞天遁地潜水驰陆之校及百工博物院说》，载《康有为全集》第十集，中国人民大学出版社2007年版，第252页。
② 关于前一问题，康有为写道："今各国飞行机校，所费皆无几耳；筑地壕、制汽车之校，所费更少。惟潜水校与百工博物院校，其费至繁。然苟举其端，听国民举人而任之，政府奖励而勿干涉焉。民既信矣，乐输者必多，积渐可无量，五校成必大，救国之基，必赖是也。"（同上，第252—253页。引者对引文标点有改动）关于后一问题，康有为顾虑更多："若政府假美名粉饰耳目，不以为兵备之计，而以为政府之用；是欺刮全国穷民之脂膏心肝，万万不可也。政府虽奇穷，亦当暂忍，艰苦守贞，力耐而勿用。若政府不忍一日之不足，借救国之名以欺民，而巧取之、诡盗之、强夺之，是自弃五千年之国命，自绝四万万之人民。政府若有如此者，诈于鬼蜮，猛于豺虎。吏、士大夫、大商如有觊觎之心者，亦同之。政府稍有天良，稍知国危，必不为此。虽然，政府之奇穷甚矣，政府之权力大矣。以至大之权，当至穷之时，投数百万金于其银行手中，譬犹悬肉于饿虎之口，望其忍辱守廉，岂不诞乎？故望政府以不借用储金，亦妄人也。虽然，安可以不肖之心待政府？……"（同上，第253页。引者对引文标点有改动）假设种种，想入非非。后来事实证明，政府并不重视如何将储金用来救国，而是在谋划帝制的道路上疾行，民众深恐事与愿违，转而纷纷要求退回储金。
③ 康有为：《知耻》，载《康有为全集》第十集，中国人民大学出版社2007年版，第243、245页。康有为所说的民国前人民还有耻心，民国后已不知耻，存在自相矛盾之处。就在同篇文章中，他这样写道："昔者辛亥之变，南方革命党只有虚声，绝无实力，徒以电报相驰，曰北伐北伐，则全京震扰，移家徒宅，遁走津沪，面无人色者相属也。故一转瞬而清室（转下页）

中国而不迁都，是不过为保护国、为瓜分国、为他人做嫁衣耳。"①从1895年（乙未）到1915年，迁都之议延续了20年之久，之所以未被采用，实因其空想居多，不切实际。

以上应急之策，本身都颇有道理，大多也都是应做必做之事，但前提是，政府必须能够接受这些道理，并有决心和能力率领国民完成这些任务，否则，一切就都会流于空谈。

二、反袁称帝

就在康有为还对政府救危存有幻想之时，袁世凯的公然称帝将他猛然拉回到了军阀政权不但不能救危，反而正严重祸害民国的现实。以此为转折点，康有为也像当时诸多政治势力代表人物一样，断然走上了反袁之路。

他写下了很有分量的《讨袁世凯檄》，其中特别值得注意的，有这样几点。

第一，声讨袁世凯镇压革命派、蓄意以专制颠覆民主共和的罪行。对此罪行，文中做了相当系统的清算，并以揭示袁世凯的两面派手法为重点：

> ……始以高位厚禄，笼络革命之英；继即以重兵酷刑，诛锄革命之杰。始以美言多金，诱进步党而排国民党；终则专制横行，散国会而驱逐党人。始则阳允南方之请，愿就位于南京；既则自煽北军之乱，仍即位于北土。始则盛铺革命之国庆，祭先烈而激扬；继则断止纪念之国庆，罢大典而停歇。始则誓守约法，优待议员而听其议法；继则擅改约法，伪设参政以代行立法。始则累誓保守共和，而铲除专制；继则明布力行专制，而

（接上页）遂亡，为诸卿大夫士偷之故也。今之卿大夫犹昔之卿大夫也，其偷如故也；以其偷安，因以偷生，遂至靦然忘耻。具此心理，不为贰臣、顺民、亡国奴不止。呜呼哀哉！吾睹吾国民之偷而瞒瞒也。"（同上，第244页）可见所谓"国民之偷"，今昔相同。在同时所写的另一篇文章中，他对国民则大加赞扬："近者中东议约成，国几于亡。吾国人深忧大惧，于是有救国储金踊跃输将，举国怒愤，旦夕巨万，乃至伶人、妓馆、苦力、佣婢、乞丐、狱囚莫不愤发，吐其口食以为国。民气大可用，而民情亦大可见矣。"（康有为：《救国储金宜用以设飞天遁地潜水驰陆之械及百工博物院说》，载《康有为全集》第十集，第252页）如此之民气、民情，已足破人民"不知耻为何事"之论。

① 康有为：《迁都》，载《康有为全集》第十集，中国人民大学出版社2007年版，第241—242页。

大反共和。始则深恶国会,竟敢废自治而停选举;今则为改帝制,忽而选议员以开大会。始则裘治平请行帝制,则严令重罪之;宋育仁昌言复辟,则明布永锢之。终则筹安会国民协会,明为共和之叛逆,乃假借之奖导之,甚乃自背累誓之共和而称帝矣。于是以一人私篡之奸谋,伪托为举国之民意。民选议员本大公无私,岂知名由官中直指;劝进电文之千篇一律,岂知稿由朝贵拟来。掩耳盗铃,以予知自欺;只手遮天,以愚民为戏。其反覆无良,诈欺弄术,司马昭之心,路人皆知久矣。①

康有为不仅将袁氏劣迹一一记录在案,而且完全站在革命与共和一方立论,即使与任何出自革命派之手的讨袁文字相比,也毫不逊色。

第二,指斥袁世凯一心称帝是民国危乱的根源。文中列举各种危乱之状,将袁氏视为罪魁祸首:

方当列强磨厉以须,欧战云兴相竞,乃袁世凯借无量之外货,竭铢锱之民汗,既未铸金钱以富国,又不治金革以强兵。其他民利国富之图,未有分毫意计之及。惟有散金以买暴徒,用兵以讨民党,广养遍地之侦探,收买全国之报馆。支公府之乾修,则人累五百;行暗杀之中线,则案逾四千。交通银行之暗供,月逾百万;财政部之决算,案皆支离。近者诛求,诡名日出。名为内国公债,实则为一人加冕之私债;号称救国储金,实只为窃帝自娱之储金。而吾民爱国好义,负贩舆夫,竭尽囊橐,至有捐身断脰,为之劝捐者,岂不恨哉!……以搜刮之既尽,致杼轴之皆空,遂令哀鸿遍野,群盗满山,工商不行,殷富徙外,民生至于涂炭,道路横于豺虎。嗟我同胞,何罪何辜,生不逢辰,觏兹多难?则袁世凯一人营帝位之私致之也。②

民国危乱当然不是袁世凯一人的问题,但作为军阀政权的最高领导人,袁氏的确要对当时乱政承担主要责任,特别是帝制自为,更直接导致民国乱上加

---

① 康有为:《讨袁世凯檄》,载《康有为全集》第十集,中国人民大学出版社2007年版,第262页。
② 康有为:《讨袁世凯檄》,载《康有为全集》第十集,中国人民大学出版社2007年版,第263页。

乱。就此而言，康有为可说切中了时弊的要害。

第三，申言民主共和与袁氏称帝势不两立。文中将理论与史实相结合，十分明确地辨析道：

> 夫民国之总统，由公司之总理也。既为国民所选用，即可为国民所弃黜，载在《约法》，其有失职，得以四分有三之议众弃之。今以君主立宪国，犹有选举之国会，乃以民主国而无国会，无选举，无自治；是明犯《约法》，实悖共和也。且立宪之君主，犹公其人民土地，不能私之；乃以总统而能卖吾国土地人民，是私有其土地人民而专制之也。国民未伸天讨，实负罪责。夫以墨爹亚士之专而未废国会，以中南美廿国之日争总统而无人称帝，以拿破仑称帝而未尝卖国，惟今袁世凯兼之。乃敢明僭大位，家有中国，甚且售国土以易帝号，是以含识怀愤，薄海不容。……中国自强之命赖于戊戌维新，而德宗与新政亡于袁世凯之手。其后辛亥立宪，清朝亡于袁世凯之手。今兹乙卯称帝，民国亡于袁世凯之手。所尤惴惴恐栗战战私忧者，卖国约成，而全中国将为高丽、永远沉沦矣。……凡我国民，与卖国贼袁世凯不共戴天，曷丧时日。①

以约法、国会、选举、自治诠释共和，将维新、立宪与民国一脉相连，揭示袁氏因专制而卖国的内在联系，这都显示了康有为激于时变而焕发的民主精神。

撰此檄文之后，随着护国战争的胜利和袁氏称帝的失败，康有为反袁到底的态度亦越发坚定。

在公开发表的《劝袁世凯退位书》中，他给袁氏列举了三种选择：一是自动下台，"……早让权位，遁迹海外……明哲保身，当机立断，策之上也"；二是撤销帝制而恢复共和，"……大布明令，保守前盟，维持共和……引咎罪己，立除帝制，削去年号，尽解暴敛，罢兵息民，用以靖国民之怒，塞邻好之言，或可保身救亡"，但此路可能难行，因为"今者民心已失，外侮已深，义旅已起，不能中止，虽欲退保总统之位，或无效矣"；三

---

① 康有为：《讨袁世凯檄》，载《康有为全集》第十集，中国人民大学出版社2007年版，第263—264页。

是负隅顽抗，"不除帝制，不革年号"，而结果只能是"诸将云起，内变飚发，虽有善者，爱莫能助，虽欲出走，无路可逃。王莽之渐台，董卓之郿坞，为公末路"，此为下策。①

1916年3月22日，袁世凯被迫宣布取消帝制，但还想继续保留大总统之位。针对这一奢望，康有为再撰《致袁世凯书》，指出事至如今，只剩下"奔逃外国"这条唯一出路："方今天怒人怨，众叛亲离之秋，药线四伏，祸发眉睫，切身之灾，间不容发。前两月书请公退位远游，而公不用仆言，及今欲逃匿海外，亦已难矣。……嗟乎！公以顾命之大臣而篡位，以共和之总统而僭帝，以中华之民主而专卖中华之国土，荼毒无限之生灵，国人科公之罪，谓虽三冢磔蚩尤，千刀剐（原文'剚'左之'專'作'专'，查此字并未简化——引者注）王莽，尚谓不足蔽辜。但吾以谓文明之法，罪人不孥，枯骨不毁耳。公早行一日，中国早安一日，时日曷丧，及汝偕亡，望……毋多事，毋多言，速束行装，善自为计不尽区区。"②文中借"国人"之口，将袁世凯比作该当千刀万剐的蚩尤、王莽，对袁氏的深仇大恨，跃然纸上。

三、共和三策

因反袁称帝而迸发民主精神只是康有为变化的一个方面，另一个更重要的方面是，他从这一事变中得出的结论并不是必须加强民主共和建设，而是应改变民主共和的方向，此前一度放弃的虚君共和主张，又得以复活。

还在前述撰写"退位书"时，康有为就已打定重回虚君共和的主意。不过，此时全国反袁浪潮正值高峰，出于策略考虑，他还不想将此意图公之于众，只在手稿③中做了明白无误的提示：

今仆为中国计，为公计，有三策焉，惟公所择。吾闻各国公使之言

---

① 康有为：《劝袁世凯退位书》，载《康有为全集》第十集，中国人民大学出版社2007年版，第284—285页。
② 康有为：《致袁世凯书》，载《康有为全集》第十集，中国人民大学出版社2007年版，第292页。
③ 此手稿发表时做了很多修改，最重要的修改就是删除了主张虚君共和的内容。见《康有为全集》第十集，中国人民大学出版社2007年版，第281—287页。

曰，若举国既恶共和，而以君主立宪为是，则莫若复于明辟。盖立宪之君主，不负责任，有其礼而无其权，必不可以雄才大略者为之。盖有才之人不能敛手自制，若操大权则立宪必不成也。惟经变乱之时，尽削前朝之权，仅存委裘之号，乃能真拱手受成，而真行立宪。……公若以民意欲行立宪君主之制，惟有复辟位于清室，而自让大权，遁迹海外……若夫为今日计，明哲保身，当机立断，为公计，为公子孙室家百世计，无以逾此策之上也。①

原来当作上策的所谓"早让权位"，其实就是欲复辟已被推翻数年之久的清室。

对虚君共和重作长篇大论，见于康有为此时所写的《中国善后议》。他自述此文缘起说："昔在辛亥之冬，吾草《共和政体论》。……是时吾国风潮怒发，格不能行。吾谓若行总统共和制乎，必至共争共乱。言之再四，重焉复焉。今阅年四载，革命三起，不幸而予言之中也。今袁世凯倒矣，中国又经大劫矣，中国后此不能多幸。吾中国人也，义不忍视。今再告吾同胞，流涕以道焉。"②

所谓"共和政体论"，实即虚君共和论。由于"格不能行"，康有为随后转而提出了共和建设论、救危论和反袁论。然而，中国必不能行总统共和制而只能行虚君共和制这一信念，在其心中已根深蒂固，虽可暂变一时，终会卷土重来。因此，当反袁成功后，他得出的结论不是民主潮流终不可挡，而是共和必导致"共争共乱"又一次得到证明，虚君共和仍是救中国的不二法门。于是，时隔四年，他再写《共和政体论》续篇，宣称"吾欲悬此文于国门，以待难者。昔《吕氏》《淮南》字值千金，能难我者，吾亦将欲酬以千金也"③，表现出极大的自信。

此篇悬赏千金之文，就宣扬虚君共和之理而言，了无新意，无非是将《共

---

① 康有为：《附：劝袁世凯退位书手稿》，载《康有为全集》第十集，中国人民大学出版社2007年版，第287页。
② 康有为：《中国善后议》，载《康有为全集》第十集，中国人民大学出版社2007年版，第269页。
③ 康有为：《中国善后议》，载《康有为全集》第十集，中国人民大学出版社2007年版，第269页。

和政体论》等文中已"言之再四"之语,再"重焉复焉"。略有不同者,是还别出心裁,推出了令人有些眼花缭乱的"共和三策"①。

第一策是,如果国民定要实行美、法式的总统共和制,则可拥戴现任副总统黎元洪为"木偶神"似的总统。

其条件和办法是:"……必勿行选举而可也。……请即以黎元洪为法代表王之虚总统,不设任期;且宜用罗马世袭总统之制,令黎元洪子子孙孙代代袭为总统,有其礼而无其权,有其号而无其事,如木偶神焉,则亦未尝不可行",但"不知吾国肯戴黎元洪为无限期总统否?且甘戴黎元洪为代代世袭之总统否?是则在乎吾国诸将之愿否,非为空论所能及也。若诸将中有一二人不愿者,则此政不可行"。②

此策实际上就是康有为1913年《拟中华民国宪法草案》中所说的"立代表王之总统"之法,不过加以细化和略作修正而已;将原来的"少增总统之权",改为"如木偶神焉",则名义上的总统更像事实上的虚君。这一办法能否实行,康有为清楚地看到取决于"诸将"的意愿,只要有一两个军阀反对,此政就只是"空论"。③

第二策是,如果国人"必欲保全共和",可采纳各国之长,实行别开生面的元老院制。

康有为称此制"上禀孔子'群龙无首'之旨,外采希腊、罗马、德、瑞、美、法之别,内采唐虞四岳、周召共和之法,合一炉而冶之,调众味而和之",是自己"斟酌万国之宜,荟萃古今之美"的"创说",怀抱已久,"今愿以敬献吾国民"。其大体设计是:于国会之外,立元老院为最高机关,全国22个行省及内外蒙古、西藏、青海,各公举一人充元老,总数28人,轮选7人为长驻办事人;元老院分设外交、兵、法律、平政、教五司,"凡不隶于内阁之

---

① 这是康有为自己给出的定义,他写道:"吾明知犯举国之怒,而不敢自隐,乃敢创三法之共和者,诚忧中国而行总统制之共和制,日为墨西哥之乱而将亡也。故不敢妄徇众意,而明言之,诚以救中国之亡,不得已也。"(康有为:《中国善后议》,载《康有为全集》第十集,中国人民大学出版社2007年版,第279页)

② 康有为:《中国善后议》,载《康有为全集》第十集,中国人民大学出版社2007年版,第273页。

③ 认为"诸将"对政制实行起决定作用,这是一个很有现实意义的论断,它虽然夸大了军阀的作用,但指明了军阀与时政走向的密切关系。不解决军阀专制和混战的根本问题,不仅虚君共和为空中楼阁,而且其他政治蓝图也都难以付诸实现,可惜康有为尚未自觉和充分意识到这一点。

大权隶之"；元老院公举议长、副议长，不可久任，或每月公举一次，最长任期不得超过三个月。①

此制的好处是"政不握于一人，权不操于久远，自不能有专制之患。既无总统之尊荣，又无数年之久任，则自无力争之烈祸。既非美洲全国之选举，则无兵争之害；又非法、葡国会之选举，则不隶政党之争。能行此乎，尽防诸弊"，但此制从未实行过，一旦实行，"或有他弊"，这就是"当今中国……非执政有权，则转运不灵……既有元老院监总理之权，敌党又将结合诸元老以控制总理，则总理易致掣肘而一事难办。或元老与总理不谐，结合敌党，以揽总理之大业，政将不举。若然者，几类法之内阁，或频易政府而不能行政，是则可忧莫大矣"，而"吾中国当至危殆之时，岂可妄思剖割，以为试验场乎"，且"今诸有力者，皆有总统之望，次第可必得；若定此制，永无总统，则或生阻力矣"。②

讲了很多好处，而最后结论是此策隐患很大，不可贸然一试，像前策一样，又是自己否定了自己。

第三策是，虚君共和，奉清"让帝"溥仪为虚君。

这是早已讲过很多次的旧法，为使之略显变化，康有为除大量重复旧论之外，还在文字上玩了两个新的花样。

一是虚君共和不叫虚君共和："并不能谓之虚君共和也，实同木偶神共和耳。……夫虚衔之于实权，相去极远矣。……故此实非君主也，无事无权，不过一土木偶神耳。……欧人之谓英政体也，皆谓之虚君共和国。吾今直不谓之虚君，直谓之偶神共和耳。孔子之作《春秋》也，尊周王曰'天王'。天者无为，实所谓神而已耳。孔子曰：舜何为也哉，恭己正南面而已。又曰：舜有天下而不与焉。虚君之共和哉！偶神之共和而已。"③康有为原来也一直说"土木偶神"，现造出"偶神共和"这一新词，无非是想将"虚"讲到极致，以使人更信"君"之无害。

---

① 康有为：《中国善后议》，载《康有为全集》第十集，中国人民大学出版社2007年版，第273—274页。
② 康有为：《中国善后议》，载《康有为全集》第十集，中国人民大学出版社2007年版，第274页。
③ 康有为：《中国善后议》，载《康有为全集》第十集，中国人民大学出版社2007年版，第274—276页。

二是复辟不叫复辟:"今将师英、意、比、荷而立偶神之虚君,中国之人,谁其可者?……则让帝之帝礼尚存,寿诞吉辰,大僚仍有觐贺,隆裕大丧,国民多为致哀行礼,则与各国虚君实已无别……各国宪法,皇族不得干预政事,太后不能摄政,皆载在宪法,更无他患,而共和政体决定矣。既曰五族共和,平等无择,以为偶神最便,以为复辟,则大不切也。《书》曰:惟辟作威,惟辟作福。今立虚君,专为不能作威福也。盖非辟也,何复之有?"①君主被废除而又重新就位,是为复辟;有君主之位而无专制之权,是为虚君。这本来是两回事,康有为却将其搅在一起,否认变让帝为虚君就是复辟,还辩称立虚君是"专为"限制君主作威作福,其心口不一、言不由衷,可谓至为明显。

以上三策,前两策不过是陪衬,第三策才吐露了康有为的真心。然而,无论哪一策,他都毫无被人采纳的信心——这不仅因三策的政治取向"犯举国之怒……违亿兆众之论"②,而且因三策本身(尤其是前两策)的设想已近乎异想天开,万无成真的道理。因此,他只能绝望地表示:"吾陈此三策,如医生之开三方云尔,不能强病家以必服也。……吾虽强一家之人以服此药,而仲叔季弟、幼子童孙不以此方为然,而不服之,吾只有泣血流涕以道之。若其不服,吾亦无如之何也,惟有为之备衣衾棺椁而已。"③

若不虚君共和,中国就只有死路一条,这未免太过绝对。事实上,全国范围的反袁护国斗争迅速取得胜利,已证明民主共和还有强大的生命力。康有为之所以看不到这一点,是因为他完全活在自己虚幻的政治理念里,除了拥戴清室的虚君共和,他对任何其他政治选择都不看好,与民主共和当然更是格格不入。站在这一根本立场上反袁,当然不可能从洪宪帝制的失败中真正吸取教训。事实上,康有为坚决反对的是宿敌袁世凯的称帝,而并不反对帝制,对已被推翻的清朝帝制更是念念不忘,时刻以其早日恢复为己任。

正因如此,当袁氏倒台已成定局之时,康有为就对所选的"共和"第三策重做界定,迫不及待地告别共和,毫不遮掩地首肯复辟。他非常明确地论述道:

---

① 康有为:《中国善后议》,载《康有为全集》第十集,中国人民大学出版社2007年版,第277页。
② 康有为:《中国善后议》,载《康有为全集》第十集,中国人民大学出版社2007年版,第279页。
③ 康有为:《中国善后议》,载《康有为全集》第十集,中国人民大学出版社2007年版,第277页。

> 今欲为中国筹长治久安之计，则共和之变乱不可不鉴也。……君主专制之法，可恐可惧，必不可行。夫共和既易酿乱，而世君又必专制，皆不可行矣。然则如何？……只有行立宪虚君之法耳。……吾国今经革命，君臣之义已隳，又经排满，满人之力尽微。幸让帝犹在，年方冲幼，既为孺子王，未能亲政事也，即令复位，不过虚衔……真成虚君之共和矣。……故天留孺子王，正天以成中国真正立宪之政，真正共和之治也。……自筹安会起，帝制生后……列国公使之意，谓中国若行帝制，何不复于明辟。又见上海商人，咸思复辟以定乱。由是观之，内外同情……安中国而弭乱源，计无善于此者矣。……今列国击争，则共和本非所宜，又必无永行共和之理……吾中国之共和乎……乱象满盈，非兵莫定，则必武人主持，若勉为共和，则武人为于大君，日事共争共乱耳。袁世凯将去矣。请悬此言以验后变……①

在此论述中，康有为对共和的抨击与对帝制和复辟的讴歌，形成了极为鲜明的对比。尽管他还在讲"虚君之共和""真正共和之治"，究其实，不过只是帝制和复辟的同义语而已。此后，由于时局的进一步变化和机缘的巧合，康有为就迅速变成了一位公然的复辟论者，其所主张的复辟与此前的虚君共和论，有了更为明显的不同。

---

① 康有为：《中国今后筹安定策》，载《康有为全集》第十集，中国人民大学出版社2007年版，第339—341页。

第十五章

复辟论

当康有为最初宣扬虚君共和时，还不存在复辟的问题。①在反袁过程中，他重拾虚君共和，复辟之语逐渐增多，而明确以复辟论为主导，则是他与张勋结成思想和政治同盟的结果。随着张勋将复辟见之于行动，康有为的复辟论达到高峰，其一直深藏的政治与文化底蕴显露得格外真实和清楚。复辟速败后，康有为万念俱灰，不得不承认"中华帝国"梦的彻底破灭，但却毫无悔意，反而将民国一切祸患归罪于民主共和。以此为界，其一生对各类政治制度的理论探究和实际谋划，也终于走到了尽头。

一、从虚君到复辟

虚君共和与复辟作为前后相继的两大政见，经历了一个逐渐转化的过程。这一转化，与时局的演变有非常密切的关系。

如前所述，当辛亥革命迅猛爆发、一举推翻清朝之际，康有为对革命大潮毫无阻挡之力，其最大的愿望只求清皇室不被废除。为此，他费尽千言万语论虚君之虚和无用之用，极力证明虚君与共和的高度一致，以期民国保存君主，不设总统。到总统制已成定局之时，他一度放弃虚君共和，另图救危之计。但

---

① 当时清帝尚未退位，康有为主张虚君共和，是欲继续保留君位，而清帝退位之后，其主张重新恢复帝制，则可称之为复辟。仅从字面上说，在清帝退位之前，主张虚君是留辟，而退位之后再言虚君，则势必为复辟，两者好像是一回事。其实不然。虚君与复辟既有共同之点，又有显著差别。共同之处在于皆以君主在位为前提，不论前者还是后者，君主都享受同样的名义和礼遇，也都不等于君主专制。不同之处在于虚君以君为虚，而以宪政为实，虚君从属于共和，完全失去了君主原来所具有的权力，复辟则以恢复帝制为中心，虽仍存宪政，有虚君之意，但明显加强了君主的权力，削减了共和的意义。虚君共和与复辟两论前后相继，非常明显地反映了康有为在政治思想上越退越远的变化。此外，在保皇自立时期，康有为也多次用过"复辟"一词，特指光绪帝复位复权，与此时复辟的政治含义不同。

随着对袁世凯政权希望的破灭，特别是受到袁氏称帝的严重刺激，他的虚君共和理念又再度活跃，并开始向复辟论转化。就在此时，他与张勋建立了紧密联系，共同将复辟付诸实践，复辟论依仗军阀武力，成了其政见的主旋律。

1916年6月初袁世凯刚死，康有为就迫不及待地向张勋吐露复辟心曲。他给张勋写了一封篇幅不长但很重要的信，信中毫无掩饰地说道：

> 侧慕虎将威名久矣。既勇略冠时，更义心独抱，恋恋故主，耿耿孤忠。每闻高风，未尝不倾倒，以为古之关、张传也。……今袁氏殂逝，正中国存亡之秋，而清室绝续之关也。总统共和之制，既五年三乱，后此乱尚无穷。扶旧君即以安中国，令之勿乱，此将军生平之志，亦即中国待命于将军者也。将军岂有意乎？将军坐拥重兵，镇握齐徐车毂之枢，举足为天下轻重。……从古英雄，无不以当机立断、先人夺人者成大功。如柔懦不断，观望失机，则受制于人，身家不保，身败名裂。……且公以拥戴清室见恶敌党久矣，今即欲折节忘耻，俯首事人，谁收□公者？然则人人可退，公处有进无退之地。公若进而卷甲疾趋，会同梦郁，北首燕路，重扶清室，则功昭日月，手握国权，否则不知公所归也。①

通篇极力鼓动张勋把握时机，下定决心，立即起兵行复辟之事，以成就"重扶清室""手握国权"的大业。此时距张勋复辟的发生还有一年，可见康有为实为此事最早的策动者。

尽管复辟心切，康有为信得过的还只有张勋。在与其他政军界要人周旋时，他皆别有建言，将复辟之谋遮盖得严严实实。他向继任大总统之位的黎元洪表示："承告继位，仁闻早布，薄海腾欢。民权久丧，已非共和，望早召正式国会，依葡例，凡旧章除与民国触背者，仍奉行。其袁氏自改新制，悉除之。救民生，筹兑现，求统一，保治安。人心大坏，徒法莫救，望尊德化，兴仁让，重节行，与民更始，犹有望也。"②似乎对黎大总统治国安邦还抱有希望，又似乎对恢复"民权"和"共和"仍怀期待。他劝告时任两广护国军都司

---

① 康有为：《致张勋书》，载《康有为全集》第十集，中国人民大学出版社2007年版，第301页。
② 康有为：《复黎元洪电》，载《康有为全集》第十集，中国人民大学出版社2007年版，第294页。

令、中华民国军务院副抚军长的岑春煊：反袁已经结束，"天下统一"为当务之急，"若欲图内乱，则是乱国军也，亡国军也，非护国也，则是恐中国之亡之不速也"，请"立行罢兵"，取消独立，表明的是同一拥戴现任大总统的立场。①在此后不久发出的一封电文中，这一立场表达得更为坚决："护国军以讨袁为义，即拥戴大总统矣。袁氏既陨，大总统继位，天下归仁，则护国军应即罢兵，各省应销独立，中国乃可统一而求治安。……今总统即位二旬之后，旧约法已复，旧国会已开，护国军竟攻……大总统之命吏，势同敌国，则非拥戴大总统，而似背叛大总统矣。"②既拥黎统一，又赞成复约法、开国会，与时局主流似完全保持了一致。

实际上，康有为的公开表态有真有假。真者是他的确希望袁氏倒台之后，民国赶快回到"统一"的正轨，将奉旧章、重教化、求治安、救民生等要策付诸实行；而假者在于，其内心翘盼帝制复辟，并不认可总统共和制，也不以旧约法和国会为然，但出于策略考虑，不得不暂以"拥戴"和顺从作为台面话。

这一假面，他戴得并不久，护国运动如愿结束后才过数月，康有为就重新开始对共和制发难。在《〈国是报〉发刊词》中，他批评了民国议会、约法、责任内阁、总统制等，"凡种种妄引欧美之政体，强施诸中国者，皆无有是处而已。皆所谓天下本无事，庸人自扰之而已。凡此万千百十数之绅缨学子，日月讨论，朝夕辩难，皆徒费笔墨，糜饔飧，竭吾民有用之脂膏，供自扰之庸人以自扰其国，以自危亡其国而已"，声称"昔宋有狂泉，宋人举国饮之，举国皆狂；……今吾国人之饮狂泉者甚于宋人矣"，只有自己一人"不饮而不狂"。③这就彻底否定了共和制。

在《问民意》中，他集中抨击民国国会："今我国以八十万人而选一议员，地方情形皆不可见，民间风俗皆不可得，惟此数百议员，浩浩同一声而已。以为能摄中国四万万人之影乎？以为能达中国四万万人之意乎？……则名为国会，实非国会；名为民意，实非民意。……国会而非一国之所会，民意而

---

① 康有为：《致岑春煊书》，载《康有为全集》第十集，中国人民大学出版社2007年版，第298页。
② 康有为：《致黎元洪、段祺瑞电》，载《康有为全集》第十集，中国人民大学出版社2007年版，第302页。
③ 康有为：《〈国是报〉发刊词》，载《康有为全集》第十集，中国人民大学出版社2007年版，第329、330页。

非四万万之同意；质而言之，民意者不过数百人之意而已，国会者不过数百人之会而已。"①以必须代表全中国四万万人这一根本不可能达到的要求作为标准，民初国会自然失去了存在的理由。

进入1917年后，康有为对复辟的谋划逐渐活跃。他致函曾支持袁氏称帝、现投靠张勋的北洋将军陆建章，称"数月来通梦交魂，推襟送抱，神交久矣。……执事大才槃槃，孤忠耿耿……有公任其难，又有秀山督军（李纯，字秀山，北洋将军，时任江西督军——引者注）砥柱中流，仆固愿执鞭弭从诸公之后，中国艰危犹有望耶"②，与同道武人"诸公"结盟的愿望表达得非常清楚。

接着，他又写信给先后当过清朝东三省总督和军机大臣、北洋政府国务卿的徐世昌，完全站在复辟的立场，对"国体民心""外势内情"做了这样的"详陈"：

> 夫袁慰庭（袁世凯，字慰庭——引者注）既非行共和者，不过借共和二字为帝制转阶耳。其暴民唱共和者，亦非真为共和也，不过假共和美名为争权利之计耳。中国举国人实未知共和之政如何……故自共和以来，五年三乱……其为不国甚矣。及去年五月（即1916年6月，袁世凯死，黎元洪继任大总统——引者注）以来，政府变更，此中国转移之大机会矣。乃共和复旧，于是约法复旧，国会复旧，惟以总统制为不善，乃实行法国责任内阁之制。因之暴民攘乱于下，府院交哄于上……今全国人惟美洲、南洋身未受争乱之苦，犹溺惑于共和之美名；自余内地各省，除党人数万、新学生数万外，未有以共和为可行者矣。党人者，以革命而得权利者也；新学生者，无知识而乐于自由者也。民情大可见矣，盖于共和心断望绝矣。……若有人主持之，因势而利导之，若决江河，莫之能御也。……但有明公主持之，从风而听。尔公尔侯，用安反侧，其负隅弄兵于边，则从容定之，安中国，复旧君，在一反掌耳。③

---

① 康有为：《问民意》，载《康有为全集》第十集，中国人民大学出版社2007年版，第331页。
② 康有为：《与陆建章书》，载《康有为全集》第十集，中国人民大学出版社2007年版，第357页。
③ 康有为：《与徐世昌书》，载《康有为全集》第十集，中国人民大学出版社2007年版，第359—361页。

康有为和盘托出了对辛亥革命、共和制度、"暴民"、革命党和新学生的深仇大恨，对"复旧君"以"安中国"，则寄予无限的期望。

虽指望陆建章"任其难"，拉拢徐世昌"主持之"，康有为真正倚靠的还是张勋。1917年6月，随着"府院之争"白热化，张勋受命进京"调解"，复辟之行拉开了序幕，康有为的献计献策也变得格外频繁。他先是要张勋快速出兵，"请直抵丰台，立办大事"；未成之后，又建议其要尽力取得"诸督之助"，"愿公虚心优礼，善为抚绥；勿刚愎自用以失人心，勿傲慢专欲以失众意，多遣使命以密结之，厚其电意以虚商之；以至诚感之，以大势动之"，以防"同盟之异志"，①生怕其行差踏错，一误再误。张勋率兵进北京后，康有为复辟之心更为迫切，代人连发两道电函，催其赶紧行动。他毫不掩饰地写道："民主政体，不能适于中国。……若再不改图，后无良法，只有待亡。今南愿无革军之忧，东邻有默助之意，天人合应，咸思归故主。……时乎不再，公握劲旅，坐镇中枢，若再徘徊迟疑，坐失事机，异日外交困难，东邻胁迫，坐待亡国，悔无可追。望即举行复辟大典，有唐时五王临淄王及明时夺门故事。"②又说："夫九鼎沦丧，于今六年矣。……今中国丧乱虽频，幅员未裂。临以仁明之辟，辅以忠贞之臣，崩析之祸犹可亟止。若再循世俗之论，因循数年，恐虽有善者，无能为矣。……深知民心之思故主，肇乱之由共和，用敢不避斧钺，沥血直诚。"③可谓对立行复辟望眼欲穿，一刻也不能再等。

在一心倚仗张勋武力的同时，康有为还尽其所能，为即将到来的复辟做各种准备。他于黎元洪被迫下令解散国会后，致函各省军政长官和各报馆，请督军团"取消独立，以安商民"，请大总统"亟下明令，另选议员，别开国民大会，以公议宪法"，请中立各省、南方诸将"维持治安，以待国会之另选"，④

---

① 康有为：《致张勋书》，载《康有为全集》第十集，中国人民大学出版社2007年版，第380页。
② 康有为：《致张勋电 代瞿鸿禨等作》，载《康有为全集》第十集，中国人民大学出版社2007年版，第382页。
③ 康有为：《致张勋书 代瞿鸿禨等作》，载《康有为全集》第十集，中国人民大学出版社2007年版，第383页。
④ 康有为：《请开国民大会公议立宪书》，载《康有为全集》第十集，中国人民大学出版社2007年版，第387页。

表面上似仍以共和为归。但紧接着，他致电黎元洪及各军政要人、政学商界、报馆，直言不讳地主张"师英之由民主立宪而改君主立宪，效奥、德初废其君，复迎立旧君"，希望立即"联名公请复辟，大总统宜奉还大政"，①直截了当地废除总统共和制。此外，更重要的一项工作是起草复辟文件，以备不时之需。这些文件，有《拟复辟登极诏》《拟帝国国会议院法》《丁巳代拟诏书》等，俨然摆开了旧君上台、重发号令的架势。

当张勋复辟真的到来之际，康有为的激动和欢欣简直不能自已。他描述自己"以六十之年，幸睹中兴之会。仰观云日，则天颜有喜；走趋宫阙，则步履如飞。……载欣载奔，踊跃三百"②，所有自辛亥以来的哀怨、愤懑、悲痛、绝望之情，全都一扫而光。在短短的十余天里，除了上奏《谢头品顶戴折》《谢恩弼德院副院长折》外，他还代拟了《吁各省将领拥戴复辟电》和《与徐世昌书》，成为复辟之论的代表作。

在电文中，他将民国一切问题的根源归之为"国体不良"，直言"推原祸始，实以共和之厉阶。……以视君主世及，犹得享数百年或数十年幸福者，相距何啻天渊！……默察时势人情，与其袭共和之虚名，取灭亡之实祸，何如屏除党见，改建一巩固帝国，以竞存于列强之间"，号召"凡我同胞，皆属先朝旧臣，受恩深重，即军民人等，亦皆食毛践土，世沐生成。接电后应即遵用正朔，悬挂龙旗……本群下尊王爱国之至心，定大清国阜民康之鸿业"。③其颠覆共和"国体"、变民国为"大清"的期盼，一目了然。

在写信时，因各路讨伐张勋之军已起，复辟之局眼见岌岌可危，出于自我辩解和求人"调停"的考虑，他于信中照抄了许多此前说过的虚君共和之理，但落脚之点还是"审察国情，非复辟不能救中国；遍考人心，皆思复辟而念旧朝"，坚持"用虚君共和之意，定中华帝国之名"，要徐世昌"深明虚君共和之体、保存幼冲复辟之义，上免国本之时摇，下拯生民之惨酷，以报先帝而安皇位"，并威胁"若公不能力争，致撤复辟，则咎有攸归，情同附逆，公何

---

① 康有为：《致张勋、黎元洪等电》，载《康有为全集》第十集，中国人民大学出版社2007年版，第385页。
② 康有为：《谢头品顶戴折》，载《康有为全集》第十集，中国人民大学出版社2007年版，第403页。
③ 康有为：《吁各省将领拥戴复辟电 代张勋等拟》，载《康有为全集》第十集，中国人民大学出版社2007年版，第406、407页。

面目以见天下人，而对先帝于地下"。①一心重回"旧朝"，将民国改称"帝国"，以"安皇位"作为"国本"，把"撤复辟"视同"附逆"，这表明所谓"虚君共和"在很大程度上已成门面之语，复辟同时也就意味着改变共和，抛弃共和。

以复辟前夕和复辟期间的一系列主张为载体，康有为最后完成了从虚君共和论到复辟论的转变。这一转变，不只是表述形式的变化，更重要的是实质内涵的变动。如果说，当年迫于时势，侥幸求存，其宣扬虚君共和还多有委曲求全、言不由衷之语，那么，随着民国乱危的日渐加深和复辟势力的集结活跃，其鼓吹复辟就越来越直接地显露真心，肆无忌惮。在林林总总的话语中，重行君权和改复旧制，是所有论述围绕的核心，形成了康有为复辟政见体系的两大基本点。

二、重行君权与改复旧制

重行君权，是复辟的枢纽所在。所谓复辟之辟，意为君主，包含君位与君权两个方面。有君位可以同时有君权，也可以只有君位，而并无君权。在虚君共和论中，君主仅留虚位，所有政治权力皆归属于"共和"政体（康有为对此曾一再极力表白）。复辟论则不然，君主复位以改变原有共和为前提，复君位同时意味着行君权。此时所要重行的君权，固然不是中国古代君主的专制之权，但与虚君共和所标榜的冷庙土偶的无权无用，已相差甚远。

为证明重行君权的正当合理，康有为给出了几条环环相扣的理由。

一是君主制优势独特，功德无量，原本就不该推翻。他称赞"中国本为数千年君主之制，圣贤继踵，代有留贻，制治之方，较各国为尤顺"，尤其是清朝，更堪称君主制优越性的代表："伏思大清忠厚开基，救民水火，其得天下之正，远迈汉、唐，二祖七宗，以圣继圣。我圣祖仁皇帝圣神文武，冠绝古今；历传至我德宗景皇帝，时势多艰，忧勤尤亟。试考史宬载笔，历朝爱民之政……多为旷古所无。即至辛亥用兵，孝定景皇后宁舍一姓之尊荣，不忍万民之涂炭，仁慈至意，沦浃人心，海内喁喁，讴思不已。……我皇上冲龄典学，

---

① 康有为：《与徐世昌书》，载《康有为全集》第十集，中国人民大学出版社2007年版，第409页。

遵时养晦，国内迭经大难，而深宫毖鬯无惊，近且圣学日昭，德音四被，可知天佑清祚，特畀我皇上以非常睿智，庶应运而施其拨乱反正之功，祖泽灵长，于兹益显。"①从奠基之祖，到"冲龄"让帝，都神圣、仁慈、睿智无比，因此，中国的唯一出路，就是将已被废除的君主制重新恢复过来："然则为时势计，莫如规复君主；为名教计，更莫如拥戴旧君。此心此理，八表攸同。……前者朝廷逊政，另置临时政府，原谓试行共和之后，足以弭乱绥民，今共和已阅六年，而变乱相寻未已。仍以谕早收回政柄，实与初旨相符，以视夏周中兴，尤属事半功倍。"②重回君主制被说成是"八表攸同"的普世心理，"收回政柄"更被誉为类似于"夏周中兴"的伟绩，可见在康有为心目中，君主制的重要达到了何等程度。

二是辛亥革命并无成功的必然性，结果只是一场巨大的灾难。既然君主制极好，何以会引发全国革命浪潮，并被一举推倒，他辩解是皆因个别和偶然的因素所造成："昔者辛亥之革命也，虽复民意民权之说，扬厉铺张，然汉阳既破，守武昌者皆走，其余乱民哗嚣，不过藉电报以欺天下人耳目耳。若使袁慰庭以北兵剿之，何难立定。盖今日铁路、轮船、电报、军械之新奇，决非潢池弄兵、斩木揭竿者所能成事也。"③"……辛亥以前，国势虽弱，人心未涣。朝廷方采舆论，励精图治，爰遣生徒游学海外。封疆大臣奉行不善，所资遣者多青衿佻达之士。孙、黄之徒，伺隙构煽，遂倡为排满之论，萌芽学校，毒痛四海，因有武昌辛亥之乱。……夫武昌兵乱，一隅之事也。大兵朝莅，汉阳夕下，熊罴之士，方思致死，以靖寇乱；乃秉政大臣，连电阻战，功败垂成。"④也就是说，如果不是有人恶意欺骗煽动，有人处置失误，革命绝不可能成功。正因如此，辛亥之变显然过激过当，对中国造成的危害极大："晚清之失，亲

---

① 康有为：《吁各省将领拥戴复辟电 代张勋等拟》，载《康有为全集》第十集，中国人民大学出版社2007年版，第407页。参见康有为《致张勋书 代瞿鸿禨等作》，载《康有为全集》第十集，第383页；《致张勋、黎元洪等电》，载《康有为全集》第十集，第385页；《拟复辟登极诏》，载《康有为全集》第十集，第388页。
② 康有为：《吁各省将领拥戴复辟电 代张勋等拟》，载《康有为全集》第十集，中国人民大学出版社2007年版，第407页。
③ 康有为：《与徐世昌书》，载《康有为全集》第十集，中国人民大学出版社2007年版，第359页。
④ 康有为：《致张勋书 代瞿鸿禨等作》，载《康有为全集》第十集，中国人民大学出版社2007年版，第383页。

贵之专，固然矣。然因种族之故，国民发愤过甚，力行革命，遂成辛亥之役，毙人民数千万，负外债数万万，削地失权，去铁路、矿山无数，甚者举中国五千年之礼制风俗，一举而扫除之，以冒共和之虚名，而究其成效，则只为成就袁氏一人专制而已。"① 这与康有为1911年就宣扬过的革命灾祸论，完全站在同一立场。

三是共和未收任何治理之效，反而引发了日益严重的大乱。他总结说："……考五年来之所得，其成效大验，则日杀吾民而困苦累索之，日削吾地、失吾权利而益危弱斫丧之。"②"自辛亥革命六年四乱，生民涂炭，四海困穷。各省时形分裂，将卒日闻哗变。……借内外债已近十万万元，犹日暴敛；失外蒙、辽、藏地已万余里，更言战外。政府无力，致川、滇内伐，流血成河；国会专制，至不祀上帝，废弃孔教。旧章尽弃，新法无成，借用外律，大逆民意。讼案山积，法吏作奸，党人横行，朝野皆荒。府院争权，百度尽废。但闻政以贿成，势以众争；但知禄位而不顾国家，惟争权利而尽弃节检。人心以无良无耻为尚，风俗以悖礼犯义为宜。……士不悦学，工商废滞；政同儿戏，吏类沐猴；……四维皆坠，群盗满野。各厉精而图共乱，人发愤而赴野蛮。从古数千年，晦盲昏乱，未有甚于此时者也，推其祸始，皆由民主共和误之。"③要之，康有为认为民国是中国历史上最坏的一个时期，不仅坏过晚清，而且坏过一切以往的朝代。这与前述康有为1913年前后编织的共和乱危论，在取向上也无任何不同。

根据这些理由，其结论当然就是改变共和制，恢复君主制，向已被废除的旧君"公请复辟""奉还大政"④，使一部分政治大权重新回到君主手里。之所以是部分而不是全部，是因为康有为毕竟还反对君主专制，因此，当他力主复辟之时，仍不忘用"虚君""立宪"之类的话语对君权加以限制。但是，与此

---

① 康有为：《中国今后筹安定策》，载《康有为全集》第十集，中国人民大学出版社2007年版，第338页。引者对引文标点有改动。
② 康有为：《中国今后筹安定策》，载《康有为全集》第十集，中国人民大学出版社2007年版，第338页。
③ 康有为：《致张勋、黎元洪等电》，载《康有为全集》第十集，中国人民大学出版社2007年版，第384页。另见《吁各省将领拥戴复辟电 代张勋等拟》，载《康有为全集》第十集，第406页。
④ 康有为：《致张勋、黎元洪等电》，载《康有为全集》第十集，中国人民大学出版社2007年版，第385页。

前虚君共和论竭力声明君主的无权无用不同，复辟论非常明显地要为君主再度取得相当程度的权力。这种努力，主要表现在取消原共和民权和恢复君主宪政统领权两方面。

辛亥革命之后，民权在民国政治制度上有两大最重要的体现，即约法和国会。①尽管作为民主制的开端，两者尚极不完善，但毕竟是革命所取得的重大成果，是共和精神的代表和象征。可以说，有约法和国会的存在，就没有君主制卷土重来的余地。正因如此，康有为要通过复辟重行君权，就必须铲除约法和国会这两大障碍。为此，他大造约法和国会罪恶滔天、非去不可的舆论：

> 夫立国三权，凡行政、司法、立法，皆由宪法所产，故议宪为一国大事，应如法国开国民大会，令每县举一通才以议之，而吾国约法误以议宪尽付国会，一权偏持，遂令行政牵阻。……遂成府院竞争，外假战事，内引各督，以成今日之变。盖皆自约法不良为之。国会诸议员，才贤只得少数，余皆选自势力金钱，或出于少年无赖。……但知一党之权利，而无爱国之心；惟逞一时之意气，而无大局之计。上帝犹停享祀，孔教亦遭排弃……登台则群哄四起，经年而莫睹寸效。名曰共和，实甚专制……故国人切齿腐心，谥为为恶。……夫以数百年之天子，苟政有不良，犹可革命，况数百之匹夫无赖，背乎民意，已非代表，敢作万恶，贻害邦人，其不能不解散，理也势也。故十四省督军，因民之怨为国请命，勒散国会，实救国之权宜，而有大功于国民者也。……假令无各督军迫请解散……一听暴民专制，慢神虐民，则中国何以为国？人民何以为人？势将国招瓜分，人为禽兽矣。……乃大总统以不得已解散为惭德，伍总理以坚不副署为守法，各报几以解散国会为不道，南方各省欲藉解散国会为兴兵讨逆，震惊全国。岂忘国会之万恶，而暴民应专制以亡国乎？……夫约法非吾四万万之民意也，不过十七省都督之代表，以兵力强为之。今十四省督军，以兵力散之，出尔反尔，乃其宜也。故国会不散，约法不废，

---

① 此处特指《中华民国临时约法》和中华民国第一届国会。

中国不救。①

这简直就是一篇声讨约法和国会的檄文，通篇充斥漫骂之语。在骂者看来，约法和国会不仅丝毫不能代表"民意"，反而是民意的死敌和"万恶"的"专制"，反对解散国会者都犯了"亡国"大错，而"勒散国会"的十四省督军才立下了"救国"的大功。从这种混淆和颠倒中，可看出康有为对复辟是何等入迷。既然约法应废，国会已散，加上总统制早就屡遭抨击，那么，辛亥革命所取得的共和制度成果，基本上就荡然无存了。

在取消现存的共和民权之时，康有为以"开国民大会"、代表"四万万之民意"、仍"行立宪政体"为标榜②，究其实际，将宪政统领权交回到复辟君主手里，才是他最想达到的目的。近代中国实行宪政，本来就有两条不同的道路：一条是革命派阵营主导的民主共和之路，另一条是改良派阵营主导的君主立宪之路。前者以废除君主制为取向，因此在宪政中完全摒除了君主的权力，而后者以保留君主制为取向，在立宪过程中对君权有相当多的借助和倚重。前条道路既然已被康有为堵死，且所谓改良派此时再也形不成像样的阵营，那么他所能走的，便只有后条召唤君权的道路。

康有为一心希望恢复的宪政统领权，集中表现为重新由君主主持立宪。正如《拟复辟登极诏》所明示："德宗景皇帝（即光绪帝——引者注）创行立宪，召集国会，自古未有之政也。孝定景皇后（即隆裕太后——引者注）不忍国民之流血，甘弃一姓之尊荣……付与袁世凯以全权，组织民国政府，诚欲得共和盛治……岂意袁世凯……窥窃神器，毒痛四海……继其后者，府院争权，政不及民，议员扰攘，乱延于国。督军及百官等，以民主政体只能攘乱，不能为治，不适于中国，请朕复正大统，今复即位。……朕与吾国民愿用英国君民同治之政。……统名中华帝国，以行立宪政体。大开国民会议，以议宪法。……朕以冲孺，不识治理……亦惟听舆人之公论。考大地之新知，求才

---

① 康有为：《请开国民大会公议立宪书》，载《康有为全集》第十集，中国人民大学出版社2007年版，第386—387页。
② 参见康有为《拟复辟登极诏》，载《康有为全集》第十集，中国人民大学出版社2007年版，第388页。

贤之辅弼，忧困苦之黎元，不分新旧而合熔，斟酌古今而行政。奖励物质以富民，兴起教化以美俗，政权公之国民，犹是共和也。"①

从光绪"创行立宪"到隆裕决定交权，再到袁氏称帝、共和"攮乱"，最后不得不"请朕复正大统"，康有为十分清楚地划出了一条君权得而失，又失而得的轨迹。这显然是一段被曲解的历史，略此不谈，真正值得注意的是，他又启用了"君民同治"这一意味君权民权并重的早期概念，并进一步改民国为帝国，一切国家大政固然"公之国民"，但同时也由君主全盘把握，一切似乎回到了清末的预备立宪。②

在《拟帝国国会议院法》和《丁巳代拟诏书》中，君权的行使有许多更为具体的显示。如前者规定帝国国会的召集"日期由召集敕谕指定"，议员"遵敕谕……齐集于各议院之会堂"开会，议院议长、副议长选举候补人之后"恭候钦命"认定，议院"闭会日期以敕谕定之，两议院会合行礼"，议院如有"上奏案"则"以议长为总代，专折奏闻"，由议院所推选的国务审判院审判官须"奏请钦命"，人民"请愿书中如对于皇室有不敬之语……概不接受"，议员"对于皇室不得有不敬之言语或论说"，议员因无故缺席"奉旨召集"的

---

① 康有为：《拟复辟登极诏》，载《康有为全集》第十集，中国人民大学出版社2007年版，第388页。
② 君主立宪必须由君主主导和主持，在《丁巳代拟诏书》中有更为明确的表述。一是说"德宗景皇帝至仁大德，同符尧、舜，特创立宪法，定为君主立宪政体……暨朕缵服，寅述先志，首先集国会，重定宪法。……既非民国，约法已废，惟宣统三年十月之宪法（指清廷颁布的《宪法重大信条十九条》——引者注），业经誓庙颁行，今应用之。政体虽有虚君，民权仍是共和。惟是宪也，出于一时军人，并非万方民意，与民国约法同。夫凡非民献之公意，则不能得一国之事势、风俗、民情，岂能行之久远乎？朕惟宪法重大，非集全国之耆硕通才公议不可。或应由府县举廿人，或由各直省举人，共开议宪局，先议定议宪选举法，迅速颁行，以备开国民大会，公议宪法。俾朕与四万万人民共有遵循，庶立中国万年磐石之基焉"。（《康有为全集》第十集，第399页）宪法要由君定，民国约法固然该废，就是清廷曾颁布的宪法十九条，因出自"军人"，言民权共和，让步太多，也不可用；只有依照君主旨意重定，宪法才能算数。二是说"国会即摄民情之影也。我德宗景皇帝为中国数千年创立宪法，首开国会。朕缵承先志，曾于宣统二年开资政院，为我君民共议政治之始。民献数百，多士济济，共宏此远谟。不幸遭变，不竟厥会。暨乎民国数年，两被解散。然国会为立宪国之机轴，我中华帝国立法之要枢，朕日所倚望也。所司其亟议召集国会，庶几野无遗贤，奔走偕来，同我太平，朕有厚望焉"。（《康有为全集》第十集，第400页）也就是重新召集的国会要与当年奉旨设立的资政院对接（民国成立的国会已被斥为"万恶"），使之成为不负君主"厚望"的政治枢纽。

会议而受惩罚须"请旨裁夺"等。① 这些规定虽字数不多，但对君权存在的宣告，至为明确。后者既为"诏书"，君权自然毋庸置疑，书中比比皆是的"钦此""朕将追褒""朕将侧席""皆朕赤子""朕有厚望""咸谕朕意""朕甚嘉赖之"等行文，令人仿佛又置身于不久前的君主制时代。②

改复旧制，是康有为复辟政见的另一个基本点。君权与旧制，本来就相互依存，前者是后者的代表，后者是前者的支撑。民国既然取消了君主制，势必也废除了与之相应的各种旧制度，而康有为欲重行君权，首要的一项任务就是要改变共和新制，重新恢复旧制。按《丁巳代拟诏书》的设想，要改复的旧制有以下数项。

一曰"访遗老"："朕惟忠节者，士之高行廉耻者，国之美俗。……自民国以来，廉耻隳顿，反覆无良，惟知持位保禄，觍颜事仇。……我卿大夫士多有挂冠而去，眷怀故国，高尚不污。或伏匿海滨，或隐处岩野，或曹丕累征而不起，或首阳抗节而食薇。此诚不愧先帝之股肱，亦实为我朝之义士。朕既复位，宜与之共天位天禄……自特征外，其有旧服百僚未仕民国者，各诣阙廷报名。内阁详叙官历行事，候召见分别擢用。"③ 此即恢复由君主"擢用"官员制，并特指要收罗录用那些与民国为仇、忠于清廷的"卿大夫士"和"旧服百僚"。

二曰"续世爵"："大地百国，皆有世爵。盖报功酬德，善之及子孙，礼之宜也。逮禅民国，世爵皆废……甚且毁及祠庙，复及田产。国无乔木，言念黯然！孔子曰：继绝世。今朕既复位，其有司宣统三年以前有世爵者，宜并复旧爵。"④ 此即恢复民国已废的世爵制。

三曰"表忠烈"："国无慷慨侠烈、忠节死难之臣，则国将焉托？近者忠义扫地，以反覆无耻为尚。然中国数千年教化所陶，我朝数百年养士之报，岂无人哉？朕念毅魄忠魂，为之垂涕。其设表忠局，搜辛亥以来各省义士死王事

---

① 参见康有为《拟帝国国会议院法》，载《康有为全集》第十集，中国人民大学出版社2007年版，第389、391、392、394、395、396页。
② 参见康有为《丁巳代拟诏书》，载《康有为全集》第十集，中国人民大学出版社2007年版，第397—402页。
③ 康有为：《丁巳代拟诏书》，载《康有为全集》第十集，中国人民大学出版社2007年版，第397页。
④ 康有为：《丁巳代拟诏书》，载《康有为全集》第十集，中国人民大学出版社2007年版，第397页。

者报闻,朕将追褒之。"①此即恢复君主表彰忠烈制,特别是要褒奖那些因对抗革命而"死王事者"。

四曰"举逸民":"朕惟中国近古风俗之美,莫如东汉,让爵让产,史不绝书。贼畏名贤,人厉节检……朕甚慕焉。自民国后风俗败坏,寡廉鲜耻,士不悦学,奔竞为贤,朕甚忧之!先圣之泽未泯也,岩穴之士,必有被褐怀玉,龙蟠凤逸,耻仕浊世者。有司其访荐以闻,朕将侧席焉。"②此即恢复朝廷民间访贤制,而贤者皆为不肯在民国当官("耻仕浊世")之人。

五曰"肆大眚"(赦有罪之意——引者注):"……民国不道,党势熏天,或多依势作威,倚法以削吾民,或者其有沉冤滞狱耶?……朕惟为政宜崇宽大,或谬从恶俗,或误比匪人,遂陷罪戮。皆朕赤子也,朕未能教而罪之,朕不忍也。万方有罪,皆予一人不德,吾民何辜焉。故特行大赦,虽昔对本朝者皆不究,有司其引旧典详议以闻。"③此即恢复君主赦罪制,特别针对的是民国的"沉冤滞狱",并表示对过去反清之人的宽大。

六曰"复绅士":"吾国不设律士,而州县狱讼寡少,民生安静,教化普及者。盖乡族事有绅士平之,其子弟则耆旧教之;地方利赖之事,搢绅乡先生聚议兴废之。此实万国自治之先河,而吾国先受其治成也。民国妄人,不知此议,高谈平等,士大夫皆降号为公民,不敢称官衔科第,走避他乡,徒令盗贼无赖,桀类武断乡曲。故自治者,至美之治也,而今则徒供暴民盘踞而已。……其令自今旧有科第官阶,皆得复叙,以式教乡人,其有司以礼待之如旧。"④此即恢复乡绅自治制,以改变民国取消"官衔科第"、令"暴民盘踞"乡村的现状。

七曰"尊孔教":"朕惟一国自立之道,各有其历史所传之风俗性情,以为其国民之根本,为第二之天性焉。保全之,则坚固硕大;摧抑之,则散乱丧亡。吾国创立五千年,为东亚文明之先河……其所致然何哉?由奉孔教为国教为之。……自民国来,革皇清之命,乃至革中国数千年礼乐典章风化之命,日

---

① 康有为:《丁巳代拟诏书》,载《康有为全集》第十集,中国人民大学出版社2007年版,第397页。
② 康有为:《丁巳代拟诏书》,载《康有为全集》第十集,中国人民大学出版社2007年版,第397页。
③ 康有为:《丁巳代拟诏书》,载《康有为全集》第十集,中国人民大学出版社2007年版,第398页。
④ 康有为:《丁巳代拟诏书》,载《康有为全集》第十集,中国人民大学出版社2007年版,第398页。

夕攻孔，乃至废读经，辍祭祀，禁拜跪……舍弃旧有之德礼，而高谈法治……故民国之风俗败坏，人心险诈，礼义廉耻扫地以尽，皆由数妄人尊法治而排孔教为之……朕甚痛之。其自今尊奉孔子为国教，悉查旧章奉行，其敢没收祭田毁文庙皆复之，其各地孔教会扶翼大教者，有司欲助之，随时以闻。"①此即恢复尊孔制，与民国"尊法治而排孔教"针锋相对。

八曰"读经"："自民国以来，改废孔教，罢弃读经，拔木塞源，以败坏人心，荡弃教俗，朕甚痛之！既禁读经……则孔教绝矣。孔教既绝，则数万万国民一身之言行，一家之结合，一国之政治，皆茫无是非，荡无法守，倡狂妄行，得无同于猛兽乎？……其令所司拟学经读经次序，其教科书应亟重行编定，其选通儒博通中外者充编辑官，所司议行。"②此即恢复读经制，取消民国"禁读经"之令。

此外，还有两项旧制的改复，采取的是新旧调和的办法。

一是"改新律"："吾国导民以德礼，故数千年来……不设律师而民保治安，狱讼鲜少，亦万国所无也。近自海通以还，交涉日繁，政体日新，且为外人交婚入籍，内地杂居。计旧律诚有宜删，新律有宜增补，乃能适变宜民。若民国新律，尽弃置吾国历史、教俗、性情于不顾……甚且有背伦乖纪，反道败德，以坏吾民俗者，伤吾民心者，吾民痛恨，切齿腐心久矣。……此民国所由亡也。其令法部选通达中外律学者，考定新旧律例，其背伦乖纪，反道败德者删除之，勿使伤吾民心。"③康有为虽主张对旧律有所删减，对新律有所增补，但立足点还是传统的伦纪道德，对民国新建的法律则"痛恨"至极。

二是"定官制"："自民国以来，官制大紊，爵赏冒滥。……都督、督军、省长、巡按则日月易名，令人不识。破尽资格，不禁回避，则官方尽坏，奔竞成风。……今虽复于旧政，而泯梦陵乱，政俗已成，何以为国？朕甚忧之！且有旧制不能骤复，新制不能骤去者，其所司速将官制酌其沿革，损益折中，以速颁行。"④之所以"损益折中"，是因为旧者不能"骤复"，而新者不

---

① 康有为：《丁巳代拟诏书》，载《康有为全集》第十集，中国人民大学出版社2007年版，第400—401页。
② 康有为：《丁巳代拟诏书》，载《康有为全集》第十集，中国人民大学出版社2007年版，第402页。
③ 康有为：《丁巳代拟诏书》，载《康有为全集》第十集，中国人民大学出版社2007年版，第400页。
④ 康有为：《丁巳代拟诏书》，载《康有为全集》第十集，中国人民大学出版社2007年版，第402页。

能"骤去"，但官制改到最后，显然还是要达到与"旧政"完全相一致的目的。

从上述两大基本点不难清楚地看出康有为复辟政见的实质，这就是要彻底颠覆民国现有的权力格局和制度体系，在君权主持下，重建一套君宪制与王朝旧制相结合的帝国体制。这一体制中的君宪制，不仅与民主共和相隔甚远，而且与康有为宣扬过的虚君共和也大不相同；这一体制中的王朝旧制，与历代旧制则一脉相承，几无二致。其最关键者，当然是君主由复位到复权，虽受制约，而与被废相比，却已有天渊之别。

需要特别指出的是，重行的君权看起来系于君主一身，改复的旧制名义上亦出于"诏令"，其实两者在很大程度上反映的是康有为对权力和通过权力实现政治理想的渴望。康有为不仅规定了君主行使权力的方式，而且直接起草了诏令，两者都贯串着他此前一再阐释过的政治思想。民国建立后，被废的清帝已毫无权势，其存在只是一种政治符号和工具，但想借此符号、用此工具来达到自身目的者，尚不乏其人。康有为及其所代表的政治势力，就是其中之一。复辟如果成功，也就意味着康有为政治理想的成功，进入政治中枢决策圈的成功，按其纲领主张重新治国治民的成功。从这个意义上说，重行的君权也就是康有为所期待的政治掌控之权，而改复的旧制则是其行使此权的基础一环。

三、不思悔改

对于张勋复辟，康有为本来寄予无限希望，耗费了大量心血。但此举因完全背离时代潮流，在极短的12天时间里便遭到失败。这一失败，使康有为从此不再有重登政治舞台的机会，但他丝毫也未改变复辟的政治信念。

还在复辟将灭前夕，康有为预感败局已定，便以"出行奔走筹救"为名，向"皇上"奏请辞职。他将失败原因归为"主者忽听谗比匪，遂以专愎失人；诸将背信妒功，敢以叛逆犯上"，表示"愚忠自效，仍竭股肱。臣身虽不在曹司，臣心则时在家国。奔走四方，呼吁筹救，一息尚存，鞠躬尽瘁"。[①] "筹救"当然只是一句空话，效忠至死倒是道出了实意真情。

[①] 康有为：《请辞职出行奔走筹救折》，载《康有为全集》第十集，中国人民大学出版社2007年版，第416页。

复辟失败后，康有为被民国政府以"同谋造乱"罪通缉，他不做任何悔改，反而自诩"所以表彰仆舍命不渝以救中国而忠皇室者，仆且感且愧"①。在数篇电文书信中，他对复辟之举多方辩解，再度表达了不变的复辟理念。

其一，从君主立宪到虚君共和，再到复辟，是一脉相承的救国法宝。他回顾自己"自戊戌以来主持君主立宪，自辛亥以来主持虚君共和；光明言之，未有改也。先坟掘、亡弟戮、家产没，二十年来蒙难负罪，未尝屈改而得一官、争一权利。上质天日，下告国民，仆之心以救中国耳"。之所以如此坚守，是因为认定共和只能为乱，复辟才能救危："天下滔滔，何时能安？不过数人争总统、总理以乱天下。既得总统，将称帝制，几何见有分毫利国福民者哉！且就今四万万人中，任举何人为总统、总理，殆无不争。其高谈拥护共和者，不过少数人戴假面具以欺国民耳。六年五乱，亦可推知矣。……若天不亡中国，则必如仆说，改行英虚君共和制；无人可立，则必复辟。而后能令国本安，不争不乱，乃可言治。请悬之国门，以观吾说之验否也。"②中国在20年中发生了由君国进入民国的巨变，康有为却始终坚持要保存君主，这种对抗时代进步潮流的不变，实在不值得夸耀。民主共和固然还没有解决争与乱的问题，但以为扶植一位小儿废帝复辟，就可以转乱为治，使一切变得平安无事，这只能是天方夜谭式的幻想。

其二，外国治与乱的历史证明了君主立宪的巨大优越性。他列举历史现象说："远望墨西哥共和革命之丧乱如彼，近观贵国（指日本——引者注）行君主立宪之强盛如此，因推览中南美民主国之岁岁争乱如彼，欧洲英、意、荷、瑞、丹、那之虚君共和而盛乐如此。又近观俄国革命，内乱如麻，岂徒畴昔盛强必不可复得，行将分裂，否亦势同散沙、国非其国矣。"他又进而探究何以治乱的根源："夫立宪之君主，所以愈于共和之民主者，盖总统之选，必有才望，故以之行美总统制，则必恢复专制而行帝制，以之行法责任内阁制，则必至与总统争权而酿大乱。……夫君主之立，以门第不以才望，以世袭不以选举；故尊如天神，不负责任，自不与政府争权，然后可以为宪法之治。贵国与

---

① 康有为：《致冯国璋电》，载《康有为全集》第十集，中国人民大学出版社2007年版，第417页。
② 康有为：《致冯国璋电》，载《康有为全集》第十集，中国人民大学出版社2007年版，第418、419页。

欧洲诸小立宪国，其成效也。吾国今欲取门第世袭，而不取才望选举，则非复辟，其将安之？"①即便墨西哥和中南美各国因民主共和而乱，日本和欧洲各国因君主立宪或虚君共和而强，俄国因革命而衰败，也并不能得出"民主之政，必不可行于中国"，中国只能仿效日本和欧洲政制的结论，因为中国与他国有完全不同的国情（实际上康有为亦承认这一点）。至于将共和制聚焦于总统或总理，将君宪制聚焦于君主，尤其以"才望选举"与"门第世袭"之别作为争乱与否的关键和必须复辟的核心依据，更是显得极为偏执。

其三，复辟顺应人心，败于误信督军。他对人心做了这样的估计："……民国虐乱已极，人思前朝，若其故家世族，遗老旧臣，感念旧君，思立故主，人之情也。故年来复辟之论，遍满人心，东报亦多载之。仆既受先帝之知，为救中国之故，因夫人心之顺，故决行复辟之举。……张上将勋义勇冠时，乃心皇室。……合三千之兵，敢行夺门之事，盖以诸督同谋复辟，信誓旦旦，误信太过，至兹败绩。"②复辟倚仗的"人心"不过是故家世族、遗老旧臣之心，而绝非大多数国民之心；之所以"误信"，根子并不在于被诸督迷惑，而在于对政治大势错判。可惜康有为不愿承认这一点，死陷"先帝"和"皇室"的泥沼而不肯自拔。

其四，国民幼稚愚昧，君宪虚君因此难行。他总结和辨析道：

> 夫政治之变故，至深远，而吾国民之知识，至幼稚。故与之言排满革命、民主共和，则简单而易知；与之言君主立宪、虚君共和，则极深而难识。吾国民不深知欧美之政体，泥于名而昧其实，几若一称共和，即不得再有君主也者。……几若一有君主，则为复于专制也者。……几若一称共和，即无宪法、无国会、无民意，虽专制亦乐之也者；几若一号共和，则日听少数武人专制而绝无民权，亦甘之也者……一若既行民主共和，即不能改主君主，若类退化也者……一若即立君主，不欲戴满人……推其愚昧之由，盖辛亥革命之前，举国不知有共和之事；及辛亥革命之后，举国不

---

① 康有为：《覆大隈侯爵书》，载《康有为全集》第十集，中国人民大学出版社2007年版，第421页。
② 康有为：《覆大隈侯爵书》，载《康有为全集》第十集，中国人民大学出版社2007年版，第421—422页。

容人议共和之非，故至此愚蔽也。仆诚不忍，著《共和平议》一书大发明之。窃冀国民必有大明政体之一日，则国体变，然后国治可期。①

康有为力贬"吾国民"，与前面盛赞复辟势力，形成了鲜明的对照，由此也证明了其所言复辟之思"遍满人心"，事实上圈子极为有限。他将国民不肯由民主共和倒退到君主制贬为"愚蔽"，而将自己认定的复辟誉为"深知"明识，是唯一可行的"国治"之路，则显然完全颠倒了是非。

其五，民国如果坚持民主共和而不行复辟，势必走向灭亡。他对复辟失败后共和制仍存极为愤恨，大放危词：

> 虽去大盗（指段祺瑞——引者注），然共和仍行，则中国之亡不远……自民国以来，弃教灭理，人道丧尽，礼义廉耻之皆亡，道揆法守之并尽。凡所日日力行者，比求亡之道，自杀之谋，无所不用其极。举国颠倒发狂，游戏醉梦，无不可也。……故中国与共和不并立，共和存则中国亡，共和去然后中国存。……在仆颛颛之愚，惟有亟亟复辟而已，除外无他法矣。……经今之乱，共和之得失，其效愈著矣，举国无不厌极矣。……不听仆言，仍行共和，仆敢言中国之寿，不能过明年举总统后。仆既竭声嘶、舍身破家而无能为役，至是时，苟非蹈东海，则惟有远适瑞士，不忍见中国之为高丽、台湾也。公如有忧中国之心，只有即办复辟之举……吾国庶几久延性命，以图内治。②

如此仇视民主共和，又如此钟爱复辟，甚至以是否去共和、行复辟预卜中国之存亡，已使人看不出有多少理智，只能感受到一种绝望而顽固的忠君心理。

以上复辟理念，尽管还说得振振有词、煞有介事，换个角度看，其实不过是康有为最后的自我宣泄而已。复辟的失败，已证明民主共和不可逆转，君主制不能死灰复燃，辛亥革命所宣告的清朝覆灭和中国王朝制的断绝，至此也盖

---

① 康有为：《覆大隈侯爵书》，载《康有为全集》第十集，中国人民大学出版社2007年版，第422页。
② 康有为：《致冯国璋书》，载《康有为全集》第十集，中国人民大学出版社2007年版，第436页。引者对引文标点有改动。

棺定论。不论成败如何，康有为都不愿改变复辟之志，这已越来越变成一种纯粹的私人行为，很少再会引人关注。

四、诀别共和

死守复辟理念，只是康有为应对失败的一个方面。与此同时，他还做出了一种更重要的回应，这就是对共和进行彻底的清算。为此，他撰写了《共和平议》一书，长达8万余字，重新梳理和阐释自己的共和之见。

与其此前写过的批评共和之文相比，该书重复、照抄之处甚多，基本观点没有任何改变。不同之点在于，这是康有为评议共和的总结之作，因而更有概括性和系统性，由于增添了新材料和新思考，书中内容也更为丰富。对此代表作，可从很多方面进行评析，而置于康有为共和论发展脉络考察，最值得注意的是，此时其对待共和的态度，已完成了一个转折性的变化。

此前数年间，康有为对共和曾有过用心良苦的调和（以虚君共和论为代表），有过某种程度的退让（以共和建设论为代表），也有过特殊时势下的短暂呼应（以反袁论为代表），尽管皆以批评共和为基调，但仍然维系着与共和或多或少，或虚或实的同一性，尚未一概以共和为敌。复辟论出台后，康有为已毫不掩饰地向共和宣战，而有时还会曲解共和以作为幌子。直到复辟失败，他才万念俱灰，完全彻底地站到共和的对立面，对共和进行毫不留情的批判，以此做最后的诀别。这一态度，集中表现于以下几大论点。

第一，从主客对照看，民国求共和，结果却无一不截然相反。

康有为归纳和分析了"适得其反"的六大表现：

一是求共和反而得帝制。由于"吾国人民，本无民主共和之念；全国士夫，皆无民主共和之学也。袁世凯与南方之魁杰，皆是帝制专制之心，绝无民主共和之志"，因此，所谓民主共和革命，不过是诱骗愚民的作乱之举，而革命后所得结果，名为"行共和民主"，实"仅成袁世凯之篡帝而已"。①

二是求共和反而得专制。就政体而言，中国本来必须要有"强力之政府"才能统治，但无论是实行美国式的总统制，还是法国式的责任内阁制，都只会

---

① 康有为：《共和平议》，载《康有为全集》第十一集，中国人民大学出版社2007年版，第3页。

令其"腹心爪牙遍于全国",必然得不到民主,而只能成"总统之专制,或总理之专制"。①

三是求共和学美国,反而为墨西哥。国人羡慕总统制给美国带来"富乐",民国总统"事权之大,百倍于美总统",却只能像墨西哥及中南美诸国总统一样,"必以兵争""互争互杀",毫无共和之效。②

四是求共和学法国今制,反而为法革命初期专制。法国以总统为虚君的责任内阁制,因总统"由选举而论才望……日与总理争权",已不能行,只是"幸道路已通,制度旧定,故不致大乱",而"吾国人无远识,乃反用法制,而道路未通,制度未定,人心未安",因而只能像法国大革命之初那样,"复归于专制"。③

五是求共和,欲使人民和平、安宁、幸福,权利和生命财产得到保障,结果皆不能保,并民意不能达。民国除"数百议员、行政官有权有威有意"外,无一人有主权,能达"分毫之意志",乃"反得六年四乱之苦难,四万万人破财产无算,断头流血无算……今少数专制者,横厉暴肆,压制禁抑,远过昔者一人专制之时"。④

六是求共和,欲自强自立自由,一跃为头等国,结果反而受美日协约保护,民政属人,无异"宣布中国死刑"。之所以遭此祸害,"其本皆由误行民主共和致之。国人不知探其祸水之源,而恨外憾内,皆不中病根。既不知病根,则药不中病,国无由救也","凡百君子,今之愤然攻政府者,岂知民国之制,无论何人任政府,必蹈斯辙。……然则吾国民欲救其祸,必先知由;共和之祸为之,不去民国,不能救国也"。⑤

第二,从名实相比看,民国徒有共和形式,毫无共和的实际内容。

对此名实分离,康有为挑选了几项最有代表性的民主制度,以其理想状态为标准,以民国现实为对照,逐一加以评议:

---

① 康有为:《共和平议》,载《康有为全集》第十一集,中国人民大学出版社2007年版,第3页。
② 康有为:《共和平议》,载《康有为全集》第十一集,中国人民大学出版社2007年版,第3—4页。
③ 康有为:《共和平议》,载《康有为全集》第十一集,中国人民大学出版社2007年版,第4页。
④ 康有为:《共和平议》,载《康有为全集》第十一集,中国人民大学出版社2007年版,第5页。
⑤ 康有为:《共和平议》,载《康有为全集》第十一集,中国人民大学出版社2007年版,第5、7、8页。

一是代议员。其标准是："夫号称共和者，乃凡在国民，人人得发其意之谓。故必如瑞士……凡人民皆为议员，然后为共和之正轨也。"①既为代议，就应丝毫不差地代表国民"本人之意"，而这事实上已无法做到，因为"以一人代一人之议，且不得其肖焉；况以一人代多数人之议，其可得乎？况复代不可思议之多数乎"。欧美各国无论议员所代人数多寡，皆做不到这一点，而民国"以一议员代八十万人之意，其必不可得，不待言矣"。由此可见，选议员而"谓之有民权，虽欲自欺，可乎？以中国人民之多而建民主之国，以民权民意号召于国人……非愚则诬也"。②

二是国会。国会是代议员的集合体，当然同样不合共和理想的标准，无法"摄中国四万万人之影"，"达中国四万万人之意"，"名为摄影，实非摄影；名为国会，实非国会；名为民权，实无民权；名为民意，实非民意"。具体言之，"……今国会之选举法，定于十七省之都督代表，而非四万万全体国民之代表也，故国民不公认之。其选举之员，皆一党以其势力金钱营私舞弊得之，而非全体国民之公意也。质而言之，民意者，不过数百人之意而已；国会者，不过数百人之会而已。……然且议员倚势作威，倚法以削，实则少数暴民横以专制，以乱国而已"。③

三是国民大会。要代表民权民意，就必须"本于宪法"，而要制定宪法，就必须"开国民大会以议之"，美国、法国皆如此。然而民国成立6年，"……自鄙人频言开国民大会外，举国人未见一言之也"，因此，所有约法、参议院、国会、行政会议、约法会议、宪法等，"皆为一人或少数武人专制之意，而非四万万民意"。④

四是约法。约法（指《中华民国临时约法》）作为宪法，本身存在"巨谬"，"必不可行"，而其"根本之误在约法为十七省都督代表所定，而非

---

① 康有为称为"正轨"的瑞士共和制，也仍然是代议制，而不是"人民皆为议员"："瑞士至小，日人谓瑞士廿二县，实廿二乡也。每乡各选上议员二人，凡四十四人，以其半之二十二人为常驻议员，而立十一部于二十二常驻议员中，选其半为部长；一切国政，十一人公议之，而以多数取决，公推一人为议长，数同则折衷于议长。瑞士之制乎，深合乎'群龙无首，吉'之义也，诚共和制之极轨也。"（康有为：《共和政体论》，载《康有为全集》第九集，第242页）
② 康有为：《共和平议》，载《康有为全集》第十一集，中国人民大学出版社2007年版，第8—9页。
③ 康有为：《共和平议》，载《康有为全集》第十一集，中国人民大学出版社2007年版，第9—10页。
④ 康有为：《共和平议》，载《康有为全集》第十一集，中国人民大学出版社2007年版，第10页。

四万万人之民意",不过是"害国祸民"的"毒药","据之以欲成中国之真共和,则却行而求及前,南辕而北其辙也。……故六年来甘受约法专制之毒,其祸大矣!而无人拥护真共和、真民权、真民意以攻而去之,岂不异哉?岂惟不攻,举国人奉之为金科玉律、洪范大典,而不求救国之本原,乌得不乱乎"。①

第三,从根本原因看,民国由于武人干政,共和绝无实现的希望。

民国共和何以主客相反、名实不符,康有为的回答是根子在于武人干政,在此格局之下,共和永远也不可能实现。对此,他做了多方面的论证。

一是武人干政则必行专制。民国成立6年以来,政府所行者"不过一二武人执政专制之意之权,数十百暴民之意之权而已",故"政府一二人率军人以攻约法而围散国会也可;政府一二人,私借大债也可,专制称帝也可,私割疆土也可,直行宣战也可",而"吾民甘受其欺,或颂美之",以此种政府"而望其有真共和也,犹与虎而谋其皮也,必无是理矣,不必作是望也"。武人专制"不能专归罪袁世凯一人",因为"吾国权贵及有力之伟人"皆不重道德,"锥刀之利,皆必争之",他日执政者不论何人,都会同样专制,所以"中国永无入共和轨道之理"。②

二是武人干政则必以兵争权。武人干政的本性是"以力相胜,以暴继暴",因此"中国以武人专制之局,必无开国民大会以议宪法也";假令今开国民大会,公议宪法,颁布实行,也必不能行,因为"宪法自宪法,兵争自兵争。……盖强力者,以其便己也,岂肯改之令其不便己也",即便行之,势必"亦如墨西哥然,政府派其私人,出其金钱,授意长吏",总统"皆以兵强战胜者得之,而非以选法合法得之"。③

三是武人干政则必盗支国家财政。本来"凡共和之国,必在财政与国民共之,而政府不能分毫妄支",而中国武人干政,"……政府总统、总理日日盗取银行,以内争而不顾也。政府有盗支银行之权,即有行内争内战以求专制求

---

① 康有为:《共和平议》,载《康有为全集》第十一集,中国人民大学出版社2007年版,第10—11页。
② 康有为:《共和平议》,载《康有为全集》第十一集,中国人民大学出版社2007年版,第12、14页。
③ 康有为:《共和平议》,载《康有为全集》第十一集,中国人民大学出版社2007年版,第12页。

帝制之事。然则国民无力监理银行……虽欲共和，如何而能至共和"。①

四是武人干政则必引致内乱。武人执政使地方处于分裂状态，"今藩镇成，联邦亦出，各省欲自立则自立矣，欲联合则联合矣，搂诸侯以伐诸侯之局亦见矣。近京之督军，或敢因事而易之；远省督军，不敢过问也。……四川之罗、刘、戴内讧，流血成河；滇、黔之率军伐川，有若敌国……相与共乱，惟力是视，岂有所谓共和者哉"。中国铁路未通，使这种分裂更加严重，"凡铁道未达之地，可处处分裂；夫分裂愈甚，兵争愈多矣。夫凡戒严之地，必改行专制。兵争多，则武人执政，时时戒严，日日专制。虽欲至共和，如何至共和"？②

从上述论证中，康有为总结出一个"公例"，即"武人干政与民主共和不相容，有民主不可有武人干政，有武人干政不能有民主共和"。那么，进一步推论，只要改变武人干政格局，就可实行民主共和，但康有为又断言这绝无可能："公等欲吾国速入共和正轨也，公等先正权贵及伟人之人心，而铲除全国军人，先不设一兵，或仅养兵一万，而后可也。中国强邻四迩，群盗满山，有不设一兵、仅设万兵之理乎？然则中国人不必望入共和之正轨矣，而望之者非愚则妄也。"③中国不可能不设重兵，有重兵就必有武人干政，有武人干政就必成专制，因此民主共和万不可行，这就是康有为给出的逻辑和结论。④

第四，从现状与前景看，行共和只能使中国乱危以至于分裂灭亡。

此前康有为论救危之时，对民国危情做过很多描述。在《共和平议》中，此类议论更为详尽，因内容相似，仅括其纲目，略举如下。

---

① 康有为：《共和平议》，载《康有为全集》第十一集，中国人民大学出版社2007年版，第13页。
② 康有为：《共和平议》，载《康有为全集》第十一集，中国人民大学出版社2007年版，第13页。
③ 康有为：《共和平议》，载《康有为全集》第十一集，中国人民大学出版社2007年版，第14页。
④ 康有为并非认为绝无办法管住武人，但办法只有一个，就是实行君主制。他比较了君与民主两种制度："君主国之制，自上及下，故将校得藉君主之威灵而驭下，而后其下懔威而听命焉。民主国之制，自下以及上，故将校藉士卒之力，而后其上畏威而听命焉。无世爵之延以结其不叛之心，无忠义之名以鼓其报效之气，不足以收武人之用，而反以成跋扈之风也。吾观德皇之大阅兵也，世爵三十万，戎容暨暨，扬休山立。吾观日东藩阀之拥天皇也，激厉忠义，誓死不渝……而知日本所由强也。"（康有为：《共和平议》，载《康有为全集》第十一集，中国人民大学出版社2007年版，第15页）也就是说，中国如必设重兵而又要避免武人干政，像德、日一样实行君主制是唯一出路。

一是外患严重。首则失地，民国两年，已失蒙、藏、辽地二万里；^①次则外债，民国数年之外债，过于清室百年，若再增一倍半倍，即可如埃及之亡国；^②再则甘心卖国，表现为"民主政府内争者，必一切不顾，甘卖国而竞当前之权利，而吾国民听其鬻，若南洋之猪仔"^③。

二是内乱剧烈。民国之内乱如麻，川、粤、湘、鄂兵争分裂惨剧，将演于各省而国民日危；养兵尤为祸害，清末之兵尚能为国所用，而民国之兵"只可自乱"，兵越增越多，兵饷、外债亦同时增多，"吾国无力负此重债，亦必如埃及之负外债而灭亡"。^④

三是政治腐败。以吏治论，晚清虽不良，但还有规矩可守，民国则"官方只同盗妓"；以人才论，民国之贤才"必隐沦摧弃"；以治理论，中国原本"奉孔子之教，固以德礼为治者"，民国却改成以法为治，高谈法治，而法律赏罚皆颠倒奇谬，甚于野蛮无法。^⑤

四是物质落后。民国"物质扫地，同于野蛮"，"今民国丧乱以来，资本尽丧，而旧物质不能保，人无安居，新科学不兴，机器不少增。……惟有日图内争，日购欧美货而已"。^⑥

五是教化尽失。一切媚外，自弃孔教和中国数千年之文明、文物，不问是非，唯中国是弃，唯欧美是从；民国之学术，只导致"昧亡"；民国之教化，"崇尚无良无耻无恒，沦与禽兽"。^⑦"吾中国今已养成恶俗矣。为枭为獍，为豕为蛇，猛如虎，狠如狼，猥如狗，万百亿千，磨牙厉爪，遍于都邑，阗于里

---

① 参见康有为《共和平议》，载《康有为全集》第十一集，中国人民大学出版社2007年版，第18—19页。
② 参见康有为《共和平议》，载《康有为全集》第十一集，中国人民大学出版社2007年版，第26—29页。
③ 康有为：《共和平议》，载《康有为全集》第十一集，中国人民大学出版社2007年版，第38页。引者对引文标点有改动。
④ 康有为：《共和平议》，载《康有为全集》第十一集，中国人民大学出版社2007年版，第19—26页。
⑤ 参见康有为《共和平议》，载《康有为全集》第十一集，中国人民大学出版社2007年版，第29—33页。
⑥ 康有为：《共和平议》，载《康有为全集》第十一集，中国人民大学出版社2007年版，第33页。
⑦ 参见康有为《共和平议》，载《康有为全集》第十一集，中国人民大学出版社2007年版，第34—38页。

野。贪乱之极，锥刀之末将尽争之，况于政府乎？欲不为中南美之岁岁而乱，岂可得哉！"①

所有这些乱危之状，康有为认为皆由民主共和制本身所造成，因此，中国若继续实行这一制度，只会乱危更甚，直至分裂灭亡："吾国必行民主乎，国必分裂。夫虚君之国，犹有君臣之名，则有义以定之……不敢犯上叛逆。……若民主也，无君臣之名义，则叛乱自立不为逆……今分裂兵争致此惨也……追原祸始，则不知欧美政体之徒争国为公有，而不争民主君主之虚名致之。……吾国民乎，欲中国之亡乎，则行民主勿改也；若欲中国不亡乎，则分裂之现象亦可惊心动魄，而思其反矣。"②

他还自称从十余年前起，就不断发出中国若行民主则必遭危亡之祸的警告，而"今不幸吾言皆中也"，只可惜全国无一人肯附和听信："吾国四万万人民之众，而深知远识、大声疾呼无人焉，仅吾一人言之，则其不见信宜也。举国饮狂泉，则以不饮者为狂矣。以四万万人同为盲人，同骑瞎马，而同在夜半，同临深池，同饮狂泉，欲不同溺也，其可得乎？其亡其亡，今将及矣。"③

第五，从世界范围看，实行民主共和多遭失败，中国更无成功的条件。

早在1911年撰写的《共和政体论》中，康有为就对中外古今共和政体做过系统分析，断定无君的共和皆不可学，只能学虚君共和。在此基础上，《共和平议》添加新近史实，再做条分缕析，重申和发挥民主共和必不可学、必不可行的观点。

康有为对各国实行民主共和的情况，分类加以评析。

一是中南美洲共和国。除智利、阿根廷外，皆大乱。乱的原因是"盖民国之政府，不能统摄其国，两党之间，群雄并立，半言不合，一夕称兵，故共和国者，共乱国也"，而"近观吾国六年来，亦中南美之小缩影矣，但资格尚浅，再乱数年，则迫肖中南美矣"。智利和阿根廷何以不乱，因"二国之政，以富治贫，实以白种治黄、红种耳，如南非、玻国然"，但"此无可比例，假

---

① 康有为：《共和平议》，载《康有为全集》第十一集，中国人民大学出版社2007年版，第45页。
② 康有为：《共和平议》，载《康有为全集》第十一集，中国人民大学出版社2007年版，第16—17页。
③ 康有为：《共和平议》，载《康有为全集》第十一集，中国人民大学出版社2007年版，第63页。

其有之，则为受治之苦耳。今上海租界，已是小共和国，于中国共乱，亦能不乱，然执政者谁哉？吾滋愧言之"。①

二是俄国。俄国人民因愤专制而革命，改行民主共和，结果"必内乱且分裂，今分裂九国，苟不改，渐或致亡"。此种必然性，从我民国6年历史可"推见之"，俄国人"不忍一时之愤怒，不图立宪之进步，而亟谋革命，盼望共和。其为害也，必与吾国同，且或甚焉"。尤其是列宁与其急进党人，"行其社会均产义，分劫富人之产，均与农人，大济贫者。此大同之高义，今岂能实行？他日中级党必有反动力，则有大乱，而君主党乘之，其乱靡已"。要之，"俄以革命共和内讧，自屠、自弱、自分、自裂以自灭而已"。②

三是罗马与英国。先为民主，后改君主，因而盛强："罗马之先，岂非民主乎？而自奥古士多（今译奥古斯都——引者注）之后，改为专制君主，罗马乃盛……英克林威尔（今译克伦威尔——引者注）民主也，在小国未文明时，其后英改为君主……英乃日大，英旗与日月出入。"③

四是美国。美国是世界上唯一能实行民主而"治安乐盛"的大国，缘于其有独特的"天然"原因（包括"土地国势""国俗、地方、民数""立国分合""器械之时代""首创共和之人格""养兵之额……武人干政之有无""总统权势"7项），中国与其"相反至极"，则师美"其结果亦必相反至极"。不仅中国学不了美国，而且法国、中南美洲也学不了美国，学必"致乱"。④

五是法国。法国经过83年大乱之后，共和才成定制，中国土地人民十倍于法国，若学法国，大乱"不应八百年乎"？至少，"欲越八十三年大乱之资格，遽欲就和平选举之秩序，必不可得也"。况且，法国所行责任内阁制"不良"，内阁"年必数易，鲜能过三四月者，用致百政不修"，吾国"明知其覆

---

① 康有为：《共和平议》，载《康有为全集》第十一集，中国人民大学出版社2007年版，第46页。
② 康有为：《共和平议》，载《康有为全集》第十一集，中国人民大学出版社2007年版，第46、47页。
③ 康有为：《共和平议》，载《康有为全集》第十一集，中国人民大学出版社2007年版，第49—50页。
④ 康有为：《共和平议》，载《康有为全集》第十一集，中国人民大学出版社2007年版，第49、56—59页。

辙，岂可复蹈之"。①

六是葡萄牙。葡萄牙与中国有诸多不同，同样不能学："葡之革命，新旧教之争也，以王从旧教，故不得不去之，然乱频仍未已也。总统制兼采美、法，由国会选总统，而总统握大权。然总统不善，则国民直攻之，而无内阁镇抚，国权沦于空虚地位，而国势因之动摇。施之于小葡已不可，况中国之大乎？今革命军已入葡京，国又大乱与墨同，生民涂炭，岂可取法乎？"②

七是瑞士。瑞士为小国联邦，国情与中国相反，尤不可学："……瑞士议长之制，国民公决之法，共和至公至平之制也，但中国之大，则难行也。"此外，按"首发共和之义者"卢梭的说法，共和"只宜于二万人之国"，那么，"瑞士四五百万人之国体，尚不能施，况中国二万倍于二万人之国体，其能施之中国而无碍乎"。③

在具体分类的同时，康有为还概括了两条有普遍性的道理。

其一，民主政体只可行于小国而不可行于大国。

之所以如此，其理由是："盖民国之安乐盛治者皆小国，其政专谋人民安乐，而寡及国，其刑法日月推迁。盖小国寡民，易于改良，其最要则不治兵，故无武人，故无武人之干政，即无改君主之事变。即邻有君主，亦不尊荣……不能动人歆羡之心，故绝无此想也。……若国土既大，则靖内与对外，不能不待兵力；既用兵，则最强武者遂为国之君主矣。诸强者并立，则必以兵争政矣。……故大国必待兵，待兵则不能禁武人干政，故不能行民主共和也。"④民主不可行于大国只有一个例外，这就是美国，但这是由于有"特因"。小国因无兵或少兵而可行民主，大国因兵多，民主必不可行（只能行君主制，君主才能掌控武人）。

---

① 康有为：《共和平议》，载《康有为全集》第十一集，中国人民大学出版社2007年版，第59页。
② 康有为：《共和平议》，载《康有为全集》第十一集，中国人民大学出版社2007年版，第59页。引者对引文标点有改动。
③ 康有为：《共和平议》，载《康有为全集》第十一集，中国人民大学出版社2007年版，第60页。除以上7类外，康有为还将所谓"自创之共和制"列为一类，这就是此前在《中国善后议》中已提出过的"元老院"制。他对此制讲了很多好话，但结论还是"必不行"。（参见康有为《共和平议》，载《康有为全集》第十一集，第60—61页。另见本书第十四章第三大点"共和三策"）
④ 康有为：《共和平议》，载《康有为全集》第十一集，中国人民大学出版社2007年版，第48—49页。

依照此理，大国欲行民主，去兵即可，然而大国又"必待兵"。这样，康有为就将大国（尤其是中国）必改民主共和为君主制，打成了一个无法解开的死结。事实上，无论小国还是大国，兵的有无或多少，都不可能对国家政体起决定作用，更不可能成为民主与君主分野的必然依据，很多史实皆可证明这一点。康有为将"兵"的作用如此简单化和绝对化，虽看到了武人干政对政体的影响，但还是曲解了历史和学理。

其二，天下古今民主国无强者。

他对比各国，将民主国必弱、君主国必强说成是一个普遍法则：

> 然民主国无强者，不宜于列国竞争之时也。美虽富盛逸乐，而不言兵，故国富而不强。今虽与德宣战，而招兵数月，所得无几，未能一战……法国昔以兵雄……既定民主后，四十余年，国安乐矣，然兵力遂衰，久为德弱……仅免灭亡。……盖民主之国，过好自由，乏熔结之力，故与强相反，当大同之时则可，若当列国竞争之势，殆非宜矣。自古民主以武功著者，惟雅典破波斯大流士百万之兵耳。……然是役也，得海风助之，实有天幸……非人力也。罗马初年所平定者，邻国皆野蛮小国，亦不足算。自此以外，民国无强者。雅典文明虽至盛，终灭于马基顿（今译马其顿——引者注）；威尼士、佛罗练士（今译威尼斯、佛罗伦萨——引者注）文物虽富，终灭于日耳曼……嗟乎！民主国虽治安者，亦能富乐，而不能强，多为君主国灭。观于德、日之强，则君主立宪之故也。吾国不欲自强则已，若欲自强，立于列国竞争之时，亦审之哉！①

这段论述，刻意坚守君主制立场，多有牵强偏执之处。比如，按其说法，美、法不强，是因为兵弱，可一旦"言兵"或"以兵雄"，不是又必会导致武人干政、专制内乱吗？连"富盛""安乐"亦不可得，何以能强。又如，雅典、罗马（共和国）明明是民主国有强者的例子，却又被"海风"和"野蛮"所抹杀，置于不算数之列。再如，在历史长河中，君主国与民主国一样，有兴

---

① 康有为：《共和平议》，载《康有为全集》第十一集，中国人民大学出版社2007年版，第49页。

有亡；近代以来，君主专制被君主立宪或民主共和所取代，更是一个不可阻挡的趋势。置此于不顾，只谈君主强于民主，实出于偏爱。

这一偏爱更显著的表现，是康有为断言只有到大同之时，才能实行民主共和，而在此之前的列国竞争之时，最好选择君主立宪。按其对"虚君共和"的解释，君主立宪与民主共和皆"国为公有"、政为立宪，其实差别甚小，不过有无君主而已，那么，其真正所选者并不在"立宪"，而在于"君主"。也就是说，在一个相当长（甚至遥遥无期）的时段里，君主对于强国都是必不可少的法宝，而民主共和则应当颠覆。康有为对君主的热爱，可谓达到了极致。

综观康有为对民主共和的批评，就他对专制与民主两类政体的区分，对中西历史演变和基本国情差异性的判断，对西方民主共和精神与中国政治现状反差的认识，对北洋军阀政权专制实质的揭露和抨击等而言，确有见解深刻、富有启示的地方。但就政治立场和观点而言，他虽有不满和坚决反对军阀专制统治的一面，但总的说来，却走到了对中国建立民主共和制的实践一概予以否定的极端：既反对军阀假借的民主共和，又反对向军阀力争民主共和的斗争；既反对少数人的民主共和，又反对多数人的民主共和；既反对武人的民主共和，又反对所谓"暴民"的民主共和；对辛亥革命的产物和作为民主共和标志的国会、临时约法、政党、民选等，不抱任何好感，一律视为仇敌。如此大力抨击民主共和的目的，是要变民主共和制为虚君共和制。在他看来，民主共和的最大弊病，就是去掉了君主，由此引发了一切祸乱，而只要有了君主——哪怕君主为土木偶神，便可解决民国存在的一切问题。这样，康有为就站到了一切真假共和势力的对立面，他对共和的批评，也就只被当作一种个人幽怨私愤的发泄，甚少还能引人关注共鸣。

余论：万变与不变

　　积极参与张勋复辟而速告失败，这对康有为本来是一个绝大的警示，证明他所深信不疑的虚君复辟理念已完全不合时宜。在民国无可撼动的大背景下，如果还想有所作为，就必须改弦更张，顺应时代潮流，另做新的抉择。然而，他既不肯从此退出政治舞台，又不愿做根本的改变，结果在随后十年的生涯中，就只能以不变应万变。这种应对，虽然不乏亮点，但总的来说，更多的还是重蹈守旧自锢的覆辙，与新思想文化的距离越来越远。

　　所谓亮点，主要是指康有为在这一时期仍能坚守其一以贯之的爱国底线，针对外国的欺侮进逼和北洋军阀政权的妥协退让，一次又一次地奋起护卫国权。他对因反帝爱国而遭受镇压的青年学生，给予极大的同情和有力的声援；对如何反击列强的巧取豪夺，不断竭力贡献自己的方策；对维护国家的统一尤为重视，坚决反对任何分裂行为。这与当时中国社会进步发展的需要，无疑保持了一致。此外，他对当时社会遍地苦难、满目疮痍的深切关注，对人民依然未获民主权力的追究责问，对中国传统文化精华的传播弘扬等，都在不同程度上发挥着积极的作用。这说明在近代中国转型尚未完成，国家不独立和社会不民主两大根本问题没有解决的历史条件下，康有为能够正视现实，对民国的严重病症有清醒的估计，并试图加以疗治。

　　然而，尽管康有为能看到问题，却无法正确解答问题。由于对民主共和之路一直深恶痛绝，因此，面对中国民主革命的纵深发展，他所做的选择就是继续与此前进方向背道而驰，一再重复或变相沿袭往昔那些陈旧的理念，将其作为阻止中国社会新变的思想武器。除了照旧以空洞虚幻的三世进化、循序渐进论抨击民主共和之外，这一时期他宣扬最多的政治主张，就是依靠军阀的武力，严防从苏俄传来的"共产"之祸。

　　就像当年反对革命一样，他将"共产"视为新的死敌，通电大小军阀将领及各省议会、教育会、商会、法团、报馆并转全国父老兄弟，大声疾呼"为今之计，凡中国人惟有结大同盟以反夺产，名曰'保华拒赤会'。凡有从赤化者，虽亲必拒之；有能讨赤化者，虽仇必联之，明辨析也。……大变既临，尤望诸帅各释旧嫌，言归于好，同仇敌忾，联盟合力，以除赤化，以保中国。吾国民合全国之力，于能讨赤化者则力助之，于从赤化者则共诛之，吾中国庶几乎！若少迟疑，中原一亡，万劫不复。……惟诸帅与全国父老兄弟图之"①。

如果说，此前以立宪反对革命时，他还能在两者之间找到某些共同点，对革命者多少还"口下留情"，那么此时对待"共产"，则表现得毫无任何调和的余地，所下口诛笔伐之力，比以往任何时候都猛而狠。其实所谓"共产"，不过是中国在世界新大势下所必然发生的新变化，标志着旧式民主革命向新式民主革命的历史性飞跃，代表了近代社会转型的新方向。康有为既然对民主革命已不能接受，对这一革命的深化和转折当然更无法容忍。从其固有不变的政治立场来看，他对"共产"怀抱深仇大恨并不难理解，但当历经保皇、归政、虚君共和、复辟等空想破灭，因逆时而行越来越变得孤掌难鸣之后，他还敢于建言军阀和全国各色人等建立反"共产"的同盟，实现"除赤化，以保中国"的幻想，这就不能不令人对他全然无视现实、无视他人、无视情理的自迷自信感到格外惊讶。

最能表明康有为这一时期守旧不变特质的，还是他作为核心理念而信守的尊孔论和复辟论。对此两论，其通过各种形式的宣扬仍不遗余力，完全都是重复旧说，已无因时而变的新意。不过，虽同为守旧，尊孔论和复辟论的意义却不尽相同。前者除了将孔学神化为绝对至尊的教条这一消极面之外，还有传承和弘扬中国文化的积极一面。这种特质，在康有为写给一位朝鲜学者的信中，显露得非常明显。他这样论述道：

> 夫孔子为儒教主，改旧制而作六经，配天地，本神明，育万物，本末精粗，六通四辟，无所不在，故为圣之时。要以人道为主，故曰道不远人。人之为道而远人，不可以为道，故穷则变，变则通。观其会通，而行其典礼，故于《礼》陈夏、商、周之三统，于《春秋》有据乱、升平、太

---

① 康有为：《致吴佩孚等电》，载《康有为全集》第十一集，中国人民大学出版社2007年版，第407页。引者对引文标点有改动。

平之三世。一世之中,各有太平、据乱、升平之三世焉,故推而为九世、八十一世,以至于无穷。故《中庸》曰:万物并育而不相害,道并行而不相背,如四时之错行,如日月之代明也。大哉孔子之道,博也厚也,高也明也,溥博渊泉而时出之,所谓峻极于天,而为至圣不可测之神也。……今天下所言孔子者,皆非孔子之学,实朱子之学而已,而言朱子之学者,又非朱子之学,大半实刘歆之学而已。刘歆之学,只有据乱小康之学,而不知太平大同学者也。今大地百国,改为民主大半矣,甚至进而为社会说矣。若引孔子之学说……则今日民主说、社会说,无不范围其中矣。……若不发明孔子大同之道,而徒称号偏安之朱子,则孔子之教恐亡也。……欲别古今文之真伪,吾有《伪经考》一书;所以明中国创教在孔子而非周公也,吾有《孔子改制考》一书;欲明董子传《春秋》,吾有《春秋董氏学》一书;欲明孔子之《春秋》,吾有《春秋笔削微言大义考》一书;欲明孔子大同小康之别,吾有《礼运注》一书"①

他高度概括了孔子之道的精义及价值,明确区分了孔学与朱子之学和刘歆之学的不同,将民主说、社会说皆"范围"在孔学之内,主张仍需努力"发明孔子大同之道",并列举出五种旧著,作为如何读懂孔学的代表之作,可以说对尊孔论做了一个相当精要而全面的总结。在这些认识中,固然存在着前文所论析过的种种非理性、非历史、非科学的弊端,但也包含了不少颇有价值的见解。像"人道为主""道不远人""穷则变,变则通""大同小康之别"等,皆不失为精当的思想文化命题,而其著述在学术上所做的堪称浩繁的考订、辨析和梳理,也自成一家,自有不可忽略的价值。

至于复辟论,原本就是守旧倒退的集中体现,此时亦并无二致。1926年,康有为致信直系军阀首领吴佩孚,与这位他寄予厚望的将军商讨"政体"问题,认为"兹事体大,关于中国四千年之国命与四万万之人命,稍有错误,生民涂炭,中国危亡,悔无可追",对应采用何种政体,做了多方面论析。简括其要点,大致有三:一是民国成立以来的历史证明,中国由于"形势、风俗与

---

① 康有为:《答朴君大提学书》,载《康有为全集》第十一集,中国人民大学出版社2007年版,第344、346页。引者对引文标点有改动。

欧美格格相反",所以不能实行民主共和,若必强行,只能是"共争、共杀、共亡";二是中国近十年出现大乱,皆"法统、宪统为之也",国人对约法(即《中华民国临时约法》)恨之入骨,必加以"扫荡",国家才有宁日;三是若欲行共和,只能仿效英国的虚君共和制,拥戴清废帝复辟,"元首安位,永无兵事,然后政治可图,中国可安。为中国治安,计无出此"。① 这些看法,皆为老调重弹,其长篇大论,不过是旧作的照抄照搬。

若说有差异,那就是康有为此时对复辟的迷恋和急迫,比之策动张勋复辟,似还有过之而无不及。他向吴佩孚表示:

> 今美国、日本之报,言明中国之大乱,非复辟不能救。若英之人言中国事者,亦无不主复辟者。公使尤多主之,此外交之同心也。若吾国内情,除国民、赤党外,无不望复辟者。即国民党私语,亦无不以复辟为然。吾粤人受民国之害至深,尤望复辟。仆连年漫游,与士大夫语,无不疑民国而主复辟;与各疆帅谈,言尤激。盖未见有一主民国者。……明公所以隐忍惊疑者,盖虑中外人心未集耳。今其时矣,且皆以望之明公矣。……于今复辟以安中国,功齐宇宙,名并日月,实古今所无有……整顿乾坤,重立天地,岂有比哉!若公望弃时机,仍言法宪,中国再乱,生民重死,公忍之乎?②

康有为想复辟,就说几乎各国之人和全中国人都赞成复辟,未免太过自欺欺人,而复辟成功与否,"中国再乱,生民重死"与否,又仅仅取决于尚"隐忍惊疑"的"明公"一人,则简直就是在编造一个神话。

康有为的不变,还有一个特殊的表现。这就是当70岁生日时,他收到了清废帝派人送来的寿礼。③他不禁"喜舞忭蹈",复折"敬谢天恩"。折中回顾一生,对后来复辟终未成功,深感愧疚,而对"我皇上"仍"垂注"于己,则不

---

① 康有为:《致吴佩孚书》,载《康有为全集》第十一集,中国人民大学出版社2007年版,第425—429页。
② 康有为:《致吴佩孚书》,载《康有为全集》第十一集,中国人民大学出版社2007年版,第429页。
③ 寿礼为"皇上御笔'岳峙渊清'四字匾额一幅,玉如意一柄"。参见康有为《敬谢天恩以臣行年七十特赐臣寿折》,载《康有为全集》第十一集,中国人民大学出版社2007年版,第458页。

胜感激。他深情地写道："入此岁来，年已七十。怜其马齿之长，恤其牛走之劳，远命使人，特衔天诏。宸章耀于蓬荜，高深勖以岳渊。玉德贲于丘园，提携望其如意。仰云章之烂河汉，抚宝玉之重连城。此岂微臣所当被蒙，尤为老臣惊于受宠。付子孙，传后世，永戴高天厚地之恩；以心肝，奉至尊，愿效坠露轻尘之报。"[①]他将对光绪帝的感戴延续到了宣统废帝身上，对君主终生称臣，并欲将此忠诚传之子孙后世，确乎称得上"竭尽愚忠"，至死不渝。以康有为与旧教育、旧文化、旧朝廷和旧势力千丝万缕的关联而言，这种恪守并不难于理解，但一位曾掀起启蒙维新狂飙的先行者，最后却一路退守到甘以忠君之"微臣""老臣"的面目示人，实在令人生出无限感慨。

对于"不变"，康有为很早就将其作为自己的一大特点。他曾批评梁启超变化太多，为"流质"人物，劝其改正这一缺点。为了证明自己思想主张的前后一贯性，他还不时"倒填年月"，将本来后来才成熟的看法，说成早已有之，因此常受研究者诟病。事实上，纵观康有为一生的政治与文化思想，并非不变，而是变化甚多，有时还变化甚大。前文所述各个历史时期的观念和主张，就无不充满了性质不一、程度不一的变化。

应该说，在此长时段的演变中，从早期到勤王自立起义，其变化都是向前而行；从重回戊戌原点到参与张勋复辟之前，其变化前行和后退参半；从参与张勋复辟到再度力主复辟，其变化则总体上都是向后倒退。当然，在这些变化中，也总有不变者一以贯之，需要具体深入地加以分析。换个角度说，变或不变，其实都只是表面现象，关键还在于怎样变或怎样不变，何以变或何以不变，变向何方或不变走向何方，这才是隐藏在现象背后的实质。总之，无论变还是不变，康有为都留下了十分宝贵而厚重的思想文化遗产，值得后人重视。

---

① 康有为：《敬谢天恩以臣行年七十特赐臣寿折》，载《康有为全集》第十一集，中国人民大学出版社2007年版，459页。引者对引文标点有改动。

参考书目

一、史料

1. 姜义华、张荣华编校:《康有为全集》(第一至十二集),中国人民大学出版社2007年版。
2. 姜义华、吴根梁编校:《康有为全集》第一集,上海古籍出版社1987年版。
3. 姜义华、吴根梁编校:《康有为全集》第二集,上海古籍出版社1990年版。
4. 姜义华编校:《康有为全集》第三集,上海古籍出版社1992年版。
5. 汤志钧编:《康有为政论集》(全二册),中华书局1981年版。
6. 康有为著,章锡琛、周振甫校点:《大同书》,古籍出版社1956年版。
7. 康有为:《孔子改制考》,中华书局1958年版。
8. 康有为著,楼宇烈整理:《论语注》,中华书局1984年版。
9. 康有为著,楼宇烈整理:《孟子微 礼运注 中庸注》,中华书局1987年版。
10. 康有为著,楼宇烈整理:《康子内外篇(外六种)》,中华书局1988年版。
11. 康有为著,楼宇烈整理:《长兴学记 桂学答问 万木草堂口说》,中华书局1988年版。
12. 康有为著,楼宇烈整理:《春秋董氏学》,中华书局1990年版。
13. 康有为著,楼宇烈整理:《诸天讲》,中华书局1990年版。
14. 康有为著,楼宇烈整理:《康南海自编年谱(外二种)》,中华书局1992年版。
15. 康有为:《日本变政考》,故宫博物院藏本。
16. 《杰士上书汇录》,故宫博物院藏本。
17. 梁启超:《饮冰室合集》(第1册、第2册、第6册),中华书局1989年版。
18. 丁文江、赵丰田编:《梁启超年谱长编》,上海人民出版社1983年版。

19. 中国史学会主编：《戊戌变法》（第1册、第3册），神州国光社1953年版。
20. 国家档案局明清档案馆编：《戊戌变法档案史料》，中华书局1958年版。
21. 中国近代期刊汇刊：《强学报　时务报》，中华书局1991年版。
22. 《知新报》，澳门基金会、上海社会科学院出版社1996年版。
23. 方志钦主编、蔡惠尧助编：《谭良在美国所藏资料汇编》，香港银河出版社2008年版。

二、著作和论文集

1. 汤志钧：《戊戌变法史论丛》，湖北人民出版社1957年版。
2. 黄彰健：《戊戌变法史研究》，台湾商务印书馆1970年版。
3. 汤志钧：《戊戌变法人物传稿》（增订本），中华书局1982年版。
4. 胡绳武主编：《戊戌维新运动史论集》，湖南人民出版社1983年版。
5. 汤志钧：《康有为与戊戌变法》，中华书局1984年版。
6. 汤志钧：《戊戌变法史》，人民出版社1984年版。
7. 丁宝兰主编：《岭南历代思想家评传》，广东人民出版社1985年版。
8. 马洪林：《康有为大传》，辽宁人民出版社1988年版。
9. 孔祥吉：《康有为变法奏议研究》，辽宁教育出版社1988年版。
10. 孔祥吉：《戊戌维新运动新探》，湖南人民出版社1988年版。
11. 钟贤培主编：《康有为思想研究》，广东高等教育出版社1988年版。
12. 黄明同、吴熙钊主编：《康有为早期遗稿述评》，中山大学出版社1988年版。
13. 汤志钧：《近代经学与政治》，中华书局1989年版。
14. 汤志钧编著：《乘桴新获——从戊戌到辛亥》，江苏古籍出版社1990年版。
15. 陈汉才编著：《康门弟子述略》，广东高等教育出版社1991年版。
16. 李锦全、吴熙钊、冯达文编著：《岭南思想史》，广东人民出版社1993年版。
17. 董士伟：《康有为评传》，百花洲文艺出版社1994年版。
18. 陈慧道：《康有为〈大同书〉研究》，广东人民出版社1994年版。
19. 广东康梁研究会主编：《戊戌后康梁维新派研究论集》，广东人民出版社1994年版。
20. 刘圣宜、宋德华：《岭南近代对外文化交流史》，广东人民出版社1996年版。
21. ［美］萧公权：《近代中国与新世界：康有为变法与大同思想研究》，汪荣祖译，江苏人民出版社1997年版。

22. 马洪林:《康有为评传》,南京大学出版社1998年版。
23. 方志钦、赵立人、林有能主编:《康有为与戊戌变法学术研讨会论文集》,学术研究杂志社1999年版。
24. 王晓秋主编:《戊戌维新与近代中国的改革——戊戌维新一百周年国际学术讨论会论文集》,社会科学文献出版社2000年版。
25. 蔡乐苏、张勇、王宪明:《戊戌变法史述论稿》,清华大学出版社2001年版。
26. 宋德华:《岭南维新思想述论》,中华书局2002年版。
27. 桑兵:《庚子勤王与晚清政局》,北京大学出版社2004年版。
28. 宋德华:《近代思想启蒙先锋康有为》,广东人民出版社2005年版。
29. 茅海建:《戊戌变法史事考》,生活·读书·新知三联书店2005年版。
30. 方志钦、王杰主编:《康有为与近代文化》,河南大学出版社2006年版。
31. 宋德华:《岭南人物与近代思潮》,中山大学出版社2007年版。
32. 赵立人:《康有为》,广东人民出版社2012年版。
33. 王杰、张杰龙主编:《康有为与改革创新学术研讨会论文集》,岭南美术出版社2012年版。
34. 覃召文、宋德华:《岭南思想文化的演进与更新》,社会科学出版社2015年版。
35. 宋德华:《近代岭南文化价值观的演变》,中山大学出版社2016年版。
36. 宋德华:《历史人物评说导论》,广东人民出版社2017年版。

后 记

如果从读硕士研究生时开始关注康有为思想算起,至今已过了30多个年头。在此期间,由于一直在大学任教,科研总要相伴而行,所撰论文或著作,写得最多的还是"康思想"这一主题。不过,原来所写,多为其思想的某个片段,有的跨度较大,亦限于某些时期。真正涵盖和打通其一生,本书算是一种尝试。

对自己过去论过的内容,此次做了些总结性的整合,而写作的重点,则放在以往未研究的内容上。这些未研究的部分,都在戊戌政变之后,其分量比政变前更大。好在退休后无教学任务,时间较有保证,精力虽不济,但因用得较为集中,似乎比以前还略觉从容。不敢喻之为专心磨剑,仍不过是随机拾贝,得之则喜,甘苦自知。

然而,要整体研究康有为,毕竟内容太多,难度太大。尽管以"政治与文化思想的演变"限制范围,以本人学养和能力而言,仍是一件难以圆满完成之事。比如,康有为的最后十年,本应单写一章,却未来得及写成,只得附在"余论"略作概述;又如,第八章"续撰'演孔'之著",本该写得更充实些,限于对经学知之甚少,也写得比较简单。其他种种不足,想必还会更多,期望得到学界同人和读者的批评。

学术上一路走来,得到过不少前辈、同辈和后辈相助,或提携指导,或鼓励期许,或教学相长;至于从学术史中受到的教益和启发,更是无从细数,自当铭记在心。本书的撰写和出版,得到了华南师范大学岭南文化研究中心左鹏军教授的大力支持,特此致谢。文化艺术出版社董良敏编辑为提高书稿质量,费心甚多,谨表谢意!

宋德华

2018年7月16日